Para entender *O capital*

Livro I

David Harvey

Para entender *O capital*

Livro I

Tradução
Rubens Enderle

Copyright © David Harvey, 2010
Copyright desta tradução © Boitempo Editorial, 2013
Traduzido do original em inglês *A Companion to Marx's Capital* (Londres/Nova York, Verso, 2010)

Coordenação editorial
Ivana Jinkings

Editora-adjunta
Bibiana Leme

Assistência editorial
Alícia Toffani e Livia Campos

Preparação
Mariana Echalar

Diagramação
Crayon Editorial

Capa
Antonio Kehl
sobre escultura de Célio Monteverde

Produção
Livia Campos

CIP-BRASIL. CATALOGAÇÃO-NA-FONTE
SINDICATO NACIONAL DOS EDITORES DE LIVROS, RJ

H271p
Harvey, David, 1935-
    Para entender O capital / David Harvey ; [tradução de Rubens Enderle].
- São Paulo, SP : Boitempo , 2013.

    Tradução de: A companion to Marx's Capital
    Inclui índice
    ISBN 978-85-7559-322-6

    1. Marx, Karl, 1818-1883. 2. Capitalismo. 3. Capitalismo - Filosofia. 4.
Socialismo. I. Título.

13-0949.   CDD: 330.122
                                                                   CDU: 330.85

É vedada a reprodução de qualquer
parte deste livro sem a expressa autorização da editora.

1ª edição: março de 2013;
1ª reimpressão: setembro de 2013; 2ª reimpressão: outubro de 2014;
1ª edição revisada: dezembro de 2015;
1ª reimpressão: novembro de 2018; 2ª reimpressão: julho de 2019;
3ª reimpressão: outubro de 2020

BOITEMPO
Jinkings Editores Associados Ltda.
Rua Pereira Leite, 373
05442-000 São Paulo SP
Tel.: (11) 3875-7250 / 3875-7285
editor@boitempoeditorial.com.br | www.boitempoeditorial.com.br
www.blogdaboitempo.com.br | www.facebook.com/boitempo
www.twitter.com/editoraboitempo | www.youtube.com/tvboitempo

SUMÁRIO

Prefácio 7

Introdução 11

O capital – Seção I
1. Mercadorias e troca 25
2. Dinheiro 61

O capital – Seção II
3. Do capital à força de trabalho 89

O capital – Seção III
4. O processo de trabalho e a produção de mais-valor 111
5. A jornada de trabalho 135

O capital – Seção IV
6. O mais-valor relativo 163
7. O que a tecnologia revela 187
8. Maquinaria e grande indústria 209

O capital – Seções V-VII
9. Do mais-valor absoluto e relativo à acumulação do capital 229
10. A acumulação capitalista 253
11. O segredo da acumulação primitiva 277

Reflexões e prognósticos 301

Índice.. 327

PREFÁCIO

Quando se tornou público que o curso que leciono anualmente sobre *O capital* de Marx (Livro I) seria oferecido on-line numa série de vídeos, fui procurado pela editora Verso, que me perguntou se eu teria interesse em preparar uma versão escrita. Por uma série de razões, concordei com a ideia.

Para começar, a economia em declínio e o início daquilo que ameaça ser uma crise global séria – se não uma recessão – geraram um grande interesse pela análise de Marx, cujo intuito é tentar compreender melhor as origens de nossos problemas atuais. A questão, no entanto, é que os últimos trinta anos, mais particularmente desde a queda do Muro de Berlim e o fim da Guerra Fria, não foram um período muito favorável ou fértil para o pensamento marxiano e menos ainda, decerto, para a política revolucionária marxiana. Consequentemente, toda uma geração mais jovem cresceu privada de familiaridade – para não falar de treinamento – com a economia política marxiana. De modo que este é um momento oportuno para que um guia d'*O capital* ajude a abrir as portas para que essa geração explore por sua própria conta aquilo que Marx pode ser.

O momento para a reavaliação construtiva da obra de Marx é oportuno em outro sentido também. De certa forma, as oposições ferozes e os inúmeros cismas no interior do movimento marxista, que se alastraram na década de 1970 e afetaram não apenas as práticas políticas, mas também as orientações teóricas, perderam tanto a força quanto o apetite pelo academicismo puro, que, se ajudou a manter vivo o interesse por Marx em tempos difíceis, cobrou por isso o preço de reflexões e argumentos incompreensíveis e com frequência altamente abstratos. O que vejo é que aqueles que hoje desejam ler Marx estão muito mais interessados em engajamentos práticos; isso não significa que tenham medo de abstrações, mas que consideram o academicismo tedioso e irrelevante. Há muitos estudantes e ativistas que

8 / Para entender *O capital* I

anseiam por uma forte base teórica para apreender melhor como uma coisa se relaciona com outra, a fim de situar e contextualizar seus próprios interesses e seu agir político. Espero que esta apresentação dos fundamentos da teoria marxiana possa auxiliá-los nessa tarefa.

Para escrever este texto, trabalhei com base nas transcrições que Katharina Bodirsky (a quem agradeço muito) fez das gravações de áudio das aulas dadas na primavera de 2007. As aulas em vídeo (ver davidharvey.org), organizadas por Chris Caruso (que também concebeu o website) e filmadas pela Media College da University of the Poor, em Nova York, e pela Media Mobilizing Project, na Filadélfia, foram dadas no outono de 2007. Gostaria de agradecer a Chris e a todos que trabalharam voluntariamente no projeto.

Há, no entanto, diferenças significativas entre as versões em áudio e vídeo. Tais diferenças se devem sobretudo ao fato de que leciono sempre de maneira *ex tempore*, concentrando-me em diferentes aspectos do texto, dependendo dos acontecimentos políticos e econômicos atuais, bem como de meus próprios interesses (e até mesmo caprichos) de momento. As discussões em classe também se direcionam frequentemente para caminhos imprevistos. Infelizmente, o espaço não permitiria a inclusão dessas discussões, mas, quando pareceu apropriado, incorporei vários de seus elementos ao texto. Embora eu tenha trabalhado sobretudo com base na versão em áudio, aproveitei elementos do material em vídeo. Obviamente, a edição das transcrições teve de ser draconiana, em parte por causa do espaço, em parte porque a tradução da palavra oral para a escrita sempre requer modificações significativas e, em alguns casos, bastante drásticas. Aproveitei a oportunidade para esclarecer algumas questões não abordadas nas aulas e acrescentar novos pensamentos aqui e ali. A edição d'*O capital* que utilizei no curso é a tradução de Ben Fowkes, publicada primeiro pela Pelican Books e pela *New Left Review* em 1976, republicada pela editora Vintage em 1977 e posteriormente pela Penguin Classics em 1992. As referências seguem a paginação dessas edições*.

Minha esperança é que este "guia" – e realmente penso nele como um guia de viagem, mais do que como uma introdução ou interpretação – seja útil numa primeira exploração da economia política de Marx para todos que desejem trilhar esse caminho. Procurei manter a apresentação num nível introdutório, sem cair, espero, numa simplificação excessiva. Além disso, não considerei em detalhes as muitas controvérsias que giram em torno das diversas interpretações do texto. Ao mesmo tempo, o leitor deve compreender que o que apresento aqui é não uma interpreta-

---

* A edição brasileira baseou-se na tradução de Rubens Enderle para o Livro I d'*O capital*, publicada em 2013 pela Boitempo Editorial. (N. E.)

ção neutra, mas uma leitura a que cheguei depois de ensinar esse texto durante quase quarenta anos, para pessoas de todas as origens (às quais sou devedor, pois me ensinaram muito), enquanto eu tentava usar o pensamento de Marx de modo construtivo em minha própria pesquisa acadêmica em relação à ação política. Não tenho a intenção de persuadir as pessoas a adotar meu ponto de vista. Minha ambição é usá-lo como via de acesso para outros que anseiem construir interpretações que sejam, para eles, maximamente significativas e úteis nas circunstâncias particulares de sua própria vida. Se conseguir atingir esse objetivo, ainda que apenas em parte, estarei absolutamente satisfeito.

Introdução

Meu objetivo é levar você, leitor, a ler um livro de Karl Marx chamado *O capital*, Livro I*, e a lê-lo nos próprios termos de Marx. Isso pode parecer um pouco ridículo, já que, se você ainda não leu o livro, não pode saber quais são os termos de Marx; mas um desses termos, eu lhe asseguro, é que o leia – e cuidadosamente. O aprendizado real sempre implica uma luta para compreender o desconhecido. Minhas próprias leituras d'*O capital*, reunidas no presente volume, serão muito mais esclarecedoras se você tiver lido antes os capítulos em questão. É seu encontro pessoal com o texto de Marx que eu pretendo encorajar, e, na luta direta com ele, você poderá começar a formar uma compreensão própria do pensamento marxiano.

Isso implica, desde já, uma dificuldade. Todo mundo já ouviu falar de Karl Marx, de termos como "marxismo" e "marxista", e um mundo de conotações acompanha essas palavras, de modo que você está preso desde o início a preconcepções e preconceitos, favoráveis ou não. Mas eu lhe peço que procure deixar de lado, o melhor que puder, tudo aquilo que você *acha* que sabe sobre Marx, pois só assim poderá captar o que ele realmente tem a dizer.

Há ainda outros obstáculos para chegar a esse tipo de contato direto. Somos levados, por exemplo, a abordar um texto desse tipo a partir de nossas próprias formações intelectuais e experiências. Para muitos estudantes, essas formações intelectuais são afetadas, quando não governadas, por considerações e preocupações acadêmicas; há uma tendência natural a ler Marx do ponto de vista de uma disciplina particular e exclusivista. O próprio Marx jamais ocupou uma cadeira

---

* Na presente edição, as citações e a numeração das páginas correspondentes referem-se a: Karl Marx, *O capital*, Livro I (trad. Rubens Enderle, São Paulo, Boitempo, 2013). As futuras referências a essa obra serão citadas apenas com indicação das páginas entre parênteses. (N. E.)

12 / Para entender *O capital* I

universitária, em nenhuma disciplina, e mesmo hoje a maioria dos aparatos departamentais dificilmente o aceitaria como um dos seus. Portanto, se você é um estudante de graduação e quer lê-lo corretamente, é melhor não pensar no que ganhará com isso em sua área específica – não em longo prazo, é claro, mas ao menos no propósito de ler Marx. Em suma, você terá de lutar com coragem para determinar o que ele está dizendo além daquilo que você pode entender facilmente com seu aparato disciplinar particular, sua formação intelectual e, mais importante, sua própria história de vida (seja como líder trabalhista ou comunitário, seja como empreendedor capitalista).

Uma importante razão para assumir uma postura aberta em relação a essa leitura é o fato de *O capital* ser um livro extremamente rico. Shakespeare, os gregos, Fausto, Balzac, Shelley, contos de fadas, lobisomens, vampiros e poesia, encontramos tudo isso em suas páginas, ao lado de inúmeros economistas políticos, filósofos, antropólogos, jornalistas e cientistas políticos. Marx trabalha com uma imensa gama de fontes, e pode ser instrutivo – e divertido – refazer seu caminho até elas. Algumas dessas referências podem ser alusivas, já que muitas vezes ele não as indica diretamente; até hoje, à medida que ensino *O capital*, continuo a encontrar novas conexões. Quando comecei, não tinha lido muito Balzac, por exemplo. Mais tarde, ao ler seus romances, peguei-me muitas vezes dizendo: "Ah, foi daqui que Marx tirou tal coisa!". Segundo consta, Marx leu extensivamente a obra de Balzac e ambicionava escrever um estudo completo sobre *A comédia humana*, depois de terminar *O capital*. Ler ao mesmo tempo Balzac e *O capital* ajuda a entender por quê.

O capital é, portanto, um texto rico e multidimensional. Ele se move num vasto mundo de experiências, conceitualizado numa grande diversidade de literaturas escritas em muitas línguas, em diferentes lugares e épocas. Não estou dizendo, apresso-me a explicar, que você não será capaz de compreender Marx se não entender todas as referências. Mas o que me inspira, e espero que inspire você, é a ideia de que há nelas uma imensa gama de recursos que podem esclarecer por que vivemos a vida do modo como a vivemos. Da mesma forma que elas foram a água que moveu o moinho da compreensão marxiana, podemos fazer delas a água para mover o nosso próprio moinho.

Você verá também que *O capital* é um livro impressionante enquanto tal, isto é, como *livro*. Quando é lido como um todo, mostra-se uma construção literária enormemente gratificante. Mas aqui encontramos outras barreiras potenciais a sua compreensão, pois muitos leitores, no decorrer de sua formação, devem ter se deparado com Marx e lido alguns de seus trechos. Talvez tenham lido o *Manifesto Comunista* no Ensino Médio. Ou talvez tenham cursado uma daquelas disciplinas de teoria social em que se gastam duas semanas com Marx, duas com Weber, algumas com Durkheim, Foucault e uma série de outras figuras importantes. Talvez tenham lido excertos d'*O capital* ou alguma exposição teórica das crenças políticas de Marx, por exemplo. No entanto, ler excertos ou resumos é totalmente diferente de ler *O capital* como um texto integral. Você começa a ver os pedaços e as peças sob uma luz radicalmente nova, no contexto de uma narrativa muito mais ampla. É vital que você preste muita atenção à grande narrativa e esteja preparado para mudar sua compreensão dos pedaços e das peças, assim como dos resumos que leu anteriormente. Marx certamente desejaria que sua obra fosse lida como um todo. Objetaria ferozmente à ideia de que pudesse ser compreendido de maneira adequada por meio de excertos, não importa quão estrategicamente escolhidos. Certamente não gostaria de ser estudado por apenas duas semanas num curso introdutório de teoria social, do mesmo modo como teria se dedicado mais do que apenas duas semanas à leitura de Adam Smith. Lendo *O capital* como um todo, é quase certo que você chegará a uma concepção bastante diferente do pensamento de Marx. Mas isso significa que você terá de ler o livro inteiro como um livro – e é nisso que pretendo ajudá-lo.

Existe um modo de leitura em que as formações intelectuais e os pontos de vista disciplinares não apenas são importantes, como fornecem perspectivas úteis sobre *O capital*. Obviamente, sou contra o tipo de leitura exclusivista em torno da qual os estudantes quase invariavelmente organizam suas análises, mas aprendi, ao longo dos anos, que perspectivas disciplinares podem ser instrutivas. Ensino *O capital* quase todos os anos, desde 1971, às vezes duas ou até mesmo três vezes por ano, para grupos de todos os tipos. Num ano, com o todo o Departamento de Filosofia – até certo ponto hegeliano – do então chamado Morgan State College, em Baltimore; noutro ano, com todos os estudantes de graduação do curso de inglês da Universidade Johns Hopkins; e, no outro, majoritariamente com economistas. O fascinante era que cada grupo via coisas diferentes n'*O capital*. Aprendi cada vez mais sobre ele ao trabalhar com pessoas de disciplinas diferentes.

Mas houve momentos em que essa experiência didática se tornou irritante, e até mesmo dolorosa, porque um grupo em particular se recusava a ver as coisas a meu modo ou insistia em questões que me pareciam irrelevantes. Certa vez, tentei ler *O capital* com um grupo do Programa de Línguas Românicas da Universidade Johns Hopkins. Para minha enorme frustração, gastamos quase todo o semestre com o capítulo 1. Eu dizia "Olhem, precisamos ir em frente e chegar, no mínimo, na parte da política da jornada de trabalho", e eles diziam "Não, não, precisamos entender isso melhor. O que é valor? O que ele entende por dinheiro-mercadoria? O que é fetiche?", e assim por diante. Chegaram até a levar para as aulas uma edição alemã para checar as traduções. Descobri que estavam seguindo a tradição de alguém que, na época, eu desconhecia completamente, alguém que, imaginei, devia ser um idiota político, se não um idiota intelectual, para difundir esse tipo de

14 / Para entender *O capital* I

abordagem. Essa pessoa era Jacques Derrida, que havia passado uma temporada na Universidade Johns Hopkins no fim dos anos 1960 e início dos anos 1970. Mais tarde, refletindo sobre essa experiência, percebi que aquele grupo, apenas por insistir em passar a pente fino todo o capítulo 1, havia me ensinado a importância vital de prestar muita atenção à linguagem de Marx – o que ele diz, como diz e também o que toma como pressuposto.

Mas não se preocupe: não tenho a intensão de fazer isso nesta leitura, e não só porque pretendo tratar da discussão marxiana sobre a jornada de trabalho, mas porque quero que você chegue ao fim deste volume. A questão é simplesmente que diferentes perspectivas disciplinares podem ser úteis para descortinar as múltiplas dimensões do pensamento marxiano, e justamente porque ele escreveu esse texto segundo uma tradição de pensamento crítico extremamente rica e diversificada. Sou grato às muitas pessoas e grupos com que li esse livro ao longo de tantos anos, precisamente porque me ensinaram tanto sobre aspectos da obra de Marx que eu jamais teria notado por conta própria. Para mim, essa formação jamais termina.

Três grandes tradições intelectuais e políticas inspiram a análise realizada n'*O capital*, e todas receberam de Marx, que era profundamente comprometido com a teoria crítica, uma análise crítica. Quando relativamente jovem, ele escreveu para um de seus colegas redatores um pequeno texto, cujo título era "Para uma crítica impiedosa de tudo o que existe"*. É óbvio que ele estava sendo modesto – e sugiro que você leia esse texto, porque é fascinante. Ele não diz: "Todos são estúpidos e eu, o grande Marx, vou criticá-los de um ponto de vista externo à existência". Ao contrário, ele argumenta que um grande número de pessoas sérias dedicou-se bravamente a pensar a respeito do mundo e viu certas coisas que deviam ser respeitadas, não importa quão unilaterais ou desvirtuadas fossem. O método crítico toma o que outros disseram e vislumbraram e trabalha com esse material a fim de transformar o pensamento – e o mundo que ele descreve – em algo novo. Para Marx, um conhecimento novo surge do ato de tomar blocos conceituais radicalmente diferentes, friccioná-los uns contra os outros e fazer arder o fogo revolucionário. E é o que ele faz n'*O capital*: combina tradições intelectuais divergentes para criar uma estrutura completamente nova e revolucionária para o conhecimento.

Há três grandes estruturas conceituais convergentes n'*O capital*. A primeira é a economia política clássica – a economia política do século XVII até meados do

---

* O autor refere-se à "Carta de Marx a Arnold Ruge" de setembro de 1843, publicada nos *Deutsch-Französische Jahrbücher* [*Anais Franco-Alemães*] em fevereiro de 1844. Cf. Karl Marx, *Sobre a questão judaica* (São Paulo, Boitempo, 2010), p. 70-3. (N. T.)

século XIX; essa tradição é sobretudo britânica, mas não exclusivamente, e vai de William Petty, Locke, Hobbes e Hume até o grande trio formado por Adam Smith, Malthus e Ricardo, entre outros (James Steuart, por exemplo). A tradição francesa da economia política (fisiocratas como Quesnay, Turgot e, mais tarde, Sismondi e Say), assim como italianos e norte-americanos (como Carey), também forneceu material crítico adicional a Marx. Ele submeteu todos esses autores a uma profunda crítica nos três volumes de notas que hoje chamamos de *Teorias do mais-valor*. Como não tinha fotocopiadora nem internet à disposição, ele copiava laboriosamente longas passagens de Adam Smith e então escrevia um comentário sobre elas, depois copiava longas passagens de James Steuart e então escrevia um comentário sobre elas, e assim por diante. Na verdade, Marx praticava o que hoje chamamos de desconstrução e, com ele, aprendi como desconstruir argumentos. Quando trata de Adam Smith, por exemplo, aceita muito do que ele diz, mas então procura lacunas ou contradições que, quando corrigidas, transformam radicalmente o argumento. Esse tipo de argumentação aparece ao longo de todo *O capital*, porque, como indica o subtítulo, ele se estrutura em torno de "uma crítica da economia política".

O segundo bloco conceitual que compõe a teorização marxiana é a reflexão e a investigação filosófica, que, para Marx, originaram-se com os gregos. Marx escreveu uma tese de doutorado sobre Epicuro e tinha familiaridade com o pensamento grego. Aristóteles, como você verá, serve frequentemente como uma âncora para seus argumentos. Marx também dominava plenamente o modo como o pensamento grego foi introduzido na principal tradição crítico-filosófica alemã – Espinosa, Leibniz e, é claro, Hegel, assim como Kant e muitos outros. Marx faz uma conexão entre essa tradição crítico-filosófica alemã e a tradição político-econômica inglesa e francesa, embora, mais uma vez, seja errado entender isso apenas em termos de tradições nacionais (afinal de contas, Hume era tanto filósofo – se bem que empirista – quanto economista político, e a influência de Descartes e Rousseau sobre Marx é considerável). Mas a tradição crítico-filosófica alemã foi a que teve mais peso sobre Marx, porque foi nela que ele foi treinado. E o clima crítico provocado pelo grupo que mais tarde seria conhecido como os "jovens hegelianos", nas décadas de 1830 e 1840, influenciou-o enormemente.

A terceira tradição a que Marx recorre é a do socialismo utópico. Na época, essa tradição era fundamentalmente francesa, embora o papel de fundador da tradição moderna – que, no entanto, também remonta aos gregos – seja creditado em geral a um inglês, Thomas More, assim como a outro inglês, Robert Owen, que não apenas escreveu longos tratados utópicos, como tentou pôr em prática muitas de suas ideias quando Marx ainda era vivo. Mas foi na França que ocorreu, nos anos 1830 e 1840, a grande explosão do pensamento utópico, largamente inspirado nos primeiros escritos de Saint-Simon, Fourier e Babeuf. Tivemos, por exemplo, Étienne Cabet (fundador de um grupo, os "icarianos", que se instalou nos Estados Unidos após 1848); Proudhon e os proudhonianos; August Blanqui (que cunhou a expressão "ditadura do proletariado") e muitos que, assim como ele, aderiram à tradição jacobina (como Babeuf); o movimento saint-simoniano; os fourieristas (assim como à de Victor Considerant); e as feministas socialistas (como Flora Tristan). E foi na França, nos anos 1840, que muitos radicais resolveram chamar a si mesmos de comunistas, embora não tivessem a mínima ideia do que isso significava. Marx estava bem familiarizado com essa tradição, ou mesmo imerso nela, especialmente em Paris, antes de ser expulso em 1844, e acredito que extraiu dela mais do que admitia. É compreensível que ele procurasse se distanciar do utopismo dos anos 1830 e 1840, que para ele foi o responsável, em vários sentidos, pelo fracasso da revolução de 1848 em Paris. Ele não gostava quando os utópicos elaboravam uma sociedade ideal sem ter nenhuma ideia de como passar daqui para lá, oposição que ficou clara no *Manifesto Comunista*. Por isso, em relação a essas ideias, ele frequentemente procede por meio da negação, em particular com respeito ao pensamento de Fourier e Proudhon.

Essas são as três principais linhas conceituais que se conjugam em *O capital*. Seu objetivo era transformar o projeto político radical do que ele considerava um socialismo utópico raso num comunismo científico. Mas, para isso, ele não podia apenas confrontar os utópicos com os economistas políticos. Ele tinha de recriar e reconfigurar o próprio método científico. Em linhas gerais, podemos dizer que esse novo método científico se funda na interrogação da tradição britânica da economia política clássica, usa as ferramentas da tradição alemã da filosofia crítica e aplica tudo isso para iluminar o impulso utópico francês e responder às seguintes perguntas: o que é o comunismo e como os comunistas deveriam pensar? Como podemos entender e criticar *cientificamente* o capitalismo, de modo a preparar de maneira mais efetiva o caminho para a revolução comunista? Como veremos, *O capital* tem muito a dizer sobre a compreensão científica do capitalismo, mas não sobre como construir uma revolução comunista. Também encontramos poucas informações sobre como seria a sociedade comunista.

———◆———

Já mencionei algumas das dificuldades da leitura d'*O capital* nos termos de Marx. O próprio Marx tinha consciência dessas dificuldades e, o que é interessante, fez comentários a respeito delas em seus vários prefácios. No prefácio à edição francesa, por exemplo, responde à sugestão de dividir a edição em fascículos. "Aplaudo vossa ideia de publicar a tradução d'*O capital* em fascículos", escreveu em 1872.

Sob essa forma, o livro será mais acessível à classe trabalhadora e, para mim, essa consideração é mais importante do que qualquer outra.

Esse é o belo lado de vossa medalha, mas eis seu lado reverso: o método de análise que empreguei, e que ainda não havia sido aplicado aos assuntos econômicos, torna bastante árdua a leitura dos primeiros capítulos, e é bem possível que o público francês, sempre impaciente por chegar a uma conclusão, ávido por conhecer a relação dos princípios gerais com as questões imediatas que despertaram suas paixões, venha a se desanimar pelo fato de não poder avançar imediatamente.

Eis uma desvantagem contra a qual nada posso fazer, a não ser prevenir e premunir os leitores ávidos pela verdade. Não existe uma estrada real para a ciência, e somente aqueles que não temem a fadiga de galgar suas trilhas escarpadas têm chance de atingir seus cumes luminosos. (93)

Assim, também eu tenho de começar advertindo os leitores de Marx, por mais ávidos pela verdade que estejam, que, de fato, os primeiros capítulos d'*O capital* são particularmente difíceis. Há duas razões para isso. Uma diz respeito ao método de Marx, que examinaremos brevemente mais adiante. A outra tem a ver com o modo particular como ele concebeu seu projeto.

O objetivo de Marx n'*O capital* é, por meio de uma crítica da economia política, compreender como o capitalismo funciona. Ele sabe que isso será uma empreitada enorme. Para realizar tal projeto, precisa desenvolver um aparato conceitual que o ajude a entender toda a complexidade do capitalismo e, numa de suas introduções, explica como planeja fazer isso. "Sem dúvida", escreve ele no posfácio à segunda edição, "o modo de exposição tem de se distinguir, segundo sua forma, do modo de investigação":

A investigação tem de se apropriar do material [*Stoff*] em seus detalhes, analisar suas diferentes formas de desenvolvimento e rastrear seu nexo interno. Somente depois de consumado esse trabalho é que se pode expor adequadamente o movimento real. Se isso é realizado com sucesso, e se a vida do material [isto é, do modo de produção capitalista] é agora refletida idealmente, o observador pode ter a impressão de se encontrar diante de uma construção *a priori*. (90)

O método de investigação de Marx começa com tudo o que existe – a realidade tal como é experimentada, assim como todas as descrições disponíveis dessa experiência na obra de economistas políticos, filósofos, romancistas etc. Ele submete esse material a uma crítica rigorosa a fim de descobrir conceitos simples, porém poderosos, que iluminem o modo como a realidade funciona. É isso que ele chama de método de descenso – partimos da realidade imediata ao nosso redor e busca-

18 / Para entender *O capital* I

mos, cada vez mais profundamente, os conceitos fundamentais dessa realidade. Uma vez equipados com esses conceitos fundamentais, podemos fazer o caminho de retorno à superfície – o método de ascenso – e descobrir quão enganador o mundo das aparências pode ser. Essa posição vantajosa nos permite interpretar esse mundo em termos radicalmente diferentes.

Em geral, Marx parte da aparência superficial para, então, encontrar os conceitos profundos. N'*O capital*, porém, ele começa apresentando os conceitos fundamentais, as conclusões a que chegou com a aplicação de seu método de investigação. Ele simplesmente expõe seus conceitos nos primeiros capítulos, diretamente e em rápida sucessão, de uma forma que, de fato, faz com que pareçam construções *a priori* e até mesmo arbitrárias. Assim, numa primeira leitura, não é raro que o leitor se pergunte: de onde saíram todas essas ideias e conceitos? Por que ele os usa assim? Na maioria das vezes, você não tem ideia do que ele está falando. Mas, à medida que você avança, torna-se claro como esses conceitos iluminam nosso mundo. Em pouco tempo, conceitos como valor e fetichismo adquirem sentido.

Contudo, só entendemos plenamente como esses conceitos funcionam no fim do livro! Ora, essa é uma estratégia incomum, até mesmo peculiar. Estamos muito mais familiarizados com procedimentos que constroem o argumento tijolo por tijolo. Em Marx, o argumento se parece mais com uma cebola. Talvez essa metáfora seja infeliz, porque, como alguém me advertiu certa vez, quando cortamos uma cebola, ela nos faz chorar. Marx parte do exterior da cebola, removendo as camadas externas da realidade até atingir o centro, o núcleo conceitual. Em seguida, encaminha a argumentação para fora, retornando à superfície através de várias camadas de teoria. O verdadeiro poder do argumento só se torna claro quando, tendo retornado ao reino da experiência, vemos que possuímos um arcabouço inteiramente novo de conhecimento para a compreender e interpretar essa experiência. Na época, Marx revelou uma grande compreensão daquilo que faz o capitalismo crescer do modo como cresce. Assim, conceitos que à primeira vista parecem abstratos e *a priori* tornam-se cada vez mais ricos e plenos de sentido; à medida que avança, Marx expande a abrangência de seus conceitos.

Esse procedimento é diferente da argumentação construída tijolo por tijolo, e não é fácil adaptar-se a ele. Na prática, isso significa que você tem de perseverar como um louco, em particular nos três primeiros capítulos, em que não sabe muito bem o que está acontecendo, até ter uma noção mais clara das coisas, à medida que avança. Só então você começará a perceber como esses conceitos funcionam.

O ponto de partida de Marx é o conceito de mercadoria. À primeira vista, parece uma questão um tanto arbitrária, se não estranha, para se começar. Quando pensamos em Marx, vêm a nossa mente frases como "toda a História tem sido a história da luta de classes", do *Manifesto Comunista**. Se é assim, por que *O capital* não começa com a luta de classes? Temos de ler quase trezentas páginas até conseguir mais do que uma simples pista sobre o assunto, o que pode frustrar aqueles que procuram um guia rápido de ação. Por que Marx não começa com o dinheiro? Na verdade, em suas investigações preparatórias, ele pretendia partir daí, mas, depois de estudos suplementares, concluiu que o dinheiro, mais do que presumido, tinha de ser explicado. Por que ele não começa então com o trabalho, outro conceito com que está profundamente associado? Por que começar com a mercadoria? É significativo que os escritos preparatórios de Marx indiquem um longo período, de cerca de vinte ou trinta anos, em que ele se debateu com a questão de por onde começar. O método do descenso levou-o ao conceito de mercadoria, mas ele não tenta justificar essa escolha nem se incomoda em defender sua legitimidade. Apenas começa com a mercadoria, e ponto final.

É fundamental entender que ele constrói uma argumentação com base numa conclusão já determinada. Isso dá a seu argumento um começo enigmático, e o leitor fica tentado a se desmotivar ou irritar com tamanha arbitrariedade, a ponto de querer abandonar o livro no capítulo 3. Assim, Marx tem toda a razão quando diz que o começo d'*O capital* é particularmente difícil. Minha tarefa inicial é, portanto, guiar o leitor através dos primeiros três capítulos, pelo menos. Isso tornará a navegação posterior bem mais tranquila.

Sugeri no início, entretanto, que o aparato conceitual que Marx constrói ali está relacionado não apenas com o Livro I, mas com a análise d'*O capital* como um todo. E, é claro, três volumes chegaram a nós, de modo que, se você quer de fato entender o modo de produção capitalista, infelizmente terá de ler os três. O Livro I oferece apenas uma perspectiva. Mas o que é pior ainda é que os três volumes são apenas um oitavo (quando muito) daquilo que ele tinha em mente. Eis o que ele escreveu num texto preparatório, intitulado *Grundrisse*, em que esboça vários formatos para *O capital*. Diz ele em determinado ponto que ambiciona tratar das seguintes questões:

> 1) as determinações universais abstratas, que, por essa razão, correspondem mais ou menos a todas as formas de sociedade [...]. 2) As categorias que constituem a articulação interna da sociedade burguesa e sobre as quais se baseiam as classes fundamentais. Capital, trabalho assalariado, propriedade fundiária. As suas relações recíprocas. Cidade e campo. As três grandes classes sociais. A troca entre elas. Circulação. Sistema de crédito (privado). 3) Síntese da sociedade burguesa na forma do Estado. Considerada em relação a si mesma. As classes

---

* Karl Marx e Friedrich Engels, *Manifesto Comunista* (São Paulo, Boitempo, 1998), p. 74. (N. E.)

20 / Para entender *O capital* I

"improdutivas". Impostos. Dívida pública. Crédito público. A população. As colônias. Emigração. 4) Relação internacional da produção. Divisão internacional do trabalho. Troca internacional. Exportação e importação. Curso do câmbio. 5) O mercado mundial e as crises.*

Marx não chegou nem perto de concluir esse projeto. Na verdade, desenvolveu apenas alguns poucos desses tópicos de forma sistemática ou detalhada. E muitos deles – como o sistema de crédito e o sistema financeiro, as atividades coloniais, o Estado, as relações internacionais, o mercado mundial e suas crises – são absolutamente cruciais para a compreensão do capitalismo. Em seus volumosos escritos, há indicações de como tratar esses tópicos, como entender melhor o Estado, a sociedade civil, a imigração, o câmbio monetário e coisas do gênero. E, como procurei mostrar em meu livro *Os limites do capital***, é possível conjugar alguns dos fragmentos que Marx nos deixou a respeito desses tópicos para formar um conjunto compreensível. Mas é importante reconhecer que o aparato conceitual apresentado no início d'*O capital* carrega o fardo de assentar as bases desse projeto tão importante, mas incompleto.

O Livro I, como você verá, analisa o modo de produção capitalista do ponto de vista da produção, não do mercado nem do comércio global, mas exclusivamente da produção. O Livro II (nunca concluído) toma a perspectiva das relações de troca. O Livro III (também não concluído) concentra-se inicialmente na formação das crises como produto das contradições fundamentais do capitalismo; trata também de questões relativas a distribuição do excedente sob a forma do juro, retorno do capital financeiro, renda da terra, lucro do capital mercantil, tributos e outras questões do gênero. Assim, a análise desenvolvida no Livro I tem muitas lacunas, mas certamente há nela o bastante para entender como o modo de produção capitalista realmente funciona.

Isso nos leva de volta ao método de Marx. Uma das coisas mais importantes a entender num estudo cuidadoso do Livro I é como o método de Marx funciona. A meu ver, isso é tão importante quanto as proposições que ele deduz a respeito do funcionamento do capitalismo, pois, uma vez que se aprenda o método e se tenha prática em sua aplicação e confiança em seu poder, pode-se usá-lo para entender quase tudo. É claro que esse método deriva da dialética, que é, como diz Marx no prefácio já citado, um método de investigação "que ainda não havia sido aplicado aos assuntos econômicos" (93). Ele também discute esse método dialético no posfácio à segunda edição. Embora suas ideias derivem de Hegel, o método dialético de Marx, "em seus fundamentos, não é apenas diferente do método hegeliano, mas

---

* Karl Marx, *Grundrisse: manuscritos econômicos de 1857-1858 – Esboços da crítica da economia política* (São Paulo, Boitempo, 2011), p. 61. (N. E.)

** São Paulo, Boitempo, no prelo. (N. E.)

exatamente seu oposto" (90). Vem daí a célebre afirmação de que Marx inverteu a dialética hegeliana e colocou-a na posição certa, isto é, de pé.

Em certos aspectos, como veremos, isso não é exatamente verdade. Marx não se limitou a inverter o método dialético, ele o revolucionou. "Critiquei o lado mistificador da dialética hegeliana há cerca de trinta anos", diz ele, referindo-se a sua *Crítica da filosofia do direito de Hegel**. Tal crítica foi o momento fundamental em que Marx redefiniu sua relação com a dialética hegeliana. Ele desaprova o fato de que a forma mistificada da dialética, tal como difundida por Hegel, tenha se tornado moda na Alemanha nos anos 1830 e 1840 e empenha-se em corrigi-la, a fim de que ela possa dar conta de "toda forma historicamente desenvolvida em seu estado fluido, em movimento". Marx teve, portanto, de reconfigurar a dialética para que ela também pudesse apreender o "aspecto transiente" de uma sociedade. Em suma, a dialética tem de ser capaz de entender e representar processos em movimento, mudança e transformação. Tal dialética "não se deixa intimidar por nada e é, por essência, crítica e revolucionária" (91), precisamente por chegar ao cerne das transformações sociais, tanto atuais como potenciais.

O que Marx revela aqui é sua intenção de reinventar o método dialético para que este dê conta das relações graduais e dinâmicas entre os elementos que compõem o sistema capitalista. Ele tenciona fazer isso para capturar a fluidez e o movimento, porque, como veremos, a mutabilidade e o dinamismo do capitalismo o impressionam muito. Isso contradiz a reputação que invariavelmente acompanha Marx, descrito como um pensador estruturalista fixo e imóvel. *O capital*, no entanto, revela um Marx que fala continuamente de movimento e mudança – os processos – da circulação do capital, por exemplo. Portanto, ler Marx em seus próprios termos exige que você tenha sempre em mente aquilo que ele entende por "dialética".

O problema, porém, é que Marx nunca escreveu um tratado sobre dialética e nunca explicou seu método dialético (embora dê indicações aqui e ali, como veremos). Assim, temos um aparente paradoxo: para entender o método dialético de Marx, você tem de ler *O capital*, porque ele é a fonte de sua prática real; mas, para entender *O capital*, você tem de entender o método dialético de Marx. Uma leitura cuidadosa d'*O capital* dará uma noção de como funciona esse método; quanto mais o ler, melhor você entenderá *O capital* como livro.

Uma das coisas curiosas do nosso sistema de ensino, a meu ver, é que, quanto melhor for seu treinamento numa disciplina, menos habituado ao método dialético você será. De fato, as crianças pequenas são muito dialéticas, veem tudo em movimento, em contradição e transformação. Temos de fazer um esforço enorme para

---

*   2. ed., São Paulo, Boitempo, 2010. (N. E.)

que elas deixem de pensar dialeticamente. O que Marx pretende é recuperar o poder intuitivo do método dialético, que permite compreender que tudo está em processo, tudo está em movimento. Ele não fala simplesmente de trabalho, mas do *processo* de trabalho. O capital não é uma coisa, mas um processo que só existe em *movimento*. Quando a circulação cessa, o valor desaparece e o sistema começa a desmoronar. Veja o que aconteceu depois do 11 de Setembro de 2001, em Nova York: tudo ficou paralisado. Os aviões pararam de voar, as pontes e estradas foram fechadas. Três dias depois, percebeu-se que o capitalismo desmoronaria se as coisas não voltassem a se movimentar. Então, de repente, o prefeito Giuliani e o presidente Bush pediram que a população sacasse seus cartões de crédito e fosse às compras, voltasse à Broadway, lotasse os restaurantes. Bush chegou a aparecer num comercial da indústria aeroviária para encorajar os norte-americanos a voltar a voar.

O capitalismo não é nada se não estiver em movimento. Marx admira muito isso e não se cansa de evocar o dinamismo transformador do capital. Por isso é tão estranho que seja caracterizado com tanta frequência como um pensador estático, que reduz o capitalismo a uma configuração estrutural. Não, o que Marx procura n'*O capital* é um aparato conceitual, uma estrutura profunda que explique como o movimento se desenvolve concretamente no interior de um modo de produção capitalista. Consequentemente, muitos de seus conceitos são formulados mais como *relações* do que como princípios isolados; eles se referem a uma atividade transformadora.

Assim, conhecer e apreciar o método dialético d'*O capital* é essencial para compreender Marx em seus próprios termos. Muitas pessoas, inclusive marxistas, discordariam disso. Os chamados marxistas analíticos – pensadores como G. A. Cohen, John Roemer e Robert Brenner – desprezam a dialética. Gostam de se denominar "marxistas sem lorotas". Preferem transformar a argumentação de Marx numa série de proposições analíticas. Outros transformam seus argumentos num modelo causal de mundo. Há até uma interpretação positivista de Marx que permite testar sua teoria com dados empíricos. Em todos esses casos, porém, a dialética é desconsiderada. Não estou dizendo com isso, em princípio, que os marxistas analíticos estejam errados nem que aqueles que fazem de Marx um construtor de modelos positivista estejam equivocados. Talvez estejam certos; mas insisto que os termos próprios de Marx são dialéticos, e isso nos obriga, portanto, a fazer uma leitura dialética d'*O capital*.

Uma última questão: nosso objetivo é ler Marx em seus próprios termos, mas, na medida em que estou guiando essa leitura, esses termos serão inevitavelmente afetados por meus interesses e experiências. Dediquei grande parte de minha vida acadêmica a aplicar a teoria marxiana ao estudo da urbanização sob o capitalismo, do desenvolvimento geográfico desigual e do imperialismo, e é evidente que essa experiência afetou o modo como leio *O capital*. Para começar, essas preocupações são mais práticas do que filosóficas ou teórico-abstratas; minha abordagem sempre foi perguntar o que *O capital* pode nos ensinar a respeito de como a vida cotidiana é vivida nas grandes cidades produzidas pelo capitalismo. Durante os mais de trinta anos de contato que tive com esse texto, aconteceram muitas mudanças geográficas, históricas e sociais. Na verdade, uma das razões por que gosto de ensinar *O capital* todo ano é que sempre tenho de perguntar a mim mesmo como ele será lido, quais questões que antes passavam despercebidas chamarão minha atenção. Volto a Marx menos em busca de um guia do que de potenciais *insights* teóricos sobre mudanças geográficas, históricas e populacionais. É claro que, nesse processo, minha compreensão do texto mudou. Na medida em que o clima histórico e intelectual nos coloca diante de questões e perigos aparentemente sem precedentes, o modo como lemos *O capital* também tem de mudar e se adaptar.

Marx fala sobre esse processo de reformulação e reinterpretação necessárias. A teoria burguesa, observa ele, entendia o mundo de determinada maneira no século XVIII, mas a marcha da história tornou irrelevantes essa teoria e suas formulações teóricas (84-6). As ideias têm de mudar ou se reconfigurar à medida que as circunstâncias mudam. Marx entendeu e representou o mundo capitalista de modo brilhante nos anos 1850 e 1860, mas o mundo mudou, e isso traz mais uma vez a pergunta: em que sentido esse texto pode ser aplicado ao nosso próprio tempo? Infelizmente, a meu ver, a contrarrevolução neoliberal que dominou o capitalismo global nos últimos trinta anos contribuiu muito para reproduzir mundialmente aquelas mesmas condições que Marx desconstruiu de maneira tão brilhante na Inglaterra dos anos 1850 e 1860. Por isso insiro nessas leituras alguns comentários tanto sobre a relevância d'*O capital* para o mundo atual quanto sobre a leitura mais adequada do texto às exigências de nossa época.

Mas, sobretudo, quero que você faça sua própria leitura d'*O capital*. Em outras palavras, espero que você estabeleça uma relação com o texto nos termos de sua experiência pessoal – intelectual, social, política – e aprenda com ele à sua maneira. Espero que tenha bons e esclarecedores momentos conversando com o texto, digamos assim, e deixando que ele converse de volta com você. Esse tipo de diálogo é um excelente exercício para tentar entender o que parece quase impossível. Cabe a cada leitor traduzir *O capital* de modo que tenha sentido para sua vida. Não há – e não pode haver – uma interpretação definitiva, precisamente porque o mundo está em contínua mudança. Como provavelmente diria Marx, *hic Rhodus, hic salta**! A bola é sua, chute!

---

*   Referência a "*Hic Rhodus, hic saltus*" [Aqui é Rodes, salta aqui mesmo!], tradução latina de um trecho da fábula *O atleta fanfarrão*, de Esopo. Em *O 18 de brumário de Luís Bonaparte* (São Paulo, Boitempo, 2011), Marx emprega a citação modificada, em latim e em alemão (*Hic Rodhus, hic salta! Hier ist die Rose, hier tanze!* [Aqui está a rosa, dança agora!]), em alusão ao uso que Hegel faz da expressão no prefácio da *Filosofia do direito*. No caso presente, embora não se trate de uma referência a Hegel, Marx mantém a mesma forma modificada empregada em *O 18 de brumário*. (N. T.)

1. MERCADORIAS E TROCA

CAPÍTULO 1: A MERCADORIA

ITEM 1: OS DOIS FATORES DA MERCADORIA: VALOR DE USO E VALOR
(SUBSTÂNCIA DO VALOR, GRANDEZA DO VALOR)

Vamos começar com uma análise detalhada do primeiro item do capítulo 1. Procedo assim, em parte, porque Marx apresenta aqui categorias fundamentais de maneira apriorística, de certo modo enigmática, com argumentos do tipo *take-it--or-leave-it* [pegar ou largar], que poderiam ser mais bem elaborados. Mas também quero que você se familiarize o mais rápido possível com o tipo de leitura minuciosa que *O capital* exige, caso queira entendê-lo. Não se preocupe, não vou manter esse nível de intensidade!

A mercadoria é o ponto de partida *a priori* de Marx. "A riqueza das sociedades nas quais reina o modo de produção capitalista", diz ele, "aparece como uma 'enorme coleção de mercadorias'[1], e a mercadoria individual, por sua vez, aparece como sua forma elementar. Nossa investigação começa, por isso, com a análise da mercadoria" (113). Mas preste atenção à linguagem. A palavra "aparece" surge duas vezes nessa passagem e, evidentemente, "aparece" não é o mesmo que "é". A escolha dessa palavra – e fique atento a isso, porque Marx faz um uso abundante dela ao longo d'*O capital* – indica que uma coisa diferente acontece por trás da aparência superficial. Somos imediatamente convidados a refletir sobre o que isso pode significar.

---

[1] Karl Marx, *Zur Kritik der Politischen Ökonomie* (Berlim, 1859), p. 3 [ed. bras.: *Contribuição à crítica da economia política*, 2. ed., São Paulo, Expressão Popular, 2008].

Note também que Marx está preocupado exclusivamente com o modo de produção capitalista. Ele não se ocupa com os modos antigos de produção, com os modos socialistas de produção ou mesmo com os modos híbridos, apenas com o modo de produção capitalista em forma pura. É importante lembrar disso daqui em diante.

Começar com as mercadorias se revela muito útil, porque qualquer pessoa tem contato e experiências diárias com elas. Estamos constantemente cercados de mercadorias, gastamos tempo comprando, olhando, desejando ou recusando mercadorias. A forma-mercadoria é uma presença universal no interior do modo de produção capitalista. Marx escolheu *o* denominador comum, algo familiar e comum a todos nós, sem distinção de classe, raça, gênero, religião, nacionalidade, preferência sexual ou o que for. Tomamos conhecimento das mercadorias de maneira cotidiana e, além disso, elas são essenciais a nossa existência: temos de comprá-las para viver.

As mercadorias são negociadas no mercado, e isso leva imediatamente à pergunta: que tipo de transação econômica é essa? A mercadoria é algo que satisfaz uma carência, uma necessidade ou um desejo humanos. É algo externo a nós, de que tomamos posse e transformamos em nosso. Contudo, Marx declara de imediato que não está interessado na "natureza dessas necessidades – se, por exemplo, elas provêm do estômago ou da imaginação". Seu único interesse é o simples fato de que as pessoas compram mercadorias, e esse é um ato fundador do modo como as pessoas vivem. Existem, é claro, milhões de mercadorias no mundo, e todas são diferentes quando se considera sua qualidade material e o modo como são descritas quantitativamente (quilos de farinha, pares de meias, quilowatts de eletricidade, metros de tecido etc.). Marx, porém, desconsidera toda essa imensa diversidade, dizendo que a descoberta das "múltiplas formas de uso das coisas é um ato histórico", assim como também é um ato histórico "encontrar as medidas sociais para a quantidade das coisas úteis". Mas ele precisa encontrar um caminho para falar da mercadoria em geral. "A utilidade de uma coisa" pode ser mais bem conceituada como um "valor de uso" (113-4). Esse conceito de valor de uso é vital para tudo que vem em seguida.

Note com que rapidez ele abstrai a incrível diversidade de carências, necessidades e desejos, assim como a imensa variedade de mercadorias, pesos e medidas, para focar o conceito unitário de valor de uso. Isso ilustra um argumento que ele apresenta num dos prefácios, em que diz que o problema da ciência social é que, com ela, não podemos isolar e conduzir experimentos controlados em laboratório, então temos, ao contrário, de usar o poder da abstração para chegar a formas científicas similares de compreensão (77-8). Nessa passagem inicial, o processo de abstração é apresentado pela primeira vez, mas ela certamente não será a única.

Mas "na forma de sociedade que iremos analisar" (isto é, o capitalismo), as mercadorias "constituem, ao mesmo tempo, os suportes materiais [...] do valor de troca". Devemos tomar cuidado com a palavra "suporte", pois servir de suporte para alguma coisa não é o mesmo que ser essa coisa. As mercadorias são suportes de algo que ainda será definido. Como podemos saber, então, o que é aquilo para que a mercadoria serve de suporte? Quando olhamos para os processos efetivos de troca no mercado, testemunhamos uma imensa variedade de proporções de troca entre, por exemplo, camisas e sapatos, maçãs e laranjas, e essas proporções de troca variam consideravelmente, mesmo entre os mesmos produtos, conforme a época e o lugar. Assim, à primeira vista, é como se as proporções de troca fossem "algo acidental e puramente relativo" (note a palavra "relativo"), de modo que a ideia de um "valor de troca intrínseco, imanente à mercadoria (*valeur intrinsèque*)", "aparece" como "uma *contradictio in adjecto* [contradição nos próprios termos]" (114). Por outro lado, qualquer coisa é, em princípio, intercambiável com qualquer outra. As mercadorias podem continuar mudando de mãos e se movimentando num sistema de trocas. Há algo que faz com que todas as mercadorias sejam comensuráveis na troca. Segue-se daí, "em primeiro lugar: que os valores válidos de troca das mesmas mercadorias expressam uma igualdade. Em segundo lugar, porém: que o valor de troca não pode ser mais do que o modo de expressão, a 'forma de manifestação' de um conteúdo que dele pode ser distinguido". Não se pode dissecar uma mercadoria e encontrar nela aquele elemento que a torna intercambiável. O que a torna intercambiável tem de ser outra coisa, e essa outra coisa só pode ser descoberta quando a mercadoria está sendo trocada (e aqui a ideia de movimento e processo começa a surgir como algo fundamental). Quando a mercadoria troca de mãos, ela expressa, com isso, não apenas algo que diz respeito a suas próprias qualidades, mas às qualidades de todas as mercadorias, isto é, que elas são comensuráveis entre si. Por que elas são comensuráveis, e do que deriva essa comensurabilidade? "Cada uma delas [as mercadorias], na medida em que é valor de troca, tem, portanto, de ser redutível a essa terceira" (115).

"Esse algo em comum", argumenta Marx, "não pode ser uma propriedade geométrica, física, química ou qualquer outra propriedade natural das mercadorias" (115). Isso leva a uma mudança significativa no argumento. Marx é descrito em geral como um materialista empedernido, se não fundamentalista. Tudo tem de ser material para que seja validamente considerado real, mas ele nega que a materialidade das mercadorias seja capaz de nos dizer alguma coisa sobre aquilo que as torna comensuráveis. "Como valores de uso, as mercadorias são, antes de tudo, de diferente qualidade; como valores de troca, elas podem ser apenas de quantidade diferente, sem conter, portanto, nenhum átomo de valor de uso." A comensurabilidade das mercadorias não é constituída por seus valores de uso. "Prescindindo do valor de uso dos corpos das mercadorias, resta nelas uma única propriedade" – e aqui Marx faz mais um daqueles saltos *a priori* por meio de uma

28 / Para entender *O capital* I

asserção – "a de serem produtos do trabalho" (116). Assim, todas as mercadorias são produto do trabalho humano. O que as mercadorias têm em comum é que são suporte do trabalho humano incorporado em sua produção.

Mas, ele pergunta em seguida, que tipo de trabalho humano é incorporado nas mercadorias? Não pode ser o tempo efetivamente despendido no trabalho – o que ele chama de trabalho concreto –, porque nesse caso uma mercadoria seria tanto mais valiosa quanto mais tempo durasse sua produção. Ora, por que eu pagaria determinado preço por um artigo que alguém levou um bom tempo para produzir, se eu pudesse pagar a metade a alguém que o produziu na metade do tempo? Assim, conclui ele, todas as mercadorias são "reduzid[a]s a trabalho humano igual, a trabalho humano abstrato" (116).

Mas em que consiste esse trabalho humano abstrato? As mercadorias são resíduos "dos produtos do trabalho. Deles não restou mais do que uma objetividade fantasmagórica, uma simples geleia de trabalho humano indiferenciado [...]. Como cristais dessa substância que lhes é comum, elas são valores – valores de mercadorias" (116).

Que concisão e, no entanto, que riqueza de significado! Se o trabalho humano abstrato é uma "objetividade fantasmagórica", como podemos vê-lo ou medi-lo? Que tipo de materialismo é esse?

Como você pode notar, Marx não precisou de mais do que quatro páginas, cheias de asserções enigmáticas, para lançar os conceitos fundamentais e conduzir a argumentação do valor de uso para o valor de troca, para o trabalho humano abstrato e, por fim, para o valor como geleia de trabalho humano indiferenciado. É seu valor que torna as mercadorias comensuráveis, e esse valor é tanto ocultado como uma "objetividade fantasmagórica" quanto operante nos processos de troca de mercadorias. Isso leva à pergunta: o valor é realmente uma "objetividade fantasmagórica" ou apenas aparece dessa forma?

Com isso, podemos reinterpretar o valor de troca como "o modo necessário de expressão ou forma de manifestação do valor" (116). Note mais uma vez a palavra "aparição", mas nesse caso podemos ver a relação pelo lado oposto, porque o mistério sobre o que torna as mercadorias intercambiáveis é entendido agora como um mundo de aparições dessa "objetividade fantasmagórica" chamada valor. O valor de troca é uma representação necessária do trabalho humano incorporado nas mercadorias. Quando vamos ao supermercado, podemos descobrir os valores de troca, mas não podemos ver ou medir diretamente o trabalho humano incorporado nas mercadorias. É essa incorporação do trabalho humano que está presente fantasmagoricamente nas prateleiras. Pense nisso da próxima vez que for ao supermercado e estiver cercado desses fantasmas!

Marx retorna, então, à questão a respeito do tipo de trabalho que está envolvido na produção de valor. O valor é "trabalho humano abstrato [...] objetivado [...]

ou materializado" na mercadoria. Como esse valor pode ser medido? Em primeiro lugar, isso claramente nos remete ao tempo de trabalho. Contudo, como observei ao estabelecer a diferença entre trabalho concreto e abstrato, ele não pode ser o tempo de trabalho efetivamente despendido na produção, pois, desse modo, "quanto mais preguiçoso ou inábil for um homem, tanto maior o valor de sua mercadoria". Portanto, o "trabalho que constitui a substância dos valores é trabalho humano igual, dispêndio da mesma força de trabalho humana". Para compreender o que significa esse "dispêndio da mesma força de trabalho humana", é preciso olhar para "a força de trabalho conjunta da sociedade, que se apresenta nos valores do mundo das mercadorias" (117).

Essa asserção *a priori* tem enormes implicações. No entanto, Marx não trata delas aqui. Sendo assim, devo fazer isso por ele, para que você não entenda mal a teoria do valor. Falar de "força de trabalho conjunta da sociedade" é invocar tacitamente um mercado mundial que foi introduzido pelo modo de produção capitalista. Onde começa e onde termina essa "sociedade", isto é, o mundo da troca capitalista de mercadorias? Neste exato momento, ela está presente na China, no México, no Japão, na Rússia, na África do Sul – trata-se de um conjunto global de relações. A medida do valor é derivada desse mundo inteiro de trabalho humano. Mas isso também valia, ainda que em menor escala, para a época de Marx. No *Manifesto Comunista*, há uma descrição brilhante daquilo que hoje chamamos de globalização:

> Pela exploração do mercado mundial, a burguesia imprime um caráter cosmopolita à produção e ao consumo em todos os países [...] ela roubou da indústria sua base nacional. As velhas indústrias nacionais foram destruídas e continuam a ser destruídas diariamente. São suplantadas por novas indústrias, cuja introdução se torna uma questão vital para todas as nações civilizadas – indústrias que já não empregam matérias-primas nacionais, mas sim matérias-primas vindas das regiões mais distantes, e cujos produtos se consomem não somente no próprio país mas em todas as partes do mundo. Ao invés das antigas necessidades, satisfeitas pelos produtos nacionais, surgem novas demandas, que reclamam para sua satisfação os produtos das regiões mais longínquas e de climas os mais diversos. No lugar do antigo isolamento de regiões e nações autossuficientes, desenvolvem-se um intercâmbio universal e uma universal interdependência das nações.*

É nesse terreno global dinâmico de relações de troca que o valor é determinado e redeterminado continuamente. Marx escreveu num contexto histórico em que o mundo se abria muito rapidamente para o mercado global pela navegação a vapor,

---

* Karl Marx e Friedrich Engels, *Manifesto Comunista*, cit., p. 43. (N. E.)

pelas estradas de ferro e pelo telégrafo. E ele entendeu muito bem que o valor não era determinado no nosso quintal, ou mesmo no interior de uma economia nacional, mas surgia de um mundo inteiro de troca de mercadorias. E aqui ele usa novamente o poder da abstração para chegar à ideia de unidades de trabalho homogêneo, em que cada uma "é a mesma força de trabalho humana que a outra, na medida em que possui o caráter de uma força de trabalho social média e atua como tal força de trabalho social média", como se essa redução à forma de valor ocorresse efetivamente no comércio mundial.

Isso permite que ele formule a definição crucial do valor como "tempo de trabalho socialmente necessário", que "é aquele requerido para produzir um valor de uso qualquer sob as condições socialmente normais existentes e com o grau social médio de destreza e intensidade do trabalho". E conclui: "apenas a quantidade de trabalho socialmente necessário ou o tempo socialmente necessário de trabalho para a produção de um valor de uso pode determinar a sua grandeza de valor" (117). Temos aqui a definição que você esperava. É, porém, apenas uma definição contingente, porque é interna ao conceito de "sociedade" – mas onde a sociedade começa ou termina? Ela é fechada ou aberta? Se essa sociedade é o mercado mundial, como ela certamente deve ser, então...?

Uma das razões por que Marx dispensou essa apresentação enigmática do valor de uso, do valor de troca e do valor é que qualquer um que tenha lido Ricardo poderia dizer: "Isso é Ricardo!". E é de fato puro Ricardo, com exceção de um acréscimo. Ricardo enfatizou o conceito de tempo de trabalho como valor. Marx usa o conceito de tempo de trabalho *socialmente necessário*. O que Marx fez foi reproduzir o aparato conceitual ricardiano e, ao que parece, inserir inocentemente uma modificação. Mas essa inserção, como veremos, faz uma enorme diferença. Somos imediatamente forçados a perguntar: o que é socialmente necessário? Como isso é estabelecido, e por quem? Marx não dá uma resposta imediata, mas esse é um tema que percorre de ponta a ponta *O capital*. Quais são as necessidades sociais embutidas no modo de produção capitalista?

Essa continua sendo para nós a grande questão. Será verdade, como disse certa vez Margaret Thatcher, que "não há alternativa", o que, de certo modo, equivale a dizer que as necessidades sociais que nos rodeiam são impostas tão implacavelmente que não temos escolha senão nos conformar? Em seu fundamento, isso remete à questão primordial sobre por quem e como os "valores" são estabelecidos. É claro que gostamos de pensar que temos nossos próprios "valores", e a cada eleição nos Estados Unidos há uma discussão interminável sobre os "valores" dos candidatos. Mas o que Marx diz é que há certo tipo e medida de valor que é determinado por um processo que não compreendemos e que não depende necessariamente de uma escolha consciente, e o modo como esses valores são impostos a nós tem de ser analisado. Se queremos entender quem somos e qual é o nosso lugar nesse turbilhão de valores, temos de começar entendendo como os valores das mercadorias são criados e produzidos, e quais são suas consequências – sociais, ambientais, políticas etc. Quem acha que pode resolver uma questão tão séria como o aquecimento global sem ter de enfrentar por quem e como é determinada a estrutura de valor fundadora da nossa sociedade engana a si mesmo. Por isso Marx insiste que temos de entender o que são os valores da mercadoria e as necessidades sociais que os determinam.

Os valores da mercadoria não são grandezas fixas. Eles são sensíveis, por exemplo, a mudanças na produtividade:

> Após a introdução do tear a vapor na Inglaterra, por exemplo, passou a ser possível transformar uma dada quantidade de fio em tecido empregando cerca da metade do trabalho de antes. Na verdade, o tecelão manual inglês continuava a precisar do mesmo tempo de trabalho para essa produção, mas agora o produto de sua hora de trabalho individual representava apenas metade da hora de trabalho social e, por isso, seu valor caiu para a metade do anterior. (117)

Isso chama nossa atenção para o fato de que o valor é sensível a revoluções na tecnologia e na produtividade. Grande parte do Livro I é dedicada à discussão das origens e do impacto das revoluções na produtividade e das revoluções subsequentes nas relações de valor. Mas não são apenas as revoluções na tecnologia que são importantes, porque o valor é determinado "por múltiplas circunstâncias, dentre outras pelo grau médio de destreza dos trabalhadores, o grau de desenvolvimento da ciência e de sua aplicabilidade tecnológica" – Marx é muito cuidadoso com o significado da tecnologia e da ciência para o capitalismo – "a organização social do processo de produção, o volume e a eficácia dos meios de produção e as condições naturais" (118). Um vasto conjunto de forças pode interferir nos valores. As transformações no ambiente natural ou a migração para lugares com condições naturais mais favoráveis (recursos mais baratos) revolucionam os valores. Os valores das mercadorias estão sujeitos, em suma, a um poderoso conjunto de forças. Marx não faz uma categorização definitiva de todos eles; quer apenas nos alertar que aquilo que chamamos de "valor" não é uma constante, mas está sujeito a perpétuas transformações revolucionárias.

Ocorre então uma virada peculiar em seu argumento. Exatamente no último parágrafo desse item, ele reintroduz a questão dos valores de uso. "Uma coisa pode ser valor de uso sem ser valor." Respiramos ar e até hoje não conseguimos engarrafá-lo e vendê-lo como mercadoria, apesar de eu ter certeza de que alguém já pensou em fazer isso. Do mesmo modo, "uma coisa pode ser útil e produto do trabalho humano sem ser mercadoria". Planto tomates em meu quintal para comê-los. De fato, muitas pessoas sob o capitalismo fazem uma série de coisas para elas mesmas (em especial com certa ajuda de lojas do tipo "faça você mesmo"). Grande parte da atividade laboral (em particular na economia doméstica) é realizada à margem da produção de mercadorias. Esta última requer a produção não apenas de valores de uso, mas também de "valores de uso para outrem". Não apenas valores de uso para o senhor feudal ou o arrendador, como faria o servo, mas valores de uso destinados a outrem por intermédio do mercado. Isso implica, porém, que "nenhuma coisa pode ser valor sem ser objeto de uso. Se ela é inútil, também o é o trabalho nela contido, não conta como trabalho e não cria, por isso, nenhum valor" (119). Algumas páginas antes, Marx parece ter dispensado e abstraído os valores de uso para chegar ao valor de troca e, por meio deste, ao valor. Mas aqui ele diz que, se a mercadoria não satisfaz uma carência, um desejo ou uma necessidade humana, ela não tem valor nenhum! Em suma, você tem de poder vendê-la para alguém em algum lugar.

Vamos refletir um instante sobre a estrutura desse argumento. Começamos com o conceito singular de mercadoria e estabelecemos seu caráter duplo: ela tem um valor de uso e um valor de troca. Os valores de troca são uma representação de algo. De quê? Uma representação de valor, diz Marx. E valor é tempo de trabalho socialmente necessário. Mas o valor não significa nada, se não voltar a se conectar com o valor de uso. O valor de uso é socialmente necessário para o valor. Há um padrão nesse argumento, e ele se parece com o seguinte:

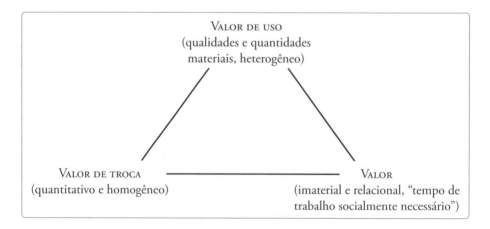

Vamos considerar agora as implicações desse argumento. Você compra uma mercadoria chamada casa. Você está mais interessado em seu valor de uso ou em seu valor de troca? Provavelmente, você está interessado em ambos. Mas há aqui uma oposição potencial. Se você quiser realizar plenamente o valor de troca da casa, terá de ceder o valor de uso a outrem. Se quiser o valor de uso, então dificilmente terá acesso ao valor de troca, a menos que faça uma hipoteca reversa ou um empréstimo garantido por hipoteca. Incrementos no valor de uso da casa significam incrementos em seu valor de troca potencial? (Uma nova cozinha provavelmente sim; uma construção especial para um *hobby* provavelmente não.) E o que acontece com nosso mundo social quando uma casa que foi concebida sobretudo em termos de valor de uso é reconcebida como uma forma de gerar poupança de longo prazo (um montante de capital) para uma família da classe trabalhadora ou mesmo como um veículo que será "passado adiante" por qualquer um que tenha acesso a crédito com o intuito de obter um ganho especulativo de curto prazo? Essa dicotomia entre valor de uso e valor de troca é muito útil!

Vamos considerar o argumento mais detalhadamente. A mercadoria, um conceito singular, tem dois aspectos. Mas não podemos dividir a mercadoria ao meio e dizer que uma parte é o valor de troca e a outra é o valor de uso. Não, a mercadoria é uma unidade. Mas dentro dessa unidade há um aspecto dual, e esse aspecto dual nos permite definir algo chamado valor – outro conceito unitário – como tempo de trabalho socialmente necessário, e é a este último que o valor de uso de uma mercadoria serve de suporte. Mas, para ter valor, a mercadoria tem de ser útil. Essa relação entre valor e valor de uso suscita todo tipo de questão sobre a oferta e a demanda. Se a oferta é muito grande, o valor de troca cai; se a oferta é muito pequena, o valor de troca sobe – portanto, há aqui um elemento de oferta e demanda envolvido nos "aspectos acidentais e relativos" do valor de troca. Mas, por trás dessas flutuações, o valor pode permanecer constante (desde que permaneçam constantes todas as outras forças que determinam o valor, por exemplo a produtividade). Marx não está tão interessado na relação entre oferta e demanda. O que ele quer saber é como se devem interpretar as proporções de troca entre mercadorias – como camisas e sapatos – quando a oferta e a demanda estão em equilíbrio. Nesse caso, precisamos de um tipo diferente de análise que aponte para o valor como geleia dessa substância social chamada tempo de trabalho socialmente necessário. Até agora, desconsideramos tacitamente, sem perceber, as condições de oferta e demanda no mercado para falar dos valores das mercadorias (com oferta e demanda em equilíbrio) como tempo de trabalho socialmente necessário.

Como o método dialético de Marx funciona aqui? Podemos dizer que os valores de troca originam o valor? São os valores de troca que originam o valor de uso, ou o inverso? Essa não é uma análise causal. Ela diz respeito a relações, a relações dialéticas. Podemos falar de valor de troca sem falar de valor de uso? Não, não podemos. Podemos falar de valor sem falar de valor de uso? Não. Em outras palavras, não podemos falar de nenhum desses conceitos sem falar dos outros. Eles são mutuamente dependentes, são relações numa totalidade de determinado tipo.

34 / Para entender *O capital* I

Reconheço que usar a palavra "totalidade" é desfraldar uma enorme bandeira vermelha em certos círculos intelectuais. Marx não tinha a menor ideia do que viria a ser o estruturalismo e menos ainda o pós-estruturalismo. Devemos ter cuidado ao tratar do pensamento marxiano à luz dessas categorias (a meu ver, ele não se encaixa nelas de modo nenhum). Contudo, Marx certamente ambicionava entender o modo capitalista de produção como uma totalidade, de modo que a única questão que é importa é exatamente que conceito de totalidade ele tinha em mente? O que ficamos sabendo nesse item é que essa totalidade pode ser mais bem apreendida por meio do triunvirato formado pelos conceitos de valor de uso, valor de troca e valor, construídos em torno da mercadoria. Ele reconheceu, porém, que os valores de uso são incrivelmente diversos, os valores de troca são acidentais e relativos e o valor tem (ou parece ter) uma "objetividade fantasmagórica", que está sujeita a perpétuas revoluções impostas por mudanças tecnológicas e reviravoltas nas relações sociais e naturais. Essa totalidade não é estática e fechada, mas fluida e aberta, portanto em perpétua transformação. Seguramente, não se trata de uma totalidade hegeliana, mas não podemos acrescentar mais nada até que tenhamos avançado na leitura do texto.

——————◆——————

Até aqui, a história pode ser resumida assim: Marx declara que seu objetivo é desvendar as regras de operação de um modo de produção capitalista. Ele parte do conceito de mercadoria e imediatamente estabelece seu caráter duplo: valor de uso e valor de troca. Como os valores de uso sempre estiveram a nossa volta, eles dizem pouco sobre a especificidade do capitalismo. Portanto, Marx os deixa de lado a fim de estudar os valores de troca. À primeira vista, a razão de troca entre as mercadorias parece acidental, mas o próprio ato de troca pressupõe que todas as mercadorias têm algo em comum, algo que as torna comparáveis e comensuráveis. Esse caráter comum das mercadorias, como afirma Marx enigmaticamente, é o fato de serem todas produto do trabalho humano. Como tal, elas incorporam "valor", definido de início como o trabalho (médio) socialmente necessário para produzi-las em dadas condições de produtividade. Mas, para que o trabalho seja socialmente necessário, é preciso que alguém, em algum lugar, queira, necessite ou deseje a mercadoria, o que significa que o valor de uso tem de ser reintroduzido no argumento.

Na análise que se segue, estes três conceitos – valor de uso, valor de troca e valor – são mantidos numa relação contínua e, às vezes, tensa entre si. Marx raramente considera um desses conceitos à parte: o que importa são as *relações entre eles*. No entanto, com frequência, ele examina a relação entre apenas dois deles, e deixa o terceiro tacitamente de lado. Ao estender-se sobre o caráter duplo do trabalho incorporado na mercadoria no segundo item, Marx foca a relação entre o valor de uso do trabalho e o valor que esse trabalho útil incorpora (mantendo constante o valor de troca). No item seguinte, ele deixa de lado o valor de uso e examina a relação entre valor de troca e valor para explicar a origem e o papel do dinheiro. É importante perceber essas mudanças de foco à medida que o argumento é desenvolvido, porque as afirmações feitas em cada item dependem sempre do conceito que foi deixado de lado.

Há ainda outro modo de argumentação aqui que exige ser explicado para que possamos prosseguir. Partindo do valor de uso e do valor de troca – uma dicotomia –, Marx chega ao conceito unitário de valor, que tem a ver com o trabalho humano, entendido como "tempo de trabalho socialmente necessário" (117). Mas que tipo de trabalho humano é socialmente necessário? A procura por uma resposta revela outra dualidade, aquela entre trabalho concreto (efetivo) e trabalho abstrato (socialmente relevante). Essas duas formas de trabalho convergem novamente no ato unitário da troca de mercadorias. No entanto, o exame desse momento da troca revela outra dualidade, desta vez entre as formas relativa e equivalente de valor. Esses dois modos de expressão do valor são reunidos no surgimento de uma mercadoria – a mercadoria-dinheiro – que funciona como um equivalente universal em relação a todas as outras. O que vemos aqui é um padrão na argumentação, um desenvolvimento gradual do argumento que funciona por oposições convertidas em unidades (como a forma-dinheiro) que interiorizam uma contradição, a qual, por sua vez, gera outra dualidade (a relação entre processos e coisas, as relações materiais entre pessoas e as relações sociais entre coisas). Esse é o método dialético que Marx utiliza nessa argumentação e, como veremos, em todo *O capital*.

Apresentamos abaixo tal padrão de argumentação num diagrama simples:

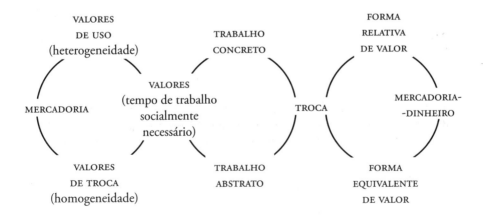

36 / Para entender *O capital* I

O mapeamento da argumentação facilita muito a compreensão do conjunto. Torna-se mais fácil situar o conteúdo dos itens na linha geral do argumento. Isso não é lógica hegeliana em sentido estrito, porque não há um momento final de síntese, apenas um momento temporário de unidade na qual é interiorizada outra contradição – uma dualidade – que, para ser compreendida, exige um desenvolvimento subsequente do argumento. É assim que o processo de representação de Marx se desdobra n'*O capital* – e trata-se de fato de um desdobramento, e não de uma dedução lógica. Ele constrói uma estrutura argumentativa em torno da qual todos os tipos de questões conceituais podem ser acomodados, de modo que, à medida que avançamos, temos uma compreensão cada vez mais ampla das relações internas que mantêm o capitalismo em perpétuo estado de unidade contraditória e, portanto, em perpétuo movimento.

ITEM 2: O DUPLO CARÁTER DO TRABALHO REPRESENTADO NAS MERCADORIAS

Marx inicia esse item com a modesta afirmação de que "essa natureza dupla do trabalho contido na mercadoria foi criticamente demonstrada pela primeira vez por mim. Como esse ponto é o centro em torno do qual gira o entendimento da economia política, ele deve ser examinado mais de perto" (119). Como no item 1, ele parte dos valores de uso. Estes são produtos físicos, produzidos por trabalho útil, "concreto". A enorme heterogeneidade das formas de processos de trabalho concreto – alfaiataria, sapataria, fiação, tecelagem, agricultura etc. – é importante porque, sem ela, não haveria base para nenhum ato de troca (pois obviamente ninguém quer trocar produtos similares) ou nenhuma divisão social do trabalho.

> Valores de uso não podem se confrontar como mercadorias se neles não residem trabalhos úteis qualitativamente diferentes. Numa sociedade cujos produtos assumem genericamente a forma da mercadoria, isto é, numa sociedade de produtores de mercadorias, essa diferença qualitativa dos trabalhos úteis, executados separadamente uns dos outros como negócios privados de produtores independentes, desenvolve-se como um sistema complexo, uma divisão social do trabalho. (120)

Marx introduz aqui um tema metodológico que repercute em todos os capítulos: o movimento que vai da simplicidade à maior complexidade, dos simples aspectos moleculares de uma economia de troca até uma compreensão mais sistêmica. Desse modo, ele se desvia da regra de olhar para as relações a fim de examinar as propriedades universais do trabalho útil. E faz isso porque o trabalho, "como criador de valores de uso, como trabalho útil [...] é, assim, uma condição de existência do homem, independente de todas as formas sociais". O trabalho útil é uma "eterna necessidade natural de mediação do metabolismo entre homem e natureza e, portanto, da vida humana" (120).

Essa ideia de "metabolismo", em que o trabalho serve de mediador entre a existência humana e a natureza, é central para o argumento materialista-histórico de Marx. Ele retornará a essa ideia em diversos pontos d'*O capital*, embora nunca a desenvolva plenamente. Isso também é típico de seu procedimento. O que ele diz é: "Veja, há algo importante aqui, você deveria pensar sobre isso [nesse caso, a relação com a natureza]. Não examinarei essa questão em todos os seus detalhes, mas, antes de passar a outras matérias de interesse mais imediato, quero destacar que ela é significativa". "Os valores de uso", diz ele, "são nexos de dois elementos: matéria natural e trabalho". Por isso, "ao produzir, o homem pode apenas proceder como a própria natureza" (120). Este é outro ponto fundamental: tudo que fizermos tem de ser consistente com a lei natural.

> [Podemos] apenas alterar a forma das matérias. Mais ainda: nesse próprio trabalho de formação ele é constantemente amparado pelas forças da natureza. Portanto, o trabalho não é a única fonte dos valores de uso que ele produz, a única fonte da riqueza material. O trabalho é o pai da riqueza material, como diz William Petty, e a terra é a mãe. (120-1)

Com a ajuda dessa metáfora geracional – que remonta, no mínimo, a Francis Bacon –, Marx introduz uma distinção crucial entre riqueza (o total de valores de uso sob o comando de alguém) e valor (o tempo socialmente necessário de trabalho que esses valores de uso representam).

Marx retorna, então, à questão dos valores para comparar sua homogeneidade (todos são produto do trabalho humano) com a vasta heterogeneidade dos valores de uso e das formas concretas de trabalho. Diz ele:

> Alfaiataria e tecelagem, embora atividades produtivas qualitativamente distintas, são ambas dispêndio produtivo de cérebro, músculos, nervos, mãos etc. humanos e, nesse sentido, ambas são trabalho humano. Elas não são mais do que duas formas diferentes de se despender força humana de trabalho. No entanto, a própria força humana de trabalho tem de estar mais ou menos desenvolvida para poder ser despendida desse ou daquele modo. Mas o valor da mercadoria representa unicamente trabalho humano, dispêndio de trabalho humano. (121-2)

Isso é o que Marx chama de trabalho "abstrato" (59-61). Esse tipo de generalidade do trabalho contrasta com a miríade de trabalhos concretos que produzem valores de uso efetivos. Ao criar esse conceito de trabalho abstrato, Marx afirma que está apenas espelhando uma abstração produzida por um intercâmbio extensivo de mercadorias.

38 / Para entender *O capital* I

Assim, ele conceitua o valor em termos de unidades de trabalho abstrato simples; esse padrão de medida "varia, decerto, seu caráter em diferentes países e épocas culturais, porém é sempre dado numa sociedade existente". Aqui encontramos mais uma vez uma estratégia adotada com frequência n'*O capital*. O padrão de medida é contingente no espaço e no tempo, mas, para os propósitos da análise, é assumido como dado. Além disso, prossegue Marx, "trabalho mais complexo vale apenas como trabalho simples *potenciado* ou, antes, *multiplicado*, de modo que uma quantidade menor de trabalho complexo é igual a uma quantidade maior de trabalho simples":

> Que essa redução ocorra constantemente é algo mostrado pela experiência. Mesmo que uma mercadoria seja o produto do trabalho mais complexo, seu *valor* a equipara ao do produto do trabalho mais simples [...]. Para fins de simplificação, de agora em diante consideraremos todo tipo de força de trabalho diretamente como força de trabalho simples, com o que apenas nos poupamos o esforço de redução. (122)

Marx jamais especifica qual "experiência" tem em mente, o que torna essa passagem altamente controversa. Na literatura especializada, ela é conhecida como o "problema da redução", pois não fica claro como o trabalho qualificado pode ser e é reduzido ao trabalho simples, independentemente do valor da mercadoria produzida. Tal como na proposição sobre o valor como tempo de trabalho socialmente necessário, a formulação de Marx parece enigmática, se não displicente. Ele não explica como a redução é feita, simplesmente supõe, para os propósitos da análise, que isso é assim e prossegue com tal base. Isso significa que as diferenças qualitativas que experimentamos no trabalho concreto, útil, e a heterogeneidade deste são reduzidas aqui a algo puramente quantitativo e homogêneo.

O que Marx defende, claro, é que os aspectos abstrato (homogêneo) e concreto (heterogêneo) do trabalho são unificados no ato laboral unitário. Não é como se o trabalho abstrato ocorresse em uma parte da fábrica e o trabalho concreto em outra. A dualidade reside no interior de um processo singular de trabalho, por exemplo na fabricação de uma camisa, que incorpora o valor. Isso significa que não só não pode haver incorporação de valor sem o trabalho concreto de confeccionar camisas, como também não podemos saber o que é o valor a não ser que as camisas sejam trocadas por sapatos, maçãs, laranjas e assim por diante. Há, portanto, uma relação entre trabalho concreto e abstrato. É através da multiplicidade de trabalhos concretos que surge o padrão de medida do trabalho abstrato.

> Todo trabalho é, por um lado, dispêndio de força humana de trabalho em sentido fisiológico e, graças a essa propriedade de trabalho humano igual ou abstrato, ele gera o

valor das mercadorias. Por outro lado, todo trabalho é dispêndio de força humana de trabalho numa forma específica e, graças a essa propriedade de trabalho concreto e útil, ele produz valores de uso. (124)

Note que esse argumento reflete o do primeiro item. A mercadoria singular interioriza valores de uso, valores de troca e valores. Um processo de trabalho particular incorpora trabalho concreto útil e trabalho ou valor abstrato (tempo de trabalho socialmente necessário) numa mercadoria que será o suporte do valor de troca no mercado. A resposta ao problema de como o trabalho especializado ou "complexo" pode ser reduzido ao trabalho simples é parcialmente fornecida no item seguinte, quando Marx acompanha a mercadoria até o mercado e trata da relação entre valor e valor de troca. Passemos, então, ao item 3.

Item 3: A forma de valor ou valor de troca

A meu ver, esse item inclui uma enorme quantidade de material enfadonho, que muito facilmente pode esconder a importância do argumento principal. Como eu já disse, às vezes Marx veste a beca do contabilista, e o resultado é uma exposição que pode ser absolutamente tediosa: quando isso é igual àquilo e aquilo é igual a isso e isso custa três *pence* e aquilo quinze, o resultado é que outra coisa equivale a... e assim por diante, com o apoio de todo tipo de ilustração numérica. O problema de considerar os detalhes em vez de se concentrar na visão de conjunto – que ocorre com frequência em Marx – aparece potencializado aqui, o que torna aconselhável mostrar como devemos lidar com ele. Tratarei dessa questão em dois níveis: tomarei um argumento simples, técnico, e então comentarei seu significado mais profundo.

O objetivo de Marx é explicar a origem da forma-dinheiro. Diz ele (mais uma vez com a maior modéstia do mundo!):

Cabe, aqui, realizar o que jamais foi tentado pela economia burguesa, a saber, provar a gênese dessa forma-dinheiro, portanto seguir de perto o desenvolvimento da expressão de valor contida na relação de valor das mercadorias, desde sua forma mais simples e opaca até a ofuscante forma-dinheiro. Com isso, desaparece, ao mesmo tempo, o enigma do dinheiro. (125)

Ele realiza essa tarefa numa série de passos desajeitados, começando com uma simples situação de escambo. Eu tenho uma mercadoria, você tem uma mercadoria. O *valor relativo* da minha mercadoria será expresso em termos do valor (o trabalho incorporado) da mercadoria que você possui. Assim, sua mercadoria será a medida de valor da minha mercadoria. Invertendo a relação, minha mercadoria pode ser vista como o valor equivalente da sua. Em situações simples de escambo, todo indivíduo que tenha uma mercadoria possui algo com valor relativo e está à procura de seu equivalente em outra mercadoria. Assim como existem tantas mercadorias quanto pessoas e trocas, existem tantos equivalentes quanto mercadorias e trocas. O que Marx quer mostrar é que o ato de troca tem sempre um caráter duplo – os polos das formas relativa e equivalente – no qual a mercadoria equivalente figura "como incorporação de trabalho humano abstrato" (134). A oposição entre valor de uso e valor, até aqui interiorizada na mercadoria, "é representada, assim, por meio de uma oposição externa" entre uma mercadoria que é um valor de uso e outra que representa seu valor na troca (137).

Num terreno complexo de trocas como é o mercado, minha mercadoria tem inúmeros equivalentes potenciais e, inversamente, todo mundo tem valores relativos numa relação potencial com meu equivalente singular. Uma complexidade cada vez maior entre as relações de troca produz uma "forma desdobrada" de valor que se converte numa "forma universal" de valor (§ b, 138-41, e § c, 141-5). Esta se cristaliza, por fim, num "equivalente universal": uma mercadoria que desempenha o papel exclusivo de mercadoria-dinheiro (§ d, 145-6). A mercadoria-dinheiro surge de um sistema de trocas, e não o precede, de modo que a proliferação e a generalização das relações de troca são a condição necessária, crucial, para a cristalização da forma-dinheiro.

Na época de Marx, mercadorias como o ouro e a prata desempenhavam esse papel crucial, mas em princípio ele poderia ser desempenhado por conchas de caurim, latas de atum ou – como às vezes ocorre, em condições de guerra – cigarros, barras de chocolate etc. Um sistema de mercado requer uma mercadoria-dinheiro de algum tipo para funcionar, mas uma mercadoria-dinheiro só pode surgir com o advento da troca mercantil. O dinheiro não foi imposto de fora, tampouco foi inventado por alguém que imaginou que seria uma boa ideia ter uma forma-dinheiro. Mesmo formas simbólicas, diz Marx, têm de ser entendidas nesse contexto.

Isso leva uma interessante questão interpretativa que se apresenta várias vezes n'*O capital*: a argumentação de Marx é histórica ou lógica? Penso que a evidência histórica que sustenta essa explanação sobre o surgimento da mercadoria-dinheiro seria considerada, em nossos dias, pouco convincente. Sistemas e mercadorias semimonetários, ícones religiosos, emblemas simbólicos etc. já existiam havia muito tempo e expressavam algum tipo de relação social, sem que fosse necessária qualquer relação primitiva com as trocas de mercadorias, nem mesmo quando foram gradualmente introduzidos nessas trocas. Se consultássemos os registros arqueológicos e históricos, muitos deles mostrariam provavelmente que a forma-dinheiro não surgiu da maneira que Marx propõe. Tendo a aceitar esse argumento, porém acrescento o seguinte – e isso remete ao interesse de Marx em entender o modo de produção capitalista: sob o capitalismo, a forma-dinheiro tem de estar disciplinada e alinhada com a posição lógica descrita por Marx, de modo que a forma-dinheiro reflita as necessidades de um sistema de relações de troca que se propaga cada vez mais. Contudo, o outro lado da moeda (desculpe o trocadilho) mostra que é a propagação das relações de troca de mercadorias que disciplina toda e qualquer forma simbólica precedente à forma-dinheiro necessária para facilitar as trocas mercantis. Os precursores da forma-dinheiro, que podem de fato ser encontrados nos registros arqueológicos e históricos da cunhagem de moedas, têm de se adequar a essa lógica, a ponto de serem absorvidos no capitalismo e de desempenharem a função de dinheiro. Ao mesmo tempo, deve estar claro que o mercado não poderia ter evoluído sem esse processo de disciplinamento. Mesmo que o argumento histórico seja fraco, o argumento lógico é poderoso.

Assim, esse item estabelece em seu conjunto a relação necessária entre a troca de mercadorias e a mercadoria-dinheiro, além do papel de determinação mútua que cada uma delas cumpre no desenvolvimento da outra. Mas há muitos outros aspectos nesse item que merecem nossa atenção. Logo nas primeiras linhas, Marx descreve como

> A objetividade do valor das mercadorias é diferente de Mistress Quickly*, na medida em que não se sabe por onde agarrá-la. Exatamente ao contrário da objetividade sensível e crua dos corpos das mercadorias, na objetividade de seu valor não está contido um único átomo de matéria natural. Por isso, pode-se virar e revirar uma mercadoria como se queira, e ela permanece inapreensível como coisa de valor [*Wertding*]. Lembremo-nos, todavia, de que as mercadorias possuem objetividade de valor apenas na medida em que são expressões da mesma unidade social, do trabalho humano, pois sua objetividade de valor é puramente social e, por isso, é evidente que ela só pode se manifestar numa relação social entre mercadorias. (125)

Este é um ponto absolutamente vital, que não podemos deixar de enfatizar: o valor é imaterial, porém *objetivo*. Dada a suposta adesão de Marx a um materialismo rigoroso, esse argumento é surpreendente, e devemos nos deter um pouco em seu significado. O valor é uma relação social, e não podemos ver, tocar ou sentir diretamente as relações sociais; no entanto, elas têm uma presença objetiva. É preciso, portanto, examinar com cuidado essa relação social e sua expressão.

Marx propõe a seguinte ideia: os valores, sendo imateriais, não podem existir sem um meio de representação. É o advento do sistema monetário, da própria

---

* Personagem do drama histórico *Henrique IV*, de Shakespeare. Marx usa a forma alemã do nome, Wittib Hurtig. (N. T.)

42 / Para entender *O capital* I

forma-dinheiro como meio tangível de expressão, que faz do valor (como tempo de trabalho socialmente necessário) o regulador das relações de troca. Mas a forma--dinheiro só se aproxima do valor expresso – passo a passo, dado o argumento lógico – à medida que as relações de troca de mercadorias se propagam. Portanto, não existe nenhuma entidade universal externa chamada "valor" que, depois de muitos anos de luta, é finalmente expressa por meio da troca monetária. O que existe é uma relação interna e recíproca entre o advento da forma-dinheiro e as formas-valores. O surgimento da troca de mercadorias faz com que o tempo de trabalho socialmente necessário se torne a força norteadora no interior do modo de produção capitalista. Desse modo, o valor como tempo de trabalho socialmente necessário é algo historicamente específico ao modo de produção capitalista. Ele surge apenas numa situação em que o mercado cumpre a tarefa que se exige dele.

Da análise de Marx resultam duas conclusões e uma questão importante. A primeira conclusão é que as relações de troca, longe de ser epifenômenos que expressam a estrutura profunda do valor, existem numa relação dialética com os valores, de modo que estes dependem daquelas, tanto quanto aquelas dependem destes. A segunda conclusão confirma o status imaterial (fantasmagórico), porém objetivo, do conceito de valor. Todas as tentativas de medir diretamente o valor estão condenadas ao fracasso. A questão diz respeito ao grau de confiabilidade e precisão da representação monetária do valor ou, em outras palavras, a como a relação entre imaterialidade (valor) e objetividade (tal como capturada pela representação monetária do valor) desdobra-se na realidade.

Marx trata desse problema numa série de passos. Comenta: "Somente a expressão de equivalência de diferentes tipos de mercadoria evidencia o caráter específico do trabalho criador de valor, ao reduzir os diversos trabalhos contidos nas diversas mercadorias àquilo que lhes é comum: o trabalho humano em geral" (65). Aqui encontramos uma resposta parcial à questão sobre como ocorre a redução de trabalho humano especializado e complexo a trabalho humano simples. Mas ele prossegue: "A força humana de trabalho em estado fluido" – e é impressionante a frequência com que Marx invoca o conceito de fluidez n'*O capital* – "ou trabalho humano, cria valor, mas não é, ela própria, valor. Ela se torna valor em estado cristalizado, em forma objetiva" (128). Portanto, é preciso estabelecer uma distinção entre o *processo* de trabalho e a *coisa* que é produzida. Essa ideia de uma relação entre processos e coisas, juntamente com a ideia de fluidez, é importante na análise de Marx. Quanto mais as invoca, mais se distancia da dialética como lógica formal e se aproxima de uma dialética como filosofia do processo histórico. O trabalho humano é um processo tangível, mas no fim desse processo chegamos a esta coisa – uma mercadoria – que "coagula" ou "cristaliza" valor. Embora seja o processo efetivo o que importa, a *coisa* é que tem valor, a *coisa* é que possui qualidades objetivas.

Assim: "Para expressar o valor do linho como geleia de trabalho humano, ela tem de ser expressa como uma 'objetividade' materialmente distinta do próprio linho e simultaneamente comum ao linho e a outras mercadorias" (128).

O problema é: como é representado o valor, essa "objetividade materialmente distinta do próprio linho"? A resposta está na forma da mercadoria-dinheiro. Mas, observa ele, há algumas peculiaridades nessa relação entre o valor e sua expressão na forma-dinheiro. "A primeira peculiaridade que se sobressai na consideração da forma equivalente", diz Marx, é que um valor de uso particular "se torna a forma de manifestação de seu contrário, do valor", e isso "esconde em si uma relação social" (133-4).

Daí o caráter enigmático da forma de equivalente, que só salta aos olhos crus do economista político quando aparece para ele já pronta, no dinheiro. Então, ele procura escamotear o caráter místico do ouro e da prata, substituindo-os por mercadorias menos ofuscantes, e, com prazer sempre renovado, põe-se a salmodiar o catálogo inteiro da populaça de mercadorias que, em épocas passadas, desempenharam o papel de equivalente de mercadorias. (134)

"O corpo da mercadoria", continua ele, "que serve de equivalente vale sempre como incorporação de trabalho humano abstrato e é sempre o produto de determinado trabalho útil, concreto" (134). O que isso quer dizer? O ouro, por exemplo, é um valor de uso específico, uma mercadoria específica, produzida sob condições específicas de produção, e, no entanto, nós o utilizamos como um meio de expressão de todo trabalho humano em qualquer parte – nós tomamos um valor de uso particular e o usamos como um substituto para todo o trabalho social. Isso gera questões complicadas, como veremos ao nos aprofundar na teoria do dinheiro, no capítulo 2.

A segunda peculiaridade é que "o trabalho concreto se torna forma de manifestação de seu contrário, de trabalho humano abstrato", e a terceira peculiaridade é que, "embora seja trabalho privado como todos os outros, trabalho que produz mercadorias, ele é trabalho em forma imediatamente social" (135). Isso significa não apenas que o equivalente universal, a mercadoria-dinheiro, está sujeito a problemas qualitativos e quantitativos inerentes à produção de qualquer valor de uso, mas também que a produção e a comercialização da mercadoria-dinheiro, assim como sua acumulação (em última instância, como capital), estão em mãos privadas até quando desempenham sua função social universalizante. Quando o ouro ainda era uma mercadoria dominante e servia como lastro do dinheiro global no fim dos anos 1960, por exemplo, os dois principais produtores de ouro eram a África do Sul e a Rússia, e nenhum dos dois era particularmente simpático ao capitalismo internacional. A desmaterialização de todo o sistema financeiro, no início dos anos 1970, e o sistema de câmbio flutuante, livre do padrão-ouro, tiveram como conse-

44 / Para entender *O capital* I

quência o enfraquecimento dos produtores de ouro (embora essa não fosse a razão principal desse processo).

É esse tipo de contradição que a análise de Marx nos leva a contemplar, e veremos mais adiante – em particular no Livro III, mas também no capítulo 3 do Livro I – como essas peculiaridades e contradições começam a se manifestar na criação de possibilidades de crises financeiras. Em todo caso, a conclusão fundamental é que a relação entre os valores e sua representação na forma-dinheiro é cheia de contradições, de modo que não podemos nunca supor uma forma perfeita de representação. Esse desencontro, por assim dizer, entre valores e sua representação acaba tendo algumas vantagens, ainda que profundamente problemáticas, como veremos.

Isso nos leva a uma importante passagem sobre Aristóteles. "A troca", diz Aristóteles, "não pode se dar sem a igualdade, mas a igualdade não pode se dar sem a comensurabilidade"[2]. A relação entre as formas relativa e equivalente de valor pressupõe uma igualdade entre aqueles que realizam as trocas. Esse atributo de igualdade no interior do sistema de mercado é extremamente importante; para Marx, ele é fundamental para o modo como o capitalismo funciona teoricamente. Aristóteles também entendeu a necessidade da comensurabilidade e da igualdade nas relações de troca, mas não podia imaginar o que havia por trás disso. Por que não? Marx responde que "a sociedade grega se baseava no trabalho escravo e, por conseguinte, tinha como base natural a desigualdade entre os homens e suas forças de trabalho" (135-6). Numa sociedade escravagista não pode haver uma teoria do valor do tipo daquela que encontramos no capitalismo. Note, mais uma vez, a especificidade histórica da teoria do valor para o capitalismo.

Isso faz com que Marx retorne às três peculiaridades da forma-dinheiro a fim de identificar sua oposição emergente:

> A oposição interna entre valor de uso e valor, contida na mercadoria, é representada, assim, por meio de uma oposição externa, isto é, pela relação entre duas mercadorias, sendo a primeira – *cujo* valor deve ser expresso – considerada imediata e exclusivamente como valor de uso, e a segunda – *na qual* o valor é expresso – imediata e exclusivamente como valor de troca. (137)

Essa oposição entre a expressão de valor e o mundo das mercadorias, oposição que resulta numa "antinomia" entre mercadorias e dinheiro, tem de ser interpretada como uma exteriorização de algo que está interiorizado na própria mercadoria.

---

[2] Citado em Karl Marx, *O capital*, cit., p. 135-6. O trecho de Aristóteles é parte da *Ética a Nicômaco*, livro V, cap. 5.

Uma vez exteriorizada, a oposição se torna explícita. A relação entre mercadorias e dinheiro é um produto daquela dicotomia entre valor de uso e valor de troca que identificamos como interna à mercadoria no início de nossa exposição.

O que concluímos disso? Primeiro, o tempo de trabalho socialmente necessário não pode operar como regulador daquilo que está ocorrendo diretamente, porque é uma relação social. Ele faz isso indiretamente, por meio da forma-dinheiro. Além disso, o surgimento da forma-dinheiro é o que permite que o valor comece a se cristalizar como princípio norteador do funcionamento da economia capitalista. E, é sempre bom lembrar, o valor é imaterial, porém objetivo. Ora, isso cria uma série de problemas para a lógica do senso comum, que supõe que o valor pode ser efetivamente medido; mesmo alguns economistas marxistas consomem um tempo inestimável explicando como conseguem fazê-lo. Meu argumento é: isso é impossível. Se o valor é imaterial, não há como medi-lo diretamente. Encontrar valor numa mercadoria apenas olhando para ela é como tentar descobrir a gravidade numa pedra. O valor só existe em relações entre mercadorias e só pode ser expresso materialmente na forma contraditória e problemática da mercadoria-dinheiro.

Refletiremos um breve momento sobre o status que Marx atribui aos três conceitos fundamentais de valor de uso, valor de troca e valor. Apresentarei ao mesmo tempo minhas próprias reflexões, derivadas de interesses específicos, que você pode aceitar ou rejeitar, como bem entender. Esses três conceitos diversos incorporam referentes espaçotemporais fundamentalmente distintos. Os valores de uso existem no mundo físico material das coisas, que pode ser descrito nos termos newtonianos e cartesianos de um espaço e um tempo absolutos. Os valores de troca se situam no espaço-tempo relativo do movimento e da troca de mercadorias, ao passo que os valores só podem ser entendidos nos termos do espaço-tempo relacional do mercado mundial. (O valor imaterial relacional do tempo de trabalho socialmente necessário surge no espaço-tempo mutável do desenvolvimento global capitalista.) No entanto, como Marx mostrou de modo convincente, os valores não podem existir sem valores de troca, e a troca não pode existir sem valores de uso. Os três conceitos são dialeticamente integrados uns aos outros.

Do mesmo modo, as três formas de espaço-tempo – absoluto, relativo e relacional – estão dialeticamente correlacionadas no interior da dinâmica histórico-geográfica do desenvolvimento capitalista. Esse é meu argumento como geógrafo. Uma das principais consequências é que o espaço-tempo do capitalismo não é constante, mas variável (como mostra a aceleração – e aquilo que Marx chama de "anulação do espaço pelo tempo"* – provocada pelas constantes revoluções no

---

*   Karl Marx, *Grundrisse*, cit., p. 432. (N. E.)

46 / Para entender *O capital* I

transporte e nas comunicações). Não posso deixar de introduzir isso na discussão para que você faça sua própria avaliação! Mas, se quiser se aprofundar na questão da dinâmica espaçotemporal do capitalismo, terá de procurar em outro lugar[3].

ITEM 4: O CARÁTER FETICHISTA DA MERCADORIA E SEU SEGREDO

Esse item é escrito num estilo completamente diferente, quase literário – evocativo e metafórico, imaginativo, lúdico e emotivo, cheio de alusões e referências a mágica, mistérios e necromancias. Ele contrasta com o sóbrio estilo explanativo do item anterior. Isso é característico da tática empregada por Marx ao longo d'*O capital*; ele alterna os estilos de acordo com o assunto abordado. Nesse caso, a alternância pode criar confusão quanto à relevância do conceito de fetichismo no conjunto da argumentação de Marx (uma confusão agravada pelo fato de que esse item foi transferido de um apêndice da primeira edição para a posição atual – assim como o item 3 – somente na segunda e definitiva edição d'*O capital*). Os interessados em desenvolver uma teoria político-econômica rigorosa a partir de Marx, por exemplo, costumam ver o fetichismo como um conceito estranho, que não deve ser levado muito a sério. Por outro lado, aqueles de convicção mais filosófica ou literária tratam o fetichismo muitas vezes como a pepita de ouro, o momento fundamental do entendimento de Marx a respeito do mundo. Assim, uma das perguntas que temos de fazer é: de que maneira esse item está relacionado com o conjunto da argumentação de Marx?

O conceito de fetichismo já foi assinalado em sua discussão acerca do modo como características importantes do sistema político-econômico são "escondidas" ou confundidas por meio das "antinomias" e "contradições" entre, por exemplo, as particularidades da mercadoria-dinheiro, por um lado, e a universalidade dos valores fantasmagóricos, por outro. Tensões, oposições e contradições apresentadas anteriormente no texto retornam agora para um exame detalhado no título "O caráter fetichista da mercadoria e seu segredo" (146). No restante d'*O capital*, como veremos, o conceito de fetichismo aparece várias vezes (em geral, mais implícita do que explicitamente) como uma ferramenta essencial para desvendar os mistérios da economia política capitalista. Por essa razão, considero o conceito de fetichismo fundamental tanto para a economia política como para o argumento de Marx em seu conjunto. De fato, ele se une indissoluvelmente a ambos.

A análise é feita em dois passos. Primeiro, ele identifica como o fetichismo surge e opera como um aspecto fundamental e inevitável da vida político-econômica sob o

---

[3] David Harvey, *Spaces of Global Capitalism: Towards a Theory of Uneven Geographical Development* [Espaços do capitalismo global: para uma teoria do desenvolvimento geográfico desigual] (Londres, Verso, 2006).

capitalismo. Em seguida, analisa como esse fetichismo é enganosamente representado no pensamento burguês, em geral, e na economia política clássica, em particular.

A mercadoria, diz ele para começar, é "plena de sutilezas metafísicas e melindres teológicos": "O caráter misterioso da forma-mercadoria consiste [...] simplesmente no fato de que ela reflete aos homens os caracteres sociais de seu próprio trabalho como caracteres objetivos dos próprios produtos do trabalho, como propriedades sociais que são naturais a essas coisas" (146-7). O problema é que "a forma-mercadoria e a relação de valor dos produtos do trabalho em que ela se representa não tem, ao contrário, absolutamente nada a ver com sua natureza física e com as relações materiais que dela resultam". Nossa experiência sensível da mercadoria como valor de uso não tem nada a ver com seu valor. As mercadorias são, portanto, "coisas sensíveis-suprassensíveis ou sociais". O resultado é que uma "relação social determinada entre os próprios homens [...] assume, para eles, a forma fantasmagórica de uma relação entre coisas". E é essa condição que define o "fetichismo, que se cola aos produtos do trabalho tão logo são produzidos como mercadorias e que, por isso, é inseparável da produção de mercadorias" (147-8).

Isso acontece, diz ele, porque "os produtores só travam contato social mediante a troca de seus produtos do trabalho", de modo que "os caracteres especificamente sociais de seus trabalhos privados aparecem apenas no âmbito" da troca mercantil. Em outras palavras, eles não sabem nem podem saber qual é o valor de sua mercadoria antes de levá-la ao mercado e efetivar sua troca. "A estes últimos [os produtores], as relações sociais entre seus trabalhos privados aparecem como aquilo que elas são." Note especialmente este trecho: *aparecem como aquilo que elas são*, "isto é, não como relações diretamente sociais entre pessoas em seus próprios trabalhos, mas como relações reificadas entre pessoas e relações sociais entre coisas" (148).

O que está em questão aqui? Digamos que você vá ao supermercado para comprar alface. Para comprá-la, tem de desembolsar certa quantia de dinheiro. A relação material entre o dinheiro e a alface expressa uma relação social, porque o preço – o "quanto" – é socialmente determinado, é uma representação monetária do valor. O que está por trás dessa troca mercantil de coisas é uma relação entre você, o consumidor, e os produtores diretos, aqueles que trabalharam para produzir a alface. Para comprar a alface, você não precisa conhecer o trabalho daqueles que incorporaram valor a ela; contudo, em sistemas altamente complexos de troca, é *impossível* conhecer a atividade dos trabalhadores, e é isso que torna o fetichismo inevitável no mercado mundial. O resultado é que nossa relação social com as atividades laborais dos outros é dissimulada em relações entre coisas. No supermercado, por exemplo, você não tem como saber se a alface foi produzida por trabalhadores satisfeitos, miseráveis, escravos, assalariados ou autônomos. A alface é muda, por assim dizer, no que diz respeito a como foi produzida e a quem a produziu.

48 / Para entender *O capital* I

Por que isso é importante? Quando eu lecionava cursos introdutórios de geografia na Universidade Johns Hopkins, sempre começava perguntando aos alunos de onde tinha vindo seu café da manhã. Eles geralmente diziam algo como: "Comprei na padaria". Mas quando eu pedia que pensassem mais além, eles acabavam vislumbrando um extenso mundo de trabalho, em ambientes geográficos e sob condições sociais radicalmente diferentes, dos quais não sabiam nada, nem podiam saber, quando olhavam os ingredientes de seu café da manhã ou iam à padaria. O pão, o açúcar, o café, o leite, as xícaras, as facas, os garfos, as torradeiras e os pratos de plástico – para não falar da maquinaria e dos equipamentos necessários para produzir todas essas coisas – conectavam-nos a milhões de trabalhadores ao redor do mundo. Uma das tarefas do ensino da geografia é despertar nossa consciência para a variedade de condições socioambientais, interligações espaciais e práticas laborais envolvidas em cada aspecto da vida cotidiana, mesmo no ato diário de preparar um simples café da manhã.

Muitas vezes, os alunos tinham a impressão de que meu objetivo era fazê-los se sentir culpados por não prestar atenção aos pobres cortadores de cana da República Dominicana, que não recebiam quase nada por seu trabalho. Quando chegavam a esse ponto, costumavam dizer: "Professor, eu não tomei café da manhã hoje!". E eu costumava responder que eles talvez gostassem de passar uma semana sem almoço, lanche e jantar, apenas para sentir na pele a verdade da regra marxiana básica de que temos de comer para viver.

Questões desse tipo levam a aspectos morais. Há aqueles que, por várias razões, propõem todo tipo de código moral nas relações interpessoais, mas não sabem se e como devem estender esse código moral ao campo da troca de mercadorias no mercado mundial. Não há nenhum problema em querer manter "boas" relações com o próximo ou ser prestativo com o vizinho, mas qual é o valor disso se não nos preocupamos nem um pouco com todos aqueles que não conhecemos e jamais conheceremos, embora tenham um papel vital para nós, fornecendo nosso pão diário? Essas questões são levantadas, por exemplo, pelo movimento a favor do "comércio justo", que tenta definir um padrão moral para o mundo da troca de mercadorias, e pelo movimento contra a pobreza, que procura angariar doações para as mais distantes localidades. Mas nem mesmo esses movimentos conseguem desafiar as relações sociais que produzem e sustentam as condições da desigualdade global: a riqueza dos filantropos e a pobreza de todos os outros.

O que interessa a Marx, porém, não são as implicações morais. Seu interesse é mostrar como o sistema de mercado e a forma-dinheiro disfarçam as relações reais por meio da troca de coisas. Ele não está dizendo que esse disfarce, que ele chama de "fetichismo" (148) (e note que o uso que Marx faz desse termo é técnico e absolutamente distinto de outros usos comuns), é mera ilusão, uma construção artificial que pode ser desmontada quando bem entendermos. Não, de fato, o que você vê é a alface, é seu dinheiro, e você toma decisões tangíveis com base nessas informações. Este é o significado da frase "aparecem como aquilo que elas são": as coisas são realmente assim no supermercado, e podemos observá-las desse modo, mesmo que elas mascarem as relações sociais.

Esse fetichismo é uma condição inevitável do modo de produção capitalista, e tem diversas implicações. Por exemplo:

[os homens] não relacionam entre si seus produtos do trabalho como valores por considerarem essas coisas meros invólucros materiais de trabalho humano de mesmo tipo. Ao contrário. Porque equiparam entre si seus produtos de diferentes tipos na troca, como valores, eles equiparam entre si seus diferentes trabalhos como trabalho humano. (149)

Vemos mais uma vez que os valores surgem de processos de troca, mesmo quando as relações de troca convergem progressivamente para expressar o valor como tempo de trabalho socialmente necessário.

[Os produtores] não sabem disso, mas o fazem. Por isso, na testa do valor não está escrito o que ele é. O valor converte, antes, todo produto do trabalho num hieróglifo social. Mais tarde, os homens tentam decifrar o sentido desse hieróglifo, desvelar o segredo de seu próprio produto social, pois a determinação dos objetos de uso como valores é seu produto social tanto quanto a linguagem. (149)

A relação dialética entre a formação e o intercâmbio do valor e as qualidades imateriais e fantasmagóricas do valor como uma relação social não poderia ser mais bem retratada.

Mas como essa dialética pode ser reproduzida no pensamento? Segundo Marx, muitos economistas políticos entenderam (e ainda entendem) isso como errado, porque veem os preços nos supermercados e acham que isso é tudo, e que essa é a única evidência material de que precisam para construir suas teorias. Eles simplesmente examinam a relação entre oferta e demanda e as variações de preço associadas a ela. Outros, mais atentos, chegam à "descoberta científica tardia de que os produtos do trabalho, como valores, são meras expressões materiais do trabalho humano despendido em sua produção". Isso "fez época na história do desenvolvimento da humanidade" (149). A economia política clássica convergiu pouco a pouco para uma ideia de valor por trás das flutuações do mercado (frequentemente denominadas "preços naturais") e reconheceu que o trabalho humano tem a ver com isso.

Mas a economia política clássica não conseguiu captar o hiato entre a imaterialidade dos valores como tempo de trabalho socialmente necessário "cristalizado" e sua representação como dinheiro; portanto, também não conseguiu entender o papel que a proliferação da troca tem na consolidação da forma-valor como algo historicamente específico ao capitalismo. Supôs que os valores eram uma verdade evidente e universal e não viu que

> o caráter de valor dos produtos do trabalho se fixa apenas por meio de sua atuação como grandezas de valor. Estas variam constantemente, independentemente da vontade, da previsão e da ação daqueles que realizam a troca. Seu próprio movimento social possui, para eles, a forma de um movimento de coisas, sob cujo controle eles se encontram, em vez de eles as controlarem. (150)

É assim que Marx começa a atacar a concepção liberal de liberdade. A liberdade do mercado não é liberdade, é uma ilusão fetichista. No capitalismo, os indivíduos se rendem à disciplina de forças abstratas (como a mão invisível do mercado, criada em grande parte por Adam Smith), que efetivamente governam suas relações e escolhas. Posso fabricar uma coisa bonita e levá-la ao mercado, mas, se eu não conseguir trocá-la, ela não terá nenhum valor. Consequentemente, não terei dinheiro suficiente para comprar as mercadorias de que preciso para viver. As forças do mercado, que ninguém controla individualmente, regulam todos nós. E uma das coisas que Marx pretende fazer n'*O capital* é falar desse poder regulador que ocorre mesmo "nas relações de troca contingentes e sempre oscilantes de seus produtos". As flutuações de oferta e demanda geram flutuações de preço em torno de uma norma, mas não podem explicar por que um par de sapatos é trocado, em média, por quatro camisas. No interior de toda a confusão do mercado, "o tempo de trabalho socialmente necessário para sua produção [da mercadoria] se impõe com a força de uma lei natural reguladora, tal como a lei da gravidade se impõe quando uma casa desaba sobre a cabeça de alguém" (150). Esse paralelo entre a gravidade e o valor é interessante: ambos são relações, e não coisas, e ambos têm de ser conceituados como imateriais, porém objetivos.

Isso conduz Marx diretamente à crítica da evolução dos modos burgueses de pensamento em relação à propagação das relações de troca e do advento da forma-dinheiro:

> A reflexão sobre as formas da vida humana e, assim, também sua análise científica, percorre um caminho contrário ao do desenvolvimento real. [...] Assim, somente a análise dos preços das mercadorias conduziu à determinação da grandeza do valor, e somente a expressão monetária comum das mercadorias conduziu à fixação de seu caráter de valor. Porém, é justamente essa forma acabada – a forma-dinheiro – do mundo das mercadorias que vela materialmente, em vez de revelar, o caráter social dos trabalhos privados e, com isso, as relações sociais entre os trabalhadores privados. (150)

Essa falha de visão por parte dos economistas políticos clássicos é patente no modo como muitos abraçaram *Robinson Crusoé*, de Daniel Defoe*, como um modelo de economia de mercado perfeita, que surge a partir de um estado de natureza: Robinson naufraga numa ilha e constrói por sua própria conta um modo de vida adequado a um estado de natureza, reproduzindo passo a passo a lógica de uma economia de mercado. Mas, como Marx mostra com muito humor, Robinson, além de supostamente aprender com a experiência, salva de modo muito conveniente, dos "destroços do navio", seu "relógio, livro comercial, tinta e pena" e põe-se imediatamente, "como bom inglês, a fazer a contabilidade de si mesmo" (151). Em outras palavras, Robinson leva para a ilha as concepções mentais do mundo apropriadas à economia de mercado e constrói uma relação com a natureza de acordo com essa imagem. Os economistas políticos usaram a fábula de modo perverso, com o intuito de naturalizar as práticas de uma burguesia emergente.

Durante muito tempo, achei que os economistas políticos tinham escolhido a história errada de Defoe. *Moll Flanders*** é um modelo muito melhor de funcionamento da produção e da circulação de mercadorias. Moll comporta-se como a mercadoria quinta-essencial à venda. Ela especula com os desejos alheios, e os outros especulam com seus desejos (o grande momento é quando ela, absolutamente falida, gasta seus últimos tostões alugando um paramento grandioso, que inclui carruagem, cavalos e joias, e vai a um baile; lá ela conquista um jovem nobre e foge na mesma noite com ele, mas descobre na manhã seguinte que ele também está falido; a aventura termina com os dois achando uma enorme graça no ocorrido e despedindo-se amistosamente). Ela viaja pelo mundo (vai até a Virgínia colonial), passa um tempo na prisão por causa de dívidas, e sua fortuna flutua para cima e para baixo. Ela circula como um objeto monetário num mar de trocas de mercadorias. *Moll Flanders* é uma analogia muito melhor para o modo de funcionamento do capitalismo, especialmente o especulativo de Wall Street.

Os economistas políticos clássicos preferiram o mito de Robinson Crusoé simplesmente porque ele naturaliza o capitalismo. Mas este, como Marx insiste, é um construto histórico, não um objeto natural. "As categorias da economia burguesa" não são mais do que "formas de pensamento socialmente válidas e, portanto, dotadas de objetividade para as relações de produção desse modo social de produção historicamente determinado, a produção de mercadorias". Uma olhada nessa história mostra as limitações das supostas verdades universais da teoria burguesa. "Saltemos, então, da iluminada ilha de Robinson para a sombria Idade Média europeia."

---

* São Paulo, Iluminuras, 2004. (N. E.)
** São Paulo, Nova Cultural, 2003. (N. E.)

Se esta é sombria, suas relações sociais são, ao contrário, bastante claras. Sob o sistema da corveia, diz Marx, "cada servo sabe que o que ele despende a serviço de seu senhor é uma quantidade determinada de sua força pessoal de trabalho"; os vassalos tinham consciência de que "as relações sociais das pessoas em seus trabalhos aparecem como suas próprias relações pessoais e não se encontram travestidas em relações sociais entre coisas, entre produtos de trabalho" (152). O mesmo vale para a dinâmica rural e patriarcal de uma família camponesa: as relações sociais são transparentes, e podemos ver quem está fazendo o que e para quem.

Tais comparações históricas, juntamente com a análise do fetichismo, permitem-nos vislumbrar a natureza contingente, portanto não universal, das verdades estabelecidas pela economia política burguesa. "Por isso, todo o misticismo do mundo das mercadorias, toda a mágica e a assombração que anuviam os produtos do trabalho na base da produção de mercadorias desaparecem imediatamente, tão logo nos refugiemos em outras formas de produção" (151). Podemos até imaginar as relações sociais organizadas como "uma associação de homens livres", isto é, um mundo socialista no qual "as relações sociais dos homens com seus trabalhos e seus produtos do trabalho permanecem [...] transparentemente simples, tanto na produção quanto na distribuição" (153). Ao falar da ideia de associação, Marx ecoa muito do pensamento socialista utópico francês dos anos 1830 e 1840 (em particular Proudhon, embora Marx não reconheça isso). Sua esperança é que possamos ir além do fetichismo das mercadorias e tentar estabelecer, por meio de formas associativas, um modo de relação diferente. Se isso é viável ou não é uma questão fundamental que qualquer leitor de Marx tem de considerar; mas esse é um dos raros momentos n'*O capital* em que temos um vislumbre da visão de Marx de um futuro socialista.

O fetichismo do mercado traz com ele uma boa bagagem ideológica. Marx comenta, por exemplo, as razões por que o protestantismo é a forma de religião mais adequada para o capitalismo. Argumenta que nossas formas de pensamento – não apenas as dos economistas políticos – refletem o fetiche de nossa época, mas essa é uma tendência geral. Suas observações sobre religião e a relação desta com a vida político-econômica são significativas:

> a economia política analisou, mesmo que incompletamente, o valor e a grandeza de valor e revelou o conteúdo que se esconde nessas formas. Mas ela jamais sequer colocou a seguinte questão: por que esse conteúdo assume aquela forma, e por que, portanto, o trabalho se representa no valor e a medida do trabalho, por meio de sua duração temporal, na grandeza de valor do produto do trabalho? Tais formas, em cuja testa está escrito que elas pertencem a uma formação social em que o processo de produção domina os homens, e não os homens o processo de produção, são consideradas por sua consciência burguesa como uma necessidade natural tão evidente quanto o próprio trabalho produtivo. (154-6)

A isso, Marx acrescenta uma longa e importante nota de rodapé:

A forma de valor do produto do trabalho é a forma mais abstrata mas também mais geral do modo burguês de produção, que assim se caracteriza como um tipo particular de produção social e, ao mesmo tempo, um tipo histórico. Se tal forma é tomada pela forma natural eterna da produção social, também se perde de vista necessariamente a especificidade da forma de valor, e assim também da forma-mercadoria e, num estágio mais desenvolvido, da forma-dinheiro, da forma-capital etc. (155, nota 32)

Marx sugere que é um erro naturalizar a forma de valor própria do capitalismo apenas porque é difícil, se não impossível, conceber alternativas.

Foi isto que os economistas políticos burgueses fizeram: trataram o valor como um fato da natureza, não como uma construção social, saída de um modo particular de produção. Marx está interessado na transformação revolucionária da sociedade, e isso significa um revolucionamento da forma-valor capitalista, a construção de uma estrutura de valor alternativa, um sistema de valor alternativo que não tenha o caráter específico daquele a que se chegou sob o capitalismo. Não posso deixar de enfatizar esse ponto, porque a teoria do valor em Marx é interpretada com frequência como uma norma universal a que deveríamos obedecer. Perdi a conta de quantas vezes ouvi pessoas se queixarem de que o problema em Marx é que ele acredita que a única noção de valor válida deriva do acréscimo de trabalho. Mas isso não é verdade; a noção de valor é um produto histórico-social. Portanto, o problema do socialista, do comunista, do revolucionário, do anarquista ou de quem for é encontrar uma forma-valor alternativa que funcione nos termos da reprodução social da sociedade numa imagem diferente. Ao introduzir o conceito de fetichismo, Marx mostra que o valor naturalizado da economia política clássica dita uma norma: se obedecermos cegamente a essa norma e reproduzirmos o fetichismo da mercadoria, fecharemos as portas para as possibilidades revolucionárias. Nossa tarefa, ao contrário, é questioná-la.

O capitalismo não tem nenhum meio de registrar valores intrínsecos, "naturais", em seus cálculos. "Como este último é uma maneira social determinada de expressar o trabalho realizado numa coisa, ele não pode conter mais matéria natural do que a taxa de câmbio"; é ilusório acreditar, por exemplo, "que a renda fundiária nasce da terra, e não da sociedade" (157).

A economia política burguesa vê a aparência superficial. Embora tenha uma teoria do valor-trabalho, ela jamais investigou a fundo seu significado ou as circunstâncias históricas de seu surgimento. Isso nos obriga a ir além do fetichismo, não para tratá-lo como uma ilusão, mas para examinar sua realidade objetiva (86-7, 147-8, 157). Uma resposta possível é seguir o caminho do "comércio justo" [*fair trade*]. Outra é desbravar um caminho científico, uma teoria crítica: um modo de investigação e pesquisa que possa desvendar a estrutura profunda do capitalismo e sugerir sistemas alternativos de valor, baseados em tipos radicalmente diferentes de relações sociais e materiais.

As duas opções não são mutuamente excludentes. Uma política que lide com as condições de trabalho numa base global, desenvolvendo-se num movimento, digamos, contra a exploração, pode facilmente conduzir ao campo teórico muito mais profundo que Marx esboça n'*O capital* precisamente porque a aparência superficial, ainda que fetichista, sempre indica uma realidade objetiva. Lembro-me, por exemplo, de um desfile promovido pelos estudantes da Universidade Johns Hopkins, em que apresentaram roupas das grifes Liz Claiborne e Gap com comentários tanto sobre as peças quanto sobre as condições de trabalho associadas à produção. Esse desfile foi uma maneira eficiente de falar do fetichismo e chamar a atenção para as condições globais do trabalho, sugerindo ao mesmo tempo a importância de se fazer alguma coisa a respeito.

A missão de Marx n'*O capital*, porém, é conceber uma ciência para além do fetichismo imediato, sem negar sua realidade. Ele lançou as bases para isso na crítica da economia política burguesa. Também mostrou a que ponto somos governados pelas forças abstratas do mercado naquilo que fazemos e como estamos constantemente ameaçados de ser governados por construtos fetichistas, que nos impedem de ver o que está acontecendo. Até que ponto você pode dizer que vive numa sociedade livre, caracterizada pela verdadeira liberdade individual? As ilusões de uma ordem liberal utópica, na visão de Marx, têm de ser desmascaradas como aquilo que são: uma réplica daquele fetichismo que perverte as relações sociais entre pessoas, transformando-as em relações materiais entre pessoas e relações sociais entre coisas.

CAPÍTULO 2: O PROCESSO DE TROCA

O capítulo 2 não é apenas mais curto, mas também mais fácil de acompanhar. O propósito de Marx é definir as condições socialmente necessárias da troca capitalista de mercadorias e criar uma base mais sólida para a consideração da forma-dinheiro que será feita no capítulo 3.

Como as mercadorias não vão para o mercado por si mesmas, precisamos definir primeiro a relação operativa entre elas e aqueles que as levam. Marx imagina uma sociedade em que "os guardiões" das mercadorias "têm [...] de se reconhecer mutuamente como proprietários privados. Essa relação jurídica, cuja forma é o contrato, seja ele legalmente desenvolvido ou não, é uma relação volitiva, na qual se reflete a relação econômica. [...] Aqui, as pessoas existem umas para as outras" –

observe o eco do argumento sobre o fetichismo – não como pessoas, mas "apenas como representantes da mercadoria e, por conseguinte, como possuidoras de mercadorias". Isso leva a uma consideração mais ampla. Ao longo de todo *O capital*, "as máscaras econômicas das pessoas não passam de personificações das relações econômicas", é "como suporte" – note a repetição do termo – dessas relações econômicas que "elas se defrontam umas com as outras" (160). Marx está mais preocupado com os papéis econômicos que os indivíduos desempenham do que com os indivíduos que os desempenham. Por isso, ele examina as relações entre compradores e vendedores, devedores e credores, capitalistas e trabalhadores. De fato, n'*O capital*, o foco está mais nos papéis do que nas pessoas, e Marx reconhece que os indivíduos podem ocupar – e com frequência ocupam – vários papéis diferentes e até mesmo posições profundamente contraditórias (como o trabalhador que tem um fundo de pensão com investimentos no mercado de ações). Esse foco mais nos papéis do que nos indivíduos é tão legítimo quanto se analisássemos as relações entre motoristas e pedestres nas ruas de Manhattan: a maioria de nós já assumiu os dois papéis e soube adaptar seu comportamento a cada um deles.

Os papéis no modo de produção capitalista são estritamente definidos. Os indivíduos são sujeitos jurídicos dotados da propriedade privada da mercadoria que manejam, e eles a negociam em condições contratuais não coercitivas. Há um respeito recíproco pelos direitos jurídicos dos outros; a equivalência das trocas mercantis baseada em princípios é, como notou Aristóteles, uma virtude louvável. O que Marx descreve aqui é a política convencional e o arcabouço legal para o devido funcionamento dos mercados, tal como imaginado pela teoria liberal. Nesse mundo, uma mercadoria é "*leveller** e cínica de nascença", porque está "sempre pronta a trocar não apenas sua alma, mas seu corpo com qualquer outra mercadoria". O proprietário quer cedê-la, e o comprador quer tomá-la: "Todas as mercadorias são não-valores de uso para seus possuidores, e valores de uso para seus não-possuidores. Portanto, elas precisam universalmente mudar de mãos", mas "se o trabalho é útil para outrem, ou seja, se seu produto satisfaz necessidades alheias, é algo que só pode ser demonstrado na troca" (160).

Esse argumento a respeito da estrutura institucional e legal socialmente necessária requerida para que o capitalismo funcione é historicamente específico. Não reconhecer a especificidade histórica da concepção burguesa de direitos e deveres leva a sérios equívocos. É por isso que Marx faz, numa longa nota de rodapé, uma vigorosa denúncia contra o anarquista Proudhon:

---

* "Niveladora": referência aos *levellers*, corrente política atuante na Inglaterra em meados do século XVII. (N. T.)

[Ele] cria seu ideal de justiça, a *justice éternelle* [justiça eterna], a partir das relações jurídicas correspondentes à produção de mercadorias, por meio do quê, diga-se de passagem, também é fornecida a prova, consoladora para todos os filisteus, de que a forma da produção de mercadorias é tão eterna quanto a justiça. Então, em direção inversa, ele procura modelar de acordo com esse ideal a produção real de mercadorias e o direito real que a ela corresponde. (159, nota 38)

De fato, Proudhon toma as formas específicas das relações jurídico-econômicas burguesas e trata-as como universais e fundadoras do desenvolvimento de um sistema econômico alternativo, socialmente justo. Do ponto de vista de Marx, isso não é uma alternativa, porque apenas reinscreve as concepções burguesas do valor numa forma supostamente nova de sociedade. Esse problema continua em nossos dias, não só pela renovação anarquista do interesse pelas ideias de Proudhon, mas também pelo advento de uma política mais ampla de direitos humanos liberais como suposto antídoto contra os males sociais e políticos do capitalismo contemporâneo. A crítica de Marx a Proudhon é diretamente aplicável a essa política contemporânea. A Declaração Universal dos Direitos Humanos, de 1948, é um documento fundamental para um individualismo burguês baseado no mercado e, como tal, fornece a base para uma crítica minuciosa do capitalismo liberal ou neoliberal. Defender que a ordem política capitalista seja coerente com seus próprios princípios fundamentais pode ser útil politicamente, mas imaginar que essa política possa levar a um deslocamento radical do modo de produção capitalista é, no entender de Marx, um grave erro.

O que vem a seguir é uma recapitulação – Marx reitera com frequência argumentos anteriores numa linguagem um pouco diferente – do fato de que, num ambiente institucional desse tipo, "o cristal monetário é um produto necessário do processo de troca". Ele repete o tema quando diz que "a expansão e o aprofundamento históricos da troca desenvolvem a oposição entre valor de uso e valor que jaz latente na natureza das mercadorias":

A necessidade de expressar externamente essa oposição para o intercâmbio impele a uma forma independente do valor da mercadoria e não descansa enquanto não chega a seu objetivo final por meio da duplicação da mercadoria em mercadoria e dinheiro. Portanto, na mesma medida em que se opera a metamorfose dos produtos do trabalho em mercadorias, opera-se também a metamorfose da mercadoria em dinheiro. (161-2)

Marx não diz nada que já não tenhamos visto nos itens anteriores, mas agora ele expõe o que essa relação econômica entre coisas implica para as relações entre pessoas. Essa economia de trocas mercantis, diz ele, implica que estamos lidando com "proprietários privados" de "coisas alienáveis", e isso, por sua vez, implica que temos "pessoas independentes umas das outras". "Alienáveis" refere-se ao fato de que "as coisas são, em si mesmas, exteriores ao homem", isto é, livremente cambiáveis. Isso significa que os operadores da troca não têm nenhum vínculo pessoal com as coisas que possuem. E implica também relações sociais "de alheamento mútuo", que são exclusivas do capitalismo, e uma relação concomitante de posse jurídica de mercadorias (162).

Tais condições não eram predominantes na "família patriarcal", na "comunidade indiana antiga" ou num "Estado inca"; os processos de troca tiveram de romper as estruturas sociais precedentes. Isso ocorre aos poucos, sugere ele, à medida que o comércio ocasional entre comunidades evolui até o ponto em que "a constante repetição da troca transforma-a num processo social regular" (162):

> Na mesma proporção em que a troca de mercadorias dissolve seus laços puramente locais [notem que aqui está subentendida a expansão geográfica] e o valor das mercadorias se expande em materialidade* do trabalho humano em geral, a forma-dinheiro se encarna em mercadorias que, por natureza, prestam-se à função social de um equivalente universal: os metais preciosos. (163-4)

Como já indiquei, esse é um argumento histórico um tanto duvidoso a respeito da dissolução das formas sociais preexistentes diante das relações crescentes de troca e do advento das formas dinheiro. Mas seu conteúdo lógico é importante para demonstrar que o que é socialmente necessário é "uma forma adequada de manifestação de valor", e essa exigência é mais adequadamente satisfeita por metais preciosos (tais como o outro e a prata), em virtude de suas qualidades naturais. Contudo, como frisado anteriormente, isso significa que a mercadoria-dinheiro interioriza uma dualidade, pois *tanto* é mercadoria – no sentido ordinário de ser um produto do trabalho – *quanto* "adquire um valor de uso formal, que deriva de suas funções sociais específicas". Nessa função social formal, "a forma-dinheiro é apenas o reflexo, concentrado numa única mercadoria, das relações de todas as outras mercadorias" (164).

---

* No original alemão: *Materiatur*. Esse termo, empregado por Hegel em *Vorlesungen über die Philosophie der Natur* [Lições sobre a filosofia da natureza], remete à doutrina hilemórfica escolástico-aristotélica, segundo a qual a "forma" (*morphê*) se realiza na "matéria" (*hylê*), conferindo a esta sua determinidade (*Bestimmtheit*, na terminologia hegeliana) ontológica. A *Materiatur* é, assim, o princípio que constitui a materialidade em geral e aquilo que resta quando se retira (o que só é possível na imaginação) de uma substância a sua forma determinada. Ver G. W. F. Hegel, *Vorlesungen über die Philosophie der Natur* (Hamburgo, Felix Meiner, 2007), p. 213. (N. T.)

Além disso, é perfeitamente possível substituir a mercadoria-dinheiro "por simples signos de si mesmo" para cumprir esse papel. Mas essa capacidade de substituição não causa surpresa, já que "cada mercadoria seria um signo, uma vez que, como valor, ela é tão somente um invólucro reificado do trabalho humano nela despendido" (165). Marx acena aqui com a possibilidade de incorporar diretamente em sua análise muitos aspectos daquilo que atualmente costumamos chamar de "economia simbólica". Ele não tenta fazer isso, porque, sem dúvida, exigiria mudanças no modo de apresentação, mas é importante notar que os aspectos simbólicos do modo de funcionamento do capitalismo não são alheios a seu argumento. Aqueles que afirmam que o capitalismo é diferente hoje, devido ao grau de preponderância que o capital e a economia simbólicos passaram a exercer, e que, em consequência disso, o capitalismo teria mudado de foco, deveriam perceber que as coisas não são necessariamente assim.

O perigo está em tratar essas qualidades simbólicas – que são muito importantes – como se fossem puramente imaginárias ou como produtos arbitrários da reflexão dos homens. O que Marx sugere é que mesmo a mercadoria-dinheiro não pode realizar seu valor específico sem a troca com todas as outras mercadorias como equivalentes, ainda que, para isso, finja ser o equivalente universal de todas as outras mercadorias. "A dificuldade", diz ele, "não está em compreender que dinheiro é mercadoria, mas em descobrir como, por que e por quais meios a mercadoria é dinheiro" (186): "Uma mercadoria não *parece* se tornar dinheiro porque as outras mercadorias expressam nela seu valor universalmente, mas, ao contrário, estas é que *parecem* expressar nela seus valores universalmente pelo fato de ela ser dinheiro" (187, grifos meus).

Em outras palavras, uma vez que exista dinheiro, as mercadorias encontram um meio de medir seu próprio valor simplesmente agindo como se o ouro, tal como surge "das entranhas da terra", fosse "a encarnação imediata de todo trabalho humano". Essa, diz ele, é a "mágica do dinheiro" que tem de ser desvendada. "O enigma do fetiche do dinheiro não é mais do que o enigma do fetiche da mercadoria, que agora se torna visível e ofusca a visão" (167).

Mas há outra questão vital nesse capítulo. Com a "mágica" e o "fetiche" do dinheiro firmemente estabelecidos,

o comportamento meramente atomístico dos homens em seu processo social de produção e, com isso, a figura reificada de suas relações de produção, independentes de seu controle e de sua ação individual consciente, manifestam-se, de início, no fato de que os produtos de seu trabalho assumem universalmente a forma da mercadoria. (167)

Isso se parece muito com a visão de Adam Smith de um mercado de funcionamento perfeito, cuja mão invisível guia as decisões individuais. Ninguém está no comando, e cada um tem de agir de acordo com o que Marx chama mais tarde de "leis coercitivas da competição" (446).

No mundo ideal de Smith, o Estado criaria o arcabouço institucional para o funcionamento perfeito dos mercados e da propriedade privada e a riqueza do Estado e o bem-estar dos cidadãos cresceriam rapidamente, à medida que a iniciativa individual e o empreendedorismo, guiados pela mão invisível do mercado, produzissem resultados que beneficiassem a todos. Nesse mundo, segundo acredita Smith, as intenções e as motivações dos indivíduos (que variam desde a ganância até a missão social) não importam, pois a mão invisível do mercado se encarregaria de tudo.

Esse capítulo apresenta-nos uma charada. De um lado, Marx dedica uma nota de rodapé para condenar o fato de Proudhon aceitar as noções burguesas de direitos e legalidade, alegando que isso não contribui em nada para a construção de uma alternativa revolucionária. No entanto, no próprio texto do capítulo, Marx parece aceitar a teoria liberal da propriedade, a reciprocidade e a equivalência da troca mercantil não coercitiva entre indivíduos jurídicos e até mesmo a mão invisível do mercado tal como proposta por Adam Smith. Como resolver essa contradição aparente? Creio que a resposta é bastante simples, mas a pergunta tem ramificações importantes sobre o modo como leremos o restante d'*O capital*.

Marx está engajado numa crítica da economia política liberal clássica. Por isso, acredita que é necessário aceitar as teses do liberalismo (e, por extensão, as do neoliberalismo) para mostrar que os economistas políticos clássicos estavam profundamente equivocados em seus próprios termos. Assim, mais do que dizer que os mercados de funcionamento perfeito e a mão invisível não podem ser construídos e que o mercado é sempre distorcido pelo poder político, ele aceita a visão liberal utópica de mercados perfeitos e mão invisível para mostrar que eles jamais produzirão um resultado benéfico, mas, ao contrário, tornarão a classe capitalista inconcebivelmente rica e empobrecerão os trabalhadores e o restante da população na mesma proporção.

Isso se traduz numa hipótese sobre o capitalismo realmente existente: quanto mais estruturado e organizado segundo essa visão utópica liberal e neoliberal é esse capitalismo, maiores são as desigualdades de classe. E é desnecessário dizer que há evidências suficientes para apoiar a visão de que a retórica do livre mercado e do livre-comércio e seus supostos benefícios universais, à qual fomos submetidos nos últimos trinta anos, produziu exatamente o resultado esperado por Marx: uma concentração maciça de riqueza e de poder numa ponta da escala social, concomitante ao empobrecimento crescente de todos os demais. Mas, para prová-lo, Marx tem de aceitar as bases institucionais do utopismo liberal, e é precisamente isso que ele faz nesse capítulo.

60 / Para entender *O capital* I

Isso nos leva a uma advertência importante sobre como ler *O capital*. Devemos ter o cuidado de distinguir os momentos em que Marx critica a visão liberal utópica em seu estado perfeito e os momentos em que ele tenta dissecar o capitalismo realmente existente, com todas as suas imperfeições de mercado, desequilíbrios de poder e falhas institucionais. Como veremos, esses dois momentos às vezes se confundem. Muitos dos equívocos de interpretação derivam dessa confusão. Sendo assim, tentarei indicar quando ele está fazendo o quê, bem como identificar os momentos ocasionais de confusão, inclusive os que aparecem na própria análise de Marx, quando o desejo de cumprir seu objetivo – a crítica da economia política clássica – atrapalha a tarefa adicional de entender a dinâmica efetiva do modo de produção capitalista.

Na maioria das vezes, no entanto, Marx faz um uso engenhoso da crítica teórica do utopismo liberal, em suas várias formas político-econômicas, para lançar uma luz crítica devastadora sobre o capitalismo efetivamente existente em sua época. E isso é bom para nós, que vivemos num mundo em que as teses do neoliberalismo fazem eco e aprofundam, em certos aspectos, as teses do liberalismo, pois a crítica de Marx ao livre mercado e ao livre-comércio pode lançar uma luz tão devastadora sobre nosso próprio capitalismo efetivamente existente quanto fez com o capitalismo da época.

2. Dinheiro

CAPÍTULO 3: O DINHEIRO OU A CIRCULAÇÃO DE MERCADORIAS

A esta altura, está claro que uma noção particular de dinheiro se cristalizou ao longo do tratamento que Marx dá à troca de mercadorias. Ela estava implícita na oposição entre as formas relativa e equivalente do valor, e isso, com a disseminação da troca num ato social geral, conduziu ao surgimento de um equivalente universal, que tomou a forma de uma mercadoria-dinheiro tangível, a qual, apesar de encobrir as origens do valor no tempo de trabalho socialmente necessário, representa valor. Vamos analisar mais de perto essa forma de valor.

O capítulo 3 é longo e bastante intricado. No entanto, conta uma história simples, em linguagem que hoje nos soa familiar. O dinheiro é um conceito unitário, mas interioriza funções duplas, que refletem a dualidade do valor de uso e do valor de troca na própria mercadoria. Por um lado, o dinheiro opera como uma medida de valor, como um padrão-ouro, por assim dizer, do tempo de trabalho socialmente necessário. Para cumprir esse papel, ele precisa possuir qualidades distintivas capazes de fornecer, tanto quanto possível, um padrão preciso e eficiente de medida do valor. Por outro lado, o dinheiro também tem de azeitar a expansão da troca e fazê-lo com o mínimo de espalhafato e dificuldade. Desse modo, ele funciona como um simples meio [*medium*] para movimentar uma variedade cada vez maior de mercadorias de um lugar para o outro.

Há uma tensão, uma contradição, entre essas duas funções. Como medida de valor, por exemplo, o ouro parece muito bom. Ele é permanente e pode ser armazenado para sempre; podemos avaliar suas qualidades; podemos conhecer e controlar suas condições concretas de produção e circulação. O ouro, portanto, é excelente como medida de valor. Mas imagine se toda vez que fôssemos tomar café tivéssemos de usar um minúsculo grão de ouro para pagá-lo. Essa é uma forma muito ineficiente de dinheiro, do ponto de vista da circulação de uma miríade de pequenas quantidades de mercadorias. Imagine se cada um tivesse de carregar uma bolsinha com grãos de ouro – e o que aconteceria se alguém espirrasse enquanto conta os grãos? O ouro é um meio ineficiente de circulação, apesar de ser uma excelente medida de valor.

Marx compara o dinheiro como medida de valor (item 1) e o dinheiro como um meio de circulação (item 2). Mas, no fim das contas, há apenas um tipo de dinheiro (item 3). E a resolução dessa tensão entre o dinheiro como medida efetiva de valor e o dinheiro como meio eficiente de circulação é parcialmente dada pela possibilidade ou – e isso é controverso – pela *necessidade* de outra forma de circulação, que é a existência do crédito. A consequente relação entre devedores e credores não só abre a possibilidade como introduz a necessidade de outra forma de circulação: a do capital. Em outras palavras, o que emerge nesse capítulo é a possibilidade do conceito, assim como do fato, do capital. Do mesmo modo que a possibilidade do dinheiro se cristalizou a partir dos processos de troca, a possibilidade do capital se cristaliza a partir da contradição entre o dinheiro como medida do valor e o dinheiro como meio de circulação. Essa é a questão principal desse longo capítulo. Se a mantivermos sempre em mente, muitos detalhes intricados e por vezes confusos se encaixarão com mais facilidade no conjunto.

Item i: Medida dos valores

Há uma distinção entre "dinheiro" e "mercadoria-dinheiro". Para consolidar seu argumento anterior – a saber, o valor não é materialmente mensurável em si mesmo, antes requer uma representação para regular as trocas –, Marx começa pressupondo o ouro como a mercadoria-dinheiro singular. O ouro é "a forma necessária de manifestação da medida imanente de valor das mercadorias: o tempo de trabalho" (169). O valor é expresso (ou talvez devêssemos dizer "reside") na relação entre a mercadoria-dinheiro como "uma forma de manifestação" do valor e todas as mercadorias que são trocadas por ela. O valor das mercadorias é irreconhecível e incognoscível sem sua forma de manifestação.

Isso, no entanto, leva a algumas complicações – e revela algumas contradições – que requerem uma análise mais detalhada. Marx concentra-se, em primeiro lugar, no modo como os preços são vinculados às mercadorias. Os preços, diz ele, são imaginários, ou ideais (quer dizer, um produto do pensamento ou um princípio lógico, em oposição a conclusões "reais" ou empiricamente derivadas) (170). Ele se refere, aqui, ao fato de que, quando produzo uma mercadoria, não tenho ideia de qual é seu valor antes de colocá-la no mercado. Vou ao mercado com uma noção imaginária, ideal, de seu valor. Assim, colo nela uma etiqueta com um preço. Isso informa o potencial comprador do valor que, para mim, a mercadoria deveria ter. Mas não tenho como saber se conseguirei esse preço por ela, pois não posso ter uma ideia prévia de qual é seu "valor de mercado": "Em sua função de medida de valor, o ouro serve, portanto, apenas como dinheiro representado ou ideal. Essa circunstância deu vazão às mais loucas teorias. Embora apenas o dinheiro representado sirva à função de medida de valor, o preço depende inteiramente do material real do dinheiro" (171). Estabelece-se uma relação entre os preços imaginários, ideais, e os preços efetivamente recebidos no mercado. O preço recebido deveria "idealmente" indicar o valor verdadeiro, mas é apenas uma aparência, uma representação – imperfeita – do valor.

Preferiríamos, é óbvio, que a representação quantitativa do valor fosse um padrão estável de medida. O ouro, no entanto, é uma mercadoria específica; seu valor é dado pelo tempo de trabalho socialmente necessário que nele é incorporado, e este, como vimos, não é constante. Flutuações nas condições concretas de produção afetam o valor do ouro (ou de qualquer outra mercadoria-dinheiro). Mas tal mudança de valor "atinge todas as mercadorias ao mesmo tempo e *caeteris paribus* [todos os outros fatores permanecendo iguais] mantém inalterados seus valores relativos *recíprocos*, mesmo que estes agora se expressem em preços de ouro maiores ou menores do que antes" (173, grifo meu).

Marx também introduz a prata como uma potencial mercadoria-dinheiro alternativa para enfatizar o seguinte: embora pareça ser um padrão sólido de valor para a comparação dos valores relativos de todas as outras mercadorias, o ouro se revela pouco estável para estabelecer o valor absoluto (173). Se, como aconteceu na corrida do ouro de 1848, o mercado é inundado de ouro, ocorre uma queda repentina de seu valor – a medida representativa do tempo de trabalho socialmente necessário – e todos os preços das mercadorias têm de ser reajustados para cima (o que explica a grande inflação do século XVI, quando os espanhóis introduziram o ouro da América Latina no mercado). Tratamos a mercadoria-dinheiro sempre como algo dotado de um valor de uso concreto, e suas próprias condições de produção influenciam o modo como o valor é representado. Em anos recentes, os preços do ouro oscilaram para cima e para baixo em todo o mundo (por razões que serão tratadas mais adiante). O que Marx deseja enfatizar aqui é que, mesmo que toda mercadoria-dinheiro provoque uma medida oscilante de valor, sua inconstância não faz nenhuma diferença para os valores *relativos* das mercadorias que são trocadas no mercado (173, ver também 130).

Marx observa ainda que, "como medida dos valores e padrão dos preços, o ouro desempenha dois papéis completamente distintos". Aqui, surge da teoria do dinheiro uma subdualidade que não deve ser confundida com a distinção maior entre o dinheiro como medida de valor e como um meio de circulação. A mercadoria-dinheiro é a "medida de valor por ser a encarnação social do trabalho humano" – essa é a representação "ideal" –, mas é também "o padrão de preços como um peso metálico estipulado". É esse último aspecto que nos permite dizer que tal mercadoria "vale" de fato tantos gramas de ouro. Essa quantidade, o peso do ouro, é o que temos em mente antes – e esperamos ter no bolso depois – da troca da mercadoria. No entanto, "as denominações monetárias dos pesos metálicos se separam progressivamente de suas denominações originais por razões diversas" (255-6) – e essas razões são razões históricas.

Não há nenhuma teoria explícita do Estado n'*O capital*, mas, se mapearmos suas diversas ocorrências ao longo do texto, veremos claramente que o Estado exerce funções essenciais no interior do sistema de produção capitalista (invocamos implicitamente esse fato no capítulo 2, ao imaginar as instituições da propriedade privada e um mercado de funcionamento perfeito). Uma das funções mais importantes do Estado, como veremos, tem a ver com a organização do sistema monetário, regulando a moeda e mantendo o sistema monetário efetivo e estável.

> Esses processos históricos transformaram em hábito popular a separação entre a denominação monetária dos pesos metálicos e os nomes de suas medidas habituais de peso. Como o padrão monetário é, por um lado, puramente convencional, mas, por outro, necessita de validade universal, ele é, por fim, regulado por lei. (174)

A denominação monetária é um construto fetichista. "O nome de algo é totalmente exterior à sua natureza. Não sei nada de um homem quando sei apenas que ele se chama Jacó. Do mesmo modo, nas denominações monetárias libra, táler, franco, ducado etc. desaparece todo sinal da relação de valor" (175). Ou seja, a relação com o tempo de trabalho socialmente necessário é, ainda por cima, dissimulada por essas denominações monetárias. "O preço", conclui Marx, "é a denominação monetária do trabalho objetivado na mercadoria" (176). A denominação monetária (libras, ducados) não é o mesmo que a mercadoria-dinheiro (ouro), e sua relação com o valor como tempo de trabalho socialmente necessário torna-se cada vez mais opaca; mas é importante lembrar a definição do preço como a denominação monetária do trabalho incorporado numa mercadoria.

Marx prossegue com duas observações importantes. Existe a possibilidade, diz ele, "de uma incongruência quantitativa entre preço e grandeza de valor, ou o desvio do preço em relação à grandeza de valor", e essa possibilidade é inerente à própria forma-preço. "Isso não é nenhum defeito dessa forma, mas, ao contrário, aquilo que faz dela a forma adequada a um modo de produção em que a regra só se pode impor como a lei média do desregramento que se aplica cegamente" (117).

Ou seja, se eu levar minha mercadoria ao mercado e colocar nela um preço (uma denominação monetária ou uma dada representação de valor), e se você levar uma mercadoria similar e colocar nela outro preço, e se um terceiro levar outra mercadoria similar e colocar nela outro preço, teremos um mercado repleto de preços diferentes para uma mesma mercadoria. O preço médio que será efetivamente alcançado em determinado dia dependerá de quantas pessoas desejarão a mercadoria e quantas irão ao mercado para vendê-la. Assim, o preço médio alcançado oscilará de acordo com as flutuações nas condições de oferta e demanda.

É por esse mecanismo que ocorre um equilíbrio de preço. Tal equilíbrio, ou aquilo que os economistas políticos clássicos chamam de preço "natural", é o preço alcançado quando a oferta e a demanda chegam a um equilíbrio. Marx dirá mais tarde que, nesse ponto de equilíbrio, a oferta e a demanda deixam de explicar tudo. A oferta e a demanda não explicam mais por que uma camisa custa, em média, menos do que um par de sapatos, tampouco qual é o preço diferencial entre camisas e sapatos. Na visão de Marx, esse preço diferencial médio reflete o valor, o tempo de trabalho socialmente necessário incorporado nas diferentes mercadorias. Num determinado dia, porém, as flutuações de preço mostram o estado em que se encontra a relação entre oferta e demanda de sapatos naquele dia e por que essa relação variou em comparação com o dia anterior. Assim, o fato de colocarmos denominações monetárias nas mercadorias e convertermos a medida de valor nessa forma ideal, a forma-preço, permite que as flutuações de preço equilibrem o mercado, ao mesmo tempo que facilita a tarefa de identificar uma representação apropriada do valor como equilíbrio ou preço natural. O que as flutuações nos preços produzem é uma *convergência no trabalho médio socialmente necessário para produzir uma mercadoria*. Sem essa incongruência quantitativa não haveria como transitar das variações da oferta e da demanda no mercado para a convergência no preço médio social que representa o valor.

A segunda observação é ainda mais difícil de absorver:

Mas a forma-preço permite não apenas a possibilidade de uma incongruência quantitativa entre grandeza de valor e preço, isto é, entre a grandeza de valor e sua própria expressão monetária, mas pode abrigar uma contradição qualitativa, de modo que o preço deixe absolutamente de ser expressão de valor, embora o dinheiro não seja mais do que a forma-valor das mercadorias. Assim, coisas que em si mesmas não são mercadorias, como a consciência, a honra etc., podem ser compradas de seus possuidores com dinheiro e, mediante seu preço, assumir a forma-mercadoria, de modo que uma coisa pode formalmente ter um preço mesmo sem ter valor. A expressão do preço se torna aqui imaginária tal como certas grandezas da matemática. Por outro lado, também a forma-preço imaginária – como o preço do solo não cultivado, que não tem valor porque nele nenhum trabalho humano está objetivado – abriga uma relação efetiva de valor ou uma relação dela derivada. (177)

Se podemos colocar uma etiqueta de preço numa coisa, então, em princípio, podemos colocá-la em qualquer coisa, inclusive na consciência e na honra, para não falar de crianças e de partes do nosso corpo. Podemos colocá-la num recurso natural, na visão de uma queda-d'água; podemos colocá-la na terra e especular com suas variações de preço. O sistema de preços pode operar em todas essas dimensões e produzir incongruências tanto qualitativas como quantitativas. Isso coloca a seguinte questão: se os preços podem ser colocados em qualquer coisa, independentemente de seu valor, e se podem flutuar quantitativamente por toda parte, também independentemente de seu valor, então por que Marx se fixa tanto na teoria do valor-trabalho? Não teriam razão os economistas políticos convencionais – mesmo hoje em dia – ao afirmar que tudo o que podemos observar e tudo o que pode ter um significado real está contido no conceito de preço, e, por conseguinte, a teoria do valor-trabalho é irrelevante?

Marx não defende sua escolha; não precisava defendê-la, porque a teoria do valor-trabalho era amplamente aceita pelos ricardianos da época. Mas, hoje, a teoria do valor-trabalho é largamente questionada ou abandonada, mesmo por alguns economistas marxistas, por isso temos de fornecer algum tipo de resposta. Marx, penso eu, recorreria ao conceito de base material: se tentássemos todos viver do espetáculo das quedas-d'água ou do comércio de consciência ou honra, não sobreviveríamos. A produção real, a transformação real da natureza por meio de processos laborais, é crucial para nossa existência, e é esse trabalho material que forma a base para a produção e a reprodução da vida humana. Não podemos nos vestir de consciência e honra (lembre-se da fábula da roupa nova do rei), tampouco do espetáculo de uma queda-d'água; as roupas não chegam até nós desse modo, mas por meio dos processos de trabalho humano e da troca de mercadorias. Mesmo numa cidade como Washington, que parece ser o palco de um enorme comércio de consciências e honras, a questão de quem produziu nosso café da manhã, assim como os aparelhos eletrônicos, o papel, os automóveis, as casas e as estradas que sustentam nossa vida diária, está sempre presente. Fazer de conta que tudo isso é dado magicamente pelo mercado, facilitado pela mágica do dinheiro que se encontra em nosso bolso, é sucumbir totalmente ao fetichismo da mercadoria. Para romper com o fetichismo, necessitamos do conceito de valor como tempo de trabalho socialmente necessário.

Se Marx estava certo ou errado em tomar essa posição, cabe a você decidir. Mas, para entender *O capital* nos próprios termos de Marx, você terá de aceitar um argumento desse tipo ao longo destas linhas, ao menos até chegar ao fim do livro.

Também é importante reconhecer que Marx professa algo de extrema importância: o sistema de preços é, na verdade, uma aparência superficial que possui sua própria realidade objetiva (ele é de fato "tal como parece ser"), assim como uma função vital – a regulação das flutuações de oferta e demanda, que convergem num equilíbrio de preços –, e que esse sistema, em seus próprios termos, pode facilmente sair do controle. Como veremos ainda nesse capítulo, as incongruências quantitativas e qualitativas têm sérias consequências para o funcionamento do sistema de mercado e das formas dinheiro. (Elas podem gerar não só a possibilidade, mas também a *inevitabilidade* de crises financeiras e monetárias!)

Mas o pressuposto de Marx – do qual teremos de compartilhar, se quisermos compreender seu pensamento – é que o valor, como tempo de trabalho socialmente necessário, está no centro de tudo. Se assumirmos que os valores são fixos (apesar de as constantes mudanças na tecnologia e nas relações sociais e naturais mostrarem exatamente o contrário), veremos preços flutuarem ao redor dos preços "naturais", que consistem no equilíbrio entre a oferta e a demanda. Esse equilíbrio do preço é uma mera aparência, uma representação do tempo de trabalho socialmente necessário que gera o valor cristalizado em dinheiro. E é ao redor *desse* valor que os preços de mercado efetivamente flutuam (176). Os preços de mercado se desviam de seus valores de maneira constante e necessária; se não o fizessem, não haveria como equilibrar o mercado. Quanto às incongruências qualitativas, algumas (como a especulação com o valor e a renda da terra) têm um papel material importante (que só será examinado no Livro III) nos processos de urbanização e na produção de espaço. Mas essa é uma questão que não podemos considerar aqui.

Item 2: O meio de circulação

Estudar os parágrafos introdutórios de Marx é muito útil, porque costumam indicar o argumento ou tema geral que devemos ter em vista. Ele nos lembra aqui que "vimos que o processo de troca das mercadorias inclui relações contraditórias e mutuamente excludentes" (178). A que ele se refere? Vamos voltar ao item sobre as formas relativa e equivalente de valor. Lá, ele identificou três peculiaridades da mercadoria-dinheiro. A primeira é que "o valor de uso se torna a forma de manifestação de seu contrário, o valor"; a segunda, o "trabalho concreto se torna [...] expressão do trabalho humano abstrato"; e a terceira, "esse trabalho concreto [...], embora seja trabalho privado como todos os outros, trabalho que produz mercadorias, [...] é trabalho em forma imediatamente social" (132-5).

O ouro é uma mercadoria particular, produzida e apropriada por pessoas privadas, dotada de um valor de uso particular contudo todas essas particularidades estão de algum modo ocultas no interior do equivalente universal da mercadoria-dinheiro.

68 / Para entender *O capital* I

"O desenvolvimento da mercadoria não elimina essas contradições", observa Marx, "porém cria a forma em que elas podem se mover." Aqui há algumas pistas – preste atenção em especial à frase "a forma em que elas [as contradições] podem se mover" – acerca da natureza do método dialético de Marx. Diz ele:

> Esse é, em geral, o método com que se solucionam contradições reais. É, por exemplo, uma contradição o fato de que um corpo seja atraído por outro e, ao mesmo tempo, afaste-se dele constantemente. A elipse é uma das formas de movimento em que essa contradição *tanto se realiza como se resolve.* (178, grifo meu)

Anteriormente, descrevi a dialética como uma forma de lógica expansionista. Algumas pessoas gostam de pensar que a dialética diz respeito exclusivamente a tese, antítese e síntese, mas o que Marx diz aqui é que não existe síntese. O que existe é apenas a internalização da contradição e sua acomodação num grau mais elevado. As contradições nunca são definitivamente resolvidas; podem ser apenas repetidas num sistema de movimento perpétuo (como a elipse) ou em escala cada vez maior. No entanto, há momentos aparentes de resolução, por exemplo quando a forma-dinheiro se cristaliza na troca para resolver o problema da circulação eficiente das mercadorias. Isso significa que podemos respirar aliviados, dar graças a Deus por termos o dinheiro, que é uma boa síntese, e não pensar mais no assunto? Não, diz Marx, temos de analisar as contradições que a forma-dinheiro interioriza – contradições que se tornam problemáticas numa escala maior. Há, por assim dizer, uma expansão perpétua das contradições.

Por essa razão, fico irritado com pessoas que descrevem a dialética de Marx como um método fechado de análise. Ela não é finita; ao contrário, está sempre em expansão, e aqui ele mostra precisamente como isso ocorre. Precisamos apenas rever a experiência que tivemos ao ler *O capital*: o movimento de sua argumentação é uma constante remodelação, recontextualização e expansão do campo das contradições. Isso explica por que Marx se repete tanto. Cada passo adiante exige que ele retorne a uma contradição anterior para explicar a origem da próxima. Refletir sobre as passagens introdutórias ajuda a esclarecer o sentido do pensamento de Marx, porque elas dão uma ideia melhor sobre aquilo que ele está tentando fazer em cada item à medida que seus argumentos se desdobram.

Podemos ver esse processo em funcionamento no segundo item do capítulo sobre o dinheiro, no qual Marx examina o que chama de "metabolismo social" e "metamorfose das mercadorias" por meio da troca. A troca, como vimos, produz uma "duplicação da mercadoria em mercadoria e dinheiro". Estes, quando em ação, movem-se em direções opostas a cada troca de mãos. Enquanto o movimento de um (a troca de dinheiro) facilita o da outra (o movimento das mercadorias), ocorre

2. Dinheiro / 69

um fluxo oposto, que cria a possibilidade para o surgimento de "formas antitéticas" (178-9). Isso abre o caminho para a análise da metamorfose das mercadorias.

A troca é uma transação em que o valor sofre uma mudança de forma. Marx chama essa cadeia de movimentos – mercadoria em dinheiro, dinheiro em mercadoria – de relação "M-D-M". (O movimento "M-D-M" é diferente do movimento "M-M", mercadoria por mercadoria, ou escambo; agora, todas as trocas são mediadas pelo dinheiro.) Trata-se de uma dupla metamorfose do valor: de M em D e de D em M (179-80).

Superficialmente, essas formas do valor parecem imagens refletidas num espelho, portanto equivalentes em princípio; mas, na verdade, elas são assimétricas. O lado M-D da troca, a venda, implica a mudança de forma de uma mercadoria particular em seu equivalente universal, a mercadoria-dinheiro. Trata-se de um movimento do particular para o universal. Para vender uma mercadoria particular, você tem de encontrar no mercado alguém que a queira. O que acontece se você vai ao mercado e ninguém quer a sua mercadoria? Isso leva a uma série de questões sobre como a necessidade – e a produção de necessidades pela propaganda, por exemplo – influencia o processo de troca:

> Talvez a mercadoria seja o produto de um novo modo de trabalho, que se destina à satisfação de uma necessidade recém-inaugurada ou pretende ela própria engendrar uma nova necessidade [...]. O produto satisfaz hoje uma necessidade social. Amanhã é possível que ele seja total ou parcialmente deslocado por outro tipo de produto semelhante. (180)

Assim, a transformação de M em D é complicada, em grande parte, pelas condições de oferta e demanda existentes no mercado num momento particular:

> Como se pode ver, a mercadoria ama o dinheiro, mas *"the course of true love never does run smooth"* [em tempo algum teve um tranquilo curso o verdadeiro amor]*. Tão naturalmente contingente quanto o qualitativo é o quantitativo do organismo social de produção, que apresenta seus *membra disjecta* [membros amputados] no sistema da divisão do trabalho. (182)

Em outras palavras, a mão invisível do mercado – o caos das trocas mercantis, a incerteza crônica inerente a elas – põe todo tipo de obstáculo à conversão direta da mercadoria em equivalente universal.

---

* Referência à fala de Lisandro em *Sonho de uma noite de verão*, de Shakespeare, em *Comédias* (trad. Carlos Alberto Nunes, Rio de Janeiro, Agir, 2008), ato 1, cena 1. (N. T.)

M-D-M é um processo singular – uma troca – que pode ser visto de seus dois "polos" (182). O lado D-M da troca, a compra, é a transição do dinheiro para a mercadoria; ele realiza um movimento do universal para o particular. Mas esse não é apenas o outro lado do movimento M-D. Em princípio, trocar dinheiro por uma mercadoria é muito mais fácil: você vai ao mercado com dinheiro no bolso e compra tudo o que quiser. É claro que compradores potenciais podem eventualmente se frustrar, não encontrando o que desejam; mas, nesse caso, graças à equivalência universal da mercadoria-dinheiro, eles sempre podem comprar outra coisa qualquer.

No processo de troca, portanto, o valor se move de um estado (o da mercadoria) para outro (o do dinheiro), e vice-versa. Visto em seu conjunto, esse processo

> consiste em dois movimentos antitéticos e mutuamente complementares, M-D e D-M. Essas duas mutações antitéticas da mercadoria se realizam em dois processos sociais antitéticos do possuidor de mercadorias e se refletem em dois caracteres econômicos antitéticos desse possuidor [...]. Como a mesma mercadoria percorre sucessivamente as duas mutações inversas, [...] assim o mesmo possuidor de mercadorias desempenha alternadamente os papéis de vendedor e comprador. (184-5)

A ênfase de Marx nas antíteses sinaliza uma contradição potencial, mas não entre compradores e vendedores, porque estes "não são fixos, mas, antes, personagens constantemente desempenhados por pessoas alternadas no interior da circulação de mercadorias". A contradição tem de estar na metamorfose das mercadorias tomadas em conjunto, isto é, na circulação das mercadorias em geral, uma vez que "a própria mercadoria é aqui determinada de maneira antitética": é ao mesmo tempo um não valor de uso para o proprietário e, como objeto de compra, um valor de uso para o comprador (185).

Esse processo – a circulação de mercadorias – é cada vez mais mediado pelo dinheiro. Note, mais uma vez, como a expansão das relações de troca é importante para o argumento de Marx:

> Vemos, por um lado, como a troca de mercadorias rompe as barreiras individuais e locais da troca direta de produtos e desenvolve o metabolismo do trabalho humano. Por outro, desenvolve-se um círculo completo de conexões que, embora sociais, impõem como naturais, não podendo ser controladas por seus agentes. (186)

Portanto, onde está a contradição no processo de circulação de mercadorias? Ao contrário de uma mercadoria comprada, que, sendo um valor de uso para o consumidor, pode "sair de circulação", o dinheiro não desaparece. Ele continua a se movimentar, e de tal modo que "a circulação transpira dinheiro por todos os poros" (186). Com isso, Marx lança um ataque violento e definitivo à chamada lei de Say, que tinha um poder extraordinário na economia política clássica e ainda hoje é uma crença inabalável entre os economistas monetaristas[1]. O economista francês J. B. Say afirmava que não pode ocorrer uma crise geral de superprodução no capitalismo, porque toda venda é uma compra, e toda compra é uma venda. Segundo essa lógica, há sempre algum tipo de equilíbrio entre compras e vendas no mercado: mesmo que haja uma superprodução de sapatos em relação a camisas, ou de laranjas em relação a maçãs, uma superprodução generalizada na sociedade é impossível, porque há equivalência absoluta entre compras e vendas.

Marx faz a seguinte objeção:

> Nada pode ser mais tolo do que o dogma de que a circulação de mercadorias provoca um equilíbrio necessário de vendas e compras, uma vez que cada venda é uma compra, e vice-versa. Se isso significa que o número das vendas efetivamente realizadas é o mesmo das compras, trata-se de pura tautologia [...]. Ninguém pode vender sem que outro compre. Mas ninguém precisa comprar apenas pelo fato de ele mesmo ter vendido [...]. Dizer que esses dois processos independentes e antitéticos [isto é, M-D e M-D] formam uma unidade interna significa dizer que sua unidade interna se expressa em antíteses externas. Se, completando-se os dois polos um ao outro, a autonomização externa [...] avança até certo ponto, a unidade se afirma violentamente por meio de uma crise. A antítese, imanente à mercadoria, entre valor de uso e valor na forma do trabalho privado que ao mesmo tempo tem de se expressar como trabalho imediatamente social, na forma do trabalho particular e concreto que ao mesmo tempo é tomado apenas como trabalho geral abstrato, da personificação das coisas e coisificação das pessoas – essa contradição imanente adquire nas antíteses da metamorfose da mercadoria suas formas desenvolvidas de movimento. Por isso, tais formas implicam a possibilidade de crises, mas não mais que sua possibilidade. (186-7)

Lamento dizer que, para desenvolver plenamente essa possibilidade de crise, você terá de ler os livros II e III, além dos três volumes de *Teorias do mais-valor*, porque, como diz Marx, precisamos saber muito antes de poder explicar em detalhes de onde surgem as crises. Para o nosso objetivo, no entanto, é importante notar que a "transformação de coisas em pessoas e de pessoas em coisas" faz eco ao argumento apresentado no primeiro capítulo sobre o fetichismo.

---

[1] Ver a sofisticada defesa dessa lei que o economista conservador Thomas Sowell faz em *Says Law: An Historical Analysis* (Princeton, Princeton University Press, 1972).

72 / Para entender *O capital* I

No centro da objeção de Marx a Say encontramos o seguinte argumento: começo com M, passo para D, mas não há nada que me obrigue a gastar imediatamente o dinheiro em outra mercadoria. Se eu quisesse, poderia simplesmente guardar o dinheiro; poderia fazer isso, por exemplo, se não confiasse na economia ou estivesse inseguro quanto ao futuro e quisesse poupar. (O que você preferiria ter à mão em tempos difíceis: uma mercadoria particular ou o equivalente universal?) Mas o que aconteceria com a circulação de mercadorias em geral se todo mundo decidisse de repente guardar seu dinheiro? A compra e a circulação de mercadorias cessariam, o que levaria a uma crise generalizada. Se no mundo inteiro as pessoas decidissem não usar seus cartões de crédito durante três dias, a economia global correria um sério perigo. (Lembre como, após o 11 de Setembro, os norte-americanos foram estimulados a sacar seus cartões de crédito e voltar às compras.) Essa é a razão de tanto esforço para tirar dinheiro do nosso bolso e mantê-lo circulando.

Na época de Marx, a maioria dos economistas, inclusive Ricardo, aceitavam a lei de Say (187-8, nota 73). E foi em parte por influência dos ricardianos que essa lei dominou o pensamento econômico durante todo o século XIX e se estendeu até os anos 1930, quando houve uma crise mundial. Seguiu-se então um coro de economistas (como até hoje é típico) que dizia coisas como: "Não teria havido crise se a economia tivesse se comportado de acordo com meu manual!". A teoria econômica dominante, que negava a possibilidade de crises generalizadas, tornou-se indefensável depois da Grande Depressão.

Em 1936, John Maynard Keynes publicou *Teoria geral do emprego, do juro e da moeda**, em que abandona de vez a lei de Say. Em *Essays in Biography* [Ensaios em biografia], de 1933, Keynes reexaminou a história da lei de Say e o que via como suas consequências lamentáveis para a teoria econômica. Ele dá grande importância ao que chama de armadilha da liquidez, pela qual, quando há um tumulto no mercado, aqueles que têm dinheiro ficam nervosos e decidam poupá-lo, ao invés de investi-lo ou gastá-lo, o que provoca uma queda na demanda de mercadorias. De uma hora para a outra, as pessoas não conseguem mais vender suas mercadorias. A incerteza cria cada vez mais perturbações no mercado, e mais pessoas passam a poupar seu dinheiro, fonte de sua segurança. Consequentemente, a economia inteira inicia uma espiral descendente. Keynes defendia que, nesses casos, o governo deveria entrar em cena e reverter o processo por meio da criação de estímulos fiscais. Isso atrairia o dinheiro acumulado de volta para o mercado.

Como vimos, Marx também considera a lei de Say um dogma tolo n'*O capital*, e desde os anos 1930 há um debate sobre a relação entre as teorias econômicas

---

* São Paulo, Nova Cultural, 1996. (N. E.)

marxianas e keynesianas. Marx está claramente do lado daqueles economistas políticos que defendem a possibilidade de crises gerais – na literatura da época, esses economistas eram chamados de teóricos da "superprodução geral" [*general glut*] e eram relativamente poucos. Um deles era o francês Simondi; outro era Thomas Malthus (célebre por sua teoria da população), o que de certa forma foi uma infelicidade, porque Marx não tolerava Malthus, como veremos mais adiante.

Keynes, por outro lado, louva desmesuradamente Malthus em *Essays in Biography*, mas cita muito pouco Marx – talvez por razões políticas. Na verdade, Keynes dizia nunca ter lido Marx. Suspeito que ele o tenha lido, mas, mesmo que não o tenha, estava cercado de pessoas que haviam lido Marx, como a economista Joan Robinson, e certamente informaram Keynes de que ele rejeitava a lei de Say. A teoria keynesiana dominou o pensamento econômico no período pós-guerra; seguiu-se então a revolução anti-keynesiana do fim dos anos 1970. A teoria monetarista e neoliberal, ainda hoje predominante, tende muito mais a aceitar a lei de Say. A questão do status próprio da lei de Say é interessante como objeto de investigação posterior, mas, para os nossos propósitos, o que importa é a rejeição enfática dessa lei por Marx.

O passo seguinte na argumentação de Marx é a análise da circulação do dinheiro. Não dedicarei muito tempo aos detalhes dessa questão, pois o que Marx faz é basicamente revisar a literatura monetarista da época. A questão que ele coloca aqui é: quanto dinheiro é preciso para fazer circular uma dada quantidade de mercadorias? Ele aceita uma versão daquilo que era chamado de "teoria quantitativa da moeda", similar à teoria monetária de Ricardo. Após várias páginas de discussão minuciosa, ele chega a uma suposta lei: a quantidade do meio circulante é "determinada pela soma dos preços das mercadorias em circulação e pela velocidade média do curso do dinheiro" (196). (A velocidade da circulação do dinheiro é simplesmente uma medida da taxa com que a moeda circula, por exemplo: quantas vezes num dia uma nota de dólar troca de mãos.) Antes, no entanto, ele diz que "os três fatores: o movimento dos preços, a quantidade de mercadorias em circulação e, por fim, a velocidade do curso do dinheiro podem variar em diferentes sentidos e diferentes proporções" (195). Portanto, a quantidade necessária de dinheiro varia consideravelmente, dependendo do comportamento dessas três variáveis. Quando se descobre uma maneira de acelerar a circulação, a velocidade do dinheiro também aumenta, como ocorre, por exemplo, com o uso de cartões de crédito e bancos eletrônicos: quanto maior a velocidade do dinheiro, menos dinheiro é necessário, e vice-versa. Não há dúvida de que o conceito da velocidade do dinheiro é importante, e ainda hoje o Federal Reserve tenta conseguir medidas o mais precisas possível.

Considerações sobre a teoria quantitativa da moeda levam Marx de volta ao argumento citado no início deste capítulo – o de que, para a circulação de merca-

74 / Para entender *O capital* I

dorias, pequenos grãos de ouro são ineficientes. É muito mais eficiente usar objetos simbólicos, moedas, papel ou, como acontece hoje em dia, números numa tela de computador. Mas "a cunhagem de moedas", diz Marx, "assim como a determinação do padrão dos preços, [...] é tarefa que cabe ao Estado" (198). Portanto, o Estado desempenha um papel vital na substituição de mercadorias-dinheiro de metal por formas simbólicas. Marx ilustra isso com uma imagem brilhante: "Nos diferentes uniformes nacionais que o ouro e a prata vestem, mas dos quais voltam a se despojar no mercado mundial, manifesta-se a separação entre as esferas internas ou nacionais da circulação das mercadorias e a esfera universal do mercado mundial" (198). A importância do mercado e do dinheiro mundial é reafirmada no fim desse capítulo.

Localmente, a busca por formas eficientes de dinheiro é primordial. "A moeda divisionária é introduzida, paralelamente ao ouro, para o pagamento de frações da moeda de ouro de menor valor", o que leva então ao "papel-moeda emitido pelo Estado e de circulação compulsória" (200). O surgimento de símbolos do dinheiro traz muitas outras possibilidades e problemas: "O papel-moeda é signo do ouro ou signo de dinheiro. Sua relação com os valores das mercadorias consiste apenas em que estes estão idealmente expressos nas mesmas quantidades de ouro simbólica e sensivelmente representadas pelo papel" (202).

Marx observa também "que, assim como o dinheiro de papel surge da função do dinheiro como meio de circulação, também o dinheiro creditício possui suas raízes naturais-espontâneas na função do dinheiro como meio de pagamento" (200). A mercadoria-dinheiro, o ouro, é substituída por todo tipo de meio de pagamento, como moedas, cédulas de papel e crédito. Isso ocorre porque o ouro, medido por peso, é ineficiente como meio de circulação. É "socialmente necessário" abandonar o ouro como peso e operar com essas outras formas simbólicas de dinheiro.

Esse é um argumento lógico, histórico ou ambos? Não há dúvida de que a história das diferentes formas de dinheiro e a história do poder estatal estão intimamente entrelaçadas. Mas as coisas têm de ser assim, isto é, existe um padrão inevitável para essas relações? Até o início dos anos 1970, a maioria dos papéis-moeda era supostamente conversível em ouro. Era isso que lhes dava sua pretensa estabilidade, ou, como diria Marx, sua "relacionalidade" com o valor. No entanto, dos anos 1920 em diante, a conversão de dinheiro em ouro foi proibida a pessoas privadas em muitos países e reservada sobretudo para as trocas entre países para equilibrar a balança financeira. O sistema desmoronou no fim dos anos 1960 e início dos anos 1970, e hoje temos um sistema puramente simbólico, sem nenhuma base material clara – uma mercadoria-dinheiro universal.

Que relação existe hoje entre os vários papéis-moedas (por exemplo, dólares, euros, pesos, ienes) e o valor das mercadorias? Embora ainda tenha um papel interessante, o ouro não funciona mais como base para a representação do valor. A relação entre as moedas e o tempo de trabalho socialmente necessário, que já é problemática mesmo no caso do ouro, tornou-se ainda mais remota e alusiva. Mas dizer que ela é oculta, remota e alusiva não significa que ela exista. As turbulências nos mercados financeiros internacionais têm a ver com as diferenças de produtividade material nas diferentes economias nacionais. A relação problemática entre as formas-dinheiro e os valores-mercadoria existentes que Marx ressalta persiste até hoje, e está muito mais aberta à linha de análise que ele inaugurou, ainda que sua forma atual de manifestação seja muito diferente.

ITEM 3: DINHEIRO

Marx examinou o dinheiro como uma medida de valor e revelou algumas de suas contradições, particularmente no que diz respeito a suas funções "ideais" como o preço e as consequentes "incongruências" na relação entre preços e valores. Observando o dinheiro do ponto de vista da circulação, ele revelou outro conjunto de contradições (inclusive a possibilidade de crises generalizadas). Agora – o que é típico de Marx – ele retoma o assunto e diz: no fim das contas, há apenas um dinheiro. Isso significa que, de certo modo, as contradições entre o dinheiro como uma medida de valor e o dinheiro como um meio de circulação precisam de "espaço para se mover", ou talvez tenham mesmo de ser resolvidas.

Ele começa reiterando a ideia fundamental do dinheiro como "a mercadoria que funciona como medida de valor e, desse modo, também como meio de circulação, seja em seu próprio corpo ou por meio de um representante" (203). Voltamos assim ao conceito unitário, mas agora temos de examinar como as contradições anteriormente identificadas podem operar em seu interior. O fim do vínculo entre o valor e sua expressão dá espaço para manobra, mas à custa do contato com uma base monetária real e sólida. Nesse ponto, Marx penetra profundamente nas contradições que caracterizam essa forma evoluída do sistema monetário. Ele começa considerando o fenômeno do entesouramento:

> Com o primeiro desenvolvimento da circulação das mercadorias, desenvolve-se também a necessidade e a paixão de reter o produto da primeira metamorfose, a figura transformada da mercadoria ou sua crisálida de ouro. A mercadoria é vendida não para comprar mercadoria, mas para substituir a forma-mercadoria pela forma-dinheiro. De simples meio do metabolismo, essa mudança de forma converte-se em fim de si mesma [...]. Com isso, o dinheiro se petrifica em tesouro e o vendedor de mercadorias se torna um entesourador. (144)

76 / Para entender *O capital* I

(Essa passagem prenuncia outro tipo de processo de circulação, no qual, como veremos, M-D-M é visto como D-M-D, e a obtenção de dinheiro se torna um fim em si mesmo.)

Mas por que as pessoas fariam isso? Marx oferece uma resposta dupla e muito interessante. De um lado, temos o desejo apaixonado pelo poder do dinheiro, mas, de outro, temos a necessidade social. Por que o entesouramento é socialmente necessário para a troca de mercadorias? Marx invoca aqui o problema da coordenação da venda e da compra de mercadorias que consomem tempos diferentes para ser produzidas e levadas ao mercado. Um agricultor produz numa base anual, mas compra numa base diária; portanto, ele precisa acumular reservas entre uma colheita e outra. Qualquer pessoa que queira comprar um artigo de grande monta (como uma casa ou um carro) precisa antes entesourar dinheiro – a menos que tenha acesso ao sistema de crédito. "Desse modo, em todos os pontos do intercâmbio surgem tesouros de ouro e prata, dos mais variados tamanhos" (205).

Mas a capacidade de entesourar os meios de troca (num desafio à lei de Say) também vem de uma paixão, a "avidez por ouro". "O impulso para o entesouramento", diz Marx, "é desmedido por natureza". Como atesta Cristóvão Colombo: "O ouro é uma coisa maravilhosa! Quem o possui é senhor de tudo o que deseja. Com o ouro pode-se até mesmo conduzir as almas ao paraíso" (205). Ao citar Colombo, Marx retorna à ideia de que, se você pode colocar uma etiqueta de preço numa coisa, pode colocá-la em qualquer coisa – até mesmo na alma de uma pessoa, como sugere a alusão à infame venda de indulgências (isto é, de perdões papais que prometiam a entrada no Céu) praticada pela Igreja Católica na Idade Média: "A circulação se torna a grande retorta social, na qual tudo é lançado para dela sair como cristal de dinheiro. A essa alquimia não escapam nem mesmo os ossos dos santos [...]" (205).

A venda de indulgências é considerada em geral uma das primeiras grandes ondas da mercantilização capitalista. Certamente lançou as bases para toda aquela riqueza entesourada no Vaticano. E fala-se de mercantilização da consciência e da honra!

Não há nada que não seja mensurável em dinheiro; na circulação de mercadorias, ele "apaga, como um *leveller* radical, todas as diferenças" (205). Essa ideia do dinheiro como um *leveller* radial é muito importante. Indica certa democracia, um igualitarismo do dinheiro: um dólar no meu bolso tem o mesmo valor de um dólar no seu bolso. Tendo dinheiro suficiente, podemos comprar nosso lugar no céu, pouco importando os pecados que tenhamos cometido!

Mas o dinheiro também "é, ele próprio, uma mercadoria, uma coisa externa, que pode se tornar a propriedade privada de qualquer um. Assim, a potência social torna-se potência privada da pessoa privada" (205). Esse é um passo vital na argumentação de Marx. Note como ele faz eco à terceira "peculiaridade" da forma-dinheiro revelada no item sobre os valores relativo e equivalente – isto é, a tendência do dinheiro de tornar o trabalho privado um meio de expressão para o trabalho social. Com esse passo, no entanto, Marx inverte aquela formulação inicial da relação lógica entre dinheiro e trabalho. Lá, o problema era que as atividades privadas estavam envolvidas na produção do equivalente universal. Agora, ele descreve como pessoas privadas podem se apropriar do equivalente universal para suas próprias finalidades privadas – e começamos a vislumbrar a possibilidade de concentração de poder privado e, por fim, de poder de classe em forma monetária.

Isso nem sempre transcorreu bem. "A sociedade antiga o denuncia [o dinheiro] [...] como a moeda da discórdia de sua ordem econômica e moral" (206). Esse é um tema longamente explorado por Marx nos *Grundrisse*, em que descreve como o dinheiro destruiu a comunidade antiga, tornando-se ele mesmo a comunidade, a comunidade do dinheiro*. Esse mundo é o mesmo em que vivemos hoje. Podemos fantasiar que pertencemos a esta ou aquela comunidade cultural, mas, na prática, diz Marx, nossa comunidade primária é dada pela comunidade do dinheiro – o sistema de circulação universal que põe nosso café da manhã na mesa –, gostemos disso ou não: "a sociedade moderna, que já na sua infância arrancou Pluto das entranhas da terra pelos cabelos, saúda no Graal de ouro a encarnação resplandecente de ser princípio vital que lhe é mais próprio" (206).

O poder social que o dinheiro proporciona não tem limite. Mas por mais desenfreado que seja o impulso de entesouramento, há uma limitação quantitativa ao entesourador: a quantidade de dinheiro que ele possui num dado momento. "Tal contradição entre a *limitação quantitativa* e a *ilimitação qualitativa* do dinheiro empurra constantemente o entesourador de volta ao trabalho de Sísifo da acumulação" (206, grifos meus). Essa é a primeira menção à acumulação n'*O capital*, e é importante observar que Marx chega a ela revelando a contradição inerente ao ato de entesouramento de dinheiro.

As potencialidades ilimitadas da acumulação monetária são um objeto fascinante de reflexão. Há um limite físico à acumulação de valores de uso. Dizem que Imelda Marcos possuía cerca de 2 mil pares de sapatos, mas essa enorme quantidade de sapatos continua sendo um montante finito. Quantas Ferraris ou "McMansions" você pode ter? Com o poder do dinheiro, o céu é o limite. Não importa quanto dinheiro ganhe, todo diretor executivo ou bilionário quer e pode ganhar mais. Em 2005, os principais gerentes de fundos de investimento dos Estados Unidos receberam cerca de 250 milhões de dólares como remuneração pessoal, mas em 2008 vários deles, inclusive George Soros, ganharam cerca de 3 bilhões de dólares.

---

* Karl Marx, *Grundrisse*, cit., p. 166. (N. E.)

A acumulação de dinheiro como poder social ilimitado é um traço essencial do modo de produção capitalista. Quando as pessoas procuram acumular esse poder social, começam a se comportar de forma diferente. Uma vez que o equivalente universal se torna uma representação de todo o tempo de trabalho socialmente necessário, as possibilidades de uma acumulação progressiva são ilimitadas.

As consequências são inúmeras. O modo de produção capitalista é essencialmente baseado na acumulação infinita e no crescimento ilimitado. Outras formações sociais, em algum ponto histórico ou geográfico, chegam a um limite e, quando isso acontece, desmoronam. Mas a experiência do capitalismo, com algumas fases óbvias de interrupção, caracteriza-se por um crescimento constante e aparentemente ilimitado. As curvas de crescimento que ilustram a história do capitalismo em termos de produto, riqueza e dinheiro em circulação são impressionantes (assim como as consequências sociais, políticas e ambientais radicais que implicam). Essa síndrome de crescimento não seria possível se não fosse o modo aparentemente ilimitado de acumulação da representação de valor em mãos privadas. Nada disso é explicitamente mencionado n'*O capital*, mas pode nos ajudar a estabelecer uma ligação importante. Marx está construindo seu argumento sobre a contradição entre a potencialidade ilimitada da acumulação de dinheiro-poder e as possibilidades limitadas da acumulação de valor de uso. Isso, como veremos, prenuncia sua explanação sobre a natureza dinâmica e expansionista do crescimento daquilo que hoje chamamos de capitalismo "globalizado".

Nesse ponto, no entanto, ele simplesmente assume o ponto de vista do entesourador, para quem a acumulação ilimitada de poder social na forma de dinheiro é um incentivo significativo (deixando de lado o incentivo secundário representado pelo valor estético agregado aos belos objetos de ouro e prata). Marx observa que o entesouramento tem uma função potencialmente útil em relação à contradição entre o dinheiro como medida de valor e como meio de circulação. O dinheiro entesourado constitui uma reserva que pode ser posta em circulação, se houver um súbito aumento na produção de mercadorias, e pode ser retida, se a quantidade de dinheiro necessária para a circulação diminuir (por exemplo, em virtude de um aumento de velocidade). Desse modo, a formação de um tesouro torna-se crucial para regular "as altas e baixas" do dinheiro em circulação (207).

A extensão com que um tesouro pode exercer essa função depende, no entanto, de que seja usado de maneira apropriada. Como o dinheiro entesourado deve ser colocado novamente em circulação, quando necessário? Aumentar o preço relativo do ouro e da prata, por exemplo, poderia induzir as pessoas a gastar com mercadorias que se tornaram relativamente mais baratas. A ideia é que "as reservas servem, ao mesmo tempo, como canais de afluxo e refluxo do dinheiro em circulação, o qual, assim regulado, jamais extravasa seus canais de circulação" (207).

2. Dinheiro / 79

Marx analisa então as implicações do dinheiro que é usado como meio de pagamento. Mais uma vez, o problema básico tratado aqui surge de temporalidades cruzadas de diferentes tipos de produção de mercadorias. Um agricultor produz uma safra que pode ser posta no mercado em setembro. Como os agricultores vivem durante o resto do ano? Eles precisam de dinheiro continuamente, mas ganham todo o seu dinheiro de uma vez só, uma vez por ano. Uma solução, em vez do entesouramento, é usar o dinheiro como meio de pagamento. Isso cria um hiato temporal entre a troca de mercadorias e as trocas monetárias: é preciso estabelecer uma data futura de liquidação. (A Festa de São Miguel Arcanjo tornou-se uma data tradicional de acerto de contas na Grã-Bretanha, representando o ciclo agrícola no país*.) As mercadorias circulam "fiado". O dinheiro se converte em moeda contábil, lançada em livro comercial. Como nenhum dinheiro é movimentado até a data de liquidação, menos dinheiro agregado é necessário para fazer circular as mercadorias, o que ajuda a resolver a tensão entre o dinheiro como medida de valor e como meio de circulação (208).

O resultado é um novo tipo de relação social – aquele entre devedores e credores –, que dá origem a uma espécie diferente de transação econômica e a uma dinâmica social diferente. "O vendedor se torna credor, e o comprador, devedor. Como aqui se altera a metamorfose da mercadoria ou o desenvolvimento de sua forma-valor, também o dinheiro recebe outra função. Torna-se meio de pagamento" (208).

Mas note que "o papel de credor ou devedor resulta, aqui, da circulação simples de mercadorias", mas é possível também que esse papel se origine da passagem de formas ocasionais, transitórias, para uma oposição "suscetível de uma maior cristalização" – pelo que Marx entende uma relação de classes mais definida. (Ele compara essa dinâmica à luta de classes no mundo antigo e à disputa na Idade Média que terminou "com a derrocada do devedor feudal, que perde seu poder político juntamente com sua base econômica" (209).) Há, portanto, uma relação de poder no interior da relação entre devedor e credor, embora sua natureza ainda tenha de ser determinada.

Qual é então o papel do crédito na circulação geral de mercadorias? Suponha que eu seja um credor e você precise de dinheiro. Eu lhe empresto certa quantia agora com a ideia de recebê-la de volta depois. A forma da circulação é D-M-D, que é muito diferente de M-D-M. Por que eu colocaria dinheiro em circulação para ter de volta a mesma quantia de dinheiro? Não há nenhuma vantagem para mim nessa forma de circulação, a não ser que eu receba de volta mais dinheiro do que emprestei. (Talvez já esteja claro aonde leva essa análise.)

---

* A Festa de São Miguel Arcanjo (*Michaelmas*) é celebrada no dia 29 de setembro. Por ser próxima do equinócio, é tradicionalmente associada ao começo do outono no hemisfério norte. (N. T.)

80 / Para entender *O capital* I

Segue-se uma passagem crucial, cuja importância pode facilmente passar despercebida, em parte porque Marx a apresenta numa linguagem complicada. Cito-a quase toda:

> Voltemos à esfera da circulação de mercadorias. Deixou de existir a aparição simultânea dos equivalentes mercadoria e dinheiro nos dois polos do processo da venda. Agora, o dinheiro funciona, primeiramente, como medida de valor na determinação do preço da mercadoria vendida. Seu preço estabelecido por contrato mede a obrigação do comprador, isto é, a soma de dinheiro que ele deve pagar num determinado prazo. Em segundo lugar, funciona como meio ideal de compra. Embora exista apenas na promessa de dinheiro do comprador, ele opera na troca de mãos da mercadoria. É apenas no vencimento do prazo que o meio de pagamento entra efetivamente em circulação, isto é, passa das mãos do comprador para as do vendedor. O meio de circulação converteu-se em tesouro porque o processo de circulação se interrompeu logo após a primeira fase, ou porque a figura transformada da mercadoria foi retirada da circulação. O meio de pagamento entra na circulação, mas depois que a mercadoria já saiu dela. O dinheiro não medeia mais o processo. Ele apenas o conclui de modo independente, como forma de existência absoluta do valor de troca ou mercadoria universal. O vendedor converteu mercadoria em dinheiro a fim de satisfazer uma necessidade por meio do dinheiro; o entesourador, para preservar a mercadoria na forma-dinheiro; o devedor, para poder pagar. Se ele não paga, seus bens são confiscados e vendidos. *A figura de valor da mercadoria, o dinheiro, torna-se, agora, o fim próprio da venda, e isso em virtude de uma necessidade social que deriva do próprio processo de circulação.* (209, grifos meus)

Decodificado, isso significa que é necessário haver uma forma de circulação em que o dinheiro é trocado com a finalidade de conseguir dinheiro: D-M-D. Essa é uma mudança de perspectiva que faz uma enorme diferença. Se o objetivo é conseguir outros valores de uso por meio da produção e da troca de mercadorias, ainda que mediadas pelo dinheiro, estamos lidando com M-D-M. Em contrapartida, D-M-D é uma forma de circulação em que o objetivo é dinheiro, não mercadorias. Para que isso tenha lógica, é preciso que eu consiga de volta mais dinheiro do que aquele que desembolsei. É nesse ponto d'*O capital* que vemos pela primeira vez a circulação de capital cristalizando-se a partir da circulação de mercadorias, mediada pelas contradições da forma-dinheiro. Há uma grande diferença entre a circulação de dinheiro como um mediador da troca de mercadorias e o dinheiro usado como capital. Nem todo dinheiro é capital. Uma sociedade monetizada não é necessariamente uma sociedade capitalista. Se tudo se resolvesse com o processo de circulação M-D-M, o dinheiro seria um simples mediador e nada mais. O capital surge quando o dinheiro é posto em circulação com o intuito de conseguir mais dinheiro.

Vamos fazer uma pausa para refletir um pouco sobre a natureza do argumento de Marx até aqui. Neste ponto, podemos dizer que a expansão da troca de mercadorias conduz necessariamente ao advento da forma-dinheiro e a contradição interna nessa forma-dinheiro conduz necessariamente ao surgimento da forma capitalista de circulação, em que o dinheiro é usado para ganhar mais dinheiro. Esse é, em linhas gerais, o argumento d'*O capital* até o momento.

Temos de decidir, em primeiro lugar, se esse argumento é histórico ou lógico. Se é um argumento histórico, então existe uma teleologia da história em geral e uma história capitalista em particular; o surgimento do capitalismo é um passo inevitável na história humana e resulta das expansões graduais da troca de mercadorias. Podemos encontrar afirmações de Marx que sustentam essa visão teleológica, e o uso frequente que ele faz da palavra "necessário" certamente apoia essa interpretação. De minha parte, não estou convencido disso e, se Marx acreditava de fato nisso, penso que ele estava errado.

Ficamos então com o argumento lógico, que, a meu ver, é muito mais convincente. Ele foca a metodologia aplicada no desenrolar da argumentação: a oposição dialética e relacional entre o valor de uso e o valor de troca incorporados na mercadoria; a exteriorização dessa oposição na forma-dinheiro, como um modo de representar o valor e facilitar a troca de mercadorias; a interiorização dessa contradição pela forma-dinheiro, simultaneamente meio de circulação e medida de valor; e a resolução dessa contradição pela emergência de relações entre devedores e credores no uso do dinheiro como meio de pagamento. Podemos agora entender o dinheiro como o ponto de partida e de chegada de um processo peculiar de circulação chamado capital. A lógica do argumento de Marx revela as relações dialéticas interiorizadas que caracterizam um modo de produção capitalista (entendido como uma totalidade) plenamente desenvolvido, do tipo engendrado (por razões históricas contingentes) a partir do século XVI, em particular na Inglaterra.

É possível, naturalmente, estabelecer um compromisso com o argumento histórico, por meio da simples conversão do termo "necessidade" em "possibilidade", ou mesmo "probabilidade" ou "verossimilhança". Diríamos então que as contradições na forma-dinheiro criaram a possibilidade do surgimento da forma capitalista de circulação, e apontaríamos até mesmo as circunstâncias históricas específicas em que as pressões que emanam dessas contradições podem crescer a ponto de provocar a quebra do capitalismo. Muito do que Marx atribui à "necessidade social" parece indicar isso. Do mesmo modo, poderíamos indicar as intensas barreiras que tiveram de ser desenvolvidas nas sociedades "tradicionais" para impedir a dominação da forma capitalista de circulação e as instabilidades sociais que essas sociedades experimentaram ao ser submetidas a períodos regulares de fome e escassez, seja de mercadorias, seja de fornecimento de ouro ou prata. Em diferentes épocas, diversas

82 / Para entender *O capital* I

ordens sociais (como a chinesa) padeceram a seu modo dessas contradições, sem cair na dominação do capital. Se a China contemporânea já entrou no campo capitalista ou pode continuar a domar o tigre capitalista é uma questão de grande importância e objeto de muitos debates. Devo, no entanto, concluir com uma série de questões que precisam ser consideradas.

N'*O capital*, Marx passa à análise de questões mais específicas. "A função do dinheiro como meio de pagamento", observa ele, "traz em si uma contradição direta":

> Na medida em que os pagamentos se compensam, ele funciona apenas idealmente, como moeda da conta ou medida dos valores. Quando se trata de fazer um pagamento efetivo, o dinheiro não se apresenta como meio de circulação, como mera forma evanescente e mediadora do metabolismo, mas como a encarnação individual do trabalho social, existência autônoma do valor de troca, mercadoria absoluta. (210-1)

Quer dizer, quando o dinheiro é posto em circulação para resolver esse desequilíbrio, aqueles que o desembolsam não o fazem por bondade, em resposta às necessidades dos outros ou à demanda do mercado por uma oferta maior de dinheiro. Eles o fazem, ao contrário, de modo proposital, por alguma outra razão, e devemos entender que razão é essa. Mas a "independência" da mercadoria universal e sua separação da circulação cotidiana têm consequências profundas.

Nesse ponto, a argumentação de Marx experimenta uma reviravolta surpreendente:

> Essa contradição emerge no momento das crises de produção e de comércio, conhecidas como crises monetárias. Ela ocorre apenas onde a cadeia permanente de pagamentos e um sistema artificial de sua compensação encontram-se plenamente desenvolvidos. Ocorrendo perturbações gerais nesse mecanismo, venham elas de onde vierem, o dinheiro abandona repentina e imediatamente sua figura puramente ideal de moeda de conta e converte-se em dinheiro vivo. Ele não pode mais ser substituído por mercadorias profanas. (211)

Em outras palavras, você não pode quitar suas dívidas assinando mais notas promissórias; para pagá-las, você precisa conseguir dinheiro vivo, o equivalente universal. Isso leva à questão social em geral: de onde sairá o dinheiro vivo? Marx continua:

> O valor de uso da mercadoria se torna sem valor, e seu valor desaparece diante de sua forma de valor própria. Ainda há pouco, o burguês, com a típica arrogância pseudoesclarecida de uma prosperidade inebriante, declarava o dinheiro como uma loucura vã. Ape-

nas a mercadoria é dinheiro. Mas agora se clama por toda parte no mercado mundial: apenas o dinheiro é mercadoria! Assim como o veado berra por água fresca, também sua alma berra por dinheiro, a única riqueza. Na crise, a oposição entre a mercadoria e sua figura de valor, o dinheiro, é levada até a contradição absoluta. Por isso, a forma de manifestação do dinheiro é aqui indiferente. A fome de dinheiro é a mesma, quer se tenha de pagar em ouro, em dinheiro creditício ou em cédulas bancárias etc. (211)

Em 2005, acreditava-se unanimemente que um imenso excedente de liquidez havia inundado os mercados mundiais. Os banqueiros tinham fundos superabundantes e emprestavam dinheiro para qualquer um, inclusive, como vimos mais tarde, para pessoas sem nenhum histórico de crédito. Comprar uma casa sem ter renda? Claro, por que não? O dinheiro não tem importância, pois mercadorias na forma de imóveis são terreno seguro. Mas os preços das casas pararam de subir e, quando as dívidas tiveram de ser quitadas, cada vez menos pessoas podiam pagá-las. Quando isso acontece, a liquidez desaparece de súbito. Onde está o dinheiro? Repentinamente, o Federal Reserve teve de injetar fundos maciços no sistema bancário, porque "o dinheiro é a única mercadoria".

Como Marx ironiza em outro lugar, em fases de prosperidade econômica todos agem como protestantes – com base na pura fé. Quando sobrevém a crise, porém, todos buscam refúgio no "catolicismo" da base monetária, no ouro. Mas é nesses momentos que se coloca a questão dos valores reais e da forma-dinheiro confiável. Qual é a relação entre a produção real e o que acontece naquelas fábricas de dívidas engarrafadas em Nova York? Essas são as questões que Marx nos apresenta, questões das quais nos esquecemos em épocas de bonança, mas que voltam a nos assombrar nos momentos de crise. O sistema monetário, destacando-se ainda mais do sistema de valor do que quando se baseava no padrão-ouro, abre caminho para as possibilidades mais temerárias, com consequências devastadoras para as relações sociais e naturais.

A súbita escassez do meio de circulação, em certo momento histórico, pode gerar igualmente uma crise. A retirada de crédito de curto prazo do mercado pode quebrar a produção de mercadorias. Um bom exemplo disso ocorreu no leste e no sudoeste da Ásia entre 1997 e 1998. Companhias saudáveis, que produziam mercadorias, contraíram dívidas enormes, mas poderiam ter escapado facilmente da insolvência não fosse uma súbita retirada de liquidez de curto prazo. Os banqueiros fecharam os canais de crédito, a economia quebrou e companhias viáveis foram à falência por falta de acesso aos meios de pagamento. Por fim, foram arrematadas por bancos e capital ocidentais por quase nada. A liquidez foi recuperada, a economia revigorada e as companhias falidas voltaram a ser viáveis. A única diferença é que agora elas pertencem aos bancos e ao pessoal de Wall

Street, que podem vendê-las com enorme lucro. No século XIX, houve várias dessas crises de liquidez e Marx as acompanhou de perto. O ano de 1848 foi palco de uma profunda crise de liquidez. E as pessoas que terminaram aquele ano imensamente mais ricas e poderosas foram – adivinhe quem? – aquelas que controlavam o ouro, isto é, os Rothschilds. Eles levaram os governos à bancarrota simplesmente porque tinham o controle do ouro naquele momento. N'*O capital*, Marx mostra que a possibilidade desse tipo de crise é imanente ao modo como o sistema monetário se move sob o capitalismo (211).

Isso leva Marx a mudar a teoria quantitativa da moeda, insistindo que quanto menor é a demanda de dinheiro, mais os pagamentos se equilibram mutuamente e mais dinheiro se converte em simples meio de pagamento. "Circulam mercadorias cujo equivalente em dinheiro só aparecerá numa data futura." Desse modo, "dinheiro creditício surge diretamente da função do dinheiro como meio de pagamento, quando certificados de dívida relativos às mercadorias vendidas" – o que, em Wall Street, foi institucionalizado como obrigações de dívida colateralizadas [*collaterized debt obligations* – CDOs] – "circulam a fim de transferir essas dívidas para outrem" (212-3).

> Por outro lado, quando o sistema de crédito se expande, o mesmo ocorre com a função do dinheiro como meio de pagamento. [...] Quando a produção de mercadorias atingiu certo grau de desenvolvimento, a função do dinheiro como meio de pagamento ultrapassa a esfera da circulação das mercadorias. Ele se torna a mercadoria universal dos contratos. Rendas, impostos etc., deixam de ser fornecimentos *in natura* e se tornam pagamentos em dinheiro. (213-4)

Com isso, Marx antecipa tanto a monetização de tudo quanto a propagação do crédito e do capital financeiro, e de um modo que transformaria radicalmente as relações sociais e econômicas.

A questão fundamental é que "o desenvolvimento do dinheiro como meio de pagamento torna necessária a acumulação de dinheiro para a compensação das dívidas nos prazos de vencimento" (215). Mais uma vez, a acumulação e o entesouramento são equiparados, mas têm funções diferentes: "Assim, se por um lado o progresso da sociedade burguesa faz desaparecer o entesouramento como forma autônoma de enriquecimento, ela o faz crescer, por outro lado, na forma de fundos de reserva de meios de pagamento" (215).

Isso leva Marx a mudar a teoria quantitativa da moeda anteriormente apresentada: a quantidade total de dinheiro requerida em circulação é a soma das mercadorias, multiplicada por seus preços e modificada pela velocidade e pelo desenvolvimento dos meios de pagamento. A isso devemos acrescentar um fundo de reserva (um tesouro) que permitirá flexibilidade em tempos de fluxo (215). (Nas condições atuais, é evidente que esse fundo de reserva não é privado, mas é prerrogativa de uma instituição pública; nos Estados Unidos, essa instituição é muito apropriadamente designada como Federal Reserve*.)

O tópico C do item 3 trata do dinheiro mundial. Como vimos, para funcionar, qualquer sistema monetário exige uma profunda participação do Estado como regulador de símbolos e moedas e como supervisor da qualidade e da quantidade do dinheiro (e, na época atual, como gerente do fundo de reserva). Estados individuais gerenciam seu sistema monetário de modo particular e, ao fazê-lo, podem ter um grande poder discricionário. Mas existe um mercado mundial, e as políticas monetárias nacionais não podem isentar os Estados dos efeitos disciplinares que derivam das trocas de mercadorias realizadas nesse mercado mundial. Assim, se é verdade que o Estado pode ter um papel crucial na estabilização do sistema monetário dentro de suas fronteiras geopolíticas, por outro lado ele está ligado ao mercado mundial e sujeito à sua dinâmica. Marx aponta o papel dos metais preciosos: o ouro e a prata tornaram-se, por assim dizer, a *lingua franca* do sistema financeiro mundial. Essa base metálica foi vital tanto internamente quanto nas relações externas (internacionais) (216-9).

Assim, a segurança dada por essa base metálica e pela forma-dinheiro (moedas, em particular) que dela deriva tornou-se essencial para o capitalismo global. É interessante notar que, ao mesmo tempo que John Locke pedia tolerância religiosa e condenava a prática de mandar os hereges para a fogueira, seu colega Isaac Newton era chamado a defender a qualidade das moedas como mestre da Royal Mint**. Ele teve de resolver o problema da desvalorização causada pelo costume de raspar a prata das moedas para fazer mais moedas (um jeito fácil de fazer dinheiro, se pensarmos bem). Os condenados por essa prática eram publicamente enforcados em Tyburn – ofensas contra Deus eram perdoadas, mas ofensas contra o capital e contra Mamon mereciam a pena de morte!

Isso nos conduz ao problema da relevância dos argumentos de Marx num mundo em que o sistema financeiro funciona sem uma mercadoria-dinheiro, uma base metálica, como era o caso até 1971. Você pode notar que o ouro continua importante e talvez se pergunte se, nestes tempos turbulentos, de mercados cambiais instáveis, deve entesourar ouro, dólares, euros ou ienes. O ouro não saiu inteiramente de cena, e há quem defenda o retorno de uma versão do padrão-ouro para contrabalançar as instabilidades e a especulação caótica que frequentemente perturba as transações financeiras internacionais. O ouro, devemos lembrar, é des-

---

* Federal Reserve (literalmente: "Reserva Federal") é o nome do Banco Central dos Estados Unidos. (N. T.)
** A Casa da Moeda inglesa. (N. T.)

crito por Marx simplesmente como uma representação do valor, do tempo de trabalho socialmente necessário. O que aconteceu a partir de 1973 foi uma mudança no modo de representação do valor. Mas o próprio Marx aponta várias alterações nas formas de representação com moedas, papel-moeda, crédito e coisas do gênero, de modo que, nesse sentido, não há nada na situação atual que desafie seu modo de análise. O que ocorre, com efeito, é que o valor de uma moeda particular, quando confrontado com o valor de todas as outras moedas, é (ou deveria ser) determinado em termos do valor do conjunto total de mercadorias produzidas numa economia nacional. Como a produtividade geral de uma economia é uma variável importante, a ênfase recai na produtividade e na eficiência das políticas públicas.

Se aderirmos à lógica de Marx, teremos imediatamente de observar as contradições que decorrem dessa situação. Para começar, há a ficção de uma economia nacional que corresponde aos "uniformes nacionais" das moedas nacionais. Tal economia é um "ideal", uma ficção que se tornou real pela coleta de uma grande quantidade de estatísticas de produção, consumo, troca, bem-estar etc. Essas estatísticas são cruciais para avaliar o estado de uma nação e têm um papel importante, afetando as taxas de câmbio entre as moedas. Quando as estatísticas sobre a confiança do consumidor e o emprego são favoráveis, a moeda se valoriza. Tais estatísticas constroem a ficção de uma economia nacional quando, na realidade, isso não existe; nos termos de Marx, trata-se de um construto fetichista. Mas especuladores podem entrar em ação e desafiar esses dados (muitos dos quais fundados sobre bases bastante frágeis) ou sugerir que certos indicadores são mais importantes que outros e, caso esses indicadores prevaleçam, eles podem apostar nas variações cambiais e ter ganhos extraordinários. George Soros, por exemplo, ganhou bilhões de dólares em poucos dias apostando contra a libra inglesa em relação ao Mecanismo Europeu de Taxas de Câmbio; acabou convencendo o mercado de que tinha a visão mais acurada da economia nacional.

O que Marx conseguiu com seu modo de análise foi construir um caminho convincente de entendimento do nexo frágil e problemático entre o valor (o tempo de trabalho socialmente necessário incorporado nas mercadorias) e as formas com que o sistema monetário representa esse valor. Ele revela não só o que é fictício e imaginário nessas representações e em suas consequentes contradições, mas também que o modo de produção capitalista não pode funcionar sem esses elementos ideais. Não podemos eliminar o fetichismo, como ele mesmo observou, e estamos condenados a viver num mundo às avessas, de relações materiais entre pessoas e de relações sociais entre coisas. A solução é avançar na análise das contradições inerentes, entender como elas se movem e abrem novas possibilidades de desenvolvimento (como o sistema de crédito), bem como de crises. O método marxiano de investigação me parece exemplar, mesmo que tenhamos de adaptá-lo para compreender nossa delicada situação atual.

Um último ponto. Esse capítulo sobre o dinheiro é rico, complicado e difícil de absorver numa primeira leitura. Por essa razão, comecei observando que muitas pessoas desistem da leitura d'*O capital* quando chegam ao capítulo 3. Espero que o que você tenha encontrado seja suficientemente desafiador para motivá-lo a continuar na leitura, mas vai gostar de saber que não precisa entender todo o capítulo para prosseguir. Muito do que é dito aqui é mais relevante para os outros volumes do que para o restante do Livro I. Munidos de algumas proposições básicas – porém essenciais – desse capítulo, é possível compreender o resto do material sem grandes dificuldades. A partir deste ponto, a argumentação se torna muito mais fácil.

3. DO CAPITAL À FORÇA DE TRABALHO

Passamos, agora, ao capítulo 4*, que trata dos conceitos de capital e força de trabalho. Esse capítulo, como você verá, é muito mais direto e claro do que aqueles que tratamos anteriormente. Há momentos em que ele parece quase óbvio, e às vezes nos surpreendemos que ideias tão simples sejam submetidas a uma discussão tão elaborada, em particular quando ideias tão difíceis foram apresentadas quase sem explicação nos capítulos anteriores. Até certo ponto, isso é resultado do período em que Marx escreveu. Qualquer pessoa interessada em economia política naquela época estava familiarizada com a teoria do valor-trabalho (se bem que na forma ricardiana), ao passo que nós não só não temos familiaridade com ela, como vivemos numa época em que a maioria dos economistas, e mesmo muitos marxistas, consideram-na indefensável. Se Marx tivesse escrito *O capital* em nossos dias, teria de apresentar uma forte defesa dessa teoria, em vez de simplesmente supô-la óbvia. Em contrapartida, o material abordado nos próximos capítulos significava, na época de Marx, um distanciamento radical em relação ao pensamento convencional, porém soa muito mais familiar aos leitores de hoje.

---

* No original, consta: "os três capítulos (*the three chapters*)". A numeração dos capítulos da edição inglesa do Livro I d'*O capital*, utilizada por Harvey, não coincide com a numeração das edições alemãs, mas com a da edição francesa. Nesta, os três subcapítulos do capítulo 4 da segunda edição alemã são transformados em capítulos (4-6), o mesmo ocorrendo com os sete subcapítulos do capítulo 24, que passam a formar os capítulos 26-32. Do mesmo modo, altera-se a divisão das seções: na edição alemã, a seção VII encerra a obra com os capítulos 21-25, ao passo que, nas edições francesa e inglesa, a seção VII compreende apenas os capítulos 21-23 e desloca os dois últimos capítulos para uma oitava seção. Na presente tradução, optamos por alterar a numeração adotada por Harvey, adequando-a à divisão de capítulos estabelecida por Marx a partir da segunda edição alemã e mantida por Engels na terceira e na quarta edições. A organização dos capítulos aqui adotada coincide inteiramente, portanto, com aquela utilizada em nossa tradução d'*O capital* (São Paulo, Boitempo, 2013). (N. T.)

90 / Para entender *O capital* I

Nesse capítulo, no entanto, ocorre uma grande transição no argumento, e é importante que você perceba isso desde o início. *O capital* começa com um modelo de troca baseado no escambo de mercadorias, no qual se imagina (irrealisticamente) que tempos de trabalho socialmente necessários e equivalentes são trocados. Marx passa então dessa relação M-M para a análise de como as trocas são mediadas e generalizadas pelo surgimento da forma-dinheiro. Uma análise cuidadosa desse sistema de troca M-D-M nos leva, ao fim do capítulo sobre o dinheiro, a identificar a forma D-M-D de circulação, em que o dinheiro se transforma em finalidade e objeto da troca. No circuito M-D-M, uma troca de valores equivalentes faz sentido, porque sua finalidade é obter valores de uso. Quero camisas e sapatos, mas não quero as maçãs e as peras que produzi. Contudo, quando se chega a D-M-D, a troca de equivalentes parece absurda. Por que passar por todas as turbulências e riscos desse processo para, no fim, obter a mesma quantia de dinheiro que eu tinha no início? D-M-D só faz sentido se resulta num incremento de valor, D-M-D + ΔD, que é definido como mais-valor.

Isso leva à seguinte questão: de onde vem esse mais-valor, se as leis da troca, D-M e M-D, tais como pressupostas na economia política clássica, estabelecem uma troca de equivalentes? Para que as leis da troca funcionem como a teoria determina, é necessário encontrar uma mercadoria que tenha a capacidade de produzir um valor maior do que o que ela própria possui. Tal mercadoria, dirá Marx no terceiro item do capítulo 4, é a força de trabalho. Essa é a grande transição realizada ao longo desse capítulo. O foco começa a mudar da troca de mercadorias para a circulação do capital.

Há, no entanto, um traço importante no capítulo 4, que merece uma análise preliminar. Já me perguntaram várias vezes se Marx desenvolve um argumento lógico (baseado numa crítica das proposições utópicas da economia política liberal clássica) ou um argumento histórico sobre a evolução do capitalismo efetivamente existente. Sempre preferi a leitura lógica à histórica, ainda que tenhamos importantes *insights* históricos quando consideramos as circunstâncias necessárias à facilitação do surgimento do modo de produção capitalista (como a ação do Estado em relação às diferentes formas dinheiro). Esse procedimento parece ser coerente com o argumento metodológico que Marx desenvolve em outro lugar, em que afirma que só podemos entender corretamente a história se olharmos retrospectivamente do ponto em que nos encontramos hoje. Esse é seu ponto central nos *Grundrisse*:

A sociedade burguesa é a mais desenvolvida e diversificada organização histórica da produção. Por essa razão, as categorias que expressam suas relações e a compreensão de sua estrutura permitem simultaneamente compreender a organização e as relações de produção de todas as formas de sociedade desaparecidas, com cujos escombros e elementos edificou-se, parte dos quais ainda carrega consigo como resíduos não superados, parte [que] nela se desenvolvem de meros indícios em significações plenas etc. A anatomia do ser humano é uma chave para a anatomia do macaco.*

Mas, se "os indícios de formas superiores [...] só podem ser compreendidos quando a própria forma superior já é conhecida", isso não deve nos induzir a procurar os protótipos das "relações burguesas em todas as formas de sociedade" ou a pensar "que as categorias da economia burguesa têm uma verdade para todas as outras formas de sociedade"**. Marx não aceita uma interpretação *whig* da história ou uma simples teleologia. A revolução burguesa reconfigurou fundamentalmente os elementos preexistentes em novas formas, ao mesmo tempo que nos permitiu ver esses elementos preexistentes sob uma nova luz.

CAPÍTULO 4: A TRANSFORMAÇÃO DO DINHEIRO EM CAPITAL

ITEM 1: A FÓRMULA GERAL DO CAPITAL

Nesses três itens, a leitura da história parece ter um papel importante e independente na teorização. Marx começa o item 1, por exemplo, com uma afirmação histórica: "O comércio e o mercado mundiais inauguram, no século XVI, a história moderna do capital". O ponto de partida lógico é a afirmação paralela de que a "circulação das mercadorias é a primeira forma de aparição do capital" (223). Assim, os argumentos lógicos e históricos são imediatamente justapostos. Por isso, se quisermos entender como as prescrições metodológicas dadas nos *Grundrisse* são postas em prática n'*O capital*, temos de prestar muita atenção ao modo como esses argumentos atuam em conjunto nesses três itens.

Marx começa examinando como o capitalismo confrontou historicamente o poder da propriedade fundiária na transição do feudalismo para o capitalismo. Nessa transição, o capital comercial e o capital usurário – formas específicas de capital – desempenharam um importante papel histórico. Mas essas formas de capital são diferentes da "moderna" forma industrial de capital que Marx considera essencial para um modo de produção capitalista plenamente desenvolvido (223-4). A dissolução da ordem feudal, isto é, do poder da propriedade fundiária e do controle feudal sobre a terra, realizou-se em grande parte pelos poderes do capital comercial e da usura. Esse é um tema que encontramos fortemente articulado no

---

* Karl Marx, *Grundrisse*, cit., p. 58. (N. E.)
** Ibidem, p. 58-9. (N. E.)

92 / Para entender *O capital* I

Manifesto Comunista, mas que também ocupa um lugar lógico n'*O capital*, pois o que vemos no capital usurário, em particular, é o poder social independente do dinheiro (e dos possuidores de dinheiro), um poder que, como demonstrou o capítulo sobre o dinheiro, é socialmente necessário no modo de produção capitalista. É por meio do desenvolvimento desse poder independente que a usura e os usurários ajudaram a derrubar o feudalismo.

Voltamos ao ponto de partida para entender o papel do dinheiro (como oposto à mercadoria) no processo de circulação. O dinheiro pode ser usado para fazer circular as mercadorias, para medir o valor, para armazenar riqueza, e assim por diante. O capital, no entanto, é dinheiro usado de modo determinado. Não apenas o processo D-M-D é uma inversão do processo M-D-M, mas, como Marx observou no capítulo anterior, "o dinheiro não se apresenta como meio de circulação, como mera forma evanescente e mediadora do metabolismo, mas como a encarnação individual do trabalho social, existência autônoma do valor de troca, mercadoria absoluta" (211). A representação do valor (dinheiro), em outras palavras, torna-se o escopo e o objetivo da circulação. Esse processo de circulação, no entanto, "seria absurdo e vazio se a intenção fosse realizar, percorrendo seu ciclo inteiro, a troca de um mesmo valor em dinheiro pelo mesmo valor em dinheiro, ou seja, £100 por £100" (224). A troca de valores iguais é perfeitamente correta com respeito a valores de uso, portanto o que importa é a qualidade. Mas a única razão lógica para entrar na circulação D-M-D, como vimos no capítulo 3, é ter mais valor no final do que no começo. Depois de certo esforço, Marx chega à conclusão bastante óbvia:

> Assim, o processo D-M-D não deve seu conteúdo a nenhuma diferença qualitativa de seus extremos, pois ambos são dinheiro, mas apenas à sua distinção quantitativa. Ao final do processo, mais dinheiro é tirado de circulação do que nela fora lançado inicialmente. O algodão comprado por £100 é revendido por 100 + £10, ou por £110. A forma completa desse processo é, portanto, D-M-D', onde D' = D + ΔD, isto é, à quantia de dinheiro inicialmente adiantada mais um incremento. Esse incremento, ou excedente sobre o valor original, chamo de mais-valor (*surplus value*). (227)

Com isso, chegamos pela primeira vez ao conceito de mais-valor, que, evidentemente, é fundamental para toda a análise marxiana.

O que acontece é que "o valor originalmente adiantado não se limita, assim, a conservar-se na circulação, mas nela modifica sua grandeza de valor, acrescenta a essa grandeza um mais-valor, ou se valoriza. E esse movimento o transforma em capital" (227). Eis aqui, finalmente, a definição de "capital". Para Marx, o capital não é uma coisa, mas um *processo* – mais especificamente, um processo de circulação de valores. Tais valores são incorporados em diferentes coisas em vários pontos do processo: inicialmente, como dinheiro e, em seguida, como mercadoria, antes de retornar à forma-dinheiro.

Ora, essa definição do capital como processo é de extrema importância. Ela marca um distanciamento radical em relação à definição que encontraremos na economia política clássica, em que o capital era tradicionalmente entendido como um estoque de recursos (máquinas, dinheiro etc.), assim como em relação à definição predominante na ciência econômica convencional, na qual o capital é visto como uma coisa, um "fator de produção". Na prática, a ciência econômica convencional tem uma grande dificuldade em medir (valorar) o fator de produção que é capital. Assim, eles simplesmente o rotulam de K e o inserem em suas equações. Mas, na realidade, se você pergunta "o que é K e como obtemos uma medida dele?", a questão está longe de ser simples. Os economistas lançam mão de todos os tipos de medidas, mas não conseguem chegar a um consenso sobre o que o capital realmente "é". Ele existe, com efeito, na forma de dinheiro, mas também existe como máquinas, fábricas e meios de produção; e como atribuir um valor monetário independente aos meios de produção, independente do valor das mercadorias que eles ajudam a produzir? Como ficou evidenciado na assim chamada controvérsia sobre o capital no início dos anos 1970, toda a teoria econômica contemporânea corre o perigoso risco de estar fundada numa tautologia: o valor monetário de K na forma física de riqueza é determinado por aquilo que ele deveria explicar, a saber, o valor das mercadorias produzidas[1] (186-7).

Uma vez mais, Marx vê o capital como um processo. Eu poderia fazer capital agora mesmo, bastando tirar dinheiro do meu bolso e colocá-lo em circulação para fazer mais dinheiro. Ou eu poderia tirar capital de circulação simplesmente resolvendo recolocar o dinheiro no meu bolso. Segue-se, então, que nem todo dinheiro é capital. O capital é dinheiro usado de uma certa maneira. A definição de capital não pode ser divorciada da escolha humana de lançar o dinheiro-poder nesse modo de circulação. Mas isso coloca todo um conjunto de problemas. Antes de tudo, há a questão de quanto incremento o capital pode render. Lembremo-nos que uma das descobertas no capítulo sobre o dinheiro foi que a acumulação de dinheiro-poder é potencialmente ilimitada; Marx a repete aqui (210-1, 230-1). Seu significado pleno, no entanto, só será desenvolvido mais tarde (particularmente nos capítulos 21 e 22).

Diz Marx: "como portador consciente desse movimento, o possuidor de dinheiro se torna capitalista. Sua pessoa, ou melhor, seu bolso, é o ponto de partida e de retorno do dinheiro" (229). Disso se segue que "o valor de uso jamais pode ser considerado a finalidade imediata do capitalista". Quer dizer, o capitalista produz

---

[1] Marx cita a mesma definição tautológica do capital apresentada na teoria da circulação de J. B. Say.

94 / Para entender *O capital* I

valores de uso apenas para ganhar valor de troca. Na verdade, o capitalista não se preocupa sobre qual ou que tipo de valor de uso é produzido; poderia ser qualquer tipo de valor de uso, contanto que ele permita ao capitalista obter o mais-valor. A finalidade do capitalista é, o que não surpreende, o "incessante movimento da obtenção de ganho" (229). Isso parece o enredo de *Eugênia Grandet*, de Balzac*!

> Esse impulso absoluto de enriquecimento, essa caça apaixonada ao valor é comum ao capitalista e ao entesourador, mas, enquanto o entesourador é apenas um capitalista louco, o capitalista é o entesourador racional. O aumento incessante do valor, objetivo que o entesourador procura atingir conservando seu dinheiro fora da circulação, é atingido pelo capitalista, que, mais inteligente, recoloca o dinheiro constantemente em circulação. (229)

Portanto, o capital é valor em movimento. Mas é valor em movimento que se manifesta em diferentes formas. "Ora, se tomarmos as formas particulares de manifestação" – note a repetição desta frase – "que o valor que se autovaloriza assume sucessivamente no decorrer de sua vida, chegaremos a estas duas proposições: capital é dinheiro, capital é mercadoria" (169). Agora Marx explicita a definição processual do capital:

> Na verdade, porém, o valor se torna, aqui, o sujeito de um processo em que ele, ao mesmo tempo que assume constantemente a forma do dinheiro e da mercadoria, modifica sua própria grandeza, distanciando-se de si mesmo como valor original ao se tornar mais-valor, ao valorizar a si mesmo. Pois o movimento em que ele adiciona mais-valor é seu próprio movimento; sua valorização é, portanto, autovalorização. Por ser valor, ele recebeu a qualidade oculta de adicionar valor. Ele pare filhotes, ou pelo menos põe ovos de ouro. (230)

É óbvio que Marx está sendo extremamente irônico. Se digo isso, é apenas porque li, certa vez, uma dissertação que levava a sério as qualidades mágicas de autoexpansão atribuídas ao capital. Mas, num texto denso como esse, é muito fácil não perceber a ironia. Nesse exemplo, as qualidades "ocultas" do capital e sua capacidade aparentemente mágica de pôr "ovos de ouro" existem apenas no reino da aparência. Mas não é difícil ver por que esse construto fetichista poderia ser tomado como real – o sistema de produção capitalista depende exatamente dessa ficção, como vimos no capítulo 1. Você já se perguntou de onde vem o crescimento? Tendemos a supor que

---

* Em *A comédia humana* (3. ed., Rio de Janeiro, Globo, 1955), v. 5. (N. E.)

essa expansão simplesmente pertence à natureza do dinheiro. Já vimos períodos, é claro, em que a taxa de poupança era negativa, isto é, em que a inflação era tão alta e as taxas de juros tão baixas que o retorno líquido do poupador era negativo (como é o caso hoje, em 2008). Mas parece que o dinheiro que você tem guardado no banco cresce de acordo com a taxa de juro. Marx quer saber o que está por trás desse fetiche. Esse é o mistério que tem de ser solucionado.

Segundo ele, há um momento nesse processo de circulação ao qual sempre retornamos e que, por essa razão, parece ser mais importante que os outros. Esse é o momento do dinheiro: D-D. Por quê? Porque o dinheiro é a representação universal e a medida definitiva do valor. Portanto, é apenas no momento do dinheiro – o momento da universalidade capitalista – que podemos perceber onde estamos em relação ao valor e ao mais-valor. É difícil perceber isso apenas olhando para a particularidade das mercadorias. O dinheiro "constitui, por isso, o ponto de partida e de chegada de todo processo de valorização" (230). No exemplo de Marx, a conclusão do processo, que começou com um investimento de 100 libras, resulta em 110 libras: "O capitalista sabe que toda mercadoria, por mais miserável que seja sua aparência ou por pior que seja seu cheiro, é dinheiro, não só em sua fé, mas também na realidade; que ela é, internamente, um judeu circuncidado e, além disso, um meio milagroso de se fazer mais dinheiro a partir do dinheiro" (230).

Observações desse tipo deram margem a um debate significativo sobre o suposto antissemitismo de Marx. De fato, é verdade que esse tipo de afirmação aparece de vez em quando em seus textos. O contexto da época era de antissemitismo disseminado (por exemplo, a personagem Fagin, em *Oliver Twist*, de Dickens*). Assim, você pode concluir que Marx, filho de judeus que se converteram para manter o emprego, estava se voltando inconscientemente contra seu passado ou refletindo os preconceitos da época, ou, pelo menos nesse caso, que a intenção dele era reunir todo o opróbrio costumeiramente lançado contra os judeus e mostrar que, na verdade, ele deveria ser lançado contra o capitalista enquanto capitalista. Cabe a você tirar suas próprias conclusões.

Retornando ao texto, encontramos Marx ainda às voltas com a aparência fetichista:

Se na circulação simples o valor das mercadorias atinge no máximo uma forma independente em relação a seus valores de uso, aqui ele se apresenta, de repente, como uma substância em processo, que move a si mesma e para a qual mercadorias e dinheiro não são mais do que meras formas. E mais ainda. Em vez de representar relações de mercadorias, ele agora entra, por assim dizer, numa relação privada consigo mesmo. Como

---

*   São Paulo, Hedra, 2002. (N. E.)

valor original, ele se diferencia de si mesmo como mais-valor, tal como Deus Pai se diferencia de si mesmo como Deus Filho [...]. O valor se torna, assim, valor em processo, dinheiro em processo e, como tal, capital. (230-1)

O próximo passo na definição fundamental de capital é: valor em processo, dinheiro em processo. E isso é muito diferente de capital como estoque fixo de recursos ou fator de produção. (Mas é Marx, e não os economistas, que é criticado por suas formulações supostamente estáticas e "estruturais"!) O capital "sai da circulação, volta a entrar nela, conserva-se e multiplica-se em seu percurso, sai da circulação aumentado e começa o mesmo circuito novamente" (231). O poderoso sentido do fluxo é palpável. Capital é processo, e ponto final.

Marx retorna brevemente aos capitais comercial e usurário (seu ponto de partida histórico, mais do que lógico). Embora o que realmente lhe importa seja o capital industrial, ele tem de reconhecer que existem estas duas outras formas de circulação: o capital comercial (comprar barato para vender mais caro) e o capital a juros, por meio dos quais também se pode realizar uma aparente autoexpansão do valor. Vemos, assim, diferentes possibilidades: o capital industrial, o capital comercial e o capital a juros, todos na forma de circulação D-M-D + ΔD. Tal forma de circulação, conclui ele, "é a fórmula geral do capital tal como ele aparece imediatamente na esfera da circulação" (231). É essa forma de circulação que temos de analisar em detalhes para desmistificar suas qualidades "ocultas". A pergunta, portanto, é: o capital põe ovos de ouro?

ITEM 2: CONTRADIÇÕES DA FÓRMULA GERAL

Marx inicia a busca por uma resposta examinando as contradições no interior da forma de circulação D-M-D + ΔD. A questão fundamental é simplesmente esta: de onde vem o incremento, o mais-valor? As regras e as leis da troca em forma pura (como pressupostas no liberalismo utópico) dizem que é preciso haver uma regra de equivalência nas transições de D para M e de M para D. O mais-valor não pode, portanto, ser derivado da troca em sua forma pura. "Onde há igualdade, não há ganho." Na prática, é certamente "verdade que as mercadorias podem ser vendidas por preços que não correspondem a seus valores, mas esse desvio tem de ser considerado como uma infração da lei da troca de mercadorias". Essas leis são aquelas pressupostas no modelo de mercados de funcionamento perfeito próprio da economia política clássica. "Em sua forma pura, ela é uma troca de equivalentes, não um meio para o aumento do valor" (233-4).

Diante desse enigma, os capitalistas e seus economistas, como Condillac, tentaram atribuir esse incremento ao campo dos valores de uso. Mas Marx rejeita tal solução. Não podemos apelar para os valores de uso a fim de resolver um problema que deriva da equivalência dos valores de troca.

> Se são trocadas mercadorias, ou mercadorias e dinheiro de mesmo valor de troca, portanto, equivalentes, é evidente que cada uma das partes não extrai da circulação mais valor do que nela colocou inicialmente. Não há, então, criação de mais-valor. Ocorre que, em sua forma pura, o processo de circulação de mercadorias exige a troca de equivalentes. (235)

Marx sabe perfeitamente que "na realidade, as coisas não ocorrem assim" e, por isso, devemos "admitir uma troca de não equivalentes". Isso dá lugar a uma série de possibilidades. Uma delas é que o vendedor tem "algum privilégio inexplicável [...] [de] vender a mercadoria acima de seu valor". Mas isso não se aplica à relação entre compradores e vendedores em mercados generalizados, assim como não adianta dizer que o comprador tem o privilégio de adquirir mercadorias abaixo de seu valor. "Portanto, a criação do mais-valor [...] não pode ser explicada nem pelo fato de que uns vendem as mercadorias acima de seu valor, nem pelo fato de que outros as compram abaixo de seu valor" (236).

Marx passa então a uma breve consideração daquilo que hoje chamamos de demanda efetiva e que, na época, era desenvolvida sobretudo por Malthus (embora surpreendentemente Marx não faça nenhuma referência ao principal texto de Malthus sobre o assunto: *Princípios de economia política**) (236-8). Segundo Malthus, existe no mercado uma clara tendência a uma deficiência da demanda agregada para a absorção do excedente de mercadorias que os capitalistas produzem com o objetivo de obter mais-valor. Quem tem o poder de compra para comprar as mercadorias? Como os capitalistas reinvestem, não consomem tanto quanto poderiam. Já os trabalhadores não podem consumir a totalidade do produto, porque são explorados. Assim, Malthus conclui que a classe dos proprietários fundiários – ou, como são chamados por Marx, os parasitas burgueses de todas as espécies – tem um papel importante, pois realiza a benevolente tarefa de consumir tanto quanto pode a fim de manter a economia estável. Com isso, Malthus justifica a perpetuação de uma classe consumidora não produtiva (em contraposição à crítica ricardiana, que também a tacha de parasitas não produtivos).

De certo modo, Malthus mudou seu argumento, sugerindo que essa classe de consumidores poderia estar fora da nação e que o comércio exterior, ou mesmo os tributos externos (por exemplo, pagamentos em prata para um poder impe-

---

* São Paulo, Nova Cultural, 1996. (N. E.)

98 / Para entender *O capital* I

rial), ajudaria a resolver o problema. Este último é um dos principais argumentos de Rosa Luxemburgo, para quem a demanda efetiva necessária num sistema capitalista (que, segundo ela, é insuficientemente tratada n'*O capital*) só pode ser garantida, em última instância, pelo estabelecimento de uma relação com o exterior – em suma, pela retirada imperialista impositiva de tributos. A lógica imperialista britânica que levou à Guerra do Ópio demonstrou a veracidade dessa tese: como havia uma grande quantidade de prata na China, a ideia era vender ópio indiano aos chineses, lucrar muita prata com a venda e, com essa prata, financiar todos os bens produzidos em Manchester e enviados para a Índia. Quando os chineses se negaram a abrir suas portas ao comércio do ópio, a resposta britânica foi derrubá-las pela força militar.

Marx rejeita mordazmente a ideia de que haja em algum lugar uma classe de consumidores, ou outra coisa qualquer, que tenha um valor obtido sabe Deus onde e possa de algum modo gerar o mais-valor de dentro ou de fora do sistema das relações sociais capitalistas. Todos que se encontram no interior do capitalismo (mesmo os membros das classes parasitárias), diz ele, têm de obter seu valor de algum lugar e, se não o obtêm no interior do sistema, é porque se apropriam dos valores de outros (como capitalistas ou trabalhadores), daqueles que são responsáveis pela produção desse valor. Não podemos resolver o problema da produção do mais-valor apelando para o mercado, e certamente não podemos justificar por isso a perpetuação de uma classe não produtiva de consumidores. No longo prazo, nem o comércio exterior pode realizar essa façanha; em algum momento, o princípio da equivalência tem de prevalecer (237-8).

Essas passagens sobre a demanda efetiva são problemáticas em certos aspectos, e Rosa Luxemburgo propõe um sério desafio a Marx quando afirma que o imperialismo, voltando-se contra as formações sociais não capitalistas, dá uma resposta parcial ao problema da demanda efetiva[2]. Um longo debate foi travado sobre essa questão. Mas, em tais passagens, Marx está interessado simplesmente no modo como o mais-valor é produzido, não em como poderia ser pago e realizado por meio do consumo. O mais-valor tem de ser produzido antes de ser consumido, e não podemos apelar para o processo de consumo a fim de entender sua produção.

Portanto, essas ideias sobre a demanda efetiva não podem explicar como o mais-valor é produzido, sobretudo se nos mantivermos "nos limites da troca de mercadorias, em que vendedores são compradores, e compradores, vendedores". Ora, à primeira vista, essa observação parece um tanto estranha, dada a rejeição

---

[2] Rosa Luxemburgo, *The Accumulation of Capital* (Nova York, Routledge, 2003), p. 104-5 [ed. bras.: *A acumulação do capital: contribuição ao estudo econômico do imperialismo*, 2. ed., São Paulo, Nova Cultural, 1985].

3. Do capital à força de trabalho / 99

anterior da lei de Say. Também não parece ajudar a afirmação de que "talvez nossa dificuldade provenha do fato de termos tratado os atores apenas como categorias personificadas, e não individualmente" (237), ainda que seja importante mostrar, como faremos adiante, por que ele toma esse caminho. A meu ver, há aqui uma tensão real no texto de Marx entre a confiança na crítica das tendências utópicas da economia política clássica e o desejo de entender e esclarecer a natureza do capitalismo efetivamente existente. O que ele diz é que temos de procurar uma resposta ao problema da origem do mais-valor num modo de produção capitalista geograficamente fechado e perfeito; nesse estado de coisas ideal, o recurso às classes parasitárias, ao consumismo ou ao comércio exterior tem de ser excluído. Marx explicitará mais adiante essas suposições n'*O capital*; aqui, ele as invoca implicitamente quando rejeita qualquer solução externa. Nesse ponto da análise, ele considera irrelevantes as questões de demanda efetiva em geral, pois, no Livro I, o que lhe interessa é unicamente a produção. Passará aos problemas da realização dos valores no mercado e no mundo do consumo apenas no Livro II.

Por ora, portanto, fica excluída qualquer análise das expansões geográficas, do ajuste espacial*, do imperialismo e do colonialismo socialmente necessários para a sobrevivência do capitalismo. Marx simplesmente supõe um sistema capitalista perfeito e fechado, e é apenas nesses termos que a origem do mais-valor será explicada. Essa suposição, ao mesmo tempo que restringe o alcance de sua capacidade teórica (em particular com relação ao entendimento das atuais dinâmicas históricas e geográficas do capitalismo), aprofunda e aguça a análise. Como mostrei em outros lugares – em especial em *Os limites do capital* e *Spaces of Capital* [Espaços do capital] –, essas questões mais amplas foram extremamente importantes para Marx quando tentou formular seu grande projeto de investigação do Estado, do comércio exterior, do colonialismo e da construção do mercado mundial. Nesse ponto d'*O capital*, porém, só lhe interessa mostrar que a produção de mais-valor não pode surgir das trocas mercantis, independentemente das condições históricas ou geopolíticas predominantes. Ele tem de encontrar outro modo para resolver a contradição de como produzir uma não equivalência (isto é, o mais-valor) a partir de uma troca de equivalentes.

A adoção de um foco tão estreito explica também por que Marx passa brevemente a tratar mais de indivíduos do que de papéis sociais. Os indivíduos podem ludibriar uns aos outros vendendo por um valor maior e, de fato, isso acontece o

---

* Segundo Harvey, a cada crise de superprodução o capital busca um ajuste espacial (*spatial fix*) por meio de investimentos em infraestrutura e urbanização. Ver David Harvey, *Spaces of Capital: Towards a Critical Geography* [Espaços do capital: para uma geografia crítica] (Nova York, Routledge, 2001), p. 284-311. (N. T.)

tempo todo. Mas, quando considerado de maneira sistemática, em termos sociais, o resultado é apenas roubar de Pedro para pagar Paulo. Um capitalista pode perfeitamente ludibriar outro, mas nesse caso o ganho do primeiro é igual à perda do segundo, e nenhum mais-valor é agregado. É preciso, portanto, encontrar uma forma em que todos os capitalistas ganhem mais-valor. Uma economia saudável, ou de funcionamento adequado, é aquela em que todos os capitalistas têm uma taxa de lucro constante e rentável.

> Pode-se virar e revirar como se queira, e o resultado será o mesmo. Da troca de equivalentes não resulta mais-valor, e tampouco da troca de não equivalentes resulta mais-valor [...]. Compreende-se, assim, por que, em nossa análise da forma básica do capital, forma na qual ele determina a organização econômica da sociedade moderna, deixamos inteiramente de considerar suas formas populares e, por assim dizer, antediluvianas: o capital comercial e o capital usurário. (238-9)

Historicamente, pode ser verdade, como observou Benjamin Franklin, que "guerra é roubo, comércio é trapaça" (239). Nas origens do capitalismo, certamente houve muita destruição, fraude, roubo e pilhagem de mais-valor pelo mundo inteiro. E Marx não nega a importância histórica desse fato. O mesmo se aplica ao capital usurário, até diante dos estritíssimos e arraigados tabus a respeito da cobrança de juros. Cobrar juros é proibido, por exemplo, pela lei islâmica. Muitas pessoas provavelmente ignoram que, até meados do século XIX, a Igreja Católica também proibia a cobrança de juros, e isso é extremamente importante. Por exemplo, na França, os católicos comparavam muitas vezes as casas de investimentos a bordéis e consideravam as operações financeiras uma forma de prostituição. Restaram dessa época grandes charges políticas satíricas. Numa delas – que utilizei em *Paris: Capital of Modernity* [Paris: capital da modernidade] – uma jovem mulher tenta atrair um homem velho e assustado para sua casa de investimentos, dizendo: "Minha taxa de retorno é boa para qualquer quantia que você queira investir. Vou tratar você com gentileza"[3].

Desse modo, o capital mercantil e o capital usurário (ou a juros) têm, ambos, papéis importantes. No entanto, como conclui Marx, no "curso de nossa investigação, veremos que tanto o capital comercial como o capital a juros são formas derivadas; ao mesmo tempo, veremos por que elas surgem historicamente antes da moderna forma basilar do capital" (240). O que ele está dizendo é que essas formas de circulação do capital tiveram uma existência histórica antes de o capital industrial

---

[3] David Harvey, *Paris: Capital of Modernity* (Nova York, Routledge, 2003), p. 119.

3. Do capital à força de trabalho / 101

entrar em cena. Mas o capital industrial, como veremos, será *a* forma de capital que definirá o modo de produção capitalista em seu estado puro. E, uma vez que o capital industrial se torna dominante, ele precisa tanto do comerciante para vender o produto quanto do capital a juros para variar os investimentos em resposta aos problemas do investimento de capital fixo de longo prazo, e assim por diante. Para que isso aconteça, a forma primária da circulação do capital tem de submeter tanto o capital financeiro quanto o capital comercial a suas necessidades particulares. No Livro III d'*O capital*, Marx analisará como isso aconteceu e com que consequências.

É importante avaliar, de nossa perspectiva atual, a posição do capital comercial e do capital a juros no interior do capitalismo em geral. Uma explicação plausível é que eles deixaram de ser hegemônicos e dominantes nos séculos XVI e XVII para se tornar subservientes ao capital industrial durante o século XIX. Mas muitos – inclusive eu – diriam que o capital financeiro se tornou dominante novamente, sobretudo a partir dos anos 1970. Se isso é verdade, devemos investigar o que significa e pressagia.

Contudo, essa não é uma questão que possamos tratar aqui. Para nosso propósito, o que importa é notar que Marx presumia (e ele provavelmente estava certo na época) que a circulação do capital em sua forma industrial havia se tornado hegemônica e, portanto, era em seu interior que a questão da produção de mais-valor tinha de ser resolvida. Conclui ele:

> Portanto, o capital não pode surgir da circulação, tampouco pode surgir fora da circulação. Ele tem de surgir nela e, ao mesmo tempo, não surgir nela. Temos, assim, um duplo resultado. A transformação do dinheiro em capital tem de ser explicada com base nas leis imanentes da troca de mercadorias, de modo que a troca de equivalentes seja o ponto de partida. Nosso possuidor de dinheiro, que ainda é apenas um capitalista em estado larval, tem de comprar as mercadorias pelo seu valor, vendê-las pelo seu valor e, no entanto, no final do processo, retirar da circulação mais valor do que ele nela colocara inicialmente. Sua crisalidação tem de se dar na esfera da circulação e não pode se dar na esfera da circulação. Essas são as condições do problema. *Hic Rhodus, hic salta!* (241)

O que, numa tosca tradução coloquial, significa: "A bola é sua, chute!".

Item 3: A compra e a venda de força de trabalho

A contradição é fácil de resolver. Sua solução já é anunciada no título desse item. Marx estrutura o argumento como se segue:

102 / Para entender *O capital* I

Para poder extrair valor do consumo de uma mercadoria, nosso possuidor de dinheiro
teria de ter a sorte de descobrir no mercado, no interior da esfera da circulação, uma
mercadoria cujo próprio valor de uso possuísse a característica peculiar de ser fonte de
valor, cujo próprio consumo fosse, portanto, objetificação de trabalho e, por conseguinte, criação de valor. E o possuidor de dinheiro encontra no mercado uma tal mercadoria
específica: a capacidade de trabalho ou força de trabalho. (242)

A força de trabalho consiste nas capacidades físicas, mentais e humanas de incorporar valor às mercadorias. Mas, para ser ela mesma uma mercadoria, a força de
trabalho precisa ter certas características. Em primeiro lugar, "para que seu possuidor a venda como mercadoria, ele tem de poder dispor dela, portanto, ser o livre
proprietário de sua capacidade de trabalho, de sua pessoa". Assim, a ideia do trabalhador livre é crucial – ao contrário da escravidão e da servidão. O trabalhador não
pode ceder sua pessoa; tudo que pode fazer é negociar suas capacidades físicas,
mentais e humanas de criar valor. Desse modo, o trabalhador aliena sua força
de trabalho – isto é, transfere-a para outro –, "sem renunciar [...] a seus direitos de
propriedade sobre ela" (242-3). Portanto, o capitalista não pode possuir o trabalhador; tudo o que pode possuir é a *capacidade* de trabalhar e produzir valor por certo
período de tempo.

A segunda condição essencial para que o possuidor de dinheiro encontre no mercado a
força de trabalho como mercadoria é que seu possuidor, em vez de poder vender mercadorias em que seu trabalho se objetivou, tenha, antes, de oferecer como mercadoria à
venda sua própria força de trabalho, que existe apenas em sua corporeidade viva. (243)

Em outras palavras, os trabalhadores não têm condições de trabalhar para si mesmos.

Para transformar dinheiro em capital, o possuidor de dinheiro tem, portanto, de
encontrar no mercado de mercadorias o trabalhador livre, e livre em dois sentidos:
o de ser uma pessoa livre, que dispõe de sua força de trabalho como sua mercadoria,
e de, por outro lado, ser alguém que não tem outra mercadoria para vender, livre e
solto, carecendo absolutamente de todas as coisas necessárias à realização de sua
força de trabalho. (244)

Em suma, o trabalhador já tem de estar privado de acesso aos meios de produção.
O comentário de Marx sobre a liberdade é muito adequado à nossa época. O que
significa liberdade, por exemplo, quando o presidente George W. Bush fala da missão de levar liberdade ao mundo? Ele usou as palavras "*freedom*" e "*liberty*" umas
cinquenta vezes em seu segundo discurso de posse. Segundo a interpretação crítica

de Marx, isso significa que Bush está em campanha para libertar o maior número de pessoas no mundo de qualquer acesso aos meios de produção, ou de qualquer controle direto sobre eles. Sim, os trabalhadores individuais terão direitos sobre seu corpo, assim como terão direitos individuais legais no mercado de trabalho. Em princípio, têm o direito de vender sua força de trabalho a quem quiserem, assim como o direito de comprar o que quiserem no mercado com os salários que recebem. O que a forma capitalista da política imperial vêm fazendo nos últimos dois séculos é criar esse mundo. Populações indígenas e camponesas foram privadas do acesso aos meios de produção e proletarizadas por todo o planeta. Nas versões neoliberais mais recentes desse processo, um número cada vez maior de populações em todo o mundo, inclusive nos países de capitalismo avançado, estão sendo privadas de seus recursos, até mesmo do acesso independente aos meios de produção ou a outros meios de sobrevivência (por exemplo, aposentadorias e outros auxílios do Estado).

A ironia política e ideológica na promoção dessa forma "dúplice" da liberdade burguesa não escapa a Marx. Hoje, somos diariamente catequizados a respeito dos aspectos positivos da liberdade e forçados a aceitar como inevitáveis ou mesmo naturais seus aspectos negativos. A teoria liberal se funda em doutrinas de direitos e liberdades individuais. De Locke a Hayek, e daí em diante, todos os ideólogos do liberalismo e do neoliberalismo afirmaram que a melhor defesa desses direitos e liberdades individuais é um sistema de mercado fundado na propriedade privada e nas regras burguesas de independência, reciprocidade e individualismo jurídico que Marx descreveu (e, para o propósito de sua investigação, aceitou) no capítulo 2.

Por ser difícil protestar contra ideais universais de liberdade, somos facilmente convencidos a aceitar a ficção de que as boas liberdades (como as da escolha de mercado) são muito mais importantes que as más liberdades (como a liberdade dos capitalistas de explorar o trabalho dos outros). E, se for necessário apelar para a repressão a fim de privar as pessoas de seu acesso aos meios de produção e assegurar as liberdades de mercado, isso também se justifica. Em pouco tempo, mergulhamos no macarthismo ou na Baía de Guantánamo, incapazes de esboçar a mínima oposição. Woodrow Wilson, o grande presidente liberal dos Estados Unidos, idealizador da Liga das Nações, colocou isso da seguinte maneira, durante uma conferência na Universidade Columbia, em 1907:

> Porque o comércio ignora as fronteiras nacionais e o industrial insiste em ter o mundo como um mercado, a bandeira desta nação tem de acompanhá-lo, e as portas das nações que estão fechadas para ele têm de ser arrombadas. As concessões obtidas pelos financistas têm de ser salvaguardadas por ministros de Estado, mesmo que a soberania de nações renitentes seja ultrajada. Colônias têm de ser conquistadas ou implantadas, para que nenhum canto útil do mundo seja negligenciado ou desperdiçado.

104 / Para entender *O capital* I

O objetivo ideológico essencial de Marx é identificar a duplicidade que habita o cerne da concepção burguesa de liberdade (do mesmo modo que ele questionou o apelo de Proudhon a concepções burguesas de justiça). O contraste entre a retórica da liberdade de George W. Bush e a realidade da Baía de Guantánamo é exatamente o que deveríamos esperar.

Mas como o trabalhador se tornou "livre" nesse duplo sentido? A *razão por que* o trabalhador oferece sua força de trabalho ao capitalista no mercado, observa Marx, "não interessa ao possuidor de dinheiro [...]. E, no presente momento, ela tampouco tem interesse para nós" (244). Marx supõe simplesmente que a proletarização já ocorreu e um mercado de trabalho já está em pleno funcionamento. Mas quer esclarecer "outra coisa":

> A natureza não produz possuidores de dinheiro e de mercadorias, de um lado, e simples possuidores de suas próprias forças de trabalho, de outro. Essa não é uma relação histórico-natural, tampouco uma relação social comum a todos os períodos históricos, mas é claramente o resultado de um desenvolvimento histórico anterior, o produto de muitas revoluções econômicas, da derrocada de toda uma série de formas anteriores de produção social. (244)

Que o sistema do trabalho assalariado tem uma origem histórica específica deve ser reconhecido, nem que seja para sublinhar o fato de que a categoria do trabalho assalariado não é mais "natural" do que a do capitalista ou a do próprio valor. A história da proletarização será tratada em detalhes mais adiante, no capítulo 24. Por ora, Marx supõe apenas que já existe um mercado de trabalho em pleno funcionamento. No entanto, reconhece:

> Também as categorias econômicas que consideramos anteriormente trazem consigo as marcas da história. Na existência do produto como mercadoria estão presentes determinadas condições históricas [...]. Se tivéssemos avançado em nossa investigação e posto a questão "sob que circunstâncias todos os produtos – ou apenas a maioria deles – assumem a forma da mercadoria?", teríamos descoberto que isso só ocorre sobre a base de um modo de produção específico, o modo de produção capitalista. (244)

Somos lembrados que é o modo de produção capitalista, e não outros modos de produção, que constitui o foco de Marx.

A produção de mercadorias que existiu no passado em várias formas, juntamente com a circulação monetária, que também existiu em muitas formas, é claramente relacionada, na mente de Marx, ao advento das formas de trabalho assalariado. Nenhuma dessas evoluções é independente da outra no processo que conduz à dominação do modo de produção capitalista. Mais uma vez, os argumentos históricos e lógicos se entrelaçam. A relação socialmente necessária que vincula logicamente a produção de mercadorias à monetização e ambas, por sua vez, à mercantilização do trabalho assalariado, tem uma origem histórica distinta. O sistema de salário e o mercado de trabalho, que para nós parecem coisas óbvias e lógicas, certamente não pareciam assim mesmo no período final do feudalismo europeu.

> [As] condições históricas de existência [do capital] não estão de modo algum dadas com a circulação das mercadorias e do dinheiro. Ele só surge quando o possuidor de meios de produção e de subsistência encontra no mercado o trabalhador livre como vendedor de sua força de trabalho, e essa condição histórica compreende toda uma história mundial. Assim, o capital anuncia, desde seu primeiro surgimento, uma nova época no processo social de produção. (245)

No entanto, a força de trabalho é uma mercadoria peculiar, especial, diferente de qualquer outra. Antes de tudo, é a única mercadoria que tem capacidade de *criar valor*. É o tempo de trabalho incorporado nas mercadorias, e são os trabalhadores que vendem sua força de trabalho ao capitalista. Este, por sua vez, usa essa força de trabalho para organizar a produção de mais-valor. Note, porém, que a forma em que a força de trabalho circula é M-D-M (os trabalhadores põem sua força de trabalho no mercado e a vendem em troca de dinheiro, com o qual podem, então, comprar as mercadorias de que necessitam para sobreviver). Assim, o trabalhador, lembre-se, está sempre no circuito M-D-M, ao passo que o capitalista opera no circuito D-M- -D'. Há, portanto, regras diferentes para um e outro pensarem sua respectiva situação. O trabalhador pode se contentar com a troca de equivalentes, porque o que lhe importa são os valores de uso. O capitalista, por outro lado, tem de solucionar o problema da obtenção de mais-valor a partir da troca de equivalentes.

Mas o que fixa o valor da força de trabalho como mercadoria? A resposta é complexa, porque a força de trabalho não é uma mercadoria no sentido usual, não só porque é a única que pode criar valor, mas também porque os determinantes de seu valor são diferentes daqueles das camisas e dos sapatos, tanto em princípio quanto em detalhes. Marx cita essas diferenças sem praticamente nenhuma elaboração adicional:

> O valor da força de trabalho, como o de todas as outras mercadorias, é determinado pelo tempo de trabalho necessário para a produção – e, consequentemente, também para a reprodução – desse artigo específico. Como valor, a força de trabalho representa apenas uma quantidade determinada do trabalho social médio nela objetivado [...]. Para sua manutenção, o indivíduo vivo necessita de certa quantidade de meios de subsistência. Assim, o tempo de trabalho necessário à produção da força de trabalho corresponde ao tempo de trabalho necessário à produção desses meios de subsistência, ou,

dito de outro modo, o valor da força de trabalho é o valor dos meios de subsistência necessários à manutenção de seu possuidor. (245)

O valor da força de trabalho é fixado, portanto, pelo valor de todas aquelas mercadorias que são necessárias para reproduzir o trabalhador em certa condição de vida. Somamos o valor do pão, das camisas, dos sapatos e de tudo mais que é necessário para sustentar e reproduzir os trabalhadores, e o total é o que determina o valor da força de trabalho.

Parece ser um cálculo bastante simples, semelhante em princípio ao de qualquer outra mercadoria. Mas como são determinadas essas "necessidades"? As necessidades distinguem o trabalho de todas as outras mercadorias. Em primeiro lugar, no decorrer da atividade laboral, "gasta-se determinada quantidade de músculos, nervos, cérebro etc. humanos, que tem de ser reposta". Se os trabalhadores são exigidos num certo tipo de trabalho (por exemplo, numa mina de carvão), podem precisar, por exemplo, de mais carne e batatas para sustentar seu trabalho. Além disso, "a quantidade dos meios de subsistência tem, portanto, de ser suficiente para manter o indivíduo trabalhador como tal em sua condição normal de vida". Mas o que é "normal"? Existem "necessidades naturais, como alimentação, vestimenta, aquecimento, habitação etc.", que "são diferentes de acordo com o clima e outras peculiaridades naturais de um país" (245-6). As necessidades dos trabalhadores são diferentes no Ártico e nas zonas temperadas. Mas ocorre então a grande mudança:

> Por outro lado, a amplitude das assim chamadas necessidades imediatas, assim como o modo de sua satisfação, é ela própria um produto histórico e, por isso, depende em grande medida do grau de cultura de um país, mas também depende, entre outros fatores, de sob quais condições e, por conseguinte, com quais costumes e exigências de vida se formou a classe dos trabalhadores livres num determinado local. Diferentemente das outras mercadorias, a determinação do valor da força de trabalho contém um elemento histórico e moral. (246)

Isso implica que o valor da força de trabalho não é independente da história das lutas de classes. Mais ainda, "o grau de civilização" de um país varia, por exemplo, conforme a força dos movimentos burgueses de reforma. De tempos em tempos, os respeitáveis e virtuosos burgueses indignam-se com a pobreza das massas e, sentindo-se culpados, concluem que é inaceitável que, numa sociedade decente, a massa da população viva assim. Defendem então a construção de moradias decentes, saúde pública decente, educação decente, isso decente e aquilo decente. Algumas dessas medidas podem ser motivadas por interesse próprio (porque um surto de cólera, por exemplo, não respeita fronteiras de classe), mas não há sociedade burguesa que não tenha algum senso de valores civilizados, e esse senso é fundamental para determinar o valor da força de trabalho.

Marx baseia-se no princípio de que há um conjunto de mercadorias que determina o que se entende por um salário razoável numa sociedade e numa época particulares. Ele não discute essas particularidades. Ao contrário, podemos continuar a investigação teórica como se o valor da força de trabalho fosse fixo e "dado", mesmo que esse "dado" esteja em constante movimento e, de qualquer modo, tenha de ser flexível e refletir outros aspectos, como os custos de reprodução do trabalhador, desde o treinamento e a reprodução de habilidades até o sustento da família e a reprodução da classe trabalhadora (em termos qualitativos e quantitativos) (245-7).

Outra peculiaridade da força de trabalho como mercadoria é digna de nota. O capitalista entra no mercado e tem de pagar por todas as mercadorias (matérias-primas, maquinaria etc.) antes de pô-las para trabalhar. Com a força de trabalho, porém, o capitalista aluga essa força de trabalho e paga seus fornecedores apenas depois que eles concluem seu trabalho. Na verdade, o trabalhador adianta ao capitalista a mercadoria da força de trabalho, esperando ser pago no fim do dia. Mas isso nem sempre acontece: empresas que declaram falência podem deixar de pagar os salários que devem (247-50). Na China contemporânea, por exemplo, o salário de grande parte da força de trabalho em certas indústrias (construção civil) e em certas regiões, particularmente no Norte, foi negado, o que gerou grandes protestos.

O que Marx defende aqui é que a noção de um padrão de vida aceitável para os trabalhadores varia de acordo com as circunstâncias naturais, sociais, políticas e históricas. Obviamente, o que é aceitável numa sociedade (digamos, na Suécia contemporânea) não é o mesmo que em outra (na China contemporânea), e o que era aceitável nos Estados Unidos em 1850 não o é mais hoje. Assim, o valor da força de trabalho é altamente variável e depende não só das necessidades físicas, mas também das condições da luta de classes, do grau de civilização do país e da história dos movimentos sociais (alguns têm objetivos que vão muito além dos limites da luta direta dos próprios trabalhadores). Há partidos democráticos, por exemplo, que defendem um sistema universal de saúde, acesso à educação, habitação adequada, infraestrutura pública – parques, sistema público de transportes, fornecimento de água, saneamento –, assim como oportunidade de pleno emprego por um salário mínimo. Tudo isso pode ser considerado obrigações fundamentais de países civilizados, dependendo de sua situação social e política.

A conclusão a que chegamos é que a força de trabalho não é uma mercadoria como outra qualquer. É a única mercadoria que cria valor e, ao mesmo tempo, um elemento histórico e moral entra na determinação de seu valor. E esse elemento

108 / Para entender *O capital* I

histórico e moral está sujeito à influência de um vasto conjunto de forças políticas, religiosas etc. Mesmo o Vaticano escreveu encíclicas vigorosas sobre as condições de trabalho, e a Teologia da Libertação, quando atingiu o ápice na América Latina, nas décadas de 1960 e 1970, teve um papel fundamental no fomento de movimentos revolucionários cujo foco eram as condições de vida dos pobres. Portanto, o valor da força de trabalho não é constante. Ele flutua não só porque varia o custo das mercadorias necessárias à subsistência, mas também porque a cesta de mercadorias necessárias para reproduzir o trabalhador é afetada por todo esse amplo espectro de forças. Claramente, o valor da força de trabalho é sensível às alterações no valor das mercadorias necessárias para sustentá-la. Importações baratas reduzem esse valor, como mostrou o fenômeno Walmart, que teve um impacto significativo no valor da força de trabalho nos Estados Unidos. Com importações baratas, a hiperexploração da força de trabalho na China mantém baixo o valor da força de trabalho nos Estados Unidos. Isso explica também a resistência de redutos da classe capitalista contra a imposição de barreiras tarifárias aos produtos chineses, pois o custo de vida nos Estados Unidos aumentaria e os trabalhadores reivindicariam salários maiores.

Depois de mencionar rapidamente questões desse tipo, Marx as deixa de lado e conclui que, "no entanto, a amplitude média dos meios de subsistência necessários ao trabalhador num determinado país e num determinado período é algo dado" (246). Marx estabelece como "dado" num país e numa época determinada aquilo que ele admite como fluido e em fluxo constante. Isso é razoável? Teoricamente, permite que Marx avance na explicação da produção do mais-valor, mas cobra certo preço por isso.

Na maioria das economias nacionais, há meios de determinar esse "dado". A legislação referente ao salário mínimo, por exemplo, reconhece a importância de um "dado" fixo num lugar e numa época determinada; ao mesmo tempo, as decisões sobre o aumento ou não do salário mínimo são uma excelente ilustração do papel que a luta política desempenha na determinação do valor da força de trabalho. Em anos recentes, as lutas locais por um "salário decente" serviram também para ilustrar a ideia tanto de um "dado" geral quanto da luta social por aquilo que deveria ser esse "dado".

Um paralelo ainda mais interessante com relação à formulação de Marx encontra-se na determinação do chamado nível de pobreza. Em meados da década de 1960, Mollie Orshansky criou um método para definir o nível de pobreza de acordo com o dinheiro necessário para comprar as mercadorias consideradas imprescindíveis para a reprodução, por exemplo, de uma família de quatro pessoas num nível minimamente aceitável. Esse é o tipo de "dado" a que se refere Marx. Desde a década de 1960, no entanto, há um debate incessante sobre essa definição, que se tornou a base das políticas públicas (por exemplo, para os auxílios da seguridade social). A questão sobre quais itens a cesta básica de mercadorias deveria conter – quanto de transporte, quanto de vestuário, quanto de alimentação, quanto de aluguel (e você precisa realmente de um celular?) – tornou-se objeto de controvérsia. Hoje, o valor necessário a uma família de quatro pessoas varia em torno de 20 mil dólares por ano. A direita diz que essa cesta é mal calculada e, por isso, a pobreza é superestimada; mas estudos indicam que em locais de alto custo de vida, como a cidade de Nova York, a cesta deveria valer cerca de 26 mil dólares. Obviamente, argumentos históricos, políticos e morais têm um papel importante na determinação desse valor.

Retornaremos à ideia da circulação da força de trabalho pelo circuito M-D-M e à diferença entre ele e o circuito capitalista M-D-M + ΔM. Marx comenta:

> O valor de uso que [o capitalista] recebe na troca mostra-se apenas na utilização efetiva, no processo de consumo da força de trabalho [...]. O processo de consumo da força de trabalho é simultaneamente o processo de produção da mercadoria e do mais-valor. O consumo da força de trabalho, assim como o consumo de qualquer outra mercadoria, completa-se fora do mercado ou da esfera da circulação. (250)

E, em seguida, a grande mudança de perspectiva:

> Deixemos, portanto, essa esfera rumorosa, onde tudo se passa à luz do dia, ante os olhos de todos, e acompanhemos os possuidores de dinheiro e de força de trabalho até o terreno oculto da produção, em cuja entrada se lê: *No admittance except on business* [entrada permitida apenas para tratar de negócios]. Aqui se revelará não só como o capital produz, mas como ele mesmo, o capital, é produzido. O segredo da criação de mais--valor tem, enfim, de ser revelado. (250)

Marx conclui com uma acusação contra a constitucionalidade e a lei burguesas. Abandonar a esfera da circulação e da troca significa abandonar a esfera constitucionalmente erigida como "um verdadeiro Éden dos direitos inatos do homem". O mercado "é o reino exclusivo da liberdade, da igualdade, da propriedade e de Bentham".

> Liberdade, pois os compradores e vendedores de uma mercadoria, por exemplo, da força de trabalho, são movidos apenas por suas vontades livres. Eles contratam como pessoas livres, dotadas dos mesmos direitos. [...] Igualdade, pois eles se relacionam um com o outro apenas como possuidores de mercadorias e trocam equivalente por equivalente. Propriedade, pois cada um dispõe apenas do que é seu. Bentham, pois cada um olha somente para si mesmo. A única força que os une e os põe em relação mútua é a de sua utilidade própria, de sua vantagem pessoal, de seus interesses privados. E é justamente porque cada um se preocupa apenas consigo mesmo e nenhum se preocupa com

o outro que todos, em consequência de uma harmonia preestabelecida das coisas ou sob os auspícios de uma providência todo-astuciosa, realizam em conjunto a obra de sua vantagem mútua, da utilidade comum, do interesse geral. (250-1)

A descrição profundamente irônica que Marx faz da forma-padrão da constitucionalidade liberal burguesa e da lei do mercado nos conduz à fase final da transição desse argumento:

Ao abandonarmos essa esfera da circulação simples ou da troca de mercadorias, de onde o livre-cambista *vulgaris* [vulgar] extrai suas noções, seus conceitos e o padrão de medida com o qual ele julga a sociedade do capital e do trabalho assalariado, já podemos perceber uma certa transformação, ao que parece, na fisiognomia de nossas *dramatis personae* [personagens teatrais]. O antigo possuidor de dinheiro se apresenta, agora, como capitalista e o possuidor de força de trabalho, como seu trabalhador. O primeiro, com um ar de importância, confiante e ávido por negócios; o segundo, tímido e hesitante, como alguém que trouxe sua própria pele ao mercado e, agora, não tem mais nada a esperar além da... despela. (251)

Essas reflexões adicionais sobre os direitos burgueses, fazendo eco à dualidade da suposta liberdade do trabalhador, direcionam o argumento para a análise de um momento bem menos visível da produção que se dá em geral na fábrica. É a esse reino que Marx nos leva no próximo capítulo.

4. O processo de trabalho e a produção de mais-valor

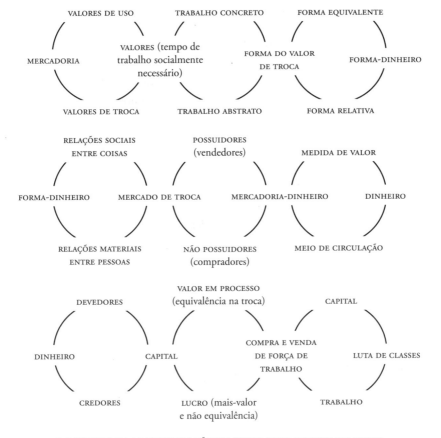

O CAMINHO DA ARGUMENTAÇÃO NO LIVRO I D'*O CAPITAL*, DE MARX

112 / Para entender *O capital* I

Gostaria de fazer um retrospecto do argumento de Marx até aqui. Para isso, recorro a uma representação diagramática de sua cadeia dialética de argumentação (ver figura na p. anterior). Reduzir o argumento de Marx a esse formato é inevitavelmente cometer uma injustiça contra a riqueza de seu pensamento, mas penso que será útil ter dele um mapa cognitivo para navegar com mais facilidade por esse redemoinho.

Marx começa com o conceito unitário da mercadoria, que incorpora a dualidade entre valor de uso e valor de troca. O que encontramos por trás do valor de troca é o conceito unitário de valor, definido como tempo de trabalho socialmente necessário ("socialmente necessário" implica que alguém queira ou precise do valor de uso). O valor interioriza uma dualidade entre trabalho concreto e trabalho abstrato, que se unem num ato de troca por meio do qual o valor é expresso na dualidade das formas relativa e equivalente de valor. Isso engendra uma mercadoria-dinheiro como representante da universalidade do valor, porém disfarça o significado interno deste como uma relação social, produzindo assim o fetichismo das mercadorias, entendido como relações materiais entre pessoas e relações sociais entre coisas. No mercado, as pessoas se relacionam entre si não como pessoas, mas como compradores e vendedores de coisas. Nesse ponto, Marx supõe, assim como a teoria liberal, a existência de direitos de propriedade privada, indivíduos jurídicos e mercados em perfeito funcionamento. No interior desse mundo, o dinheiro, a representação do valor, assume dois papéis distintos e potencialmente antagônicos: como medida de valor e como meio de circulação. Mas, no fim, há apenas um dinheiro, e a tensão entre os dois papéis é aparentemente resolvida por uma nova relação monetária, isto é, a relação entre devedores e credores. Isso transfere o foco da forma M-D-M de circulação para a forma D-M-D, que é, obviamente, o protótipo do conceito de capital definido não como uma coisa, mas como uma forma de circulação do valor que produz um mais-valor (lucro), D-M-D + ΔD. Isso cria uma contradição entre a equivalência suposta no mercado de funcionamento perfeito e a não equivalência requerida na produção de mais-valor. E assim chegamos à concepção de uma relação de classes entre capital e trabalho.

Observe que não se trata de uma cadeia causal de argumentos, mas de um desdobramento gradual, da sobreposição de diferentes graus de complexidade, à medida que a investigação se expande de uma simples oposição no interior da mercadoria para *insights* progressivos sobre diferentes aspectos do funcionamento do modo de produção capitalista. Essa expansão dialética continua em todo o livro, por exemplo na emergência de uma relação e de uma luta de classes, assim como nos conceitos dúplices de mais-valor absoluto e mais-valor relativo. Por fim, tal expansão chega ao plano da macrodicotomia entre o Livro I, que trata do mundo da produção de mais-valor, e o Livro II, cujo foco é a circulação e a realização do

4. O processo de trabalho e a produção de mais-valor / 113

mais-valor. As tensões (contradições) entre produção e realização sustentam a teoria da crise no Livro III. Mas sigamos adiante.

Esse mapa cognitivo nos ajuda a ver como Marx "cultivou" seu argumento organicamente e por saltos dialéticos. Mas não podemos esquecer que o diagrama é um simples esqueleto, em torno do qual Marx organiza uma análise da carne e do sangue reais de um dinâmico, evolutivo e contraditório modo de produção capitalista.

CAPÍTULO 5: O PROCESSO DE TRABALHO
E O PROCESSO DE VALORIZAÇÃO

Deixamos agora a esfera "barulhenta" do mercado, a esfera da liberdade, da igualdade, da propriedade e de Bentham, e entramos no processo de trabalho, em cujo limiar está escrito: "*No admittance except on business*". No entanto, esse capítulo é incomum, em certo aspecto. Na maior parte do texto, Marx deixa claro que está lidando apenas com categorias conceituais formuladas no modo de produção capitalista e adequadas unicamente a esse modo de produção. O valor, por exemplo, não é uma categoria universal, mas algo exclusivo do capitalismo, um produto da era burguesa (como vimos, Aristóteles não poderia tê-lo descoberto, dadas as condições de escravidão). Contudo, nas dez primeiras páginas desse capítulo, Marx se lança numa discussão universal, aplicável a todos os modos possíveis de produção. "De início, devemos considerar o processo de trabalho independentemente de qualquer forma social determinada" (255), diz ele, confirmando assim a posição assumida anteriormente de que o trabalho é "uma condição de existência do homem, independente de todas as formas sociais, eterna necessidade natural de mediação do metabolismo entre homem e natureza e, portanto, da vida humana" (120).

Contudo, não devemos interpretar essas afirmações em termos burgueses, familiares, que pressupõem uma clara separação entre "homem e natureza", cultura e natureza, natural e artificial, mental e físico, e nos quais a história é concebida como uma luta titânica entre duas forças independentes: humanidade e natureza. Na visão de Marx, não existe separação no processo de trabalho. Este é inteiramente natural e, ao mesmo tempo, inteiramente humano. É construído dialeticamente como um momento do "metabolismo", em que é impossível separar o natural do humano.

Mas no interior dessa concepção unitária do processo de trabalho, assim como no caso da mercadoria, identificamos de imediato uma dualidade. Segundo Marx, há "um processo entre o homem e a natureza, processo este em que o homem, por sua própria ação, medeia, regula e controla seu metabolismo com a natureza" (255). Os seres humanos são agentes ativos em relação ao mundo que os rodeia. Assim,

114 / Para entender *O capital* I

[o homem] confronta com a matéria natural como com uma potência natural [*Natur-macht*]. A fim de se apropriar da matéria natural de uma forma útil para sua própria vida, ele põe em movimento as forças naturais pertencentes a sua corporeidade: seus braços e pernas, cabeça e mãos. Agindo sobre a natureza externa e modificando-a por meio desse movimento, ele modifica, ao mesmo tempo, sua própria natureza. (255)

É nessa passagem que vemos mais claramente a formulação dialética de Marx da relação com a natureza. Não podemos transformar o que se passa ao nosso redor sem transformar a nós mesmos. Inversamente, não podemos transformar a nós mesmos sem transformar o que se passa ao nosso redor. O caráter unitário dessa relação dialética, mesmo que implique uma "exteriorização" da natureza e uma "interiorização" do social, jamais pode ser eliminado. Tal dialética da transformação constante de si mesmo mediante a transformação do mundo, e vice-versa, é fundamental para entendermos a evolução das sociedades humanas, assim como a evolução da própria natureza. Mas esse processo não é exclusivo dos seres humanos – ele existe entre as formigas, entre os castores, entre todos os tipos de organismos. A história da vida na Terra é pródiga em interações dialéticas desse tipo. James Lovelock, por exemplo, defende com sua hipótese de Gaia que a atmosfera que nos mantém neste exato momento nem sempre existiu; ela teria sido criada por organismos que se alimentavam de metano e produziam oxigênio. A dialética da vida orgânica e a evolução do mundo natural foi, desde sempre, fundamental.

Em seus primeiros escritos, Marx deu grande ênfase à ideia de um "ser genérico" especificamente humano (apoiando-se talvez na antropologia kantiana e nas formulações antropológicas tardias de Feuerbach). Essa ideia é relegada a um segundo plano nas formulações d'*O capital*, mas vez ou outra tem uma influência furtiva, como nesse caso. O que torna nosso trabalho exclusivamente humano, então? Marx escreve:

Uma aranha executa operações semelhantes às do tecelão, e uma abelha envergonha muitos arquitetos com a estrutura de sua colmeia. Porém, o que desde o início distingue o pior arquiteto da melhor abelha é o fato de que o primeiro tem a colmeia em sua mente antes de construí-la com a cera. No final do processo de trabalho, chega-se a um resultado que já estava presente na representação do trabalhador no início do processo, portanto, um resultado que já existia idealmente [isto é, mentalmente]. (256)

Essa é uma afirmação importante. Temos uma ideia, diz Marx, e a tornamos real. Portanto, há sempre um momento "ideal" (mental), um momento utópico, envolvido na atividade produtiva humana. Mais ainda, esse momento não é contingente: o homem "não se limit[a] a uma alteração da forma do elemento natural; ele realiza neste último, ao mesmo tempo, seu objetivo". A atividade é intencional.

4. O processo de trabalho e a produção de mais-valor / 115

E a esse propósito, que "determina, como lei, o tipo e o modo de sua atividade", ele tem de "subordinar sua vontade. E essa subordinação não é um ato isolado". Ele precisa – nós precisamos – prestar muita atenção, e "tanto mais quanto menos esse trabalho, pelo seu próprio conteúdo e pelo modo de sua execução, atrai o trabalhador, portanto, quanto menos este último usufrui dele como jogo de suas próprias forças físicas e mentais" (256).

Há uma série de pontos nessas passagens cruciais que devem ser ressaltados – e elas são realmente cruciais. Para começar, não há dúvida de que Marx contesta as ideias de Fourier sobre o processo de trabalho. Fourier acreditava que o trabalho tinha de ser uma atividade prazerosa, de envolvimento erótico e apaixonado, ou então puramente lúdico. Marx diz que o trabalho não é nada disso. Uma enorme dose de esforço e disciplina é necessária para que o produto imaginado se torne real, para que um propósito consciente seja concretizado. Em segundo lugar, ele atribui um papel vital às concepções mentais, à ação consciente e intencional, o que contradiz um argumento muito frequentemente atribuído a ele, o de que as circunstâncias materiais determinam a consciência, e de que o modo como pensamos é ditado pelas circunstâncias materiais de nossa vida. O que Marx diz aqui é: não, há um momento em que o ideal (o mental) medeia efetivamente o que fazemos. O arquiteto – e acho que é importante tratá-lo aqui mais como uma metáfora do que como uma profissão – tem a capacidade de pensar o mundo e refazê-lo segundo essa imagem. Alguns intérpretes argumentam que Marx simplesmente se esqueceu de suas próprias máximas nessas passagens, ou então é esquizofrênico e, nesse caso, existem dois marxismos: um é o Marx dessa passagem, que afirma o livre jogo das ideias e das atividades mentais; o outro é o Marx determinista, que sustenta que nossa consciência, assim como tudo o que pensamos e fazemos, é determinada pelas circunstâncias materiais em que vivemos. Penso que nenhuma das duas concepções é plausível. É improvável que justamente n'*O capital*, num capítulo fundamental de uma obra que foi cuidadosamente revisada antes de ser publicada (e posteriormente modificada em resposta às críticas), Marx assumiria uma posição que não fosse profundamente coerente com o modo como ele compreendia o mundo. Se essas passagens estivessem num de seus cadernos de anotações, ou mesmo nos *Grundrisse*, a questão seria outra. Mas esse é um ponto de transição fundamental no argumento d'*O capital*. Ele merece, portanto, uma leitura séria e uma interpretação cuidadosa.

A compreensão dialética do processo de trabalho como um momento metabólico implica que as ideias não podem surgir do nada. As ideias são, em certo sentido, inteiramente naturais (uma posição fundamentalmente contrária ao idealismo hegeliano). Assim, não há nada estranho em dizer que as ideias surgem da relação metabólica com a natureza material e têm a marca dessa origem. Nossas concepções mentais do mundo não são separadas de nossas experiências materiais, de nossas relações centrais com o mundo, e, portanto, não são independentes dessas relações. Contudo (e aqui o paralelo com o dinheiro e a mercadoria é instrutivo), há uma exteriorização inevitável de uma relação interna e, do mesmo modo que o mundo do dinheiro (sobretudo quando assume formas simbólicas) pode aparentar ser e "realmente é" oposto ao mundo das mercadorias e de seus valores de uso (ver a argumentação sobre o fetichismo), nossas concepções mentais transitam para uma relação externa com o mundo material que procuramos remodelar. Há, portanto, um movimento dialético, em que a imaginação voa livre e diz "Vou construir isto, em vez daquilo", remodelando elementos materiais e usando as forças naturais (inclusive os músculos humanos) para produzir algo novo e diferente (por exemplo, o oleiro com seu torno). Certa abertura para as ideias e concepções mentais é captada pela formulação de Marx. E, assim como o sistema monetário pode sair dos trilhos e gerar crises, nossas concepções mentais (ou fixações ideológicas) também podem fazê-lo. De fato, essa é exatamente a posição que Marx assume em relação à visão burguesa do mundo, com suas fantasias com Robinson Crusoé e sua celebração de um individualismo possessivo fictício e de mercados de funcionamento perfeito. Do mesmo modo que em algum momento o sistema monetário é forçado a se recompor em relação ao mundo material do trabalho socialmente necessário, a concepção burguesa do mundo, ainda hoje tão presente entre nós, precisa dar lugar a uma configuração mais apropriada das concepções mentais, se quisermos enfrentar os crescentes problemas sociais e ambientais do capitalismo. A luta por concepções mentais apropriadas (tidas em geral como "meramente" superestruturais, embora Marx diga especificamente que esse é o reino em que os homens "tomam consciência" das questões e "as enfrentam"*) tem um papel importante nisso. Por que outra razão Marx se esforçaria tanto para escrever *O capital*? Por isso, esse momento em que Marx situa concepções mentais, consciência, intencionalidade e comprometimento não é de modo algum uma aberração em relação à dinâmica da evolução social e da transformação da natureza, e da natureza humana, por meio do trabalho. Ao contrário, ele é fundamental.

Marx também diz aqui que, para concluir um projeto (como construir uma casa), é necessário trabalho árduo e, uma vez que embarcamos num projeto, muitas

---

* "Tem início, então, uma época de revolução social. Com a alteração da base econômica revoluciona-se toda a enorme superestrutura com maior ou menor rapidez. Na consideração de tais revolucionamentos, é preciso sempre distinguir entre o revolucionamento material das condições econômicas de produção, que pode ser constatado pelas ciências naturais, e as formas jurídicas, políticas, numa palavra, ideológicas, nas quais os homens tomam consciência desse conflito e o enfrentam" (Karl Marx, *Zur Kritik der Politischen Ökonomie*, MEW, 7. ed., 1971, v. 13, p. 8 [ed. bras.: *Contribuição à crítica da economia política*, cit.]). (N. T.)

4. O processo de trabalho e a produção de mais-valor / 117

vezes ficamos presos a seus limites. Se quisermos concluí-lo, temos de nos submeter a suas demandas, sujeitar nossas paixões e nós mesmos à intensidade de sua intenção. Sempre que escrevo um livro, por exemplo, começo com uma ideia que me parece brilhante e animadora, mas, quando o termino, sinto como se tivesse saído de uma prisão! Mas há aqui um significado muito mais amplo. No centro da sensibilidade crítica de Marx reside a ideia de que os seres humanos podem muito facilmente se tornar prisioneiros de seus próprios produtos e projetos, para não falar de suas falsas concepções de mundo. Essa sensibilidade crítica pode ser aplicada com a mesma crueldade tanto ao comunismo, ao socialismo e à Roma Antiga quanto ao capitalismo, mas é neste último que Marx a desenvolve com mais força e persuasão.

Há algo mais nessas passagens que as torna interessantes. A meu ver, Marx confere ao processo de trabalho um sentido não apenas de criatividade, mas também de nobreza. O argumento me parece profundamente romântico. Indiscutivelmente, Marx foi influenciado pelo Romantismo do início do século XIX. Seus primeiros escritos transpiram sentimentos e significados românticos. E, embora essa sensibilidade perca força, não é difícil notá-la em seus escritos maduros (ainda que conceitos como a alienação troquem o caráter profundamente agonístico que tinham nos *Manuscritos econômico-filosóficos*** por significados mais técnicos n'*O capital*). Mas aqui ele diz sem meias-palavras que os seres humanos podem transformar radicalmente o mundo, de acordo com sua imaginação e com determinado propósito, e ter consciência do que estão fazendo. E que, com isso, têm o poder de transformar a si mesmos. Portanto, precisamos refletir sobre nossos propósitos, tomar consciência de como e quando intervimos no mundo, transformando a nós mesmos. Podemos e devemos nos apropriar com criatividade dessa possibilidade dialética. Não há, portanto, uma transformação neutra de uma natureza exterior a nós. O que fazemos "lá fora" tem muito a ver conosco "aqui dentro". Marx nos faz refletir sobre o que essa dialética significa exatamente para nós, assim como para a natureza, da qual somos apenas uma parte: daí a abordagem universalista para compreendermos o processo de trabalho. Isso implica que a natureza humana não é algo dado, mas está em constante evolução.

A posição de Marx aqui é controversa (como talvez possa ser também minha leitura dela). Há oportunidades abundantes de debate. Por exemplo, você pode concordar com a posição de Fourier, ou com alguma versão das posições marxistas autônomas de Antonio Negri, John Holloway e Harry Cleaver, cujo *Reading* Capital *Politically* [Lendo O Capital politicamente][1] oferece uma análise intensiva da

---

* São Paulo, Boitempo, 2004. (N. E.)
[1] Harry Cleaver, *Reading* Capital *Politically* [Lendo O Capital politicamente] (Leeds, AK Press/ AntiThesis, 2000).

matéria exposta aqui. Antes, porém, é preciso compreender o que Marx está dizendo; veja que essa é a posição que ele próprio assume, essa é a visão que ele tem das potencialidades do trabalho criativo e da transformação do mundo.

Então como o processo de trabalho, enquanto condição universal de possibilidade da existência humana, pode ser caracterizado? Marx distingue três elementos fundamentais: "a atividade orientada a um fim, ou o trabalho propriamente dito [...]; seu objeto e [...] seus meios" (256). Inicialmente, o objeto sobre o qual é realizado o trabalho está dado no conceito de terra, na natureza bruta. Mas ele se distancia rapidamente dessa ideia e passa a distinguir entre natureza bruta e matérias-primas, que são aspectos do mundo já parcialmente transformados, criados ou extraídos pelo trabalho humano. Uma distinção similar é feita no caso dos instrumentos de trabalho. Estes podem ser dados diretamente – paus, pedras ou qualquer outra coisa que possamos utilizar – ou podem ser confeccionados de modo consciente, como facas e machados. Assim, embora a Terra possa ser nosso "estoque original de meios de subsistência" e nosso "arsenal original de instrumentos de trabalho", há muito tempo os seres humanos conseguiram transformar tanto a Terra quanto os instrumentos de trabalho de acordo com um projeto consciente. Citando Benjamin Franklin com certa parcela de aprovação, Marx diz que o homem pode ser definido como um *toolmaking animal*, um animal que faz ferramentas": "O uso e a criação de meios de trabalho, embora já existam em germe em certas espécies de animais, é uma característica específica do processo humano de trabalho" (257). Marx faz então uma rápida observação sobre algo que será tratado em detalhes mais adiante:

> O que diferencia as épocas econômicas não é "o quê" é produzido, mas "como", "com que de trabalho". Estes não apenas fornecem uma medida do grau de desenvolvimento da força de trabalho, mas também indicam as condições sociais nas quais se trabalha. (257)

Isso implica que a transformação em nossos instrumentos de trabalho tem consequências para nossas relações sociais, e vice-versa; à medida que nossas relações sociais mudam, nossa tecnologia também tem de mudar; e, à medida que nossa tecnologia muda, também mudam nossas relações sociais. Assim, ele lança aqui a ideia de uma dialética entre tecnologias e relações sociais que será importante mais adiante. Como vimos, esta é uma estratégia típica de Marx – inserir um comentário como introdução do que virá depois.

Mas não estamos tratando apenas de ferramentas em sentido convencional. As condições físicas de infraestrutura, também produzidas pelo trabalho humano, não estão diretamente envolvidas no processo imediato de trabalho, porém são neces-

4. O processo de trabalho e a produção de mais-valor / 119

sárias à sua realização. "Meios de trabalho desse tipo, já mediados pelo trabalho, são, por exemplo, oficinas de trabalho, canais, estradas etc." (258). O processo de trabalho depende não apenas da extração de materiais da natureza bruta, mas também de um ambiente construído de campos, estradas e infraestrutura urbana (às vezes citada como "segunda natureza").

E o processo de trabalho propriamente dito? Aqui, Marx volta a considerar as relações processo-coisa. O trabalho é um processo que transforma uma coisa em outra coisa. Essa transformação anula um valor de uso existente e cria um valor de uso alternativo. Além disso, "o que do lado do trabalhador aparecia sob a forma do movimento, "agora se manifesta, do lado do produto, como qualidade imóvel, na forma do ser. Ele fiou, e o produto é um fio" (258). Essa diferença entre processo e coisa está sempre presente.

Sempre admirei isso nas formulações de Marx. Como educador, sou constantemente confrontado com a relação processo-coisa. O processo de aprendizado de um estudante é julgado por coisas realizadas, como ensaios escritos. Mas às vezes é difícil, se não impossível, avaliar esse processo por meio de coisas produzidas. Os estudantes podem achar o processo extremamente esclarecedor e aprender muito, mas, se redigem um ensaio ruim, recebem uma nota F. Dizem, então: "Mas aprendi tanto com o curso!". E eu respondo: "Como você pode escrever um ensaio como este e dizer que aprendeu com o curso?". Mas esse é um problema com que nos deparamos com frequência. Podemos fracassar estrondosamente quando produzimos a coisa, mas ter um aprendizado fantástico ao longo do processo.

Para Marx, o cerne do trabalho está no processo. Do mesmo modo que o capital é construído como um processo de circulação, o trabalho é construído como um processo de fabricação. Mas é um processo de fabricação de valores de uso e, sob o capitalismo, isso significa fabricar valores de uso para outros na forma de mercadoria. Esse valor de uso precisa ser de uso imediato? Não necessariamente, porque o trabalho realizado no passado pode ser armazenado para uso no futuro (mesmo sociedades primitivas mantêm um estoque de produtos excedentes). No mundo atual, uma enorme quantidade de trabalho realizado no passado encontra-se armazenada nos campos, nas cidades e na infraestrutura física, e boa parte disso data de muito tempo atrás. A atividade laboral diária é uma coisa, mas o modo como o trabalho é armazenado em produtos e coisas também tem um papel fundamental. Mais ainda, o processo de trabalho costuma produzir coisas diversas simultaneamente. É o que chamamos de "produtos combinados". A criação de gado produz leite, carne e couro, e a ovelha criada para corte também produz lã, gostemos disso ou não. Isso coloca certos problemas sob o capitalismo, por exemplo: como esses múltiplos produtos combinados podem ser avaliados separadamente? Ou ainda: como os produtos do trabalho passado se relacionam com o trabalho presente? Isso se torna

120 / Para entender *O capital* I

particularmente importante no caso do valor das máquinas: "uma máquina que não serve no processo de trabalho é inútil". Consequentemente,

> O trabalho vivo tem de apoderar-se dessas coisas e despertá-las do mundo dos mortos, convertê-las de valores de uso apenas possíveis em valores de uso reais e efetivos. Uma vez tocadas pelo fogo do trabalho [e aqui Marx volta a enfatizar a centralidade do trabalho como processo], apropriadas como partes do corpo do trabalho, animadas pelas funções que, por seu conceito e vocação, exercem no processo laboral, elas [as máquinas] serão, sim, consumidas, porém segundo um propósito, como elementos constitutivos de novos valores de uso, de novos produtos, aptos a ingressar na esfera do consumo individual como meios de subsistência ou em um novo processo de trabalho como meios de produção. (260-1)

Portanto, é o contato com o trabalho vivo que ressuscita o valor do trabalho morto, cristalizado nos produtos passados. Isso aponta uma distinção vital entre o consumo produtivo e o individual. Consumo produtivo é o trabalho passado que é consumido num processo de trabalho presente para produzir um valor de uso inteiramente novo; consumo individual é o que é consumido pelas pessoas ao reproduzir a si mesmas.

"O processo de trabalho", diz Marx à guisa de conclusão, "é atividade orientada à produção de valores de uso, apropriação do elemento natural para as necessidades humanas, condição necessária do metabolismo entre homem e natureza" (note mais uma vez como é importante essa ideia de interação metabólica na análise de Marx), "perpétua condição natural da vida humana" (como ele já afirmou na página 261)

> e, por conseguinte, independente de qualquer forma particular dessa vida, ou melhor, comum a todas as suas formas sociais. Por essa razão, não nos foi necessário apresentar o trabalhador em sua relação com outros trabalhadores, e pudemos nos limitar ao homem e seu trabalho, de um lado, e à natureza e seus materiais, de outro. Assim como o sabor do trigo não nos diz nada sobre quem o plantou, tampouco esse processo nos revela sob quais condições ele se realiza. (198-9)

O que Marx faz nessas poucas páginas é apresentar dissecações e descrições universais do processo de trabalho, independente de qualquer formação social, despido de qualquer significado social particular. Posso descrever com todos os detalhes físicos alguém que esteja cavando um buraco, inclusive sua relação com o trabalho realizado no passado e incorporado na pá; no entanto, apenas com base nessa descrição, não posso saber se essa pessoa é um aristocrata excêntrico, que cava buracos apenas pelo exercício, ou se é um camponês, um escravo, um assalariado ou um

4. O processo de trabalho e a produção de mais-valor / 121

condenado. Assim, podemos olhar para o processo de trabalho como um processo puramente físico, sem saber absolutamente nada a respeito das relações sociais em que está assentado e sem nenhuma referência às concepções ideológicas e mentais que surgem, digamos, do modo de produção capitalista. Resta considerar o modo como o capitalismo faz uso peculiar dessas capacidades e potências universais.

A FORMA CAPITALISTA DO PROCESSO DE TRABALHO

"Voltemos, agora, a nosso capitalista *in spe* [aspirante]. Quando o deixamos, ele havia acabado de comprar no mercado todos os fatores necessários ao processo de trabalho, tanto seus fatores objetivos" – isto é, os meios de produção – "quanto seu fator pessoal, ou a força de trabalho". Duas condições se apresentam, no entanto, no contrato entre capital e trabalho no ato de compra e venda da força de trabalho como mercadoria. A primeira é que "o trabalhador labora sob o controle do capitalista, a quem pertence seu trabalho" (262). Isso quer dizer que, quando firmo um contrato de trabalho com um capitalista, ele tem o direito de dirigir minha atividade laboral e determinar minhas tarefas. Isso pode ser contestado quando o trabalho comporta um risco à vida, mas o princípio geral é que o trabalhador receberá o dinheiro para sobreviver e, em troca, o capitalista poderá dirigi-lo para fazer isto ou aquilo. A força de trabalho é uma mercadoria que pertence ao capitalista pelo período do contrato. A segunda condição é que tudo que o trabalhador produzir durante o período do contrato pertencerá ao capitalista, não ao trabalhador. Mesmo que eu tenha feito a mercadoria e incorporado nela trabalho concreto e valor, ela não me pertence. Essa é uma transgressão interessante da concepção de Locke de que aqueles que criam valor ao aplicar seu trabalho à terra tornam-se os titulares da propriedade privada daquele valor. De modo geral, acredito que você possa perceber que essas duas condições levam à alienação total do trabalhador (embora Marx não use o termo aqui) em relação ao potencial criativo inerente tanto ao trabalho quanto ao produto. "A partir do momento que ele entra na oficina do capitalista, o valor de uso de sua força de trabalho, portanto, seu uso, o trabalho, pertence ao capitalista. Mediante a compra da força de trabalho, o capitalista incorpora o próprio trabalho, como fermento vivo" – mais uma vez, encontramos o trabalho como uma atividade, como o "fogo vivo, conformador" presente nos *Grundrisse* – "aos elementos mortos que constituem o produto e lhe pertencem igualmente" (262).

Essas duas condições, no entanto, permitem que o capitalista organize a produção para

produzir uma mercadoria cujo valor seja maior do que a soma do valor das mercadorias requeridas para sua produção, os meios de produção e a força de trabalho, para cuja

122 / Para entender *O capital* I

compra ele adiantou seu dinheiro no mercado. Ele quer produzir não só um valor de uso, mas uma mercadoria; não só valor de uso, mas valor, e não só valor, mas também mais-valor.

Assim, o capitalista une "o processo de trabalho e o processo de formação de valor" para criar um novo tipo de unidade (263). É isso que o capitalista tem de fazer, esse é seu propósito consciente, porque a origem do lucro está no mais--valor, e o papel do capitalista é buscar lucro. Diz Marx:

> Todas as condições do problema foram satisfeitas, sem que tenha ocorrido qualquer violação das leis da troca de mercadorias. Trocou-se equivalente por equivalente. Como comprador, o capitalista pagou o devido valor em troca de cada mercadoria: algodão, fusos, força de trabalho. Em seguida, fez o mesmo que costuma fazer todo comprador de mercadorias: consumiu seu valor de uso.

Isso permite que o capitalista produza mercadorias com mais valor do que aquelas que ele comprou no início do processo e, assim, obtenha mais-valor. "Esse circuito inteiro", conclui Marx, envolve "a transformação de seu dinheiro em capital" e "ocorre no interior da esfera da circulação e, ao mesmo tempo, fora dela" (271). O material e a força de trabalho são comprados no mercado por seu valor, mas, uma vez longe dos olhos do mercado, são utilizados para incorporar mais valor às mercadorias produzidas no processo de produção. As condições "satisfeitas" são as estabelecidas no fim do segundo item do capítulo 4: o possuidor de dinheiro "tem de comprar as mercadorias pelo seu valor, vendê-las pelo seu valor e, no entanto, no final do processo, retirar da circulação mais valor do que nela colocou inicialmente" (241). O resultado parece mágico, porque não só o capital parece ser capaz de pôr ovos de ouro, mas porque, "ao incorporar força viva de trabalho à sua objetividade morta, o capitalista transforma o valor – o trabalho passado, objetivado, morto – em capital, em valor que se autovaloriza, um monstro vivo que se põe a 'trabalhar' como se seu corpo estivesse possuído de amor [aqui Marx cita *Fausto*]*" (271).

A forma da circulação pode ser assim descrita:

$$\begin{array}{l} \text{T} \\ \text{D-M ..... P ..... M-D} + \Delta\text{D} \\ \text{Mp} \end{array}$$

---

* No original: "*als hätt'es Lieb'im Leibe*", literalmente: "como se tivesse amor no corpo" (Goethe, *Fausto*, primeira parte, quadro VI, cena I). No contexto original, a frase se refere à reação de uma ratazana recém-envenenada. (N. T.)

4. O processo de trabalho e a produção de mais-valor / 123

Vejamos mais de perto os diferentes momentos desse processo. O capitalista tem de comprar meios de produção (Mp): matérias-primas, maquinaria e itens semimanufaturados, todos produtos de trabalho passado (valores incorporados). E tem de pagar por essas mercadorias seu valor, de acordo com as regras da troca. Se ele precisar de um fuso, o tempo de trabalho socialmente necessário incorporado nos fusos fixa esse valor. Se ele usar um fuso de ouro, então este não é socialmente necessário. Para que o processo de trabalho funcione, o capitalista tem de ter acesso adequado aos meios de produção no mercado. O que a compra de força de trabalho (T) possibilita é a reanimação desses meios "mortos" de produção por meio do processo de trabalho (P).

> Durante o processo de trabalho, este passa constantemente da forma da inquietude à forma do ser, da forma de movimento para a de objetividade. Ao final de 1 hora, o movimento da fiação está expresso numa certa quantidade de fio, ou seja, numa determinada quantidade de trabalho, em 1 hora de trabalho, está objetivada no algodão. Dizemos hora de trabalho, isto é, dispêndio da força vital do fiandeiro durante 1 hora, pois o trabalho de fiação só tem validade aqui como dispêndio de força de trabalho, e não como trabalho específico de fiação. (266)

Em outras palavras, é trabalho abstrato que está sendo incorporado no ato de fiar, é valor que está sendo adicionado na forma de tempo de trabalho socialmente necessário incorporado no fio. O resultado é que "quantidades determinadas de produto, fixadas pela experiência, não representam agora mais do que quantidades determinadas de trabalho, massas determinadas de tempo de trabalho cristalizado". Além disso, "durante o processo, isto é, durante a transformação do algodão em fio, é de extrema importância que não seja consumido mais do que o tempo de trabalho socialmente necessário" (266).

Contudo, no fim da jornada de trabalho, se tudo correr bem, os capitalistas se veem magicamente de posse de mais-valor. O "capitalista fica perplexo", escreve Marx com extrema ironia. O valor do produto não deveria ser "igual ao valor do capital adiantado", uma simples adição de todos os valores dados inicialmente (267)? Dada a lei de equivalência nas trocas, de onde vem o mais-valor? "Mas o caminho para o inferno" – diz Marx com a mesma ironia – "é pavimentado com boas intenções" (268).

Os capitalistas procuram explicações virtuosas para o mais-valor. A primeira é a abstinência: eles se abstêm de consumir e investem o dinheiro que poupam. E não merecem uma recompensa por essa abstinência? Esse é um tema do longo debate sobre o papel da ética protestante no surgimento do capitalismo. A segunda explicação é que os capitalistas dão emprego ao povo. Se eles não investissem seu dinheiro, não haveria empregos. Pobres trabalhadores! Os capitalistas fazem um favor a eles investindo seu dinheiro. Os capitalistas não merecem um retorno por isso? Esse argumento é bastante difundido e, superficialmente, bastante convincente – não é verdade que o investimento cria empregos? Eu costumava discutir isso com minha mãe. Ela dizia: "É claro que precisamos de capitalistas!". E eu: "Por quê? Por quê?". E a resposta era: "Quem empregaria os trabalhadores se não tivéssemos capitalistas?". Ela não conseguia conceber outros modos de empregar as pessoas. "Capitalistas são indispensáveis", dizia ela, "e é muito importante tê-los ao nosso redor e tratá-los bem, porque, se eles não empregassem os trabalhadores, o mundo seria um lugar terrível. Veja o que aconteceu nos anos 1930!" A terceira explicação é que os capitalistas trabalham duro. Eles controlam o processo de produção, administram as coisas, investem seu próprio tempo de trabalho e assumem um mundo de riscos. Sim, de fato, muitos capitalistas trabalham, e muitos trabalham duro; mas, quando trabalham, pagam a si mesmos duas vezes mais, isto é, pagam a si mesmos a taxa de retorno sobre o capital que investiram e pagam a si mesmos como administradores. Remuneram a si mesmos como diretores executivos e compram mais ações de sua própria empresa.

Marx considera essas explicações subterfúgios e truques de ilusionismo:

> Ele [o capitalista] nos rezou toda essa ladainha. Mas não dá por ela nem um tostão. Esses e outros subterfúgios e truques baratos ele deixa aos professores de economia política, que são pagos para isso. Já ele, ao contrário, é um homem prático, que nem sempre sabe o que diz quando se encontra fora de seu negócio, mas sabe muito bem o que faz dentro dele. (269)

Os capitalistas podem ser modestos e comedidos, e até exibir uma atitude benevolente em relação aos trabalhadores (numa tentativa desesperada de manter sua mão de obra em tempos difíceis, por exemplo). O argumento de Marx é que os capitalistas não poderiam sustentar o sistema apelando para a virtude, a moralidade ou a benevolência – o comportamento individual dos capitalistas, que varia da benevolência à mais pura cobiça, é irrelevante para aquilo que eles têm de fazer para ser capitalistas, isto é, buscar mais-valor. Além do mais, seu papel é definido, como diz Marx, pelas "leis coercitivas da concorrência", que impelem todos os capitalistas a se comportar de modo similar, não importando se são pessoas boas ou notórios porcos capitalistas.

Segue-se daí a resposta ao problema da explicação do mais-valor. Paga-se o valor da força de trabalho, que é fixado, lembramos, pelo valor das mercadorias necessárias para reproduzir o trabalhador num dado padrão de vida. O trabalhador vende a força de trabalho, recebe o dinheiro e compra com ele aquela cesta de mercadorias necessárias para viver. Mas o trabalhador precisa de apenas um certo número de horas para reproduzir o equivalente do valor da força de trabalho. Portanto, os "custos diários de manutenção" da força de trabalho e sua criação diária de valor são coisas totalmente diferentes. "A primeira determina seu valor de troca, a segunda constitui seu valor de uso." O trabalho, lembramos, está no circuito M-D-M, ao passo que o capital está no circuito D-M-D + ΔD.

> O fato de que meia jornada de trabalho seja necessária para manter o trabalhador vivo por 24 horas de modo algum o impede de trabalhar uma jornada inteira. O valor da força de trabalho e sua valorização no processo de trabalho são, portanto, duas grandezas distintas. É essa diferença de valor que o capitalista tem em vista quando compra a força de trabalho [...]. Mas o que é decisivo é o valor de uso específico dessa mercadoria, o fato de ela ser fonte de valor, e de mais valor do que aquele que ela mesma possui. Esse é o serviço específico que o capitalista espera receber da mercadoria e, desse modo, ele age de acordo com as leis eternas da troca de mercadorias. Na verdade, o vendedor da força de trabalho [o trabalhador], como o vendedor de qualquer outra mercadoria, realiza seu valor de troca e aliena seu valor de uso. (270)

Há uma distinção crucial entre o que o trabalho recebe e o que o trabalho cria. O mais-valor resulta da diferença entre o valor que o trabalho incorpora nas mercadorias numa jornada de trabalho e o valor que o trabalhador recebe por entregar ao capitalista a força de trabalho como uma mercadoria. Em suma, paga-se aos trabalhadores o valor da força de trabalho, e ponto final. O capitalista os coloca para trabalhar de modo que não só reproduzam o valor de sua própria força de trabalho, mas também produzam o mais-valor. Para o capitalista, o valor de uso da força de trabalho está no fato de ela ser uma mercadoria que pode produzir valor e, consequentemente, mais-valor.

Há, é claro, inúmeras sutilezas que devemos considerar. No capítulo anterior, por exemplo, aprendemos que o valor da força de trabalho não é uma grandeza fixa, mas varia de acordo com as necessidades físicas, o grau de civilização de um país, o estado da luta de classes etc. Assim, o valor da força de trabalho na Suécia é radicalmente distinto do valor da força de trabalho na Tailândia ou na China. Mas, para simplificar a análise, Marx supõe o valor da força de trabalho como um "dado" fixo; desse modo, podemos chegar ao valor aproximado da força de trabalho em determinada sociedade e em determinada época. Isso nos permite presumir que os capitalistas pagam o valor pleno dessa força de trabalho (mesmo que, na prática, empenhem todas as suas forças para pagar menos aos trabalhadores) e ainda a utilizam, independentemente de seu valor, para criar mais-valor, explorando o hiato entre o que o trabalho recebe e o valor que o trabalho cria. Esse hiato pode ser explorado porque

126 / Para entender *O capital* I

o capitalista tem o controle sobre (1) o que o trabalhador faz na fábrica e (2) o produto. Mas esconde-se nesse argumento outra variável que Marx tem de analisar: por quanto tempo o trabalhador é contratado para trabalhar diariamente? Se os trabalhadores produzem o valor equivalente à sua força de trabalho em seis horas, então o capitalista só pode obter mais-valor se os contratar para trabalhar mais do que isso. Se a jornada de trabalho é de dez horas, o capitalista ganha quatro horas de mais-valor. É isso que permite extrair mais-valor sem violar as regras da troca.

Neste ponto, temos de nos recordar da dualidade do projeto de Marx. O que ele pretende mostrar aqui é que, mesmo numa sociedade liberal perfeita, em que todas as regras da troca são estritamente obedecidas, os capitalistas têm um modo de extrair mais-valor dos trabalhadores. A utopia liberal, no fim das contas, revela-se não utópica, mas potencialmente distópica para os trabalhadores. Marx não está dizendo que a determinação do salário funciona efetivamente desse modo, mas que as teses da economia política liberal clássica (e isso se estende à nossa época neoliberal) são seriamente deformadas para favorecer o capital. O mundo da liberdade, da igualdade, da propriedade e de Bentham é uma máscara, um disfarce para permitir a extração de mais-valor dos trabalhadores sem violar as leis da troca.

Tendo estabelecido esse teorema fundamental – o mais-valor tem origem na diferença entre o que o trabalhador recebe por sua força de trabalho como mercadoria e o que o trabalhador produz no processo de trabalho sob o comando do capital –, Marx faz imediatamente uma série de advertências. Observa, por exemplo, que "o trabalho só importa na medida em que o tempo gasto na produção do valor de uso é socialmente necessário", e isso depende de a força de trabalho funcionar em "condições normais". Isso leva à pergunta: o que é normal? Diz também que a força de trabalho deve ser de "qualidade normal", mas deixa em aberto novamente a pergunta sobre o que é normal, indicando apenas que isso varia de um ramo de atividade para outro e significa "possuir o padrão médio de habilidade, eficiência e celeridade" adequado ao "ramo de produção em que [a força de trabalho] é empregada". A força de trabalho também tem "de ser aplicada com a quantidade média de esforço e com o grau de intensidade socialmente usual, e o capitalista controla o trabalhador para que este não desperdice nem um segundo de trabalho" (272).

A introdução casual da questão da "intensidade usual" é significativa aqui e surge mais tarde como um aspecto crucial do controle do trabalho, pois "os pequenos momentos são os elementos que formam o lucro"*. Em tudo isso, o capitalista

---

* No original, "*moments are the elements of profit*", citação do *Report of the Inspectors of Factories for 30th April 1860*, p. 56, em Karl Marx, *O capital*, cit., p. 317. (N. T.)

4. O processo de trabalho e a produção de mais-valor / 127

"exerce seus direitos", garantidos pela lei das trocas, de fazer pleno uso da mercadoria que foi comprada e punir aqueles que não cooperam plenamente com seus desejos. Esses direitos incluem que o trabalho não seja desperdiçado, que seja "vedado qualquer consumo desnecessário de matéria-prima e meios de trabalho, pois material e meios de trabalho desperdiçados representam o dispêndio desnecessário de certa quantidade de trabalho objetivado, portanto, trabalho que não conta e não toma parte no produto do processo de formação de valor" (272).

O que se ressalta aqui é uma carta de direitos para assegurar o controle capitalista sobre o processo de trabalho, e é mediante a implementação desse controle que se define mais claramente a questão do que é socialmente necessário no processo de trabalho. O resultado é, adivinhe, uma dualidade! "O processo de produção, como unidade dos processos de trabalho e de formação de valor, é processo de produção de mercadorias; como unidade dos processos de trabalho e de valorização, ele é processo de produção capitalista, forma capitalista da produção de mercadorias" (273). Mais uma vez, Marx distingue entre a produção de mercadorias em geral e a forma especificamente capitalista que utiliza a produção de mercadorias para ganhar mais-valor, estabelecendo assim um tipo diferente de unidade.

Finalmente, ele retorna à delicada questão de como explicar o impacto das diferenças de habilidade no interior do processo de trabalho. O trabalho qualificado é considerado "trabalho social médio não qualificado ou trabalho complexo, dotado de um peso específico mais elevado". Esse trabalho "é a exteriorização de uma força de trabalho que entram custos mais altos de formação, cuja produção custa mais tempo de trabalho e que, por essa razão, tem um valor mais elevado do que a força simples de trabalho" e "cria, no mesmo período de tempo, valores proporcionalmente mais altos do que aqueles criados pelo trabalho inferior" (274). Na nota de rodapé (274, nota 18), ele mostra que muitas dessas distinções de habilidade são ilusórias e arbitrárias, determinadas social e historicamente. Há uma longa história por trás disso, à qual Marx faz apenas uma menção, mas que poderia ter explorado melhor. Por exemplo, em minha obra sobre Paris durante o Segundo Império, mostro que a definição de "habilidade" possuía um viés altamente sexista. Qualquer trabalho que a mulher pudesse realizar era visto como não qualificado; quando as mulheres começaram a entrar no mercado, houve uma desqualificação geral do trabalho. Isso explica em parte a hostilidade de alguns grupos de artesãos contra o emprego de mulheres e a insistência de Proudhon de que o lugar das mulheres não eram as oficinas, elas deviam ficar em casa. A questão do emprego das mulheres tornou-se uma grande fonte de tensão na Primeira Internacional, nos anos 1860. Mas isso não ajuda a explicar o trabalho que exige alto treinamento e, por isso, custa caro para ser produzido e mantido. Marx dribla essa questão mais uma vez, afirmando que "em todo processo de formação de valor, o trabalho superior tem sempre de ser reduzido ao trabalho social médio", e que isso nos permite pressupor "que o trabalhador empregado pelo capital realiza o trabalho social médio não qualificado" (275). Há, de fato, algumas dificuldades sérias nesse argumento, conhecido como o problema da *redução do trabalho qualificado ao trabalho simples*. Mas eu também vou driblar essa questão, apenas sinalizando-a para exame posterior.

A extensa nota de rodapé sobre a relação entre escravidão e trabalho assalariado (272-3, nota 17) merece um comentário. Quando os dois sistemas de trabalho colidem e passam a competir, os efeitos são particularmente perniciosos. A escravidão se torna mais brutal sob o açoite competitivo das integrações no capitalismo, exercendo ao mesmo tempo fortes pressões negativas tanto sobre os salários quanto sobre as condições de trabalho. Todas as relações humanas que existiam entre o senhor e o escravo são igualmente destruídas. Obviamente, a escravidão varia muito, mas não em relação à produção de valor no sentido em que Marx a entende. Ela implica um tipo diferente de processo de trabalho. Não há forma de trabalho abstrato num sistema escravagista puro. Foi isso que impediu Aristóteles de formular uma teoria do valor-trabalho – porque essa teoria só funciona no caso do trabalho livre. Lembremos: o valor, para Marx, não é universal, mas específico do trabalho assalariado no interior do modo de produção capitalista.

CAPÍTULOS 6 E 7: CAPITAL CONSTANTE, CAPITAL VARIÁVEL E A TAXA DO MAIS-VALOR

Nos dois capítulos seguintes, Marx procura esclarecer e consolidar sua teoria do mais-valor, uma teoria que, como Engels observa em sua introdução ao Livro II d'*O capital*, "cintilou como um raio num céu claro". Como esses capítulos não são complicados, passarei rapidamente por eles.

Marx começa estabelecendo uma distinção entre o que ele chama de capital constante e de capital variável. Capital constante é o trabalho passado, já incorporado nas mercadorias utilizadas como meios de produção num processo de trabalho presente. O valor dos meios de produção já está dado, portanto a questão é o que acontece com o valor quando é incorporado no novo processo de trabalho. Marx sustenta que o valor é simplesmente transferido para a nova mercadoria. Esse valor varia de acordo com a produtividade das indústrias que produzem matéria-prima, maquinaria etc., de modo que chamar esse capital de "constante" não significa considerá-lo fixo. O que Marx quer mostrar aqui é que o valor dos meios de produção flui através do processo de trabalho até ser incorporado na nova mercadoria. Enquanto flui, o valor permanece constante.

O processo efetivo de transferência de valor é complicado por uma variedade de circunstâncias especiais. O algodão transformado em camisa torna-se, no fim do processo, a substância da camisa, o que nos permite dizer que o valor do algodão está incorporado na camisa. Mas a energia usada na produção da camisa não se torna camisa. E, com toda a certeza, você não gostaria que pequenos pedaços de máquina fossem incorporados na sua camisa. Há uma distinção, portanto, entre as transferências físicas e a circulação de valores. Os dois processos de circulação são distintos porque o algodão é um valor de uso físico, material, mas o valor é imaterial e social (embora seja, como dissemos anteriormente, objetivo). As matérias-primas também contêm certa quantidade de valor passado, do mesmo modo que as máquinas e outros instrumentos de trabalho. Todos esses valores passados acumulados são trazidos para um novo processo de produção, na forma de trabalho morto que o trabalho vivo reanima. Assim, o trabalhador preserva os valores já incorporados nas matérias-primas, nos produtos parcialmente manufaturados, nas máquinas etc., e faz isso utilizando-os (no consumo produtivo). Marx dá grande ênfase ao fato de que o trabalhador faz esse favor ao capitalista gratuitamente.

Esses valores de uso passados e seus valores incorporados não criam nem podem criar nada novo. São simplesmente usados e conservados. As máquinas, por exemplo, não podem criar valor. Esse é um ponto importante, já que se diz com frequência, "fetichisticamente", que as máquinas são fonte de valor. No esquema de Marx, porém, elas não são nada disso. O que ocorre é que o valor da máquina é transferido para a mercadoria durante o processo de trabalho. Mas há um problema aí, porque uma máquina pode durar vinte anos, e você pode produzir uma enorme quantidade de camisas com ela, de modo que a questão é: quanto do valor da máquina é incorporado em cada camisa? O modo mais simples de explicar o fluxo de valor da máquina para a camisa é dizer, por exemplo, que $\frac{1}{20}$ do valor de uma máquina que dura vinte anos é incorporado a cada ano nas camisas produzidas nesse período. O processo de trabalho preserva todos esses valores, incorporando-os na mercadoria que é vendida no mercado. E note que é apenas porque o valor é imaterial, porém objetivo, que ele pode ser socialmente equacionado desse modo.

Há também o capital variável, o valor dado em troca do aluguel dos trabalhadores. Como esse capital circula, e com que consequências? O trabalho morto é ressuscitado e incorporado no valor da nova mercadoria por meio do trabalho vivo. Essa é uma ideia muito importante para Marx, e percebemos imediatamente seu peso político. Os trabalhadores têm o poder de destruir o capital constante (por exemplo, as máquinas) simplesmente se recusando a trabalhar com elas. Se o trabalho é paralisado (e cessa o "consumo produtivo"), a transferência de capital da máquina para o produto final é interrompida e o valor do capital constante é diminuído ou totalmente perdido. O trabalhador ganha um enorme poder com

130 / Para entender *O capital* I

isso e, dado o grau em que exerce essa função, certamente deveria reivindicar algum tipo de remuneração por isso. Afinal, se os capitalistas podem justificar seu direito ao mais-valor argumentando que são eles que criam empregos para os trabalhadores, por que os trabalhadores não podem argumentar que merecem o mais-valor pois sem seu esforço o capital constante apropriado pelos capitalistas perderia seu valor?

Os trabalhadores também adicionam valor incorporando tempo de trabalho necessário nos produtos. Mas o valor que eles criam tem dois componentes. Primeiro, os trabalhadores têm de produzir valor suficiente para cobrir os custos de seu próprio aluguel. Isso, quando convertido em forma-dinheiro, permite a reprodução da força de trabalho num dado padrão de vida, num lugar e num momento determinados. Os trabalhadores gastam seu dinheiro comprando as mercadorias que querem, desejam ou de que precisam para viver. Desse modo, o capital variável circula literalmente pelo corpo do trabalhador no processo M-D-M, que reproduz o trabalhador vivo mediante o consumo individual e a reprodução social. O segundo componente do capital variável diz respeito à produção de mais-valor, a produção de valor além e acima daquele que seria necessário para reproduzir os trabalhadores num dado padrão de vida. Esse mais-valor produz e reproduz o capitalista. O que Marx propõe, na verdade, é uma teoria da produção de mais-valor baseada na adição de valor.

O valor total da mercadoria é constituído da soma do valor dos capitais constante e variável e do mais-valor ($c + v + mv$). Para que o capitalista ganhe mais-valor, a parte variável tem de ser controlada. Afinal, máquinas não fazem greve, tampouco se aborrecem (embora às vezes pareçam temperamentais). O elemento ativo no processo de trabalho é o capital variável. Ele é o "fogo conformador" do trabalho vivo aplicado à produção. Mais uma vez, há uma implicação política nesse argumento. Marx está dizendo: "Vejam, caros trabalhadores, são *vocês* que estão fazendo todo o trabalho. São vocês que preservam os valores passados, reproduzem a si mesmos por meio do trabalho e produzem o mais-valor que o capital apropria para que os capitalistas possam viver, quase sempre no luxo. É óbvio que os capitalistas têm todo o interesse em assegurar que vocês não reconheçam o papel fundamental que exercem e os enormes poderes de que dispõem. Eles preferem que vocês imaginem que trabalham apenas por um salário decente, para então voltar para casa e reproduzir a si mesmos e a suas famílias, de preferência com disposição suficiente para retornar ao trabalho no dia seguinte. Vocês estão num processo de circulação M-D-M, e eles acham que vocês devem limitar suas ambições de vida a esse estágio". Marx quer rebater essa fetichização deliberada chamando a atenção da classe trabalhadora para sua verdadeira posição na produção de mais-valor e na acumulação do capital.

4. O processo de trabalho e a produção de mais-valor / 131

Assim, todo o processo de circulação do capital foi definido, e as definições de capital constante e variável estão postas. Como Marx escreve sumariamente:

> Portanto, a parte do capital que se converte em meios de produção, isto é, em matérias-primas, matérias auxiliares e meios de trabalho, não altera sua grandeza de valor no processo de produção. Por essa razão, denomino-a parte constante do capital, ou, mais sucintamente: capital constante. Por outro lado, a parte do capital constituída pela força de trabalho modifica seu valor no processo de produção. Ela não só reproduz o equivalente de seu próprio valor, como produz um excedente, um mais-valor [...]. Denomina-o, por isso, parte variável do capital ou, mais sucintamente: capital variável. (286)

Isso nos conduz ao capítulo 7, em que Marx emprega as categorias que acabou de definir e examina as relações entre elas de maneira mais estruturada. Volta a vestir a beca de contabilista e procura "uma expressão exata" do grau de exploração da força de trabalho. Mas muitas das equações que ele estabelece são importantes. Considere, por exemplo, a razão entre os capitais constante e variável, c/v. Essa razão é uma medida da produtividade do trabalho, o valor dos meios de produção que uma única unidade de valor de força de trabalho pode transformar. Quanto maior a razão, mais produtivo é o trabalho. Considere agora a razão entre o mais-valor e o capital variável, $^{mv}/_{v}$. Essa é a taxa de mais-valor*, que mede a exploração da força de trabalho. Quanto maior a razão, maior a exploração da força de trabalho. Por fim, há a taxa de lucro, que é a razão entre o mais-valor e o valor total usado (capital constante mais capital variável) ou $^{mv}/_{(c+v)}$. A taxa de lucro é diferente da taxa de mais-valor. Esta captura a quantidade de trabalho extra que os trabalhadores fornecem ao capitalista em troca do valor que eles recebem para reproduzir a si mesmos num dado padrão de vida. Você pode ver claramente que a taxa de lucro é sempre mais baixa que a taxa de mais-valor. Se você reclamar da alta taxa de mais-valor, os capitalistas vão exibir seus livros para provar que a taxa de lucro é baixa. Esperam que assim você sinta pena deles e se esqueça da alta taxa de mais-valor! Quanto maior o capital constante empregado, menor a taxa de lucro (mantidos iguais os demais fatores). Uma taxa de lucro baixa pode acompanhar uma alta taxa de mais-valor. Esse é um argumento crucial no Livro III d'*O capital*. Os próprios capitalistas trabalham com base na taxa de lucro e tendem a alocar seu capital onde ela é mais alta. O resultado é uma tendência (movida pela concorrência) ao nivela-

---

* No original, "*rate of exploitation*" (taxa de exploração). Nesta e em todas as ocorrências seguintes, traduzimos o termo por "taxa de mais-valor", de acordo com nossa tradução do Livro I d'*O capital*. (N.T.)

132 / Para entender *O capital* I

mento da taxa de lucro. Se analiso a situação e vejo que posso obter uma taxa de lucro mais alta em outro lugar, aplico meu capital ali. Mas isso não me leva necessariamente a tomar boas decisões do ponto de vista da maximização da taxa de mais-valor, que deve ser o principal interesse do capitalista. De fato, é aqui que o fetichismo do sistema pega o capitalista. Mesmo que reconhecessem tudo isso, os capitalistas não poderiam fazer nada. Eles são impelidos pela concorrência a tomar decisões com base mais na taxa de lucro do que na taxa de mais-valor. Se procurarem um banco para tomar dinheiro emprestado, o banco tomará suas decisões baseado na taxa de lucro, e não na taxa de mais-valor.

> Certamente, a relação do mais-valor não apenas com a parte do capital de onde ele resulta diretamente e cuja mudança de valor ele representa, mas também com o capital total adiantado é de extrema importância econômica. Por essa razão, trataremos detalhadamente dessa relação no Livro III desta obra. (291)

No Livro III, Marx procura mostrar que esse é um dos mecanismos que levam o capitalismo a crises periódicas de taxas decrescentes de lucro. Como não posso desenvolver essa questão mais do que Marx o fez, quero apenas enfatizar que você deve prestar muita atenção à distinção entre a taxa de lucro, $^{mv}/_{(c\,+\,v)}$, e a taxa de mais-valor, $^{mv}/_{v}$.

Para Marx, e para os trabalhadores, o que realmente importa é a taxa de mais-valor. Além disso, a compreensão da dinâmica do capitalismo exige mais a análise da taxa de mais-valor do que da taxa de lucro. Essa análise, portanto, é o objeto de Marx nesse capítulo. A taxa de mais-valor, diz ele, pode ser vista de diversas formas. Podemos pensá-la como a relação entre mais-trabalho (apropriado pelo capitalista) e trabalho necessário (o trabalho requerido para reprodução do valor da força de trabalho), como o tempo de trabalho necessário em relação ao tempo de mais-trabalho ou, de maneira mais formal, como a razão entre o valor gasto na compra da força de trabalho e o valor total produzido menos o valor pago pela força de trabalho. O problema, porém, é que todas essas equações, embora façam sentido, não podem ser observadas na prática. Não há um sino, por exemplo, que toque em determinado momento da jornada de trabalho para avisar os trabalhadores de que já reproduziram o valor de v (ou já gastaram o tempo necessário para produzir v), de modo que saibam que, a partir dali, estão produzindo mais-valor (ou cedendo seu tempo gratuitamente) para o capitalista. O processo de trabalho é um processo contínuo, que termina com uma mercadoria, cujo valor é composto de $c + v + mv$.

Embora os diferentes elementos de valor incorporados na mercadoria não sejam visíveis a olho nu, Marx sustenta (o que você talvez não goste de saber) que esse modo de análise produz uma ciência da economia política muito superior, precisa-

4. O processo de trabalho e a produção de mais-valor / 133

mente porque vai além do fetichismo do mercado. A burguesia produziu uma ciência boa do ponto de vista do mercado, mas não entende como o sistema funciona do ponto de vista do processo de trabalho e, quando o entende, tenta claramente escamoteá-lo. Ela tem todo o interesse em dizer aos trabalhadores que o trabalho é apenas um dos fatores de produção que eles levam ao mercado – essa é a contribuição deles, e eles recebem por ela uma remuneração justa, conforme a taxa de salário em vigor. Ela não pode admitir que o trabalho é o fogo conformador, o elemento fluido e criativo na transformação da natureza que está no centro de qualquer modo de produção, inclusive do capitalismo. Tampouco podemos imaginar o capitalista louvando os trabalhadores por todo valor que produzem, inclusive, é claro, o mais-valor que alimenta o lucro capitalista.

Marx conclui esse capítulo com um fantástico retrato da representação burguesa típica do mundo do trabalho: "Numa bela manhã do ano de 1836, Nassau W. Senior, célebre por sua ciência econômica e seu belo estilo, praticamente o Clauren dos economistas ingleses, foi transferido de Oxford para Manchester, a fim de aprender economia política nesta cidade, em vez de ensiná-la em Oxford" (299).

Os industriais de Manchester estavam assustados com a agitação política que pretendia limitar a ampliação da jornada de trabalho para "civilizadas" dez horas, depois que a rasa e pouco efetiva Lei Fabril de 1833 mostrou que, ao menos em princípio, o aparato estatal estava preparado para legislar as horas legais de trabalho. Num panfleto minucioso, Senior afirma que, nas primeiras oito horas da jornada de trabalho, o trabalhador tem de produzir o valor equivalente a todos os meios de produção utilizados (o capital constante, nos termos de Marx). Como não lhe passa pela cabeça que o trabalhador possa transferir os valores já incorporados nas mercadorias, ele defende a ideia ridícula de que o trabalhador tem de reproduzir efetivamente aqueles valores. Segundo ele, as três horas seguintes são usadas para reproduzir o valor da força de trabalho empregada (o capital variável), e apenas na última hora produz-se o lucro do capitalista (o mais-valor). Desse modo, uma jornada de trabalho de doze horas é absolutamente essencial para obter lucro. Se a duração da jornada de trabalho fosse reduzida de doze para dez horas, todo o lucro desapareceria e a indústria pararia. A resposta de Marx é mordaz: "e o sr. professor chama isso de 'análise'!" (300). A "última hora de Senior" é um argumento econômico grosseiro, concebido unicamente para promover os interesses dos industriais.

Comicamente, no entanto, Senior confirma a própria teoria de Marx. O tempo dos trabalhadores tem valor crucial para os capitalistas, por isso eles precisam tão desesperadamente dessa décima segunda hora. A luta pelo controle do tempo do trabalhador está na origem do lucro, que é exatamente o que diz a teoria marxiana do mais-valor. Isso reafirma a relevância da definição de Marx do valor como *tempo* de trabalho socialmente necessário. Então o que é socialmente necessário na temporalidade do trabalho? Os capitalistas não apenas controlam o processo de trabalho, o produto e o tempo do trabalhador, mas também tentam controlar a natureza social da própria temporalidade. Senior reconhece essa verdade fundamental, e Marx, usando suas ferramentas críticas e sua posição a favor dos trabalhadores, derruba seu argumento num momento revelador. Assim, a crítica da última hora de Senior adquire uma dupla importância. Por um lado, permite a Marx descrever as profundezas em que os economistas podem afundar quando tentam criar argumentos apologéticos para a classe capitalista; por outro, dá a Marx a oportunidade de tomar a verdade fundamental revelada pela polêmica de Senior: a de que o controle sobre o tempo é um vetor central da luta no interior do modo de produção capitalista. O exame da última hora de Senior permite, portanto, uma transição astuciosa para o capítulo seguinte, dedicado inteiramente ao tempo capitalista.

5. A JORNADA DE TRABALHO

CAPÍTULO 8: A JORNADA DE TRABALHO

O capítulo 8 apresenta uma estrutura e um estilo diferentes daqueles dos capítulos precedentes. É leve quanto à teoria, mas carregado de detalhes históricos. E também invoca categorias abstratas que ainda não foram apresentadas. Isso acontece porque o foco de Marx aqui é a história da luta de classes em torno da duração da jornada de trabalho. Já mencionei o complexo entrelaçamento dos argumentos lógicos e históricos n'*O capital*, e, na maioria dos casos, afirmei ser mais seguro optarmos pelo argumento lógico. Aqui, porém, o que importa é a narrativa histórica – embora não seja desprovida de importância teórica. Encontramos nesse capítulo uma profunda teorização da natureza do tempo e da temporalidade sob o capitalismo e, ao mesmo tempo, vemos com mais clareza por que o modo de produção capitalista é necessariamente constituído pela luta de classes e se move no seu interior.

Marx começa lembrando que há uma enorme diferença entre a teoria do valor-trabalho e o valor da força de trabalho. A teoria do valor-trabalho trata do modo como o tempo de trabalho socialmente necessário é incorporado nas mercadorias pelo trabalhador. Esse é o padrão de valor representado pela mercadoria-dinheiro e pelo dinheiro em geral. O valor da força de trabalho, por outro lado, é simplesmente o valor daquela mercadoria vendida no mercado como força de trabalho. Embora seja uma mercadoria como outra qualquer em certos aspectos, ela também tem algumas qualidades especiais, de caráter histórico e moral. Uma distinção falha entre o valor da força de trabalho e a teoria do valor-trabalho pode acarretar graves equívocos.

"Partimos do pressuposto", diz Marx, "de que a força de trabalho é comprada e vendida pelo seu valor", e de que seu valor, "como o de qualquer outra mercadoria,

136 / Para entender *O capital* I

é determinado pelo tempo de trabalho necessário à sua produção" (305). Este equivale ao tempo de trabalho consumido para produzir as mercadorias necessárias à reprodução do trabalhador num dado padrão de vida. Marx supõe que esse valor seja fixo, apesar de sabermos (assim como ele) que está em constante mudança, dependendo do custo das mercadorias, do grau de civilização e das condições da luta de classes no país.

Os trabalhadores adicionam valor às mercadorias no processo de trabalho até criar o equivalente exato do valor de sua própria força de trabalho. Suponhamos, diz Marx, que isso ocorra depois de seis horas de trabalho. O mais-valor surge porque os trabalhadores trabalham além da quantidade de horas necessárias para reproduzir o valor equivalente de sua força de trabalho. Quantas horas extras eles têm de trabalhar? Isso depende da duração da jornada de trabalho. Essa duração não pode ser negociada no mercado como uma forma de troca de mercadorias, em que o equivalente é trocado pelo equivalente (como ocorre com os salários). Não é uma quantidade fixa, mas fluida. Pode variar de 6 a 10, 12 ou 14 horas, com um limite de 24 horas – o que é impossível, em virtude do "limite físico da força de trabalho" e do fato de que "o trabalhador precisa de tempo para satisfazer as necessidades intelectuais e sociais [...]. A variação da jornada de trabalho se move, assim, no interior de limites físicos e sociais" (306).

Marx imagina então uma discussão fictícia entre um capitalista e um trabalhador. O capitalista, como comprador da força de trabalho, diz que tem direito de usá-la pelo tempo que puder. Afinal, como capitalista, ele é "apenas capital personificado" (lembramos que Marx fala de papéis, não de pessoas). "Sua alma é a alma do capital", e este "tem um único impulso vital, o impulso de se autovalorizar, de criar mais-valor". O capital, diz Marx, "é trabalho morto, que, como um vampiro" – e nesse capítulo temos muitos vampiros e lobisomens, a léguas de distância dos modos usuais da teorização político-econômica –, "vive apenas da sucção de trabalho vivo, e vive tanto mais quanto mais trabalho vivo suga". Se o trabalhador faz pausas ou diminui o ritmo de trabalho, "furta o capitalista [...]. O capitalista se apoia, portanto, na lei da troca de mercadorias. Como qualquer outro comprador, ele busca tirar o maior proveito possível do valor de uso de sua mercadoria" (307-8).

Os trabalhadores, ao contrário das máquinas e de outras formas de capital constante, podem reagir. Sabem que têm essa propriedade chamada força de trabalho e é de seu interesse conservar esse valor para uso futuro. O capitalista não tem o direito de sugá-la diariamente, abreviando assim a vida laborativa dos trabalhadores. Diz o trabalhador:

"Isso fere nosso contrato e a lei da troca de mercadorias. Exijo, portanto, uma jornada de trabalho de duração normal, e a exijo sem nenhum apelo a teu coração, pois em as-

5. A jornada de trabalho / 137

suntos de dinheiro cessa a benevolência. [...] Exijo a jornada de trabalho normal porque, como qualquer outro vendedor, exijo o valor de minha mercadoria." (308)

Note que tanto os trabalhadores quanto os capitalistas tomam suas posições de acordo com as leis da troca. Ao contrário do que esperaríamos de um pensador revolucionário, Marx não prega a abolição do sistema de salários, mas quer que ambos, trabalhadores e capitalistas, concordem em obedecer à lei fundamental da troca: equivalente por equivalente. A única coisa que importa é saber quanto de valor de uso (capacidade de incorporar valor nas mercadorias) o trabalhador cederá ao capitalista. Marx faz isso porque, como enfatizei, um dos objetivos principais d'*O capital* é desconstruir as proposições utópicas da economia política liberal clássica em seus próprios termos. "O capitalista exerce seus direitos como comprador quando tenta alongar ao máximo a jornada de trabalho."

E o trabalhador faz valer seu direito como vendedor quando quer limitar a jornada de trabalho a uma duração normal determinada. Tem-se aqui, portanto, uma antinomia, um direito contra outro direito, ambos igualmente apoiados na lei da troca de mercadorias. Entre direitos iguais, quem decide é a força. E assim a regulamentação da jornada de trabalho se apresenta, na história da produção capitalista, como a luta em torno dos limites da jornada de trabalho – um luta entre o conjunto dos capitalistas, *i.e.*, a classe capitalista, e o conjunto dos trabalhadores, *i.e.*, a classe trabalhadora. (309)

Assim, após 309 páginas, chegamos à ideia da luta de classes. Finalmente!

Há aqui uma série de questões que exigem esclarecimento. A aceitação, por ambos os lados, de uma noção de "direitos" é uma declaração de fato que diz respeito à hegemonia das noções burguesas de direitos. Marx, porém, mostra imediatamente que o problema da duração da jornada de trabalho não pode ser resolvido com um apelo a direitos e às leis e legalidades da troca (um argumento paralelo a seu ataque contra o conceito proudhoniano de justiça eterna). Questões desse tipo só podem ser resolvidas por meio da luta de classes, na qual a "força" decide entre "direitos iguais". Essa descoberta tem ramificações no entendimento da política do capitalismo contemporâneo. Em tempos recentes, houve um aumento considerável de *rights talk* [conversas sobre direitos] e investiu-se uma quantidade enorme de energia na ideia de que a promoção de direitos humanos individuais é um caminho (se não *o* caminho) para moldar um sistema capitalista mais humano. O que Marx mostra aqui é que muitas questões importantes, postas em termos de direitos, não podem ser resolvidas se não forem reformuladas em termos de luta de classes. A Anistia Internacional, por exemplo, lida suficientemente bem com direitos políticos e civis, mas tem dificuldade para estender seus interesses à esfera dos direitos

138 / Para entender *O capital* I

econômicos, porque não há como resolvê-los sem tomar partido, ou a favor do capital, ou a favor do trabalho. Percebemos aqui o cerne do argumento de Marx. Não há como julgar "imparcialmente" entre direitos iguais (ambos com a chancela da lei da troca). A única coisa que podemos fazer é lutar pelo nosso lado do argumento. Por isso, esse capítulo termina com uma observação bastante cética sobre um "pomposo catálogo dos 'direitos humanos inalienáveis'" (374), em oposição ao que podemos conseguir com a luta de classes.

"Força", nesse contexto, não significa necessariamente força física (embora esta seja necessária em certos casos). A ênfase desse capítulo recai antes na força política, na capacidade de mobilizar e construir alianças políticas e instituições (como sindicatos) para influenciar o aparelho estatal, que tem o poder de legislar a jornada de trabalho "normal". Para Marx, há oportunidades que podem ser aproveitadas ou perdidas, dependendo das contingências da situação política e das relações de força que estão em jogo. A técnica aqui é similar àquela que foi apresentada com tanto brilhantismo em *O 18 de brumário*, em que Marx analisa como Luís Bonaparte chegou ao poder na esteira da fracassada Revolução de 1848 em Paris. O material apresentado nesse capítulo lança uma luz especial sobre a trajetória de Marx em busca de uma teoria do modo de produção capitalista, articulada com uma compreensão profunda dos processos de transformação histórica das formações sociais capitalistas efetivamente existentes. Os resultados da luta de classes não são determinados de antemão.

A introdução da luta de classes marca uma ruptura radical com os alicerces da teoria econômica clássica e contemporânea. Ela muda radicalmente a linguagem em que a economia é descrita e altera seu foco. Em cursos introdutórios de economia, é pouco provável que a duração da jornada de trabalho seja tratada como uma questão importante. Isso também não era discutido na economia política clássica. No entanto, a história foi palco de uma luta monumental e permanente em torno da duração da jornada de trabalho, da semana de trabalho, do ano de trabalho (férias pagas) e da vida de trabalho (a idade de aposentadoria), e essa luta perdura até hoje. Isso constitui claramente um aspecto fundamental da história capitalista e uma questão central no modo de produção capitalista. De que adiantam teorias econômicas que ignoram tal aspecto?

Em contrapartida, a teoria do valor de Marx conduz diretamente a essa questão central. Isso acontece porque o valor é *tempo* de trabalho socialmente necessário, o que significa que tempo é essencial no capitalismo. Como diz o ditado, "tempo é dinheiro"! O controle do tempo, em particular do tempo alheio, tem de ser combatido coletivamente. Ele não pode ser comercializado. Portanto, a luta de classes tem de ocupar um lugar central na teoria político-econômica, assim como em todas as tentativas de compreender a evolução histórica e geográfica do capitalismo. É nesse ponto d'*O capital* que podemos começar a apreciar o "valor de uso" da teoria do valor-trabalho e do mais-valor. E, embora seja errado considerar esse argumento uma prova empírica do aparato teórico, ele certamente ilustra a utilidade da teoria para a realização de uma investigação teórica empiricamente esclarecida.

Como Marx nos guia por essa história da luta em torno da duração da jornada de trabalho? Ele começa observando que o capitalismo não é o único tipo de sociedade em que o mais-trabalho e o mais-produto são extraídos para o benefício de uma classe dominante: "Onde quer que uma parte da sociedade detenha o monopólio dos meios de produção, o trabalhador, livre ou não, tem de adicionar ao tempo de trabalho necessário a sua autoconservação um tempo de trabalho excedente a fim de produzir os meios de subsistência para o possuidor dos meios de produção" (309).

No capitalismo, porém, o mais-trabalho é convertido em mais-valor; assim, a produção de um mais-produto é um meio de o capitalista obter mais-valor. Isso fornece qualidades particulares à exploração capitalista, porque a acumulação de valor na forma-dinheiro, como vimos, é ilimitada.

> Em toda formação econômica da sociedade onde predomina não o valor de troca, mas o valor de uso do produto, o mais-trabalho é limitado por um círculo mais amplo mais amplo ou mais estreito de necessidades, mas nenhum carecimento descomedido de mais-trabalho surge do próprio caráter da produção. (309-10)

Além disso, como essa apropriação ocorre numa sociedade caracterizada pelo trabalho assalariado, os trabalhadores não experimentam sua produção de mais-valor do mesmo modo como os servos e escravos experimentam o mais-trabalho (o fetichismo do mercado a esconde). Marx usa como ilustração a corveia na Europa Central. Nesse sistema, o trabalhador era forçado a ceder certo número de dias de trabalho ao proprietário da terra, de modo que a apropriação do mais-trabalho era totalmente transparente. A libertação dos servos pelo édito russo de 1831 criou uma situação em que o novo sistema de corveia, organizado sob o *Règlement Organique* [Regulamento Orgânico], tornou fluida e aberta a definição de jornada de trabalho. Os proprietários rurais (os boiardos) diziam que uma jornada de trabalho não é medida por um dia real, mas pela quantidade de trabalho que *deveria* ser realizada. Como essa exigência de trabalho não podia ser cumprida em um dia, eram necessários vários dias para completar um dia formal de trabalho, de modo que "os 12 dias de corveia do *Règlement Organique* [...] correspondem aos 365 dias do ano!" (313).

Encontramos em germe aqui uma ideia muito importante, que aparece diversas vezes n'*O capital*. A medida de tempo é flexível, pode ser esticada e manipulada

140 / Para entender *O capital* I

para fins sociais. Nesse caso, 12 dias de trabalho se transformam em 365 dias efetivos. Essa manipulação social do tempo e da temporalidade é também um traço fundamental do capitalismo. Logo que a extração de tempo de trabalho excedente se torna fundamental para as relações de classes, a questão a respeito do que é o tempo, quem o mede e como a temporalidade deve ser entendida passa para a linha de frente da análise. O tempo não é simplesmente dado; ele é socialmente construído e está continuamente sujeito a reconstruções (basta pensar no setor financeiro e na mudança do padrão de tempo das tomadas de decisões que ocorreu nos últimos anos). No caso do *Règlement Organique*, o esticamento do tempo era óbvio. Os trabalhadores sabiam muito bem quanto de mais-trabalho cediam ao senhor e como o prolongamento do tempo estabelecido por uma classe dominante contribuiu para isso. Mas o objetivo das Leis Fabris na Grã-Bretanha no século XIX – o interesse principal de grande parte desse capítulo – era muito diferente: "essas leis refreiam o impulso do capital por uma sucção ilimitada da força de trabalho, mediante uma limitação compulsória da jornada de trabalho pelo Estado e, mais precisamente, por um Estado dominado pelo capitalista e pelo *landlord*" (313).

A formulação de Marx leva a uma questão importante: por que um Estado governado por capitalistas e proprietários fundiários aceitaria, ou mesmo cogitaria, limitar a duração da jornada de trabalho? E mais: se até aqui só encontramos as figuras do trabalhador e do capitalista n'*O capital*, o que faz o proprietário fundiário nesse capítulo? É evidente que, para analisar uma situação histórica real, Marx tem de olhar para a configuração de classe existente e considerar como as alianças de classe funcionam quando os trabalhadores não têm acesso direto ao poder estatal. O Estado britânico da primeira metade do século XIX era essencialmente organizado pela relação de poder entre capitalistas e proprietários fundiários, e seria impossível analisar a política desse período sem levar em conta o papel que a aristocracia rural desempenhava nessa relação. O poder do movimento dos trabalhadores ainda era secundário. "Abstraindo de um movimento dos trabalhadores que se torna a cada dia mais ameaçador", escreve Marx,

> a limitação da jornada de trabalho nas fábricas foi ditada pela mesma necessidade que forçou a aplicação do guano nos campos ingleses. A mesma rapacidade cega que, num caso, exauriu o solo, no outro matou na raiz a força vital da nação. Epidemias periódicas são, aqui, tão eloquentes quanto a diminuição da altura dos soldados na Alemanha e na França. (313)

Se o trabalho, assim como a terra, é um recurso fundamental para a criação da riqueza nacional, e se é superexplorado e degradado, a capacidade de manter a produção de mais-valor é prejudicada. Mas também é de interesse do Estado ter

5. A jornada de trabalho / 141

trabalhadores que possam integrar uma força militar efetiva. A saúde e a boa forma física da classe trabalhadora têm, portanto, interesse político e militar (como Marx observa na longa nota de rodapé). Na Guerra Franco-Prussiana de 1870-1871, por exemplo, a rápida derrota dos franceses pelos alemães foi atribuída, em parte, à boa saúde dos camponeses alemães, em comparação com a pobre classe camponesa e operária da França. A implicação política é de que é militarmente perigoso permitir a degradação das classes trabalhadoras. Essa questão se tornou importante nos Estados Unidos durante a Segunda Guerra Mundial, em particular quando se tratou de mobilizar indivíduos oriundos de populações pobres e, em alguns casos, racialmente distintas.

As leis fabris analisadas por Marx foram impostas pelo Estado britânico e concebidas – por razões tanto econômicas quanto político-militares – para limitar a exploração do trabalho vivo e prevenir sua degradação excessiva. Mas a lei é uma coisa, e sua aplicação é outra bem diferente. Isso nos remete à importante figura dos inspetores de fábrica: quem eram e de onde vinham? Certamente não eram marxistas radicais! Eles vinham da burguesia profissional. Eram servidores públicos civis, mas fizeram um belo trabalho de coleta de informações e uma enorme pressão para disciplinar os interesses industriais segundo as exigências do Estado. Marx não teria escrito esse capítulo sem as informações abundantes fornecidas por eles. Mas por que um Estado regulado pelo capital e por proprietários fundiários usaria inspetores de fábrica para fazer esse trabalho? É neste ponto que entra "o grau de civilização de um país", assim como a moralidade burguesa e os interesses militares do Estado. Na Grã-Bretanha do século XIX, havia fortes correntes do reformismo burguês (por exemplo, Charles Dickens) que julgavam que algumas práticas laborais em vigor não deveriam existir numa sociedade civilizada. Isso traz para a discussão aquele mesmo "elemento histórico e moral" que afeta o valor da força de trabalho. Embora o movimento operário estivesse crescendo, ele não teria ido tão longe quanto foi sem a ajuda do reformismo burguês, em particular do setor representado pelos inspetores de fábrica.

Os inspetores de fábrica tiveram de enfrentar o problema da definição prática da jornada de trabalho. A que horas os trabalhadores deviam começar a trabalhar? O tempo de trabalho começa a ser contado dentro ou fora da fábrica? E as pausas para as refeições? Marx cita o relatório de um inspetor:

> Para muitos fabricantes, o lucro extra a ser obtido com o sobretrabalho além do tempo legalmente estabelecido parece ser uma tentação grande demais para que possam resistir a ela [...]. Esses "pequenos furtos" que o capital realiza do tempo reservado às refeições e ao descanso do trabalhador também são designados pelos inspetores de fábrica como "*petty pilferings of minutes*", pequenos surrupios de minutos, "*snatching a few minutes*",

142 / Para entender *O capital* I

furtadelas de alguns minutos, ou, na linguagem técnica dos trabalhadores, "*nibbling and cribbling at meal times*" [roer e peneirar às refeições]. (316)

Marx cita uma ideia fundamental: "Os pequenos momentos são os elementos que formam o lucro" (317). Para mim, essa formulação é crucial. Os capitalistas tentam aproveitar todo e qualquer momento do tempo do trabalhador no processo de trabalho. Os capitalistas não só compram a força de trabalho de um trabalhador por doze horas, como têm de assegurar que cada momento dessas doze horas seja usado com o máximo de intensidade. E isso, é claro, é a essência de um sistema fabril disciplinador e fiscalizador.

Se acreditarmos nos filmes antigos, houve uma época em que as telefonistas tinham tempo de conversar conosco (sou velho o suficiente para ter a lembrança de até ter paquerado algumas). Hoje os telefonistas têm uma meta rígida de chamadas que devem atender por hora. Se não a cumprem, são demitidos. E a meta aumenta constantemente. Você pode se considerar um privilegiado se conseguir mais de dois minutos do tempo deles. Li uma notícia sobre um telefonista que ficou meia hora numa ligação com uma criança cuja mãe havia morrido e foi demitido por não cumprir sua meta. Isso é comum em todos os processos de trabalho. O capitalista quer o tempo, quer aqueles momentos que são os elementos do lucro. Isso é um corolário do fato de que o valor é *tempo* de trabalho socialmente necessário. Apesar de toda a sua abstração, a teoria do valor revela algo importante a respeito das práticas e experiências diárias no chão de fábrica. Ela toca a realidade do comportamento do capitalista, toca a realidade da vida do trabalhador.

No terceiro item desse capítulo, Marx trata longamente dos "ramos da indústria inglesa sem limites legais à exploração". Não me deterei nessa parte, porque os relatos terríveis das práticas laborais na indústria de palitos de fósforo, papéis de parede, linho e panificação (onde o trabalho noturno e a adulteração do pão eram questões candentes) são autoevidentes o bastante. Marx cita também acidentes provocados pelo sobretrabalho, um deles numa ferrovia e, segundo o médico legista, causado pelas excessivas horas de trabalho impostas aos trabalhadores. Há também o famoso caso de Mary Anne Walkley, "de 20 anos de idade, empregada numa manufatura de modas deveras respeitável" – numa situação em que "essas moças cumprem uma jornada em média de 16½ horas e, durante a *season**, chegam frequentemente a

---

* A *London season* era o período do ano em que a elite britânica, composta majoritariamente de aristocratas rurais, instalava-se na capital a fim de travar contatos sociais e engajar-se na política. A *season* londrina coincidia com o início das atividades do Parlamento e estendia-se por cerca de cinco meses, começando no fim de dezembro e encerrando-se no fim de junho. (N. T.)

trabalhar 30 horas ininterruptas, sua evanescente 'força de trabalho' costuma ser reanimada com a oferta eventual de xerez, vinho do Porto ou café" – e que simplesmente morreu por excesso de trabalho (327). Morrer por excesso de trabalho não é algo restrito ao século XIX. Os japoneses têm um termo técnico para isso: *karoshi*. Muitas pessoas morrem por excesso de trabalho, e a vida de outras tantas é abreviada por isso e por causa de condições insalubres de trabalho. Em 2009, a United Farm Workers processou a California Occupational Safety and Health Administration (Cal/Osha) por não proteger os trabalhadores agrícolas contra a morte por excesso de calor, citando três casos de mortes por exaustão causada por esse motivo.

Marx descreve o que acontece quando a relação de poder entre capital e trabalho torna-se tão distorcida que a força de trabalho é reduzida a uma condição de degradação e até de morte prematura. Esse problema é exacerbado pela introdução do sistema de turnos descrito no quarto item desse capítulo. O capital que não é aplicado é capital perdido, e capital, lembre-se, não é uma máquina ou uma soma de dinheiro, mas valor em movimento. Se uma máquina não é usada, é capital morto, por isso há pressão para usá-la o tempo todo. A continuidade do processo de produção torna-se importante em particular nas indústrias que empregam grandes quantidades de capital fixo na forma de equipamentos, como é o caso dos altos-fornos na indústria metalúrgica. A necessidade de manter empregado o capital fixo leva a uma jornada de trabalho de 24 horas. Como os trabalhadores não podem trabalhar 24 horas por dia, o sistema de turnos é introduzido e suplementado pelo trabalho noturno e pelo sistema de revezamento. Lembre-se: os trabalhadores não apenas produzem mais-valor, mas reanimam o capital constante. O resultado é o revezamento por meio de turnos. Não há, portanto, uma "jornada natural de trabalho", apenas várias construções da jornada de trabalho em relação à demanda capitalista de manter a todo custo a continuidade do fluxo.

O item 5 trata da luta por uma jornada de trabalho normal. Por quanto tempo o capital pode consumir a força de trabalho que ele comprou por seu valor diário? Não há dúvida de que o capital extrairá dela tanto quanto puder. Para o capital,

é evidente que o trabalhador, durante toda a sua vida, não é senão força de trabalho, razão pela qual todo o seu tempo disponível é, por natureza e por direito, tempo de trabalho, que pertence, portanto, à autovalorização do capital [isto é, a produção de mais-valor]. Tempo para a formação humana, para o desenvolvimento intelectual, para o cumprimento de funções sociais, para relações sociais, para o livre jogo das forças vitais físicas e intelectuais, mesmo o tempo livre do domingo [...] é pura futilidade! Mas em seu impulso cego e desmedido, sua voracidade de lobisomem por mais-trabalho, o capital transgride não apenas os limites morais da jornada de trabalho, mas também seus limites puramente físicos. Ele usurpa o tempo para o crescimento, o desenvolvimento e a manutenção saudável do corpo. Rouba o tempo requerido para o consumo de ar puro e de luz solar. Avança sobre o horário das refeições e o incorpora, sempre que possível, ao processo de produção. (337)

Quando leio essas passagens, sempre me lembro de *Tempos modernos*, de Charlie Chaplin.

[O capital reduz o] sono saudável, necessário para a restauração, renovação e revigoramento da força vital [...] a não mais do que um mínimo de horas de torpor absolutamente imprescindíveis ao reavivamento de um organismo completamente exaurido [...]. O capital não se importa com a duração de vida da força de trabalho. O que lhe interessa é única e exclusivamente o máximo de força de trabalho que pode ser posto em movimento numa jornada de trabalho. Ele atinge esse objetivo por meio do encurtamento da duração da força de trabalho, como um agricultor ganancioso que obtém uma maior produtividade da terra roubando dela sua fertilidade. (338)

O paralelo entre a exaustão do solo e as forças vitais do trabalhador faz eco à formulação do capítulo 1, em que Marx cita o comentário de William Petty de que "o trabalho é o pai da riqueza material, [...] e a terra é a mãe" (121). Mas isso também implica que a exploração excessiva dos recursos necessários para produzir toda a riqueza é um perigo para o próprio capitalismo. Uma hora ou outra, o capitalista chegará à conclusão de que uma jornada normal de trabalho pode não ser uma má ideia.

Assim, se o prolongamento antinatural da força de trabalho, que o capital visa necessariamente por objetivo em seu impulso desmedido de autovalorização, encurta o tempo de vida do trabalhador singular e, com isso, a duração de sua força de trabalho, torna-se necessária uma substituição mais rápida dos trabalhadores que foram desgastados e, portanto, a inclusão de custos de depreciação maiores na reprodução da força de trabalho, do mesmo modo como a parte do valor a ser diariamente reproduzida de uma máquina é tanto maior quanto mais rapidamente ela se desgasta. Uma jornada de trabalho normal parece, assim, ser do próprio interesse do capital. (281)

O problema, no entanto, é que os capitalistas em situação de concorrência entre si não podem deixar de forçar a superexploração de suas bases fundamentais de recursos: o trabalho e a terra. Existe potencial para um conflito entre o interesse de classe dos capitalistas por uma força de trabalho "sustentável" e seus comportamentos individuais de curto prazo diante da concorrência. Portanto, algum limite tem de ser imposto na concorrência entre eles.

Os proprietários de escravos, diz Marx, podem matá-los por excesso de trabalho, contanto que tenham à mão uma fonte de escravos baratos. Mas isso também vale para o mercado de trabalho:

> Basta ler, no lugar de mercado de escravos, mercado de trabalho, no lugar de Kentucky e Virgínia, Irlanda e distritos agrícolas da Inglaterra, Escócia e País de Gales, e, no lugar da África, Alemanha! Ouvimos como o sobretrabalho dizima os padeiros em Londres, e, apesar disso, o mercado de trabalho londrino está sempre transbordando de alemães e outros candidatos à morte nas padarias. (339)

Marx introduz aqui outro conceito importante: o de população excedente. Esta permite aos capitalistas superexplorar os trabalhadores, sem levar em conta sua saúde ou bem-estar. É claro que a população excedente tem de ser acessível ao capital. Marx cita o caso dos comissários da Lei dos Pobres, que eram instruídos a "enviar para o Norte o 'excesso de população' dos distritos agrícolas, com o argumento de que 'os fabricantes os absorveriam e consumiriam'" (339-40). Os distritos agrícolas livraram-se convenientemente de suas obrigações com a Lei dos Pobres, ao mesmo tempo que forneceram trabalho excedente para os distritos manufatureiros.

> O que a experiência mostra aos capitalistas é, em geral, uma constante superpopulação, isto é, um excesso de população em relação às necessidades momentâneas de valorização do capital, embora esse fluxo populacional seja formado de gerações de seres humanos atrofiados, de vida curta, que substituem uns aos outros rapidamente e são, por assim dizer, colhidos antes de estarem maduros. No entanto, a experiência mostra ao observador atento, por outro lado, o quão rápida e profundamente a produção capitalista, que, em escala histórica, data quase de ontem, tem afetado a força do povo em sua raiz vital, como a degeneração da população industrial só é retardada pela absorção contínua de elementos vitais naturais-espontâneos do campo e como mesmo os trabalhadores rurais, apesar do ar puro e do *principle of natural selection* [princípio da seleção natural] que reina tão soberano entre eles e só permite a sobrevivência dos indivíduos mais fortes, já começam a perecer. (341-2)

A população excedente põe em questão o interesse do capitalista pela saúde, pelo bem-estar e pela expectativa de vida da força de trabalho. Como seres humanos, os capitalistas podem se importar com isso, mas, sendo forçados a maximizar o lucro em condições de concorrência, eles não têm escolha.

146 / Para entender *O capital* I

"*Après moi le déluge!*" [Depois de mim, o dilúvio!]* é o lema de todo capitalista e toda nação capitalista. O capital não tem, por isso, a mínima consideração pela saúde e duração da vida do trabalhador, a menos que seja forçado pela sociedade a ter essa consideração. Às queixas sobre a degradação física e mental, a morte prematura, a tortura do sobretrabalho, ele responde: deveria esse martírio nos martirizar, ele que aumenta nosso gozo (o lucro)**? De modo geral, no entanto, isso tampouco depende da boa ou má vontade do capitalista individual. A livre-concorrência impõe ao capitalista individual, como leis eternas inexoráveis, as leis imanentes da produção capitalista. (342)

Os capitalistas, tendo coração ou não, são forçados pela concorrência a promover as mesmas práticas laborais de seus concorrentes. Se os concorrentes abreviam a vida de seus trabalhadores, você também tem de abreviá-la. Assim funcionam as leis coercitivas da concorrência. Esta expressão – "leis coercitivas da concorrência" – aparecerá diversas vezes no texto. E é importante notar que tais leis coercitivas desempenham um papel decisivo, como no caso presente.

Marx passa então a analisar a "luta de quatrocentos anos entre capitalista e trabalhador" que levou à "consolidação de uma jornada de trabalho normal". Ele nota que "a história dessa luta mostra duas correntes antagônicas" (343). Na época medieval, era muito difícil que as pessoas trabalhassem como assalariadas. Quem não tirava seu sustento da terra tornava-se vagabundo, mendigo ou ladrão de estrada (como Robin Hood). Por isso, criou-se uma legislação para codificar a relação salarial, estender a jornada de trabalho e criminalizar mendigos e vagabundos. E, com efeito, estabeleceu-se um aparato disciplinar (e Marx retoma esse ponto no capítulo 24) para socializar a população no papel de trabalhadores assalariados. Os vagabundos eram açoitados e amontoados antes de serem mandados para uma boa jornada de trabalho. E nos primeiros decretos, que datam de 1349, uma boa jornada de trabalho era definida como um dia de trabalho de doze horas. Assim foi imposta a disciplina laboral na Grã-Bretanha. Há queixas semelhantes por parte das autoridades coloniais no século XIX e depois; afirmam, por exemplo, que o problema na Índia ou na África é que não se consegue que a população indígena trabalhe um dia de trabalho "normal", que dirá uma semana de trabalho "normal"! Eles trabalham por um breve período e desaparecem. A noção de temporalidade dos nativos não se coaduna com a ideia do tempo do relógio e atravanca a capacidade dos capitalistas de extrair valor dos

---

* Referência à frase de Madame de Pompadour, "*Après nous le déluge!*" (Depois de nós, o dilúvio!), em resposta à advertência de um membro da corte a respeito dos efeitos nocivos das extravagâncias da realeza sobre a dívida pública francesa. (N. T.)

** Referência de Marx a um verso do poema "Suleika", da obra *West östlicher Divan*, de J. W. de Goethe. (N. T.)

"pequenos momentos" que formam o lucro. A falta de disciplina temporal era uma queixa frequente entre os administradores coloniais, e esforços tremendos foram feitos para incutir nas populações locais uma disciplina laboral e um senso adequado de temporalidade. (Ouço queixas semelhantes de diretores de universidades a respeito dos estudantes, e tive de assistir a um curso de gênios pedagógicos de Harvard que insistiam que a primeira coisa que tínhamos de fazer num curso de graduação era incutir nos alunos um sentido apropriado de disciplina temporal.)

Hoje há uma extensa literatura sobre a atitude medieval (e medieval tardia) em relação ao tempo, bem como sobre as mudanças na temporalidade ocorridas com o advento do capitalismo (ou, como alguns preferem, da "modernidade"). Por exemplo, dificilmente nos lembramos de que a hora foi, em grande parte, uma invenção do século XIII, o minuto e o segundo só se tornaram medidas comuns no século XVII e termos como "nanossegundos" surgiram apenas em tempos recentes. Essas medidas não são determinações naturais, mas sociais, e sua invenção não foi irrelevante para a transição do feudalismo ao capitalismo. Quando Foucault fala do advento da governamentalidade, ele está se referindo ao momento em que as pessoas começaram a interiorizar o sentido da disciplina temporal e a aprender a viver de acordo com ela, quase sem pensar. Uma vez que interiorizamos esse sentido, acabamos presos a certa concepção da temporalidade e a práticas vinculadas a ela. Para Marx, essa temporalidade surge em associação com a emergência do valor como tempo de trabalho socialmente necessário. E, para ele, o papel da luta de classes é fundamental, um papel que Foucault tende a ignorar ou subestimar. Diz Marx:

> Vimos que essas determinações minuciosas, que regulam com uma uniformidade tão militar os horários, os limites, as pausas do trabalho de acordo com o sino do relógio, não foram de modo algum produto das lucubrações parlamentares. Elas se desenvolveram paulatinamente a partir das circunstâncias, como leis naturais do modo de produção moderno. Sua formulação, seu reconhecimento oficial e sua proclamação estatal foram o resultado de longas lutas de classes. (354)

Não se trata mais de dizer que "entre direitos iguais, a força decide", mas de reconhecer o caráter classista das formas hegemônicas de temporalidade. E a questão aqui não se limita à temporalidade, mas envolve também a espacialidade. Para ideólogos como o autor anônimo de *An Essay on Trade and Commerce* [Um ensaio sobre o intercâmbio e o comércio], de 1770, o problema é uma inclinação "fatal" ao "ócio e à indolência" da parte da população trabalhadora. Marx cita o ensaio:

> "A cura não estará completa até que nossos pobres operários aceitem trabalhar seis dias pela mesma quantia que eles agora recebem por quatro dias de trabalho." Para esse fim,

148 / Para entender *O capital* I

e para a "extirpação da preguiça, da licenciosidade e do devaneio romântico de liberdade", *ditto* "para a redução do número de pobres, o fomento do espírito da indústria e a diminuição do preço do trabalho nas manufaturas", nosso fiel Eckart* do capital propõe este instrumento de eficácia comprovada: trancafiar esses trabalhadores, que dependem da beneficência pública, numa palavra, os *paupers*, numa "casa ideal de trabalho" (*an ideal workhouse***). "Tal *workhouse* ideal deve ser transformada numa Casa do Terror (*House of Terror*)." Nessa "Casa do Terror", esse "ideal de uma casa de trabalho" [*workhouse*], devem-se trabalhar "catorze horas diárias, inclusive o tempo reservado às refeições, de modo que restam doze horas completas de trabalho". (348)

Marx dá então sua réplica. O equivalente a tal casa do terror para os *paupers*, escreve ele, "com a qual a alma do capital ainda sonhava em 1770, ergueu-se alguns anos mais tarde como uma gigante 'casa de trabalho' para os próprios trabalhadores da manufatura. Chamou-se fábrica. E, dessa vez, o ideal empalideceu diante da realidade" (349).

A organização espacial é parte do aparato disciplinar imposto ao trabalhador. Muito provavelmente, isso inspirou vários estudos de Foucault sobre os aparatos disciplinares espacialmente organizados (tendo o panóptico como modelo) em obras como *História da loucura na idade clássica****, *Vigiar e punir*****\ e *O nascimento da clínica******. É uma ironia, penso eu, que no universo linguístico anglo-saxão Foucault seja visto normalmente como um pensador radicalmente contrário a Marx, apesar de ser bastante claro que as análises marxianas da jornada de trabalho são uma de suas inspirações. A meu ver, Foucault faz um excelente trabalho de generalização e substanciação do argumento de Marx. Embora em algumas de suas obras tardias ele parta daquilo que os marxistas (e, mais particularmente, os maoistas e os comunistas da França de então) diziam, seus primeiros textos fundamentais (sobre os manicômios, as prisões e as clínicas) deveriam ser lidos não como afastamento, mas como continuação dos argumentos de Marx a respeito do advento de um capitalismo disciplinar, no qual os trabalhadores têm de ser socializados e disciplinados para aceitar a lógica espaçotemporal do processo de trabalho capitalista.

O problema de como criar e manter a disciplina do trabalhador permanece, é claro. Traz consigo o problema do que fazer com aqueles que não se sujeitam a essa

---

* Personagem das sagas germânicas que representa um desinteressado e fiel ajudante. Geralmente referido como "o fiel Eckart" (*getreue* Eckart). (N. T.)

** Instituição pública inglesa onde crianças e adultos desamparados podiam viver e trabalhar. (N. T.)

*** São Paulo, Perspectiva, 1972. (N. E.)

**** 6. ed., Petrópolis, Vozes, 2007. (N. E.)

***** 7. ed., Rio de Janeiro, Forense Universitária, 2011. (N. E.)

disciplina e por isso são tachados de esquisitos ou mesmo de transgressores. E este é o ponto fundamental tanto em Foucault como em Marx: eles são chamados de loucos ou antissociais e presos em manicômios ou presídios; ou, como observa Marx, são amontoados, humilhados e punidos. Ser uma pessoa "normal", portanto, é aceitar certo tipo de disciplina espaçotemporal conveniente ao modo de produção capitalista. O que Marx mostra é que isso não é nada normal; trata-se de um construto social que surgiu durante esse período histórico, de modo particular e por razões particulares.

É claro que os capitalistas tiveram inicialmente de lutar para ampliar a jornada de trabalho e normalizá-la em, digamos, dez ou doze horas (como era na época de Marx). O "tempo de trabalho" nas sociedades pré-capitalistas variava muito, conforme as circunstâncias, mas em muitos casos não ultrapassava quatro horas por dia, e o resto do dia era destinado à socialização e a outras atividades que não poderiam ser chamadas de "produtivas", no sentido de contribuir para a sobrevivência material. Na forma atual de sociedade, uma jornada de trabalho de quatro horas seria considerada ridícula, despropositada e incivilizada, o que nos leva à questão sobre o "grau de civilização" da nossa própria cultura. Presumivelmente, uma alternativa socialista deve ter como objetivo recuperar a jornada de trabalho de quatro horas!

No item 6, Marx relata o que aconteceu nos anos 1830 e 1840, quando os trabalhadores se revoltaram contra a duração excessiva da jornada de trabalho na Grã-Bretanha industrial. Ele descreve uma dinâmica política particular mais ou menos da seguinte forma (e aqui conto a história à minha maneira para ajudar a esclarecer a descrição de Marx). Nos anos 1820, na Grã-Bretanha, a aristocracia rural ainda dominava o poder político. Ela controlava o Parlamento, a Câmara dos Lordes, a monarquia, as Forças Armadas e o Judiciário. Mas havia também uma burguesia ascendente, parcialmente formada por interesses mercantis e financeiros tradicionais (estabelecida em Londres e em cidades portuárias, como Bristol e Liverpool, que ganhavam muito dinheiro com o trabalho escravo), e agora somada a um interesse industrial cada vez mais poderoso, concentrado nos fabricantes de algodão da região de Manchester. Estes se tornaram poderosos defensores de uma versão particular da teoria econômica, dominada pelas ideias de liberdade de mercado e livre-comércio (lembre-se de que foi em Manchester que Senior foi ensinar sua economia). Apesar de cada vez mais ricos, os capitalistas industriais tinham cada vez menos poder político, em comparação com a aristocracia fundiária. Eles tentaram então reformar o sistema parlamentar para ter mais poder dentro do aparelho estatal. Para isso, tiveram de travar uma séria batalha contra a aristocracia rural. E, ao travar essa batalha, buscaram o apoio da massa da população, em particular das classes médias profissionais e de uma classe trabalhadora articulada, educada por seus próprios meios e artesanal (distinta da massa de trabalhadores incultos). Em resumo, a burguesia industrial tentou fazer uma aliança com movimentos da classe trabalhadora artesanal contra a aristocracia fundiária. E, com agitações em massa no fim dos anos 1820, impuseram a promulgação da Reform Act de 1832, que mudou o sistema de representação parlamentar a seu favor e liberalizou o censo eleitoral, concedendo aos pequenos proprietários o direito de votar.

Contudo, ao longo do movimento que levou à reforma, os capitalistas fizeram todo tipo de promessa política às classes trabalhadoras, inclusive a extensão do voto aos artesãos, a regulação da jornada de trabalho e a adoção de medidas contra as condições opressivas de trabalho. Os trabalhadores não demoraram a chamar a Reform Act de "a grande traição". A burguesia industrial conseguiu a maioria das reformas que desejava, enquanto as classes trabalhadoras não obtiveram quase nada. A primeira Lei Fabril para regular a duração da jornada de trabalho, promulgada em 1833, era fraca e ineficaz (embora tenha servido como precedente para a legislação estatal sobre essa questão). Revoltados com a traição, os trabalhadores organizaram um movimento político, chamado cartismo, para protestar contra as condições de vida da massa da população e as terríveis condições de trabalho nas fábricas. Enquanto isso, os aristocratas fundiários assumiram uma posição ainda mais antagônica ao poder crescente da burguesia industrial (essa tensão é onipresente nos romances de Dickens ou Disraeli). Tenderam a apoiar as demandas dos trabalhadores, em parte movidos pelo interesse nacional (militar), mas também pela típica política aristocrática da *noblesse oblige*, e descreviam-se como a boa gente paternalista que não explorava o povo como faziam os perversos industriais. Foi em parte daí que saíram os inspetores de fábrica, promovidos pela aristocracia rural para contrapor o poder de uma burguesia cruel. Nos anos 1840, a burguesia industrial viu-se pressionada por essa coalizão entre a aristocracia fundiária e um movimento operário que, como diz Marx, tornava-se "a cada dia mais ameaçador" (313). Versões mais incisivas da Lei Fabril foram propostas e aprovadas em 1844, 1847 e 1848.

Há, porém, outra peça nesse quebra-cabeça de relações entre classes e formação de alianças. A Escola de Manchester era grande defensora do *laissez-faire* e do livre-comércio. Isso levou a uma luta contra as *Corn Laws* [Leis dos Cereais][1]. Altos impostos sobre a importação de grãos protegiam os ganhos da aristocracia fundiária contra a concorrência estrangeira. Mas o resultado era o alto custo do pão, um alimento básico das classes trabalhadoras. A burguesia industrial lançou uma campanha política, liderada por Cobden e Bright em Manchester, a favor da abolição das

---

[1] Na Grã-Bretanha, *corn* referia-se sobretudo ao trigo, e não ao milho, como na América.

Corn Laws, dizendo aos trabalhadores que isso baratearia o pão. Houve tentativas de firmar uma aliança com os trabalhadores (não muito bem-sucedidas, porque eles ainda guardavam viva na memória a "grande traição"). Nos anos 1840, reformas eventuais nas *Corn Laws* reduziram os impostos sobre a importação de grãos, e isso teve um sério impacto sobre a riqueza da aristocracia fundiária. Mas, com o pão mais barato, a burguesia industrial reduziu os salários. Nos termos de Marx, como parte do valor da força de trabalho era determinada pelo preço do pão, a importação mais barata de trigo diminuiu o preço do pão e, por conseguinte (mantidos iguais os demais fatores), provocou uma queda no valor da força de trabalho. Os industriais podiam pagar menos a seus trabalhadores porque estes precisavam de menos dinheiro para comprar seu pão diário! Nessa altura dos anos 1840, o movimento cartista se fortaleceu e as reivindicações dos trabalhadores e o movimento operário se intensificaram, mas não havia uma aliança sólida contra eles, porque os interesses industriais (burgueses) e rurais (aristocráticos) divergiam profundamente.

A burguesia industrial tentou minar a prática das Leis Fabris dos anos 1840. Como os boiardos, manipulava a noção de temporalidade. Aproveitando-se do fato de que os trabalhadores não tinham relógio, os empregadores alteravam os relógios da fábrica para ganhar tempo extra de trabalho. Dividiam o trabalho em pequenas partes e empurravam o trabalhador "de lá para cá em porções fragmentadas de tempo" (362); desse modo, o trabalhador, como um ator no palco, participava de dez horas de trabalho, mas permanecia quinze na fábrica. Via-se "forçado a engolir sua refeição ora nesse pedaço de tempo não utilizado, ora noutro" (363). Os empregadores usavam o sistema de turnos para confundir o tempo e "denunciaram os inspetores de fábricas como uma espécie de Comissários da Convenção*, que sacrificavam impiedosamente os desditosos trabalhadores a seus delírios de reforma do mundo" (356). A legislação inicial dirigia-se especialmente ao emprego de mulheres e crianças e desencadeou um debate sobre a idade em que as crianças se tornam adultas. "De acordo com a antropologia capitalista, a idade infantil acabava aos 10, ou, no máximo, aos 11 anos" (352). Isso é suficiente para mostrar o grau de civilização da burguesia industrial! E, como denunciou veementemente o inspetor de fábrica Leonard Horner, não adiantava recorrer aos tribunais, porque o máximo que faziam era eximir os empregadores. No entanto, diz Marx, "os *tories*" – a aristocracia rural –, "ávidos por vingança" (355) por causa da abolição das *Corn Laws*, patrocinaram a Lei Fabril de 1848, que limitou a jornada de trabalho a dez horas.

---

* Assim eram chamados, durante a Revolução Francesa, os representantes da Convenção Nacional que, investidos de poderes especiais, atuavam nos departamentos e nas fileiras militares. (N. T.)

152 / Para entender *O capital* I

Mas em 1848 aconteceu uma daquelas crises periódicas do capitalismo: uma grande crise de superacumulação de capital, uma enorme crise de desemprego em grande parte da Europa. Isso provocou movimentos revolucionários intensos em Paris, Berlim, Viena e outros lugares; ao mesmo tempo, a mobilização cartista chegou ao auge na Grã-Bretanha. A burguesia começou a temer o potencial revolucionário da classe trabalhadora. Em Paris, em junho de 1848, os movimentos operários que exigiam poder foram violentamente reprimidos e estabeleceu-se um regime autoritário que se tornaria, em 1852, o Segundo Império, instituído por Luís Bonaparte.

Na Grã-Bretanha, os acontecimentos não foram tão dramáticos, mas o medo de uma revolta era disseminado.

> [O] fiasco do partido cartista, com seus líderes encarcerados e sua organização fragmentada, já havia abalado a autoconfiança da classe trabalhadora inglesa. Logo depois disso, a Insurreição de Junho em Paris e sua sangrenta repressão provocaram, na Inglaterra do mesmo modo que na Europa continental, a união de todas as frações das classes dominantes, proprietários fundiários e capitalistas, chacais das bolsas de valores e varejistas, protecionistas e livre-cambistas, governo e oposição, padres e livres-pensadores, jovens prostitutas e velhas freiras [francamente, não tenho a menor ideia do que elas tinham a ver com isso], sob a bandeira comum da salvação da propriedade, da religião, da família e da sociedade! (357)

É espantoso com que frequência "a propriedade, a religião, a família e a sociedade" são repetidas como um mantra ideológico para proteger a ordem burguesa estabelecida. Não precisamos ir muito longe para encontrar um exemplo disso: na história recente dos Estados Unidos, o Partido Republicano, em particular, não existiria se não fosse sua veemente declaração de lealdade a esses princípios. Na Grã-Bretanha de 1848, "a classe trabalhadora foi por toda parte execrada, proscrita, submetida à *loi des suspects* [lei sobre os suspeitos]*. Os senhores fabricantes já não tinham mais por que se constranger" e "revoltaram-se abertamente não só contra a Lei das 10 Horas, mas contra toda a legislação que, desde 1833, procurava de algum modo restringir a 'livre' exploração da força de trabalho". A "rebelião" foi "conduzida por mais de dois anos com um cínico despudor e uma energia terrorista, ambos tanto mais banalizados quanto o capitalista rebelde não arriscava nada além da pele de seus trabalhadores" (357). Tudo isso lembra muito a contrarrevolução neoliberal

---

* Lei sobre medidas de segurança geral, aprovada pelo *Corps Législatif* em 19 de fevereiro de 1858. A lei dava ao imperador e a seu governo o direito irrestrito de deter qualquer pessoa suspeita de postura hostil ao Segundo Império e de mantê-la na prisão por tempo indeterminado, exilá-la na Argélia ou expulsá-la do território francês. (N. T.)

de Reagan e Thatcher nos anos 1980. Sob o governo Reagan, grande parte dos avanços obtidos no campo das relações de trabalho (com o National Labor Relations Board e a Occupational Safety and Health Administration) foi revogada ou ficou sem aplicação. Também nesse caso, o caráter instável do poder de classe e das alianças de classe no interior do aparato estatal teve um papel fundamental.

Na Grã-Bretanha, aconteceu uma coisa interessante após 1850:

Mas a esse triunfo aparentemente definitivo do capital seguiu-se imediatamente uma reviravolta. Os trabalhadores haviam, até então, oferecido uma resistência passiva, ainda que inflexível e diariamente renovada. Eles protestavam, agora, em ameaçadores comícios em Lancashire e Yorkshire. A suposta Lei das 10 Horas era, para eles, mera impostura, uma trapaça parlamentar, e jamais teria existido! Os inspetores de fábricas alertaram urgentemente o governo de que o antagonismo de classes chegara a um grau de tensão inacreditável. Uma parte dos próprios fabricantes murmurou: "Devido às decisões contraditórias dos magistrados, reina um estado de coisas totalmente anormal e anárquico. Uma lei vigora em Yorkshire, outra em Lancashire, outra lei numa paróquia de Lancashire, outra em sua vizinhança imediata. (363)

Na verdade, o que os capitalistas fizeram foi usar a lei para dividir as decisões aqui, ali e acolá, privando-a assim de qualquer eficácia. Mas, diante de uma séria ameaça de revolta em 1850,

fabricantes e trabalhadores chegaram a um compromisso, que recebeu o selo parlamentar na nova lei fabril adicional de 5 de agosto de 1850. A jornada de trabalho para "jovens e mulheres" foi prolongada, nos primeiros cinco dias da semana, de dez horas para dez horas e meia, e diminuída para sete horas e meia aos sábados. (364)

Certos grupos, como os fabricantes de seda, procuraram isenções, e as crianças foram simplesmente massacradas "pela delicadeza de seus dedos" (365). Contudo, em 1850,

o princípio triunfou com sua vitória nos grandes ramos da indústria, que constituem a criatura mais característica do moderno modo de produção. Seu admirável desenvolvimento entre 1853 e 1860, lado a lado com o renascimento físico e moral dos trabalhadores fabris, saltava mesmo aos olhos mais cegos. Os próprios fabricantes, aos quais as limitações e regulações legais da jornada de trabalho foram gradualmente arrancadas ao longo de meio século de guerra civil, apontavam jactanciosos para o contraste com os setores da exploração que ainda se conservam "livres". Os fariseus da "economia política" proclamaram, então, a compreensão da necessidade de uma jornada de trabalho

154 / Para entender *O capital* I

fixada por lei como uma nova conquista característica de sua "ciência". Compreende-se facilmente que, depois de os magnatas das fábricas terem se resignado e se reconciliado com o inevitável, a força de resistência do capital tenha se enfraquecido gradualmente, ao mesmo tempo que o poder de ataque da classe trabalhadora cresceu a par do número de seus aliados nas camadas sociais não diretamente interessadas. (367)

Quem eram esses aliados? Marx não diz, mas é provável que fossem as classes profissionais e a ala progressista da burguesia reformista. Elas eram elementos cruciais numa situação em que as classes trabalhadoras não tinham direito ao voto. "Daí o progresso relativamente rápido ocorrido a partir de 1860" (367).

Embora Marx não mencione o fato, esse reformismo não estava confinado às condições do trabalho fabril e, à medida que se tornava claro que também podiam se beneficiar, os capitalistas se interessaram cada vez mais em participar. Isso é bem ilustrado por Joseph Chamberlain, um industrial de Birmingham que se tornou prefeito da cidade e foi chamado muitas vezes de *Radical Joe* por seu empenho para promover melhorias na educação, na infraestrutura (abastecimento de água, saneamento, iluminação a gás etc.) e nas condições de moradia dos mais pobres. Nos anos 1860, ao menos uma parte da burguesia industrial havia aprendido que, para manter o lucro, não era necessário ter uma posição reacionária em relação a essas questões.

Essa dinâmica exige um comentário. Os dados mostram que, até cerca de 1850, a taxa de mais-valor no sistema industrial britânico era terrível, e as horas de trabalho eram igualmente terríveis, com consequências pavorosas para as condições de trabalho e vida. Mas essa superexploração diminuiu após 1850, sem nenhum efeito negativo sobre o lucro ou a produtividade. Isso ocorreu, em parte, porque os capitalistas encontraram um novo meio de obter mais-valor (que analisaremos em breve). Mas eles também descobriram que uma força de trabalho saudável e eficiente, com uma jornada de trabalho menor, podia ser mais produtiva do que uma força de trabalho doente, ineficiente, dispersa, com colapsos e mortes frequentes, como aquela que foi utilizada nos anos 1830 e 1840. Os capitalistas puderam se gabar dessa descoberta e de sua benevolência, e algumas vezes apoiar publicamente certo grau de regulação coletiva e interferência do Estado para limitar os efeitos das leis coercitivas da concorrência. Mas, se do ponto de vista da classe capitalista limitar a duração da jornada de trabalho revelou-se uma boa ideia, o que dizer da luta dos trabalhadores e de seus aliados por esse mesmo fim? Os trabalhadores podem muito bem ter feito um favor ao capital. Os capitalistas foram empurrados para uma reforma que não era necessariamente contrária a seus interesses de classe. Em outras palavras, a dinâmica da luta de classes pode tanto ajudar a equilibrar o sistema quanto derrubá-lo. O que Marx constata é que, após cinquenta anos de luta, quando finalmente se renderam à ideia de regular a jornada de trabalho, os capitalistas viram que ela não atendia menos a seus interesses do que aos interesses dos trabalhadores.

No item 7, Marx examina o impacto da legislação fabril britânica em outros países, principalmente a França e os Estados Unidos. Começa reconhecendo a insuficiência de um modo de análise que foca simplesmente o trabalhador individual e seu contrato de trabalho.

> A história da regulação da jornada de trabalho em alguns modos de produção, bem como a luta que, em outros, ainda se trava por essa regulação, provam palpavelmente que, quando o modo de produção capitalista atinge certo grau de amadurecimento, o trabalhador isolado, o trabalhador como "livre" vendedor de sua força de trabalho, sucumbe a ele sem poder de resistência. A criação de uma jornada normal de trabalho é, por isso, o produto de uma longa e mais ou menos oculta guerra civil entre as classes capitalista e trabalhadora. (370)

Em outros países, essa luta é afetada pela natureza das tradições políticas (o "método revolucionário francês", por exemplo, é muito mais dependente das declarações de "direitos universais") e pelas condições efetivas de trabalho (nos Estados Unidos, em condições de escravidão, "o trabalho de pele branca não pode se emancipar onde o trabalho de pele negra é marcado a ferro") (372). Em todos os casos, porém, o trabalhador que aparece como um "agente livre" no mercado descobre que não é um agente livre no reino da produção, onde "seu parasita [*Sauger*] não o deixará 'enquanto houver um músculo, um nervo, uma gota de sangue para explorar'" (373). Aqui, Marx cita Engels*. A lição que se deve aprender é:

> Para "se proteger" contra a serpente de suas aflições**, os trabalhadores têm de se unir e, como classe, forçar a aprovação de uma lei, uma barreira social intransponível que os impeça a si mesmos de, por meio de um contrato voluntário com o capital, vender a si e suas famílias à morte e à escravidão. No lugar do pomposo catálogo dos "direitos

---

* Friedrich Engels, "Die englische Zehnstundenbill" [A lei inglesa da jornada de trabalho de dez horas], em *Neue Rheinische Zeitung. Politsch-Ökonomische Revue* [Nova Gazeta Renana. Revista de economia política], caderno de abril, 1850, p. 5. (N. T.)

** Referência a "Heinrich", poema de Heinrich Heine: "*Du, mein liebes treues Deutschland,/ Du wirst auch den Mann gebären,/ Der die Schlange meiner Qualen/ Niederschmettert mit der Streitaxt*" (Tu, Alemanha amada e fiel/ Darás à luz também ao homem/ Que abaterá a machadadas/ A serpente de minhas aflições). (N. T.)

156 / Para entender *O capital* I

humanos inalienáveis", tem-se a modesta *Magna Charta** de uma jornada de trabalho legalmente limitada, que "afinal deixa claro quando acaba o tempo que o trabalhador vende e quando começa o tempo que lhe pertence". (373-4)

Algumas questões vêm à tona com essa conclusão. A rejeição dos "direitos inalienáveis do homem" é a reafirmação de que a *rights talk* não conseguirá dar conta de questões fundamentais, como a determinação da duração da jornada de trabalho. Nem os tribunais. Mas aqui, pela primeira vez, Marx argumenta que os trabalhadores "têm de se unir" e atuar como classe, e o modo como fizerem isso terá um enorme impacto sobre as condições de trabalho e a dinâmica do capitalismo. A luta é fundamental para a própria definição de liberdade. Cito aqui uma passagem do Livro III d'*O capital*:

> O reino da liberdade só começa, de fato, onde termina o trabalho determinado pela necessidade e pela conveniência externa; ele se encontra, por sua própria natureza, para além da esfera da produção material propriamente dita. Assim como o selvagem, também o homem civilizado tem de lutar com a natureza para satisfazer suas necessidades, para conservar e reproduzir sua vida, e tem de fazê-lo em todas as formas sociais e sob todos os modos de produção possíveis. Com seu desenvolvimento, expande-se esse reino da necessidade natural, porque também se expandem suas necessidades; ao mesmo tempo, porém, expandem-se as forças produtivas que as satisfazem. A liberdade nesse terreno só pode consistir em que o homem socializado, os produtores associados, regulem seu metabolismo com a natureza, submetam-no a seu controle coletivo, em vez de serem dominados por ele como por uma potência cega, e que o realizem com o mínimo dispêndio de energia e sob as condições mais dignas e adequadas à sua natureza humana. Mas ele permanece sempre um reino de necessidade. Para além dele começa o desenvolvimento das forças humanas como um fim em si mesmo, o verdadeiro reino da liberdade, que, no entanto, só pode florescer sobre a base daquele reino da necessidade. A redução da jornada de trabalho é a precondição fundamental.**

---

* *Magna Charta Libertatum*: documento imposto ao rei inglês João I (chamado "João sem Terra") pelos grandes senhores feudais, barões e príncipes eclesiásticos, apoiados pela nobreza rural e pelas municipalidades. A *Charta*, assinada em 15 de junho de 1215, limitava o poder do rei, principalmente em favor dos senhores feudais, e fazia várias concessões à nobreza rural; à massa da população, os camponeses servos, a *Charta* não concedia qualquer direito. Marx refere-se aqui à lei para a limitação da jornada de trabalho, pela qual a classe trabalhadora inglesa teve de travar uma longa e persistente luta. (N. T.)

** MEW, *Das Kapital* (Berlim, Dietz, 1983), v. 25, p. 828. (N. T.)

Mas vemos também que os capitalistas, movidos pelas leis coercitivas da concorrência, costumam se comportar de maneira prejudicial a suas perspectivas de reprodução como classe. Se os trabalhadores se organizam como classe e, com isso, forçam os capitalistas a mudar seu comportamento, o poder coletivo dos trabalhadores ajuda a salvar os capitalistas de sua própria estupidez e miopia individuais, forçando-os a reconhecer seu interesse de classe. Isso implica que a luta de classes pode atuar como um estabilizador na dinâmica capitalista. Se os trabalhadores são completamente desprovidos de poder, o sistema torna-se deficiente, porque o "*après moi le déluge!*" não é um modo viável de conduzir uma economia capitalista estável. Isso é um problema sério, no que diz respeito tanto à superexploração da terra e à pilhagem dos recursos naturais quanto à qualidade e à quantidade de oferta de trabalho.

Mas essa é uma conclusão difícil, porque Marx é supostamente um pensador revolucionário. Nesse capítulo, ele inicia sua exposição com a tese de que tanto o capital quanto o trabalho procuram seus direitos nos termos das leis da troca. Nesses termos, o único resultado possível para os trabalhadores é uma "modesta Magna Carta" de um salário diário justo para uma jornada de trabalho justa. Não há aqui nenhuma menção à derrubada da classe capitalista ou à abolição das relações de classe. A luta de classes serve apenas para equilibrar a relação entre capital e trabalho. Ela pode ser muito facilmente interiorizada na dinâmica capitalista como uma força positiva que sustenta esse modo de produção. Se, por um lado, isso significa que a luta de classes é tanto inevitável como socialmente necessária, por outro, lança pouca luz sobre as perspectivas de uma derrubada revolucionária do capitalismo.

Como devemos interpretar o elemento político envolvido nisso tudo? Minha inclinação é concordar com a proposição de que um certo ganho de poder do movimento trabalhador é socialmente necessário para o funcionamento efetivo do capitalismo e, quanto antes os capitalistas reconhecerem e se submeterem a esse fato, melhor para eles. Há evidências históricas suficientes para apoiar essa conclusão, como o New Deal, pelo qual os Estados Unidos fortaleceram deliberadamente o movimento sindical não para derrubar o capitalismo, mas para ajudar a estabilizá-lo. As lutas em torno do valor da força de trabalho e da duração da jornada de trabalho são fundamentais para chegar a um mínimo de estabilidade no capitalismo, tanto por razões sociais e políticas quanto por razões puramente econômicas. Talvez não seja por acaso que a fase de governo social-democrata mais forte na Europa nos anos 1950 e 1960 e a aliança social entre o capital e o trabalho nos Estados Unidos estejam associadas a um robusto crescimento capitalista, e que os Estados escandinavos, com seus poderosos sistemas de bem-estar social, tenham continuado como concorrentes relativamente bem-sucedidos na arena mundial, mesmo durante a recente vi-

158 / Para entender *O capital* I

rada neoliberal. Marx também dirá que, para compreender a dinâmica do capitalismo, é necessário introduzir a descoberta da existência socialmente necessária da luta de classes numa economia política burguesa, que, por si mesma, silencia esse fato.

Mas há também um ponto em que a luta em torno da duração da jornada de trabalho e o ganho de poder do movimento trabalhador podem ir além da consciência sindical e se transformar em reivindicações mais revolucionárias. Uma coisa é dizer que a jornada de trabalho deveria ser limitada a oito ou dez horas, mas o que aconteceria se os trabalhadores exigissem uma redução para quatro horas? Nesse ponto, os capitalistas ficam assustados. Como aconteceu na França, mesmo uma semana de trabalho de 35 horas e férias de 6 semanas foram vistas como excessivas e desencadearam um forte movimento por parte da classe capitalista e de seus aliados a favor de uma maior "flexibilidade" nas leis trabalhistas. A questão é: em que ponto a reforma se excede e desafia a própria base do capitalismo?

Se existe um ponto de equilíbrio na luta de classes, ele não é fixo, tampouco conhecido. Mas esse ponto depende da natureza das forças de classe e do grau de flexibilidade dos capitalistas em relação às novas demandas. Por exemplo, uma jornada de trabalho muito mais curta permite aos capitalistas forçar a intensidade e a eficiência do trabalho para compensar as horas reduzidas. É virtualmente impossível manter um alto grau de intensidade numa jornada de trabalho de doze horas. Um exemplo interessante ocorreu na greve dos mineiros contra o governo de Edward Heath, na Grã-Bretanha, nos anos 1970. Diante da escassez de energia, Heath decretou uma jornada de trabalho de três dias, mas dados subsequentes mostraram que a atividade produtiva não diminuiu na mesma proporção. Ele decretou também o fim das transmissões de televisão após as dez horas da noite, e isso lhe custou o mandato na eleição seguinte (também houve um interessante aumento no número de nascimentos, cerca de nove meses depois).

Não posso deixar de concluir este capítulo com alguns comentários sobre sua relevância para as condições atuais. Está claro que, desde os tempos de Marx, a dinâmica da luta de classes (inclusive da formação de alianças de classe) continuou a desempenhar um papel crucial tanto na determinação dos dias, semanas, anos e vida de trabalho quanto no grau de regulação das condições de trabalho e dos níveis de salários. Mesmo que em certos lugares e épocas as condições mais terríveis descritas por Marx tenham sido lentamente corrigidas, as questões gerais que ele descreve (por exemplo, a expectativa de vida muito menor do que a média em muitas ocupações, como mineração, metalurgia e construção) nunca foram resolvidas. Mas, nos últimos trinta anos, com a contrarrevolução neoliberal – que dá muito mais ênfase à desregulamentação – e a procura de forças de trabalho mais vulneráveis por meio da globalização, houve uma recrudescência daquelas condições que os inspetores de fábrica descreveram com tantos detalhes na época de Marx. Em meados dos anos 1990, por exemplo, eu passava o seguinte exercício aos estudantes que frequentavam meu curso sobre *O capital*: pedia que imaginassem que haviam recebido uma carta de seus pais em que estes diziam que *O capital*, apesar de ter certa relevância histórica, descreve condições que foram superadas há muito tempo. Eu lhes apresentava uma quantidade enorme de excertos de relatórios oficiais (do Banco Mundial, por exemplo) e recortes de jornais respeitáveis (*New York Times* etc.) que descreviam as condições de trabalho nas fábricas da Gap na América Central, da Nike na Indonésia e no Vietnã e da Levi Strauss no Sudoeste Asiático e diziam quão chocada havia ficado Kathie Lee Gifford, grande defensora das crianças, ao descobrir que as roupas que ela havia criado para o Walmart haviam sido produzidas em fábricas hondurenhas que empregam crianças pequenas por salário inexistente ou em fábricas clandestinas em Nova York em que os trabalhadores ficam semanas sem salário. Os estudantes escreviam ensaios excelentes, mas hesitavam quando eu sugeria que talvez gostassem de enviá-los a seus pais.

Lamentavelmente, as condições pioraram. Em maio de 2008, uma inspeção da Immigration and Customs Enforcement num frigorífico em Iowa descobriu 389 pessoas suspeitas de ser imigrantes ilegais, entre elas vários menores de idade e muitas trabalhando doze horas por dia, seis dias por semana. Os imigrantes foram tratados como criminosos; muitos dos 297 condenados ficaram presos cinco meses ou mais, até que foram deportados; enquanto isso, as autoridades começaram muito lentamente a tomar medidas contra o frigorífico por suas práticas de trabalho chocantes, mas apenas depois que o ultraje ganhou repercussão pública. Como meus estudantes puderam concluir, é muito fácil incluir dados atuais sobre as práticas laborais no capítulo em Marx discute a jornada de trabalho, sem que se note nenhuma diferença. Foi a isso que nos levaram a contrarrevolução neoliberal e o enfraquecimento do movimento trabalhista. Infelizmente, a análise de Marx é absolutamente relevante para nossa condição contemporânea.

CAPÍTULO 9: TAXA E MASSA DO MAIS-VALOR

O capítulo 9 é um típico capítulo de transição. Ele parte de um conjunto de questões para introduzir outro. Marx retoma a forma árida, algébrica, antes de dar uma guinada substancial. Os capitalistas, sugere ele, estão muito interessados em maximizar a massa do mais-valor porque seu poder social individual depende da quantidade total de dinheiro que controlam. A massa do mais-valor é dada pela taxa de mais-valor multiplicada pelo número de trabalhadores empregados. Se esse número diminui, a mesma massa de mais-valor pode ser ganha com um aumento da

160 / Para entender *O capital* I

taxa de mais-valor. Mas há um limite para a taxa de mais-valor, dado não apenas pelo fato de o dia ter apenas 24 horas, mas também por todas as barreiras sociais e políticas discutidas anteriormente. Diante desse limite, os capitalistas podem aumentar o número de trabalhadores empregados. Num certo ponto, porém, outro limite se apresenta: o do total de capital variável disponível e da oferta total de população trabalhadora. Obviamente, o último limite seria a população total, mas existem outras razões para que a força de trabalho disponível seja muito menor do que ela. Diante desses dois limites, o capital tem de lançar mão de uma estratégia inteiramente diferente para aumentar a massa do mais-valor.

Como ocorre com frequência em capítulos transitórios, Marx apresenta, de forma sucinta, um mapa conceitual do caminho percorrido e do que ainda resta percorrer:

> No interior do processo de produção, o capital se desenvolveu para assumir o comando sobre o trabalho, isto é, sobre a força de trabalho em atividade ou, em outras palavras, sobre o próprio trabalhador. O capital personificado, o capitalista, cuida para que o trabalhador execute seu trabalho ordenadamente e com o grau apropriado de intensidade [...]. [Mas] o capital desenvolveu-se, ademais, numa relação coercitiva, que obriga a classe trabalhadora a executar mais trabalho do que o exigido pelo círculo estreito de suas próprias necessidades vitais. (381)

O capital personificado, em sua sede por mais-trabalho e sua busca incessante de mais-valor,

> excede em energia, desmedida e eficiência todos os sistemas de produção anteriores baseados no trabalho direto compulsório [...]. Inicialmente, [porém], o capital subordina o trabalho conforme as condições técnicas em que ele historicamente se encontra. Portanto, ele não altera imediatamente o modo de produção, razão pela qual a produção de mais-valor, na forma como a consideramos até agora, mostrou-se independente de qualquer mudança no modo de produção. (381-2)

Mas isso está prestes a mudar tanto lógica como historicamente. Quando "observamos o processo de produção do ponto de vista do processo de valorização", percebemos que os "meios de produção converteram-se imediatamente em meios para a sucção de trabalho alheio. Não é mais o trabalhador que emprega os meios de produção, mas os meios de produção que empregam o trabalhador". Essa mudança lógica e histórica ocupa o cerne de uma transformação radical na forma como o modo de produção capitalista tem de ser entendido. "Em vez de serem consumidos por ele como elementos materiais de sua atividade produtiva", são os meios de produção que "o consomem como fermento de seu próprio processo vital, e o processo vital do capital não é mais do que seu movimento como valor que valoriza a si mesmo" (382). Isso se segue do simples fato de que o valor dos meios de produção (o trabalho morto congelado nas fábricas, nos fusos e nas máquinas) só pode ser preservado (para não dizer aumentado na forma de mais--valor) pela absorção da oferta de trabalho vivo sempre renovada. Para o "cérebro burguês", a conclusão é que os trabalhadores existem apenas para valorizar o capital por meio da aplicação de sua força de trabalho!

O capitalismo abomina qualquer tipo de limite, precisamente porque a acumulação de dinheiro é, em princípio, ilimitada. Por isso, o capitalismo se esforça constantemente para transcender todos os limites (ambientais, sociais, políticos e geográficos) e transformá-los em barreiras que possam ser transpostas ou contornadas. Isso dá um caráter definido e especial ao modo de produção capitalista e impõe consequências históricas e geográficas ao seu desenvolvimento. Vamos analisar agora como os limites encontrados neste capítulo – da força de trabalho disponível e da taxa de mais-valor – são transformados pelo capital numa barreira que pode ser ultrapassada.

6. O MAIS-VALOR RELATIVO

CAPÍTULO 10: O CONCEITO DE MAIS-VALOR RELATIVO

O capítulo 10 propõe um argumento simples, com poucos detalhes complicados. Ainda assim, é um capítulo que pode muito facilmente ser mal compreendido. O argumento inicial é o seguinte: o valor de uma mercadoria é determinado pelo tempo de trabalho socialmente necessário incorporado nela, e esse valor diminui à medida que a produtividade aumenta. Em suma "quanto maior é a força produtiva do trabalho, menor é o tempo de trabalho requerido para a produção de um artigo, menor a massa de trabalho nele cristalizada e menor seu valor" (118).

O valor da força de trabalho como mercadoria é afetado por todo tipo de circunstância histórica, cultural e social. Mas ao valor das mercadorias também está ligado o fato de que os trabalhadores precisam reproduzir a si mesmos e a seus dependentes num dado padrão de vida. "O valor da força de trabalho se resume no valor de uma quantidade determinada de meios de subsistência e varia, portanto, com o valor desses meios de subsistência, isto é, de acordo com a magnitude do tempo de trabalho requerido para a sua produção" (247). Assim, os demais fatores permanecendo iguais, o valor da força de trabalho diminuirá à medida que aumenta a produtividade naquelas indústrias que produzem os bens que os trabalhadores necessitam para reproduzir a si mesmos.

> Para reduzir o valor da força de trabalho, o aumento da força produtiva tem de afetar os ramos da indústria cujos produtos determinam o valor da força de trabalho, portanto, aqueles ramos que ou pertencem ao círculo dos meios de subsistência habituais ou podem substituí-los por outros meios. (390)

Isso permite aos capitalistas gastar menos com o capital variável, porque os trabalhadores precisam de menos dinheiro para atender a suas necessidades (tais como fixadas por um dado padrão de vida). Se os capitalistas podem gastar menos com o capital variável, a razão $^m/_v$ – ou a taxa de mais-valor – aumenta, mesmo que a duração da jornada de trabalho seja fixa. Desse modo, o capitalista consegue uma massa maior de mais-valor, ainda que a duração da jornada de trabalho seja fixa.

Esse processo não infringe as leis da troca. É claro que os capitalistas procurarão comprar o máximo de força de trabalho possível abaixo de seu valor, e isso aumentará a massa de mais-valor que recebem. "Apesar do importante papel que desempenha no movimento real do salário, esse método é aqui excluído pelo pressuposto de que as mercadorias, portanto também a força de trabalho, são compradas e vendidas por seu valor integral" (389). A aceitação da lógica do mercado e das teses da economia política clássica tem precedência sobre o estudo das práticas efetivas, demonstrando mais uma vez o compromisso de Marx com a desconstrução das teses utópicas da economia política clássica em seus próprios termos. Outro resultado peculiar segue-se do modo de raciocinar de Marx. "Em contrapartida, nos ramos de produção que não fornecem meios de subsistência nem meios de produção para sua fabricação, a força produtiva aumentada deixa intocado o valor da força de trabalho" (390). Portanto, a redução do valor de artigos de luxo em consequência do aumento de produtividade não interfere no mais-valor relativo. O que importa é apenas a diminuição do valor dos produtos que compõem o salário.

Isso coloca uma pergunta. Por que os capitalistas aumentariam a produtividade de sua própria produção de artigos de primeira necessidade se todos os capitalistas se beneficiassem com esse aumento? Isso é o que chamamos hoje de "problema de *free-rider*"*. O capitalista individual, que inova e reduz o preço de um artigo de primeira necessidade, contribuindo assim para a redução do valor de toda a força de trabalho, não consegue com isso nenhum benefício particular ou singular. O benefício atinge toda a classe capitalista. Qual é o incentivo individual para fazê-lo?

O mais-valor poderia ser produzido por meio de uma estratégia de classe? Embora Marx não mencione isso nesse capítulo, ele relata um caso em que tal fato aconteceu – a abolição das *Corn Laws* como resultado da articulação dos industriais de Manchester. As importações mais baratas de grãos provocaram uma queda no preço do pão, o que, por sua vez, permitiu a redução dos salários. Esse tipo de estratégia de classe teve grande importância histórica. O mesmo raciocínio é usado hoje nos Estados Unidos em relação às supostas vantagens do livre-comércio. O

---

* Em economia, a expressão *free-rider* [caroneiro] refere-se, em linhas gerais, ao comportamento do indivíduo que usufrui de um benefício – principalmente bens ou serviços públicos – sem pagar por eles contraprestação alguma. (N. T.)

fenômeno Walmart e as importações baratas da China são bem-vindos porque produtos baratos reduzem o custo de vida das classes trabalhadoras. O fato de que os salários dessas classes não tenham aumentado muito nos últimos trinta anos torna-se mais palatável, porque a quantidade física de bens que elas podem comprar aumentou (desde que comprem no Walmart). Assim como a burguesia industrial britânica do século XIX queria reduzir o valor da força de trabalho permitindo importações baratas, a atual relutância em frear as importações baratas nos Estados Unidos deriva da necessidade de manter estável o valor da força de trabalho. Tarifas protecionistas, embora pudessem ajudar a manter o emprego nos Estados Unidos, provocariam um aumento de preços e, por conseguinte, de salários.

Há muitos registros na história de estratégias do Estado para intervir no valor da força de trabalho. Por exemplo, por que o Estado de Nova York não taxa a venda de alimentos? Porque ela é vista como fundamental para determinar o valor da força de trabalho. Vez por outra, a burguesia industrial apoiou controles de renda, programas habitacionais e subsídios de produtos agrícolas, porque isso também mantinha baixo o valor da força de trabalho. Assim, podemos identificar muitas situações em que houve, e ainda há, estratégias de classe, implementadas por meio do aparato estatal, para reduzir o valor da força de trabalho. Na medida em que conquistaram um mínimo de acesso ao poder estatal, as classes trabalhadoras puderam usá-lo para aumentar seu ganho (pela provisão do Estado de diversos bens e serviços) e o valor de sua força de trabalho (na verdade, exigindo para si mesmas uma parte do mais-valor relativo potencial).

Marx não faz menção a essas questões nesse capítulo, muito provavelmente pela mesma razão por que ignorou o fato de que os capitalistas procuram constantemente comprar força de trabalho abaixo de seu valor. Estratégias conscientes de classe e intervenções estatais não são admissíveis no modelo teórico construído por Marx. Não precisamos necessariamente segui-lo à risca nesse ponto, em particular porque estamos interessados em acontecimentos reais. Mas, ao desmontar os pressupostos restritivos do utopismo do livre-comércio, ele faz algo muito profundo: mostra como e por que os capitalistas individuais poderiam ser impelidos a inovar (sem nenhuma intervenção de classe ou do Estado), mesmo se o retorno por sua inovação fosse distribuído entre toda a classe capitalista.

"Se, por exemplo, um capitalista individual barateia camisas por meio do aumento da força produtiva do trabalho, isso de modo algum implica que ele tenha em vista reduzir o valor da força de trabalho e, com isso, o tempo de trabalho necessário *pro tanto*." O capitalista individual, mesmo contribuindo "para aumentar a taxa geral do mais-valor", não age com base numa consciência de classe generalizada. Marx adverte: "é preciso que as tendências gerais e necessárias do capital sejam diferenciadas de suas formas de manifestação". Essa formulação peculiar é sinal de que algo especial está acontecendo (há cheiro de fetichismo no ar). O quê?

166 / Para entender *O capital* I

Não nos ocuparemos, por ora, do modo como as leis imanentes da produção capitalista se manifestam no movimento externo dos capitais, impondo-se como leis compulsórias da concorrência e apresentando-se à mente do capitalista individual como a força motriz de suas ações. Porém, esclareçamos de antemão: a análise científica da concorrência só é possível quando se apreende a natureza interna do capital, do mesmo modo que o movimento aparente dos corpos celestes só é compreensível para quem conhece seu movimento real, apesar de sensorialmente imperceptível. (390-1)

Temos de pensar muito, crítica e cuidadosamente, sobre o que ele diz aqui. Sugeri que deveríamos ficar atentos ao momento em que as leis coercitivas da concorrência aparecessem na argumentação. Este é, sem dúvida, o momento a que me referi. Marx, porém, parece querer diminuir a importância dessas leis, mesmo reconhecendo que não pode prescindir delas. Em relação a esse ponto, posso oferecer apenas minha própria interpretação, tendo plena consciência de que muitos discordarão de mim. Penso que há um paralelo entre o modo como Marx analisa o papel das flutuações da oferta e da demanda e o papel da concorrência. No caso da oferta e da demanda, Marx admite que tais condições têm um papel vital na geração de variações de preço de uma mercadoria em particular, mas, quando a oferta e a demanda estão em equilíbrio, diz ele, elas deixam de explicar tudo. A explicação tem de vir de algo totalmente distinto, a saber, o tempo de trabalho socialmente necessário, ou valor. Isso não significa que a oferta e a demanda sejam irrelevantes – sem elas não poderia haver equilíbrio de preços. As relações de oferta e demanda são um aspecto necessário do modo de produção capitalista, mas não suficiente. A concorrência entre capitalistas individuais no interior de dada linha de produção de mercadorias desempenha um papel similar. Nesse exemplo, no entanto, ela redefine a posição de equilíbrio – o preço médio ou valor da mercadoria – por meio de mudanças no nível geral da produtividade naquela linha de produção de mercadorias. A concorrência, tal como Marx a descreve aqui, é uma espécie de epifenômeno que ocorre na superfície da sociedade, mas que, como a própria troca, tem algumas consequências mais profundas, que não podem ser entendidas com referência à concorrência. Esta é a posição que ele assume nos *Grundrisse*: a competição não estabelece as leis de movimento do capitalismo,

mas é sua executora. Por essa razão, a concorrência ilimitada não é o pressuposto para a verdade das leis econômicas, mas a consequência – a forma de manifestação em que sua necessidade se realiza. [...] Por isso, a concorrência não explica essas leis; ao contrário, as torna visíveis, mas não as produz.*

---

* Karl Marx, *Grundrisse*, cit., p. 456. (N. E.)

Vejamos como tal processo se dá nesse exemplo. "Para que se compreenda a produção do mais-valor relativo com base apenas nos resultados já obtidos, devemos proceder às seguintes observações" (391). Lembramos que o valor de uma mercadoria é fixado pelo "tempo de trabalho socialmente necessário [...] requerido para produzir um valor de uso qualquer sob as condições normais para uma dada sociedade e com o grau social médio de destreza e intensidade do trabalho" (117). O que acontece se um capitalista individual parte dessa média social e cria um sistema produtivo supereficiente, que, em vez de produzir dez artigos em uma hora, produz vinte? Se um capitalista faz isso, enquanto os outros continuam a produzir dez artigos por hora, então ele pode vender por um preço social médio de dez, embora produzindo e vendendo vinte. "O valor individual dessa mercadoria se encontra, agora, abaixo de seu valor social, isto é, ela custa menos tempo de trabalho do que a grande quantidade do mesmo artigo produzida em condições sociais médias" (391). O capitalista inovador ganha um lucro extra, um mais--valor extra, ao vender por um preço social médio, embora sua produtividade seja muito maior do que a média social. Essa diferença é crucial e gera uma forma de mais-valor relativo para o capitalista individual. Nesse caso, não importa se o capitalista está produzindo bens de primeira necessidade ou artigos de luxo. Mas como esse capitalista vende os dez artigos extras que produziu em uma hora pelo preço social médio antigo? Aqui entram em cena as leis da oferta e da demanda. E a resposta é, provavelmente, que esses artigos não podem ser vendidos pelo preço antigo. Logo, os preços têm de cair, o que faz com que os outros capitalistas tenham um lucro menor. Isso provoca uma redistribuição do mais-valor daqueles que empregam tecnologias inferiores para aqueles que empregam tecnologias superiores. Os que trabalham com tecnologias inferiores têm um estímulo competitivo maior para adotar a nova tecnologia. Uma vez que todos os capitalistas que atuam nessa linha de produção adotem a nova tecnologia e produzam vinte artigos por hora, ocorre uma queda do tempo de trabalho socialmente necessário incorporado nos artigos.

Essa forma de mais-valor relativo apropriada pelo capitalista individual só dura enquanto ele possuir uma tecnologia superior à dos outros capitalistas. Ela é efêmera.

> Esse mais-valor adicional desaparece assim que o novo modo de produção se universaliza e apaga-se a diferença entre o valor individual das mercadorias baratedas e seu valor social. A mesma lei da determinação do valor pelo tempo de trabalho, que se apresentou ao capitalista, juntamente com o novo método de produção, sob a forma de que ele é obrigado a vender sua mercadoria abaixo de seu valor social, força seus concorrentes, como lei compulsória da concorrência, à aplicação do novo modo de produção. (393)

168 / Para entender *O capital* I

Assim, a primeira forma de mais-valor relativo considerada nesse capítulo é um fenômeno de classe. Ele é apropriado por toda a classe capitalista e dura enquanto permitirem as condições da luta de classes em torno do valor da força de trabalho. A segunda forma é individual e efêmera. É essa segunda forma que confere aquela vantagem individual que os capitalistas são obrigados a procurar pelas leis coercitivas da concorrência. O resultado é que todos os capitalistas, uma hora ou outra, são forçados a adotar a mesma tecnologia. As duas formas de mais-valor relativo também têm relação entre si, uma vez que inovações efêmeras no setor de produtos de primeira necessidade forçarão para baixo o valor da força de trabalho. "Vê-se, assim, o impulso imanente e a tendência constante do capital a aumentar a força produtiva do trabalho para baratear a mercadoria e, com ela, o próprio trabalhador" (394).

Mas um capitalista comedido sabe que sempre pode obter essa segunda forma efêmera de mais-valor relativo, contanto que tenha uma tecnologia superior. Isso leva a alguns resultados interessantes. Suponhamos que a nova tecnologia seja uma nova máquina. Marx afirmou que as máquinas, porque são trabalho morto, não produzem valor. Mas o que acontece se você consegue um mais-valor relativo extra por causa de uma nova máquina? Embora não sejam uma fonte de valor, máquinas podem ser uma fonte de mais-valor relativo para o capitalista individual! Assim que elas se generalizam, pode parecer que são uma fonte de mais-valor relativo para a classe capitalista, por causa da diminuição provocada no valor da força de trabalho. Isso gera um resultado peculiar: as máquinas não podem ser uma fonte de valor, mas podem ser uma fonte de mais-valor.

Do modo como Marx expõe o argumento, vemos que há um tremendo incentivo para que os capitalistas individuais adotem inovações tecnológicas. Saio na frente, tenho um sistema de produção superior, mais eficiente do que o seu, e durante três anos ganho mais-valor efêmero; então você me alcança, ou até me ultrapassa, e consegue mais-valor efêmero durante três anos, e assim sucessivamente. Os capitalistas estão todos à caça de mais-valor efêmero por meio de novas tecnologias. Decorre daí o dinamismo tecnológico do capitalismo.

A maioria das teorias da mudança tecnológica trata a inovação como uma espécie de *deus ex machina*, uma variável exógena, externa ao sistema, que pode ser atribuída ao gênio inerente dos empresários ou simplesmente à capacidade de inovação própria dos seres humanos. Mas Marx reluta em atribuir algo tão crucial a uma potência externa. O que faz aqui é encontrar uma explicação interna (endógena, como preferimos dizer) para o fato de o capitalismo ser tão incrivelmente dinâmico do ponto de vista tecnológico. Ele também explica por que os capitalistas sustentam a visão fetichista de que as máquinas são uma fonte de valor, e por que todos nós estamos sujeitos à mesma concepção fetichista. Mas ele está convencido de que as máquinas são uma fonte de mais-valor relativo, e não de valor. Como os capitalistas estão interessados na massa de mais-valor, e como geralmente preferem ganhar mais-valor relativo do que travar uma luta de classes pelo mais-valor absoluto, a crença fetichista num "remédio tecnológico" como resposta a suas ambições é perfeitamente compreensível. Temos até de fazer um grande esforço para nos livrar dessa crença.

Mas há uma questão interessante que Marx não considera, embora faça alusão a ela em outro lugar. Suponha que os trabalhadores vivam apenas de pão, e que o custo do pão caia pela metade em razão de um aumento na produtividade. Suponha também que os capitalistas cortem os salários em um quarto. Com isso, eles ganham a forma coletiva de mais-valor relativo e aumentam a taxa geral de exploração. Ao mesmo tempo, porém, os trabalhadores podem comprar mais pão e aumentam seu padrão de vida físico. A questão geral que se coloca é: como os ganhos derivados do aumento da produtividade são distribuídos entre as classes? Uma possibilidade, que Marx infelizmente não enfatiza, é que o padrão de vida físico dos trabalhadores – medido pelos bens materiais (valores de uso) que eles têm condições de adquirir – pode aumentar, ao mesmo tempo que aumenta a taxa de mais-valor ($\frac{mv}{v}$). Esse é um ponto importante, porque uma das críticas mais frequentes a Marx é que ele acredita numa taxa crescente de exploração. Como isso é possível, perguntam os críticos? Se os trabalhadores (ao menos nos países capitalistas avançados) têm carros e muitos outros bens de consumo, é óbvio que a taxa de mais-valor não pode estar aumentando! Os trabalhadores não estão vivendo em condições muito melhores? Parte da resposta é que é perfeitamente possível, nos termos postulados pela teoria de Marx, que aumentos constantes no padrão de vida do trabalhador sejam acompanhados de uma taxa de mais-valor crescente ou constante. (Outra parte da resposta pode ser encontrada nos benefícios que uma parcela da classe trabalhadora global tem com as práticas imperialistas de exploração da outra parcela, mas não podemos usar esse argumento aqui.)

Digo que é lamentável que Marx não tenha enfatizado esse ponto, em parte porque teria evitado uma linha errônea e espúria de crítica teórica e histórica. Mas também porque nos faria focar mais claramente o aspecto crucial da história da luta de classes: a questão da distribuição dos benefícios obtidos com os ganhos de produtividade. No caso dos Estados Unidos, uma parte dos ganhos obtidos com o aumento da produtividade foi destinada aos trabalhadores a partir da Guerra Civil. Uma estratégia de barganha tipicamente sindical colabora, de fato, para a obtenção de salários maiores como recompensa por uma produtividade maior. Se os benefícios obtidos com o dinamismo tecnológico são distribuídos, a oposição a esse dinamismo tecnológico torna-se impotente, ainda que os capitalistas aumentem a taxa de mais-valor. É possível também que, pelo fato de os trabalhadores terem enfim alcançado um bom padrão de vida, a oposição política ao capitalismo em geral seja menos estridente, mesmo com uma taxa de mais-valor crescente. O que é estranho no caso dos Estados Unidos é que os trabalhadores deixaram de ganhar com o aumento da produtividade apenas nos últimos trinta anos. A classe capitalista passou a se apropriar de quase todos os benefícios. Isso está no cerne da contrarrevolução neoliberal e é o que a distingue do período keynesiano do Estado de bem-estar social, quando os ganhos obtidos com o aumento da produtividade tendiam a ser distribuídos mais equitativamente entre o capital e o trabalho. O resultado foi, como está bem documentado, um tremendo aumento nos níveis de desigualdade social em todos os países que adotaram políticas neoliberais. Isso tem a ver em parte com o equilíbrio de forças entre as classes e a dinâmica da luta de classes, mas especificamente nos Estados Unidos as importações mais baratas (e as práticas imperialistas) também ajudaram a manter a ilusão dos trabalhadores de que talvez estivessem se beneficiando com o imperialismo capitalista. Mas isso vai muito além daquilo que o texto de Marx nos propõe. No entanto, acredito que seja útil estender os *insights* mais importantes de Marx nessa direção.

CAPÍTULO 11: COOPERAÇÃO

Os três capítulos seguintes tratam dos vários modos como os capitalistas podem procurar conseguir mais-valor relativo do tipo individual. O foco geral é o que aumenta a produtividade do trabalho, e é claro que isso depende de formas organizacionais (cooperação e divisão do trabalho), assim como de maquinaria e automação (o que chamamos em geral de tecnologia). Isso pode dar margem a confusão, porque às vezes Marx reúne todas essas estratégias sob a rubrica "forças produtivas", mas, em outras passagens, emprega o termo "tecnologia", como se ambos tivessem o mesmo significado. Ele está tão interessado na forma organizacional (no *software*, por assim dizer) quanto nas máquinas (no *hardware*). Penso que o melhor seja pressupor que a teoria de Marx da tecnologia/forças produtivas consista na maquinaria mais a forma organizacional. A meu ver, isso é particularmente relevante porque, em tempos recentes, as transformações na forma organizacional – subcontratação, sistemas *just-in-time*, descentralização corporativa e coisas do gênero – desempenharam um papel preponderante na busca do aumento da produtividade. Se os altos lucros do Walmart repousam sobre a exploração da mão de obra chinesa barata, é a eficiência de sua forma organizacional que o coloca à frente de muitos de seus concorrentes. De modo similar, a conquista do mercado norte-americano de automóveis pelos japoneses, à custa de Detroit, teve a ver tanto com a forma organizacional (*just-in-time* e subcontratações) das indústrias automobilísticas japonesas quanto com o novo hardware e a automação empregados por elas. De fato, desde que a cronoanálise [*time-and-motion studies*] (e aquilo que se passou a chamar taylorismo) se tornou moda no início do século XX, houve sempre um forte vínculo entre o hardware e o software dos sistemas de produção capitalista.

Marx começa examinando como duas formas organizacionais – a cooperação e a divisão do trabalho – podem ser usadas pelo capital em condições tecnológicas de trabalho artesanal e manual para aumentar a produtividade. As inovações nesses dois aspectos da forma organizacional foram fatores integrantes da aquisição de mais-valor relativo ao longo da história do capitalismo, e não devemos nunca nos esquecer disso. Contudo, assim como no capítulo sobre o processo de trabalho, em que a nobreza potencial do processo é realçada por oposição à sua forma alienada sob o capitalismo, Marx não lança uma luz inerentemente negativa nem sobre a cooperação nem sobre a divisão do trabalho. Ele as vê como potencialmente criativas, benéficas e gratificantes para o trabalhador. A cooperação e a divisão bem organizada do trabalho são capacidades humanas esplêndidas, que incrementam nossos poderes coletivos. O socialismo e o comunismo teriam presumivelmente grande necessidade delas. O que Marx tenta mostrar é como essas potencialidades positivas são apropriadas pelo capital para seu benefício particular e transformadas em algo negativo para o trabalhador.

"A forma de trabalho dentro da qual muitos indivíduos trabalham de modo planejado uns ao lado dos outros e em conjunto, no mesmo processo de produção ou em processos de produção diferentes porém conexos chama-se cooperação." Note a palavra "planejadamente", pois ela será uma ideia importante. A cooperação permite, por exemplo, uma escala aumentada de produção, e as economias de escala que daí resultam podem gerar aumento na eficiência do trabalho e na produtividade. Esse é um objeto comum da teoria econômica convencional, e Marx não o nega. "Aqui não se trata somente do aumento da força produtiva individual por meio da cooperação, mas da criação de uma força produtiva que tem de ser, em si mesma, uma força de massas" (400-1).

> [Essa força de massas] provoca, na maior parte dos trabalhos produtivos, emulação e excitação particular dos espíritos vitais [*animal spirits*] que elevam o rendimento dos trabalhadores individuais, fazendo com que uma dúzia de pessoas forneça, numa jornada de trabalho simultânea de 144 horas, um produto total maior do que 12 trabalhadores isolados, cada um deles trabalhando 12 horas. (401)

Além disso, "a cooperação permite estender o âmbito espacial do trabalho", ao mesmo tempo que

> torna possível, em proporção à escala da produção, o estreitamento espacial da área de produção. Essa limitação do âmbito espacial do trabalho e a simultânea ampliação de sua

esfera de atuação, que poupa uma grande quantidade de falsos custos [...], é resultado da conglomeração dos trabalhadores, da reunião de diversos processos de trabalho e da concentração dos meios de produção. (404)

Há aqui uma tensão interessante entre expansão geográfica (o trabalho realizado numa ampla área) e concentração geográfica (a concentração de trabalhadores num mesmo local com o propósito de haver cooperação). Esta última, como afirma Marx, pode ter consequências políticas, na medida em que os trabalhadores se reúnem e se organizam.

Ele insiste, no entanto, que "a força produtiva específica da jornada de trabalho combinada é força produtiva social do trabalho ou força produtiva do trabalho social. Ela deriva da própria cooperação". Além disso, "ao cooperar com outros de modo planejado, o trabalhador supera suas limitações individuais e desenvolve sua capacidade genérica" (405). Esse é um daqueles casos em que Marx retorna à noção de ser genérico universal, que foi um tema importante nos *Manuscritos econômico-filosóficos* de 1844. Neste ponto, é difícil ver a discussão sobre a cooperação sob uma luz negativa. Removemos os grilhões que tolhem nossa individualidade e desenvolvemos as potencialidades da espécie. Cabe-nos, portanto, realizar essas potencialidades do gênero humano.

Mas o que acontece quando voltamos ao mundo do nosso "aspirante a capitalista"? Antes de mais nada, o capitalista precisa de uma massa inicial de capital para organizar a cooperação. Qual é a quantidade dessa massa e de onde ela vem? Há aquilo a que chamamos hoje de barreiras à entrada em qualquer processo de produção. Em alguns casos, os custos iniciais podem ser consideráveis. Mas há modos de amenizar esse problema. Marx introduz aqui uma importante distinção. "Do mesmo modo, o comando do capital sobre o trabalho parecia inicialmente ser apenas uma decorrência formal do fato de o trabalhador trabalhar não para si, mas para o capitalista e, portanto, sob o capitalista." Contudo, "com a cooperação de muitos trabalhadores assalariados, o comando do capital se converte num requisito para a consecução do próprio processo de trabalho, numa verdadeira condição da produção" (406). A distinção aqui é entre a subsunção "formal" do trabalho sob o capital e sua subsunção "real".

O que significa essa diferença? Sob o chamado sistema *putting-out*, os capitalistas entregavam o material aos trabalhadores em seus *cottages* e retornavam mais tarde para recolher o produto pronto. Os trabalhadores não eram supervisionados e competia a eles a tarefa de regular o processo de trabalho (que com frequência envolvia o trabalho familiar e era combinado com práticas agrícolas de subsistência). Mas esses trabalhadores em domicílio dependiam dos capitalistas para obter seu ganho monetário e não possuíam aquilo que produziam. É isso que Marx entende por subsunção formal. Quando os trabalhadores são empregados numa fábrica por um

6. O mais-valor relativo / 173

salário, tanto eles quanto o processo de trabalho estão sob a supervisão direta do capitalista. Essa é a subsunção real. Assim, a subsunção formal é externa, dependente, ao passo que a subsunção real se dá no interior da fábrica, sob a supervisão do capitalista. A subsunção real implica mais custos iniciais, mais capital inicial; nos primeiros estágios do capitalismo, quando o capital era escasso, o sistema formal de exploração podia ser mais vantajoso. Marx acreditava que, com o tempo, a subsunção formal daria lugar à real. Mas não estava necessariamente certo. O retorno da subcontratação, do trabalho em domicílio e de outras práticas adotadas em nossa época indica que é sempre possível haver um retrocesso a tipos de subsunção formal.

Quando os trabalhadores são reunidos numa estrutura coletiva de cooperação na fábrica, eles ficam sob a autoridade dirigente do capitalista. Toda atividade cooperativa requer uma autoridade dirigente qualquer, como um maestro que dirige uma orquestra. O problema é que essa "função de direção, supervisão e mediação torna-se função do capital assim que o trabalho a ele submetido se torna cooperativo". Além disso, "como função específica do capital, a direção assume características específicas" (406). Tal função consiste em reconhecer que "os pequenos momentos são os elementos que formam o lucro" (317) e sugar o máximo de trabalho possível do trabalhador. Por outro lado, "conforme a massa dos trabalhadores simultaneamente ocupados aumenta, aumenta também sua resistência e, com ela, a pressão do capital para superá-la" (406).

A luta entre capital e trabalho, que encontramos antes no mercado de trabalho, é agora interiorizada na fábrica. Isso ocorre porque a cooperação é organizada por meio do poder do capital. O que antes era um poder do trabalho aparece agora como um poder do capital. "Por isso, a conexão entre seus trabalhos aparece para os trabalhadores, idealmente, como plano preconcebido e, praticamente, como autoridade do capitalista, como o poder de uma vontade alheia que submete seu agir ao seu próprio objetivo" (407).

O propósito do capitalista é assegurar, "por um lado, [um] processo social de trabalho para a produção de um produto e, por outro, [o] processo de valorização do capital", isto é, a produção de mais-valor. Isso implica o desenvolvimento de um tipo específico de processo de trabalho, em que "a função de supervisão direta e contínua dos trabalhadores individuais e dos grupos de trabalhadores" é conferida "a uma espécie particular de assalariados. Do mesmo modo que um exército necessita de oficiais militares, também uma massa de trabalhadores que coopera sob o comando do mesmo capital necessita de oficiais (dirigentes, gerentes) e suboficiais (capatazes, *foremen, overlookers, contre-maîtres*) industriais que exerçam o comando durante o processo de trabalho em nome do capital". Surge certa estrutura de supervisão dos trabalhadores de caráter autoritário e "despótico". O capitalista adquire um papel distintivo, como orquestrador do processo de trabalho em todos os seus

174 / Para entender *O capital* I

aspectos. "O capitalista não é capitalista por ser diretor da indústria; ao contrário, ele se torna chefe da indústria por ser capitalista. O comando na indústria torna-se atributo do capital" (407-8). Apenas por meio do comando do processo de trabalho o capital pode ser produzido e reproduzido. Os trabalhadores, por outro lado,

> entram numa relação com o mesmo capital, mas não entre si. Sua cooperação começa apenas no processo de trabalho, mas então eles já não pertencem mais a si mesmos. Com a entrada no processo de trabalho, são incorporados ao capital. Como cooperadores, membros de um organismo laborativo, eles próprios não são mais do que um modo de existência específico do capital.

Os trabalhadores perdem sua individualidade e tornam-se mero capital variável. É o que Marx entende por subsunção do trabalhador sob o capital.

> A força produtiva que o trabalhador desenvolve como trabalhador social é, assim, força produtiva do capital, a qual se desenvolve gratuitamente sempre que os trabalhadores se encontrem sob determinadas condições, e é o capital que os coloca sob essas condições. Pelo fato de a força produtiva social do trabalho não custar nada ao capital, e porque, por outro lado, ela não é desenvolvida pelo trabalhador antes que seu próprio trabalho pertença ao capital, ela aparece como força produtiva que o capital possui por natureza, como sua força produtiva imanente. (408)

Um poder inerente do trabalho, o poder social de cooperação, é apropriado pelo capital e aparece como um poder do capital sobre os trabalhadores. Há exemplos históricos abundantes de cooperação forçada – a Idade Média, a escravidão, as colônias –, mas sob o capitalismo o vínculo da cooperação organizada com o trabalho assalariado manifesta-se sob formas específicas. Isso teve um papel crucial no advento do capitalismo.

> [A] ocupação simultânea de um número maior de trabalhadores assalariados no mesmo processo de trabalho [...] constitui o ponto de partida da produção capitalista, que por sua vez coincide com a existência do próprio capital. Se, portanto, o modo de produção capitalista se apresenta, por um lado, como necessidade histórica para a transformação do processo de trabalho num processo social, essa forma social do processo de trabalho se apresenta, por outro lado, como um método empregado pelo capital para explorá-lo de maneira mais lucrativa por meio do aumento de sua força produtiva. (410)

Esse status original de certa forma de cooperação manteve-se constante durante toda a história do capitalismo.

A cooperação simples continua a predominar naqueles ramos de produção em que o capital opera em grande escala, sem que a divisão do trabalho ou a maquinaria desempenhem um papel significativo.

A cooperação continua a ser a forma basilar do modo de produção capitalista, embora sua própria figura simples apareça como forma particular ao lado de suas formas mais desenvolvidas. (410)

É impossível imaginar o modo de produção capitalista sem cooperação, ainda que seja cooperação sob o despotismo dos capitalistas, que organiza e dirige uma autoridade supervisora e fragmenta a classe trabalhadora em grupos hierárquicos distintos. Portanto, não faz mais sentido pensar apenas *no* trabalhador assalariado, porque a classe trabalhadora é estratificada de acordo com o status e a remuneração correspondentes às diferentes funções constitutivas de um aparato cooperativo despótico, dedicado unicamente à produção de mais-valor.

CAPÍTULO 12: DIVISÃO DO TRABALHO E MANUFATURA

O capítulo 12 examina a divisão do trabalho. Marx concentra-se aqui na reorganização do artesanato, dos ofícios, das tecnologias e outros num novo sistema que ele chama de "manufatureiro". A reorganização pode ser feita de dois modos. No primeiro, são reunidos, "sob o controle de um mesmo capitalista, trabalhadores de diversos ofícios autônomos" (411). O exemplo que ele dá é o da manufatura de carruagens, em que as rodas, o estofamento, a carroceria etc. têm de ser feitos separadamente e então reunidos. Esse tipo de reorganização contrasta com a da fabricação de alfinetes ou agulhas. Nesse caso, o processo inicia-se com a matéria-prima e percorre um processo contínuo até resultar no alfinete ou na agulha. Em ambos os casos, porém, "seja qual for seu ponto de partida particular, sua configuração final é a mesma: um mecanismo de produção, cujos órgãos são seres humanos". Quer dizer, seres humanos são postos num certo tipo de relação mútua no interior do regime cooperativo.

Essas reorganizações, no entanto, não deixam incólumes os ofícios originais. "A análise do processo de produção em suas fases particulares coincide plenamente com a decomposição de uma atividade artesanal em suas diversas operações parciais" (413). Quando o processo de produção é visto como um todo, surgem oportunidades de fragmentá-lo e encarregar trabalhadores especializados de executar cada fragmento, seja em termos da sequência contínua, seja em termos da heterogeneidade de ofícios distintos. Todavia, "o trabalho artesanal permanece sendo a base", uma "base técnica limitada" que "exclui uma análise verdadeiramente científica do processo de produção, pois cada processo parcial que o produto percorre

176 / Para entender *O capital* I

tem de ser executável como trabalho parcial artesanal". Isso constitui uma barreira clara ao progresso da produção capitalista e, como afirmei, o capital não gosta de barreiras, por isso tenta constantemente superá-las. A dificuldade, nesse caso, é que:

> cada processo parcial que o produto percorre tem de ser executável como trabalho parcial artesanal. É justamente porque a habilidade artesanal permanece como a base do processo de produção que cada trabalhador passa a dedicar-se exclusivamente a uma função parcial sua, e sua força de trabalho é transformada no órgão vitalício dessa função parcial. (413)

O resultado é que os trabalhadores, ao invés de ter a liberdade de se mover entre uma atividade e outra, veem-se pouco a pouco acorrentados a uma função particular, a um ofício particular, ao uso de um conjunto particular de ferramentas especializadas. "Um trabalhador que executa uma mesma operação simples durante toda vida transforma seu corpo inteiro num órgão automaticamente unilateral dessa operação" (414). É o trabalhador que controla a ferramenta ou é a ferramenta que controla o trabalhador? Marx sugere que o agrilhoamento social dos trabalhadores a uma especialização particular no interior da divisão do trabalho vincula-os de tal forma a suas ferramentas especializadas que eles acabam perdendo sua liberdade. Isso nem sempre foi assim. "Um artesão que executa sucessivamente os diversos processos parciais [...] é obrigado a mudar ora de de lugar, ora de instrumentos. A passagem de uma operação para outra interrompe o fluxo de seu trabalho, formando, em certa medida, poros em sua jornada de trabalho" (415). Mas o capital não gosta desses lapsos na jornada de trabalho, pois "os pequenos momentos são os elementos que formam o lucro" (317). Esses lapsos acabam "assim que ele passa a executar continuamente uma única e mesma operação o dia inteiro". Por outro lado, isso pode ser contraprodutivo, uma vez que "a continuidade do trabalho uniforme aniquila a força tensional e impulsiva dos espíritos vitais, que encontram na própria mudança de atividade seu descanso e estímulo" (415).

Essa é uma concessão parcial à visão de Fourier a respeito da importância da variedade e do estímulo no processo de trabalho, em oposição ao agrilhoamento maçante e vitalício de uma pessoa a uma ferramenta na divisão do trabalho. Os aspectos positivos e negativos da divisão do trabalho sob o controle capitalista começam a ser introduzidos na discussão. Esta não se esgotou, mesmo sob o capitalismo. A tentativa de aumentar a eficiência e a produtividade do processo de trabalho por meio da introdução de "círculos de controle de qualidade" e de uma variedade de tarefas para contrabalançar a monotonia do trabalho tem sido alvo de muitas experiências de empresas capitalistas em certas linhas de produção.

No item 3, Marx apresenta um contraste mais sistemático entre duas formas fundamentais de manufatura: a heterogênea (que reuniu muitos ofícios, como a produção de carruagens e locomotivas) e a orgânica (contínua, como a produção de alfinetes ou agulhas). Mas aqui ele aproveita a ocasião para introduzir o conceito de "trabalhador coletivo", que seria "resultado da combinação de trabalhadores detalhistas, puxa o arame ao mesmo tempo que, simultaneamente, com outras mãos e outras ferramentas, o estica, com outras o corta, o aponta etc. De uma sucessão temporal, os diversos processos graduais se convertem numa justaposição espacial" (419). A produtividade e a eficiência dependem não do trabalhador individual, mas da organização adequada do trabalho coletivo.

Isso significa que se deve prestar muita atenção à organização do espaço-tempo da produção e à eficiência que pode ser obtida com a reconstrução espaçotemporal do processo de trabalho. Marx observa que, *não* perdendo tempo, temos um ganho de produtividade. Racionalizando o modo como o espaço é organizado, podemos economizar os custos do deslocamento. Assim, toda a estrutura espaçotemporal torna-se uma questão organizacional para o modo de funcionamento do capitalismo. Essa foi a grande inovação que os japoneses introduziram no processo de trabalho nos anos 1970, com a produção *just-in-time*, uma programação rígida do fluxo de mercadorias no espaço e no tempo que evita quase toda produção excedente em qualquer ponto do sistema. Essa foi *a* inovação que deu vantagem competitiva à indústria automobilística japonesa em relação a todas as outras durante os anos 1980, e os japoneses absorveram sozinhos a forma efêmera do mais-valor relativo até ser alcançados. O ponto fraco desse sistema é que ele é vulnerável a interrupções. Se um elo na cadeia espaçotemporal é rompido – por exemplo, por uma greve –, o fornecimento é paralisado, porque não há estoques de reserva.

Marx reconhece claramente que um aspecto organizacional fundamental do sistema capitalista é como o espaço e o tempo são estruturados e entendidos. O capitalista tem de elaborar um plano para um sistema de produção eficiente do ponto de vista espaçotemporal. Mas isso implica, por sua vez, uma importante distinção entre o que ocorre no mercado e o que ocorre na empresa. "Que numa mercadoria seja aplicado apenas o tempo de trabalho socialmente necessário à sua produção é algo que aparece na produção de mercadorias em geral como coerção externa da concorrência" (note, mais uma vez, a importância da concorrência). Mas "na manufatura, ao contrário, o fornecimento de uma dada quantidade de produtos em dado tempo de trabalho torna-se uma lei técnica do próprio processo de produção" (420). Essa distinção (contradição) entre o que a lógica do mercado exige e o que pode ser feito pelo planejamento interno é vital para o argumento seguinte. No entanto, o pleno desenvolvimento dessa contradição é impedido pela existência de um obstáculo, que se deve ao fato de que ainda estamos tratando de ofícios e trabalho artesanal. Isso permite um comentário geral de certa importância:

178 / Para entender *O capital* I

A forma elementar de toda maquinaria foi-nos transmitida pelo Império romano com o moinho de água. O período do artesanato deixou como legado as grandes invenções: a bússola, a pólvora, a impressão de livros e o relógio automático. Em geral, no entanto, a maquinaria desempenha aquele papel secundário que Adam Smith lhe confere ao lado da divisão do trabalho. (422)

Em outras palavras, até o fim do século XVIII os capitalistas ainda não investiam em novas máquinas como um meio primário de aumentar sua eficiência produtiva. Em geral, contentavam-se em usar os métodos de produção existentes e reorganizá-los. Houve inovações, é claro, como a bússola e a pólvora, entre outras, mas o capitalismo ainda não havia interiorizado no centro do próprio processo de trabalho a dinâmica da constante inovação tecnológica. Isso só ocorreu mais tarde, com o advento da maquinaria e da indústria moderna (tema do capítulo 13).

A reorganização capitalista dos processos de trabalho tem sérios impactos sobre o trabalhador. "O hábito de exercer uma função unilateral transforma o trabalhador parcial seu órgão natural – e de atuação segura – dessa função, ao mesmo tempo que sua conexão com o mecanismo total o compele a operar com a regularidade de uma peça de máquina." Os trabalhadores "são separados, classificados e agrupados de acordo com suas qualidades predominante", e o resultado é uma "hierarquia das forças de trabalho, a que corresponde uma escala de salários" (422-4). A distinção entre trabalhadores qualificados e não qualificados torna-se particularmente marcada.

> Juntamente com a gradação hierárquica, surge a simples separação dos trabalhadores em qualificados e não qualificados. Para estes últimos, os custos de aprendizagem desaparecem por completo, e para os primeiros esses custos são menores, em comparação com o artesão [...]. Em ambos os casos cai o valor da força de trabalho.

As reorganizações e reconfigurações capitalistas das tarefas tendem a produzir desqualificação, na medida em que tarefas que antes eram complexas são simplificadas em suas partes constitutivas. Isso também provoca a redução do valor da força de trabalho empregada.

> A desvalorização relativa da força de trabalho, decorrente da eliminação ou redução dos custos de aprendizagem, implica diretamente uma maior valorização do capital, pois tudo que encurta o tempo de trabalho necessário para a reprodução da força de trabalho estende os domínios do mais-trabalho.

Mas "exceções ocorrem na medida em que a decomposição do processo de trabalho gera funções novas e abrangentes que no artesanato, ou não existiam ou não na mesma extensão" (424). Devemos reconhecer que, em toda reorganização do processo de trabalho, pode ocorrer um duplo movimento de desqualificação em massa usualmente acompanhada da requalificação de um grupo muito menor (por exemplo, engenheiros de linha de produção). Esses segmentos da classe trabalhadora são normalmente fortalecidos e privilegiados em relação aos outros segmentos do trabalho.

O item 4, intitulado "Divisão do trabalho na manufatura e divisão do trabalho na sociedade", é importante e tem algumas implicações potencialmente problemáticas. Marx retorna à distinção entre a divisão do trabalho na oficina, que ocorre sob o planejamento e a supervisão direta do capitalista, e a divisão do trabalho realizada por meio da concorrência no mercado. Essas duas formas têm pontos de partida "diametralmente opostos", mas estão relacionadas. Marx apresenta uma discussão breve e, eu diria, não plenamente satisfatória a respeito do movimento histórico. "Numa família ou, com desenvolvimento ulterior, numa tribo, surge uma divisão natural-espontânea do trabalho fundada nas diferenças de sexo e de idade, portanto, sobre uma base puramente fisiológica." Essa é uma simplificação excessiva, baseada em evidências escassas, como no caso de outros de seus comentários históricos. Prossegue ele:

a troca de produtos surge nos pontos em que diferentes famílias, tribos, comunidades entram mutuamente em contato, pois não são pessoas privadas, mas sim famílias, tribos etc. que, nos primórdios da civilização, defrontam-se de forma autônoma. Comunidades diferentes encontram em seu ambiente natural meios diferentes de produção e de subsistência. Por isso, também são diferentes seu modo de produção, seu modo de vida e seus produtos.

As relações de troca surgem entre comunidades diferentes, com recursos diferentes e produtos diferentes. "A base de toda divisão do trabalho desenvolvida e mediada pela troca de mercadorias é a separação entre cidade e campo." A dialética das relações entre cidade e campo é historicamente importante, como sugere Marx (corretamente, a meu ver), mas ele não diz como nem por quê. Além disso, a "grandeza da população e sua densidade" também é relevante para o surgimento do capitalismo, como "pressuposto material" da "divisão do trabalho na sociedade" (425-6).

Mas essa tal densidade é algo relativo. Um país de povoamento relativamente esparso, com meios de comunicação desenvolvidos, possui um povoamento mais denso do que um país mais povoado, porém com meios de comunicação pouco desenvolvidos, de modo que, por exemplo, os Estados setentrionais da União Americana são mais densamente povoados do que a Índia.

180 / Para entender *O capital* I

O recurso de Marx a uma teoria relativa das relações de espaço-tempo é absolutamente inovador. O terreno geográfico em que o capitalismo se desenvolveu não era fixo, mas variável, e dependia não apenas da densidade das populações, mas também do transporte e das tecnologias de comunicação. O argumento central é que a divisão do trabalho na manufatura pressupõe que a sociedade já tenha atingido "certo grau de desenvolvimento [...]. Inversamente, por efeito retroativo, a divisão manufatureira do trabalho desenvolve e multiplica aquela divisão social do trabalho" (426-7). Marx defende o chamado "período de rotação" [*roundaboutness*] e a complexidade da produção. O movimento passa de uma simples situação em que alguém faz alguma coisa a uma situação em que várias pessoas fazem partes de uma mesma coisa e negociam essas partes no mercado, até que, no fim do processo, todas as partes são reunidas por uma terceira pessoa. Esse período de rotação crescente gera uma possibilidade cada vez maior de especialização territorial.

> A divisão territorial do trabalho, que concentra ramos particulares de produção em distritos particulares de um país, obtém um novo impulso da indústria manufatureira, que explora todas as particularidades. A ampliação do mercado mundial e o sistema colonial, que integram as condições gerais de existência do período da manufatura [um ponto importante a que devemos prestar atenção], fornecem a este último um rico material para o desenvolvimento da divisão do trabalho na sociedade. (427-8)

Mas se há "analogias e nexos" entre a divisão do trabalho na sociedade e na oficina, "a diferença entre elas é não apenas de grau, mas de essência" (Adam Smith tinha consciência disso, como Marx reconhece) (428).

> Enquanto a divisão do trabalho sociedade é mediada pela compra e venda dos produtos de diferentes ramos de trabalho, a conexão dos trabalhos parciais na manufatura o é pela venda de diferentes forças de trabalho ao mesmo capitalista, que as emprega como força de trabalho combinada. Enquanto a divisão manufatureira do trabalho pressupõe a concentração dos meios de produção nas mãos de um capitalista, a divisão social do trabalho pressupõe a fragmentação dos meios de produção entre muitos produtores de mercadorias independentes entre si. Diferentemente da manufatura, onde a lei de bronze da proporção ou da proporcionalidade submete determinadas massas de trabalhadores a determinadas funções, na sociedade é o diversificado jogo do acaso e do arbítrio que determina a distribuição dos produtores de mercadorias e de seus meios de produção entre os diferentes ramos sociais de trabalho. (429)

6. O mais-valor relativo / 181

No último caso, diz ele, "as diferentes esferas de produção procuram constantemente pôr-se um equilíbrio" (429), mas só fazem isso pelos mecanismos do mercado. Então, recorrendo às leis da troca de mercadorias, ele explica por que isso acontece. Isso significa que a "tendência constante das diferentes esferas de produção de se pôr em equilíbrio é exercida apenas como reação contra a constante supressão desse mesmo equilíbrio". Quer dizer, quando a oferta e a demanda se desajustam (e note que não podemos prescindir dos mecanismos de oferta e demanda), as flutuações dos preços no mercado forçam o ajuste necessário nas relações de valor subjacentes, fazendo os produtores mudarem o que estão produzindo e sua escala de produção. O resultado é um nítido contraste entre "a regra *a priori* e planejadamente seguida na divisão do trabalho no interior da oficina" e a "divisão do trabalho no interior da sociedade". Nesta, a regra *a priori* atua

apenas *a posteriori*, como necessidade natural, interna, muda, que controla o arbítrio desregrado dos produtores de mercadorias e pode ser percebida nas flutuações barométricas dos preços do mercado. A divisão manufatureira do trabalho pressupõe a autoridade incondicional do capitalista sobre homens que constituem meras engrenagens de um mecanismo total que a ele pertence; a divisão social do trabalho confronta produtores autônomos de mercadorias, que não reconhecem outra autoridade senão a da concorrência, da coerção que sobre eles é exercida pela pressão de seus interesses recíprocos, assim como no reino animal a *bellum omnium contra omnes* [guerra de todos contra todos] preserva em maior ou menor grau as condições de existência de todas as espécies. (430)

Note que, nessas passagens, tanto os mecanismos de oferta e demanda quanto as leis coercitivas da concorrência são admitidos como necessários para a obtenção de um tipo de equilíbrio em que prevaleçam as relações de valor.

O capitalismo, conclui Marx, vive sempre em meio à contradição entre "a anarquia da divisão social do trabalho e o despotismo da divisão manufatureira do trabalho". Além disso, esses dois aspectos da divisão do trabalho "se condicionam mutuamente". A essa conclusão, no entanto, ele acrescenta um comentário controverso e com sérias implicações políticas:

Por essa razão, a mesma consciência burguesa que festeja a divisão manufatureira do trabalho, a anexação vitalícia do trabalhador a uma operação detalhista e a subordinação incondicional dos trabalhadores parciais ao capital como uma organização do trabalho que aumenta a força produtiva denuncia com o mesmo alarde todo e qualquer controle e regulação social consciente do processo social de produção como um ataque aos invioláveis direitos de propriedade, liberdade e à "genialidade" autodeterminante do capitalista individual. É muito característico que os mais entusiasmados apologistas do sistema fabril não saibam dizer nada mais ofensivo contra toda organização geral do trabalho social além de que ela transformaria a sociedade inteira numa fábrica. (430)

Essas afirmações requerem uma análise cuidadosa. Os capitalistas amam a organização planejada da produção em suas fábricas, mas abominam a ideia de qualquer tipo de planejamento social da produção na sociedade. A acusação ideológica de que o planejamento é nocivo e, em particular, a crítica dos capitalistas de que ele reformularia o mundo à imagem de suas terríveis fábricas é reveladora. A condenação do planejamento não se confunde com o que acontece na Toyota ou no Wal-mart. Empresas de sucesso empregam técnicas sofisticadas de gerenciamento de qualidade total, análises de *input-output*, planejamento e *design* de otimização, prevendo tudo até em seus mínimos detalhes. Para Marx, porém, uma coisa é denunciar a hipocrisia dos capitalistas em relação ao planejamento no terreno social e outra bem diferente é sugerir que suas técnicas indubitavelmente sofisticadas, aplicadas para obtenção do mais-valor relativo, possam ser apropriadas para o planejamento de uma sociedade socialista, cuja finalidade é o aumento do bem-estar material de todos. Em suma, seria razoável transformar o mundo numa economia com planejamento centralizado ou numa grande fábrica para chegar ao socialismo? Obviamente, haveria problemas, se considerarmos a descrição que Marx faz das terríveis condições de trabalho nas fábricas. Mas se o problema não está nas técnicas em si, mas no fato de que são usadas para obter mais-valor relativo para o capitalista, e não para produzir artigos voltados para a satisfação das necessidades de todos, então a defesa de Lenin do sistema fordista de produção como um objetivo para a indústria soviética torna-se mais compreensível. Voltaremos a essa questão mais adiante.

Certamente, o argumento de que o planejamento centralizado é impossível por causa do seu grau de complexidade ou porque fere as relações de propriedade privada não convence; basta pensar na complexidade envolvida em qualquer grande indústria que produza, por exemplo, produtos eletrônicos e na despossessão do direito dos trabalhadores aos frutos de seu próprio trabalho. As incríveis deficiências do sistema de mercado (particularmente em relação ao meio ambiente) e a brutalidade periódica das leis coercitivas da concorrência, além do crescente despotismo que essa coerção produz nos locais de trabalho, são grandes argumentos a favor da superioridade da regulação do mercado. E a ideia de que a inovação só é possível quando são assegurados os direitos da propriedade individual e o domínio das leis da concorrência é certamente inverossímil, tanto lógica quanto historicamente. Pois, a meu ver, o que mais impressiona Marx aqui é a apropriação das forças produtivas do trabalho pelo capital. Ele insiste em dizer à classe trabalhado-

6. O mais-valor relativo / 183

ra que essas forças de cooperação e divisão do trabalho são *suas* forças produtivas e que o capital está se apropriando delas.

Por isso, a força produtiva que nasce da combinação dos trabalhos aparece como força produtiva do capital. A manufatura propriamente dita não só submete ao comando e à disciplina do capital o trabalhador antes independente, como também cria uma estrutura hierárquica entre os próprios trabalhadores.

As implicações para os trabalhadores são enormes.

Ela aleija o trabalhador, converte-o numa aberração, promovendo artificialmente sua habilidade detalhista por meio da repressão de um mundo de impulsos e capacidades produtivas, do mesmo modo como, nos Estados da bacia do Prata, um animal inteiro é abatido apenas para a retirada da pele ou do sebo. Não só os trabalhos parciais específicos são distribuídos entre os diversos indivíduos, como o próprio indivíduo é dividido e transformado no motor automático de um trabalho parcial, conferindo assim realidade à fábula absurda de Menênio Agripa*, que representa um ser humano como mero fragmento de seu próprio corpo. (434)

Assim, o corpo político é configurado de modo tal que os trabalhadores são reduzidos a fragmentos vivos de si mesmos. "Por sua própria natureza incapacitado" – e Marx é irônico aqui – "para fazer algo autônomo, o trabalhador manufatureiro só desenvolve atividade produtiva como elemento acessório da oficina do capitalista." Infelizmente,

As potências intelectuais da produção, ampliando sua escala, por um lado desaparecem por muitos lados. O que os trabalhadores parciais perdem concentra-se defronte a eles no capital. É um produto da divisão manufatureira do trabalho opor-lhes as potências intelectuais do processo material de produção como propriedade alheia e como poder que os domina.

O trabalho intelectual torna-se uma função especializada, separando o trabalho mental daquele manual e submetendo cada vez mais o primeiro ao controle do capital.

---

* Em 494 d.C. ocorreu o primeiro grande conflito entre patrícios e plebeus em Roma. Segundo a lenda, o patrício Menênio Agripa teria usado de uma parábola para convencer os plebeus a uma conciliação. Segundo ele, a revolta dos plebeus se assemelhava a uma recusa dos membros do corpo humano a permitir que o alimento chegasse ao estômago, o que tinha como consequência que os próprios membros definhavam. A recusa dos plebeus a cumprir suas obrigações levaria assim à ruína do Estado romano. (N. T.)

Esse processo de cisão começa na cooperação simples, em que o capitalista representa diante dos trabalhadores individuais a unidade e a vontade do corpo social de trabalho. Ele se desenvolve na manufatura, que mutila o trabalhador, fazendo dele um trabalhador parcial, ele se consuma na grande indústria, que separa do trabalho a ciência como potência autônoma de produção e a obriga a servir ao capital. (435)

O resultado disso é um "empobrecimento do trabalhador" e uma séria perda de "forças produtivas, individuais". As subjetividades políticas e intelectuais não permanecem imunes. E aqui Marx cita Adam Smith, não necessariamente em tom de aprovação, mas como um testemunho de algo que se torna, cada vez mais, uma matéria de fato:

"A mente da grande maioria dos homens", diz A. Smith, "desenvolve-se necessariamente a partir de e por meio de suas ocupações diárias. Um homem que consome toda a sua vida na execução de umas poucas operações simples [...] não tem nenhuma oportunidade de exercitar sua inteligência. [...] Ele se torna, em geral, tão estúpido e ignorante quanto é possível a uma criatura humana." E, depois de descrever a estupidificação do trabalhador parcial, Smith prossegue: "A uniformidade de sua vida estacionária também corrompe, naturalmente, a coragem de sua mente. [...] Ela aniquila até mesmo a energia de seu corpo e o torna incapaz de empregar sua força de modo vigoroso e duradouro, a não ser na operação detalhista para a qual foi adestrado. Sua destreza em seu ofício particular parece, assim, ter sido adquirida à custa de suas virtudes intelectuais, sociais e guerreiras. Mas em toda sociedade industrial e civilizada é esse o estado a que necessariamente tem de se degradar o pobre que trabalha (*the labouring poor*), isto é, a grande massa do povo". (436)

Marx parece inclinado a aceitar, até certo ponto, a caracterização da situação apresentada por Smith, e penso que é importante levantar a seguinte questão geral: em que medida nosso emprego corrompe a coragem de nossa mente? Penso que o problema é generalizado, não se restringe apenas aos operários. Jornalistas, personalidades da mídia, professores universitários – todos temos esse problema (tenho experiência pessoal suficiente nesse sentido). A relutância generalizada em protestar contra o militarismo, as injustiças sociais e as repressões que nos rodeiam têm tanto a ver (e de forma ainda mais insidiosa) com as mentalidades e subjetividades políticas que derivam de nosso emprego quanto com a sofisticada organização da repressão burguesa. "Certa atrofiamento espiritual e corporal é inseparável mesmo da divisão do trabalho em geral da sociedade", admite Marx, e resulta no que ele chama de "patologia industrial" (437). Mais uma vez, pisamos em terreno perigoso. Seria correto tratar como patológica a classe trabalhadora? No entanto, seria utópico supor que isso não tenha nenhum impacto sobre a capacidade das pessoas de reagir, pensar. Quem já se organizou com pessoas que têm dois empregos (oitenta horas por semana) conhece muito bem esse problema. Trabalhadores nessas condições dispõem de pouco ou nenhum tempo para pensar (que dirá ler) sobre muitas coisas a respeito das quais achamos que eles deveriam pensar, dada sua posição de classe. Eles se encontram tão ocupados tentando juntar as duas pontas, sustentar os filhos e dar conta das tarefas domésticas, que não sobra tempo para nada além do trabalho. Smith levou o argumento ao extremo e chegou à infeliz conclusão de que caberia a uma pequena elite a tarefa e o dever de pensar e organizar, mas há algo na descrição de Marx que negamos para nosso próprio risco político.

A reorganização da divisão do trabalho, tanto no interior do processo de trabalho como na sociedade em seu conjunto, é a marca daquilo que Marx chama de "período manufatureiro" na história capitalista. Mas esse sistema manufatureiro tem limites. "Ao mesmo tempo, a manufatura nem podia se apossar da produção social em toda a sua extensão, nem revolucioná-la em suas bases. Como obra de arte econômica" – e Marx admira isso – "ela se erguia apoiada sobre o amplo do artesanato urbano e da indústria doméstica rural. Sua própria base técnica estreita, tendo atingido certo grau de desenvolvimento, entrou em contradição com as necessidades de produção que ela mesma criara" (442). A pressão empurrava para além dessas barreiras. São as máquinas que "suprassumem [*aufheben*] a atividade artesanal como princípio regulador da produção social. Por um lado, portanto, é removido o motivo técnico da anexação vitalícia do trabalhador a uma função parcial" (443). Isso nos conduz ao próximo capítulo, em que as máquinas e a forma organizacional da fábrica moderna ocupam o centro do palco.

7. O QUE A TECNOLOGIA REVELA

CAPÍTULO 13: MAQUINARIA E GRANDE INDÚSTRIA

Na introdução, afirmei que Marx raramente comenta sua metodologia. Ela tem de ser reconstruída, portanto, por uma leitura atenta dos comentários ocasionais, suplementada por um estudo das práticas. O capítulo 13, "Maquinaria e grande indústria", nos dá a oportunidade de enfrentar essa questão ao mesmo tempo que antecipa os argumentos gerais quanto ao caráter do modo de produção capitalista. O capítulo é longo, mas os itens são logicamente ordenados. Vale a pena seguir esse ordenamento lógico tanto antes quanto depois de estudar esse capítulo.

UMA NOTA DE RODAPÉ IMPORTANTE

Começarei, no entanto, com a quarta nota do capítulo, em que Marx, nos mesmos termos enigmáticos que emprega com frequência ao fazer considerações metodológicas, interconecta um grande número de conceitos numa configuração que fornece um arcabouço geral para o materialismo dialético e histórico. A nota de rodapé se desdobra em três fases. A primeira concentra-se na relação de Marx com Darwin. Marx leu *A origem das espécies* e ficou impressionado com o método histórico de reconstrução evolucionária desenvolvido por Darwin. Ele via sua própria obra como uma espécie de continuação da obra de Darwin, com ênfase na história humana e na história natural (e não em oposição a ela). Seu objetivo, como ele observa no prefácio à primeira edição, é apreender "o desenvolvimento da formação econômica da sociedade como um processo histórico-natural". A partir desse ponto de vista, o indivíduo "pode menos do que qualquer outro responsabilizar o indivíduo por relações das quais ele continua a ser socialmente uma criatura, por mais que, subjetivamente, ele possa se colocar acima delas" (80).

188 / Para entender *O capital* I

Na nota de rodapé, Marx foca primeiramente uma "história crítica da tecnologia".

[Esta] provaria o quão pouco qualquer invenção do século XVIII pode ser atribuída a um único indivíduo. Até então, tal obra inexiste. Darwin atraiu o interesse para a história da tecnologia natural, isto é, para a formação dos órgãos das plantas e dos animais como instrumentos de produção para a vida. Não mereceria igual atenção a história da formação dos órgãos produtivos do homem social, da base material de toda organização social particular? E não seria ela mais fácil de ser compilada, uma vez que, como diz Vico, a história dos homens se diferencia da história natural pelo fato de fazermos uma e não a outra? (446, nota 89)

O argumento de Vico é que a história natural é o domínio de Deus e, como Deus age por caminhos misteriosos, ela está além do entendimento humano; já a nossa história, porque é feita por nós mesmos, pode ser conhecida. Anteriormente, Marx mencionou a abordagem histórica das mudanças tecnológicas e apontou algumas transições vitais associadas às transformações do modo de produção. Depois de concordar com a definição de Benjamin Franklin no capítulo 5 de que o homem é um "animal que fabrica ferramentas", ele prossegue:

A mesma importância que as relíquias de ossos têm para o conhecimento da organização das espécies de animais extintas têm também as relíquias de meios de trabalho para a compreensão de formações socioeconômicas extintas. O que diferencia as épocas econômicas não é "o quê" é produzido, mas "como", "com que meios de trabalho". (257)

Então, numa nota de rodapé, ele observa quão ínfimo é o "conhecimento que a historiografia de nossos dias possui do desenvolvimento da produção material, portanto, da base de toda vida social e, por conseguinte, de toda história efetiva" (258). No capítulo 12, afirma:

A forma elementar de toda maquinaria foi-nos transmitida pelo Império romano com o moinho d'água. O período do artesanato deixou como legado grandes invenções: a bússola, a pólvora, a impressão de livros e o relógio automático. Em geral, no entanto, a maquinaria desempenha aquele papel secundário que Adam Smith lhe confere, ao lado da divisão do trabalho. (422)

Essa ideia de que houve um processo humano evolucionário, no qual podemos discernir mudanças radicais não apenas nas tecnologias, mas também nos modos de vida social, é claramente de grande importância para Marx.

Marx não leu Darwin de maneira acrítica. "É notável", escreveu ele a Engels, "como Darwin reconhece, entre os animais e as plantas, a sociedade inglesa de seu tempo, com sua divisão de trabalho, concorrência, abertura de novos mercados, 'invenções' e a 'luta pela existência' malthusiana."* Para Marx, o problema estava na concepção darwiniana de uma evolução puramente natural, sem nenhuma referência ao papel da ação humana na transformação da face da terra. A referência a Malthus também é significativa, porque, na introdução de *A origem das espécies*, Darwin atribuiu algumas de suas ideias principais a Malthus. E, como Marx não tolerava Malthus, deve ter sido difícil para ele engolir a ideia de que este tivesse inspirado Darwin. É interessante notar que os evolucionistas russos, que não estavam expostos ao impiedoso industrialismo inglês (Darwin era casado com a filha de Josiah Wedgwood, o famoso fabricante de cerâmica, e por isso tinha grande familiaridade com a concorrência e a divisão do trabalho e das funções), enfatizavam muito mais a cooperação e a ajuda mútua, ideias que o geógrafo russo Kropotkin traduziu nos fundamentos do anarquismo social.

Mas o que Marx apreciava em Darwin era a ideia da evolução como um processo aberto à reconstrução histórica e à investigação teórica. Marx entende o processo evolucionário humano de maneira semelhante. É nesse ponto que se mostra sua ênfase nos processos, em vez de nas coisas. O capítulo sobre a maquinaria e a grande indústria deveria ser lido como um ensaio nessa linha sobre a história da tecnologia. Ele fala do surgimento da forma industrial do capitalismo a partir do mundo do artesanato e da manufatura. Até então, ninguém havia pensado em escrever tal história; assim, esse capítulo é um esforço pioneiro que levaria mais tarde a todo um campo de estudos acadêmicos chamado história da ciência e da tecnologia. Lida desse modo, a argumentação do capítulo faz muito mais sentido. Mas, assim como a teoria de Darwin, há muito mais aqui do que apenas história. Há um engajamento teórico com os processos de transformação social, portanto há muita coisa para ser discutida.

A segunda parte da nota de rodapé faz uma afirmação curta, mas, a meu ver, extremamente importante, e requer análise. "A tecnologia desvela a atitude ativa do homem em relação à natureza, o processo imediato de produção de sua vida e, com isso, também de suas condições sociais de vida e das concepções espirituais que delas decorrem" (446, nota 89). Numa única sentença, Marx articula seis elementos conceituais identificáveis. Há, antes de tudo, a tecnologia. Há a relação com a natureza. Há o processo efetivo de produção e, em forma bastante

---

* Carta de Marx a Engels, 19 de junho de 1862 (MEW, cit., v. 30, p. 249). Traduzida aqui do original alemão. (N. T.)

190 / Para entender *O capital* I

nebulosa, a produção e a reprodução da vida cotidiana. Há, enfim, as relações sociais e as concepções mentais. Esses elementos não são estáticos, mas móveis, vinculados entre si pelos "processos de produção" que guiam a evolução humana. O único elemento que ele não descreve explicitamente em termos de produção é a relação com a natureza. Obviamente, essa relação mudou ao longo do tempo. Que a natureza é algo que está sempre sendo produzido, em parte pela ação humana, é uma ideia antiga; na versão marxista (esboçada no capítulo 5), ela é mais bem apresentada por meu colega Neil Smith, em seu livro *Desenvolvimento desigual**, em que os processos capitalistas de produção da natureza e do espaço são explicitamente teorizados.

Como construir as relações entre esses seis elementos conceituais? Embora sua linguagem seja sugestiva, Marx deixa essa questão em aberto, o que é lamentável, porque abre espaço para todo tipo de interpretação. Marx é descrito muitas vezes, tanto por amigos como por inimigos, como um determinista tecnológico, que acredita que mudanças nas forças produtivas ditam o curso da história humana, inclusive a evolução das relações sociais, as concepções mentais, a relação com a natureza etc. O jornalista neoliberal Thomas Friedman, por exemplo, admite tranquilamente em seu livro *O mundo é plano*** que é um determinista tecnológico; quando lhe disseram (equivocadamente) que essa era a posição de Marx, ele expressou sua admiração por Marx e citou uma longa passagem do *Manifesto Comunista* para provar seu argumento. Numa resenha do livro de Friedman, o filósofo político conservador John Gray confirmou o determinismo tecnológico de Marx e afirmou que Friedman estava apenas seguindo os passos de Marx[1]. Essas observações, feitas por pessoas que em geral são antipáticas ao pensamento de Marx, encontram paralelo na tradição marxista. A versão mais sólida da tese de que as forças produtivas são o agente condutor da história é de G. A. Cohen, em *Karl Marx's Theory of History: A Defence*[2]. Depois de estudar todos os textos de Marx do ponto de vista da filosofia analítica, Cohen defende essa interpretação da teoria marxiana.

Não concordo com tal interpretação. Acho que é inconsistente com o método dialético de Marx (considerado lixo por filósofos analíticos como Cohen). Em geral, Marx evita a linguagem causal (desafio você a encontrar passagens desse tipo n'*O capital*). Nessa nota de rodapé, ele não diz que a tecnologia "causa" ou "determina", mas "revela" ou, em outra tradução, "desvela" a relação do homem com a natureza. É claro que Marx dá muita atenção ao estudo das tecnologias (inclusive

---

* Rio de Janeiro, Bertrand Brasil, 1988. (N. T.)

** 3. ed., Rio de Janeiro, Objetiva, 2009. (N. T.)

[1] John Gray, "The World is Round", *The New York Review of Books*, v. 52, n. 13, 11 ago. 2005.

[2] Ed. ampl., Princeton, Princeton University Press, 2000.

das formas organizacionais), mas isso não o leva a tratá-las como principais agentes da evolução humana. O que Marx diz (e muitos discordarão de mim) é que as tecnologias e as formas organizacionais *interiorizam* certa relação com a natureza, assim como com concepções mentais e relações sociais, com a vida cotidiana e os processos de trabalho. Em virtude dessa interiorização, o estudo das tecnologias e formas organizacionais pode "revelar" ou "desvelar" muito dos outros elementos. Inversamente, todos esses outros elementos interiorizam algo da tecnologia. Um estudo detalhado da vida cotidiana sob o capitalismo "revelará", por exemplo, muita da nossa relação com a natureza, as tecnologias, as relações sociais, as concepções mentais e os processos laborais. Do mesmo modo, o estudo da nossa relação com a natureza não pode ir muito longe, se não examinar a natureza de nossas relações sociais, nossos sistemas de produção, nossas concepções do mundo, as tecnologias que empregamos e como conduzimos nossa vida cotidiana. Todos esses elementos constituem uma totalidade, e temos de entender com funcionam as interações mútuas entre eles.

Penso que esse é um modo profícuo de pensar o mundo. Por exemplo, fui membro de um júri para selecionar ideias para o planejamento de uma nova cidade na Coreia do Sul. Nós, os membros do júri, tínhamos todos os projetos à nossa frente. O júri era formado sobretudo por engenheiros e urbanistas, além de uns poucos arquitetos e paisagistas célebres. Estes últimos dominaram a discussão inicial sobre o critério que deveríamos adotar em nossas decisões, o que gerou principalmente um debate sobre a força simbólica relativa e as implicações práticas de círculos e cubos em estruturas arquitetônicas. Em outras palavras, as decisões teriam de ser tomadas, em grande parte, com base em critérios geométricos e simbólicos. Num determinado momento, perguntei: se você está construindo uma nova cidade, que coisas você acha importante saber? Para mim, é importante saber: que tipo de relação com a natureza será criado nessa cidade (o aspecto ambiental etc.)? Que tipo de tecnologias serão incorporadas lá e por quê? Que tipo de relação social se tem em vista? Quais sistemas de produção e reprodução serão incorporados? Como será a vida cotidiana lá, e esse é o tipo de vida cotidiana que gostaríamos de criar? E que concepções mentais, simbólicas etc. serão implantadas? Estamos construindo um monumento nacionalista ou um espaço cosmopolita?

Os outros jurados acharam essa formulação inovadora e interessante. Discutimos isso por algum tempo, até que a questão se tornou um pouco complicada demais em relação ao tempo de que dispúnhamos. Um dos arquitetos disse então que, dos seis critérios formulados por mim, apenas o relativo às concepções mentais era realmente importante, e voltamos à questão do simbolismo das formas e das forças relativas dos círculos e dos cubos! Mais tarde, porém, muitos me perguntaram onde poderiam encontrar mais sobre aquele modo tão interessante de pensar. Cometi o erro de indicar a nota 89 do capítulo 13 d'*O capital*. Não deveria ter feito isso, porque há duas reações típicas em casos assim. Uma é nervosa, e até temerosa, pois admitir que Marx possa ter dito algo tão óbvio e interessante significa admitir simpatias marxistas, e isso seria terrível para as ambições profissionais e até mesmo pessoais de alguém. A outra é olhar para mim como se eu fosse um idiota, uma pessoa tão desprovida de ideias que só consegue papagaiar o que Marx diz e, pior ainda, chegar ao ponto de citar uma mera nota de rodapé! E assim termina a conversa. Mas acredito que essa é uma maneira interessante de avaliar um planejamento urbano e criticar as qualidades da vida urbana.

Esse arcabouço é essencial para a fundamentação da teoria do materialismo histórico, e há uma forte evidência, como espero demonstrar, de que ele fundamenta grande parte da compreensão de Marx da evolução do capitalismo. Devo me deter um momento nesse ponto. Imagine um arcabouço em que esses seis elementos estão reunidos num mesmo espaço, mas em intensa inter-relação (ver a figura a seguir). Cada um desses elementos é internamente dinâmico, o que nos permite ver cada um como um "momento" no processo da evolução humana. Podemos estudar essa evolução da perspectiva de um desses momentos ou examinar as interações entre eles, como as transformações na tecnologia ou nas formas organizacionais com referência às relações sociais e às concepções mentais. Como nos-

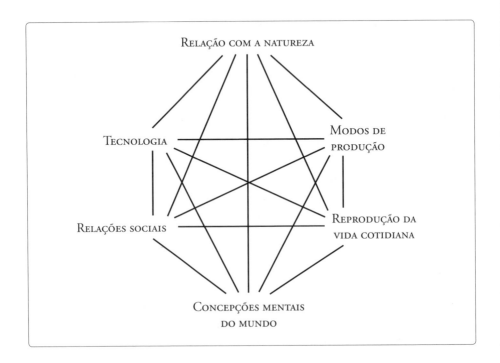

sas concepções mentais são alteradas pelas tecnologias que estão à nossa disposição? Não vemos o mundo com outros olhos quando dispomos de microscópios, telescópios, satélites, raios X e tomografia computadorizada? Entendemos e pensamos o mundo hoje de modo muito, muito diferente por causa das tecnologias que temos. Da mesma forma, alguém deve ter tido a concepção mental de que construir um telescópio seria algo interessante (lembre-se da passagem d'*O capital* sobre o processo de trabalho e o arquiteto incompetente). E, quando teve essa ideia, essa pessoa teve de encontrar um óptico, um vidreiro e todos os elementos necessários para transformar em realidade a ideia da construção do telescópio. Tecnologias e formas organizacionais não caem do céu. Elas são produzidas a partir de concepções mentais. Também surgem de nossas relações sociais e em resposta às necessidades práticas da vida cotidiana ou dos processos de trabalho.

Aprecio o modo como Marx estabelece essas relações, desde que sejam vistas dialeticamente, e não causalmente. Essa maneira de pensar permeia *O capital*, e deveríamos lê-lo tendo em mente tal arcabouço conceitual. Ele também oferece um padrão de crítica, porque podemos analisar o próprio desempenho de Marx a partir do modo como ele inter-relaciona esses diferentes elementos. Mas como exatamente ele interconecta concepções mentais, relações sociais e tecnologias? Ele faz isso de forma adequada? Há aspectos, como a política da vida cotidiana, que são deixados de lado? Em outras palavras, a dialética entre essa formulação e as práticas de Marx tem de ser investigada.

Façamos um resumo da questão. Os seis elementos constituem momentos distintivos no processo de evolução humana, entendido como uma totalidade. Nenhum momento prevalece sobre os outros, mesmo que no interior de cada um exista a possibilidade do desenvolvimento autônomo (a natureza muda e evolui, do mesmo modo que as ideias, as relações sociais, as formas da vida cotidiana etc.). Todos esses elementos se desenvolvem em conjunto e estão sujeitos a renovações e transformações perpétuas como momentos dinâmicos no interior da totalidade. Mas essa totalidade não é uma totalidade hegeliana, em que cada momento interioriza estreitamente todos os outros, mas sim uma totalidade ecológica, o que Lefebvre chama de "conjunto" [*ensemble*] e Deleuze, de "junção" [*assemblage*] de momentos que se codesenvolvem de modo aberto, dialético. O desenvolvimento desigual entre os elementos produz contingência na evolução humana (de maneira muito semelhante como as mutações imprevisíveis produzem contingência na teoria darwiniana).

Na teoria social, o perigo é ver um dos elementos como determinante de todos os outros. O determinismo tecnológico é tão equivocado quanto o determinismo ambiental (a natureza condiciona), o determinismo da luta de classes, o idealismo (as concepções mentais estão na vanguarda), o determinismo do processo de tra-

194 / Para entender *O capital* I

balho ou o determinismo resultante das mudanças (culturais) na vida cotidiana (essa é a posição política de Paul Hawken em seu influente *Blessed Unrest* [Abençoada inquietação][3]. Grandes transformações, como o movimento do feudalismo (ou outra configuração pré-capitalista) para o capitalismo, ocorrem por meio de uma dialética de transformações que atravessa todos os momentos. Esse codesenvolvimento se deu de modo desigual no espaço e no tempo, produzindo todo tipo de contingências locais, apesar de limitadas pela interação no interior do conjunto de elementos implicados no processo evolucionário e pela crescente integração espacial (e, às vezes, competitiva) dos processos de desenvolvimento econômico no mercado mundial. Talvez um dos maiores erros na tentativa consciente de construir o socialismo e o comunismo sobre a base do capitalismo tenha sido a incapacidade de reconhecer a necessidade de um engajamento político que atravessasse todos esses momentos e fosse sensível às especificidades geográficas. A tentação do comunismo revolucionário foi reduzir a dialética a um simples modelo causal, em que um ou outro momento era colocado na vanguarda da mudança e encarado realmente como tal. O fracasso era inevitável.

À primeira vista, a terceira fase da nota de rodapé parece contradizer minha interpretação da segunda:

> Mesmo toda história da religião que abstrai dessa base material é acrítica. De fato, é muito mais fácil encontrar, por meio da análise, o núcleo terreno das nebulosas representações religiosas do que, inversamente, desenvolver, a partir das condições reais de vida de cada momento, suas correspondentes formas celestializadas. Este é o único método materialista e, portanto, científico. (446, nota 89)

Marx se considerava um cientista, e aqui ele diz que isso significa um comprometimento com o materialismo. Mas esse materialismo é diferente daquele dos cientistas naturais. Ele é histórico. "O defeito do materialismo abstrato da ciência natural, que exclui o processo histórico, pode ser percebido já pelas concepções abstratas e ideológicas de seus porta-vozes, onde quer que eles se aventurem além dos limites de sua especialidade" (446, nota 89). As descobertas de Darwin sobre a evolução eram falhas, porque ele ignorava o impacto do contexto histórico em sua teorização (o poder das metáforas que ele extraiu do capitalismo britânico) e não estendeu nem integrou seus argumentos à evolução humana. Marx, é claro, escreveu *O capital* antes de o darwinismo social se tornar popular, mas ele prefigura uma resposta crítica aos darwinistas sociais, que legitimaram o capitalismo como "natu-

---

[3] Nova York, Viking, 2007.

7. O que a tecnologia revela / 195

ral" apelando para a teoria da evolução de Darwin. Como a teoria de Darwin extraía suas principais metáforas do capitalismo e era inspirada pela teoria social de Malthus, não surpreendia que visse o capitalismo como plenamente coerente com processos de competição supostamente naturais, a luta pela sobrevivência e, é claro, a sobrevivência do mais adaptado (sem levar em conta a ajuda mútua de Kropotkin).

O argumento geral de Marx é que os cientistas, por não terem entendido o momento histórico e estarem impedidos por seus compromissos metodológicos de integrar a história humana a seus modelos de mundo, chegaram muitas vezes a interpretações desse mundo que se revelaram falsas ou, na melhor das hipóteses, parciais. Na pior das hipóteses, ocultaram pressupostos históricos e políticos sob uma ciência supostamente neutra e objetiva. Essa perspectiva crítica, inaugurada por Marx, é hoje prática-padrão no campo dos estudos científicos e mostra que introduzir metáforas sobre gênero, sexualidade e hierarquias sociais na ciência conduz a todo tipo de equívoco sobre o mundo natural, ainda que admita que, sem metáforas, a pesquisa científica não chega a lugar nenhum.

Mas devemos examinar uma questão muito mais profunda. Falei no capítulo 1 do procedimento descendente de Marx: ele parte da aparência superficial e desce até os fetichismos para descobrir um aparato teórico conceitual capaz de capturar o movimento subjacente dos processos sociais. Então, passo a passo, esse aparato teórico é trazido de volta à superfície para interpretar a dinâmica da vida cotidiana sob uma nova luz. Esse é, segundo Marx confirma na nota de rodapé, "o único método materialista e, portanto, científico". No capítulo sobre a jornada de trabalho, vimos um exemplo típico desse método. O valor, como tempo de trabalho socialmente necessário, interioriza uma temporalidade especificamente capitalista, e disso resulta um vasto campo de lutas sociais em torno da apropriação do tempo alheio. O fato de que "os pequenos momentos são os elementos que formam o lucro" gera nos capitalistas uma obsessão pela disciplina temporal e pelo controle do tempo (e, em breve, explicará por que eles são obcecados pela rapidez).

Mas como podemos pensar a relação entre, digamos, a teoria do "valor profundo" e o fermento imprevisível das lutas em torno da duração da jornada de trabalho? De volta à página 157, Marx cita (em outra nota de rodapé!) uma passagem famosa de uma obra anterior, a *Contribuição à crítica da economia política*:

Os modos determinados de produção e as relações de produção que lhes correspondem, em suma, de que "a estrutura econômica da sociedade é a base real sobre a qual se ergue uma superestrutura jurídica e política e à qual correspondem determinadas formas sociais de consciência" [concepções mentais, se você preferir], de que "o modo de produção da vida material condiciona o processo da vida social, política e espiritual em geral".

196 / Para entender *O capital* I

Ele deixa de fora a frase seguinte, que afirma que é na superestrutura que tomamos consciência das questões políticas e as enfrentamos.

É isso que é citado com frequência como o modelo base-superestrutura. Marx supõe que há uma base econômica sobre a qual se erguem os arcabouços do pensamento, assim como uma superestrutura política e legal que define coletivamente como tomamos consciência dos problemas e os enfrentamos. Essa formulação é lida às vezes de modo determinista: a base econômica *determina* a superestrutura política e legal, determina as formas de luta que são travadas nessa superestrutura e, conforme as transformações ocorridas na base econômica, determina os resultados das lutas políticas. Mas não vejo como o argumento pode ser considerado determinista, ou mesmo causal. Não é assim que o capítulo sobre a jornada de trabalho é desenvolvido. Há alianças de classe, possibilidades conjunturais, mudanças discursivas nos sentimentos, e o resultado jamais é seguro. Contudo, há sempre uma preocupação tão profunda com a apropriação do tempo alheio que a questão nunca se esgota. Trata-se de um eterno ponto de contestação "entre direitos iguais" no interior do capitalismo que não chega jamais a uma solução definitiva. A luta pelo tempo é fundamental para o modo de produção capitalista. É o que a teoria profunda nos diz, e, independentemente do que aconteça na superestrutura, esse imperativo não pode ser superado sem a derrubada do capitalismo.

Em todo caso, as forças produtivas e as relações sociais não podem existir sem expressão e representação correspondentes na superestrutura política e legal. Vimos isso com relação ao dinheiro, que é uma representação do valor cercada por todos os tipos de arranjos institucionais e legais e um objeto de luta e manipulação política (como também ocorre com os arcabouços legais do direito de propriedade privada). Contudo, Marx mostrou também que, sem o dinheiro (ou um arcabouço legal do direito de propriedade privada), o valor não poderia existir como uma relação econômica básica. Na esfera monetária, as coisas transcorrem de maneiras muito distintas, conforme a dinâmica da luta de classes, e isso tem implicações no funcionamento da teoria do valor. Afinal, o dinheiro pertence à superestrutura política ou à base econômica? Não há dúvida de que a resposta deve ser: a ambas.

De modo semelhante, o capítulo sobre a jornada de trabalho não nos permitiria dizer que o resultado da luta pela jornada de trabalho foi determinado pelos movimentos ocorridos na base econômica. Além disso, a restrição política à duração da jornada de trabalho levou os capitalistas, em parte, a procurar outro modo de ganhar mais-valor, isto é, mais-valor relativo. Claramente não é intenção de Marx que esse modelo base-superestrutura opere de modo mecânico ou causal, mas sim dialético.

No entanto, é verdade também que a "resolução" que se dá no reino da luta em torno da duração da jornada de trabalho diz respeito ao fato fundamental de que os "pequenos momentos são os elementos que formam o lucro", o que deriva da definição do valor como tempo de trabalho socialmente necessário. Nas sociedades pré-capitalistas, ou mesmo na Roma Antiga, não havia uma luta concertada em torno da duração da jornada de trabalho. Esse tipo de luta só faz sentido no interior das regras de um modo de produção capitalista. Questões formais, como a duração da jornada de trabalho (semanal, anual, vitalícia), vêm à tona precisamente por causa da estrutura profunda do capitalismo. Como essas lutas são resolvidas é algo que depende de você, de mim e de todos os outros. E, de fato, a luta poderia ser resolvida de maneira que acarretasse o fim do modo de produção capitalista. Poderíamos construir uma sociedade em que os pequenos momentos *não* fossem os elementos que formam o lucro. Você consegue imaginar como seria essa sociedade? Parece interessante, não?

O que quero dizer é que o modo como essas coisas são resolvidas – por meios políticos e jurídicos, pelo equilíbrio das forças de classe, das concepções mentais etc. – não é irrelevante para o conceito profundo da circulação do valor como capital. O método realmente científico consiste em identificar tais elementos profundos que explicam por que certas coisas acontecem de determinada forma em nossa sociedade. Vimos isso na luta em torno da duração da jornada de trabalho, e podemos vê-lo também na luta em torno do mais-valor relativo, que explica por que o capitalismo tem de ser tão dinâmico tecnologicamente. Parece que não temos escolha entre crescer ou não, inventar ou não, porque é isso que manda a estrutura profunda do capitalismo. A única questão que importa, portanto, é como se dará esse crescimento, e com que tipo de mudança tecnológica. Isso nos obriga a considerar as implicações no que diz respeito às concepções mentais, à relação com a natureza e a todos os outros momentos. E, se não gostamos dessas implicações, não temos outra saída senão nos engajar na luta, não apenas em torno de um ou outro desses momentos, mas de todos ao mesmo tempo, até que, por fim, tenhamos de enfrentar a tarefa de transformar a própria regra do valor.

A circulação do capital, no entanto, é o móvel da dinâmica sob o capitalismo. Mas o que é socialmente necessário para que esse processo se sustente? Considere, por exemplo, as concepções mentais necessárias. Se você fosse a Wall Street com um cartaz dizendo "O crescimento é ruim, abaixo o crescimento!", isso seria considerado um sentimento anticapitalista? Pode ter certeza de que sim. Mas você seria condenado não necessariamente por ser anticapitalista, e sim por ser contra o crescimento, porque o crescimento é considerado inevitável e bom. Crescimento zero é sinal de sérios problemas. O Japão não cresceu muito nos últimos tempos, pobre do povo! Já o crescimento na China tem sido espetacular, e os chineses são uma grande história de sucesso. Como podemos imitá-los? Cruzamos alegremente os braços e dizemos que o crescimento é bom, a mudança tecnológica é boa, portanto o capitalismo, que requer essas duas coisas, é necessariamente bom. Esse é um tipo

198 / Para entender *O capital* I

de crença comum ao qual Gramsci se refere frequentemente como "hegemonia". O mesmo tipo de questão emerge dos arranjos institucionais. Para funcionar de maneira eficiente, o capitalismo requer arranjos legais adequados. Quanto mais os chineses se dirigiam para o capitalismo, menos plausível se tornava a manutenção de um sistema legal que não reconhecesse alguns tipos de direitos de propriedade privada. Mas há uma boa dose de liberdade de ação e contingência nos arranjos institucionais que podem ser criados.

ITENS 1 A 3: O DESENVOLVIMENTO DA MAQUINARIA, A TRANSFERÊNCIA DE VALOR E OS EFEITOS SOBRE O TRABALHADOR

Examinaremos agora o material reunido nesse longo capítulo. Sugiro que você preste muita atenção à sequência dos títulos dos itens. Eles definem a linha lógica de argumentação que estrutura a investigação de Marx sobre o surgimento do sistema fabril e do uso da maquinaria. Ele começa, no entanto, com a surpresa de John Stuart Mill diante do fato de que as invenções mecânicas, supostamente concebidas para aliviar o fardo do trabalho, não serviram para nada disso. Na verdade, em geral, tornaram as coisas ainda piores. Marx não se surpreende com isso, porque as máquinas são usadas para produzir mais-valor, e não para diminuir a carga de trabalho. Isso significa, note bem, que a máquina "é um meio para a produção de mais-valor" (445). Isso soa estranho, dada a afirmação anterior de Marx de que as máquinas são trabalho morto (capital constante) e não podem produzir valor. No entanto, elas podem ser uma fonte de mais-valor. A redução no valor da força de trabalho por meio da produtividade aumentada gera mais-valor para a classe capitalista, e o capitalista que possuir a melhor maquinaria adquirirá a forma temporária de mais-valor relativo que traz ganhos para o produtor com maior produtividade. Não admira que os capitalistas se apeguem à crença fetichista de que as máquinas produzem valor!

Marx examina então a diferença entre ferramentas e máquinas. Definir "ferramenta como uma máquina simples, e máquina como uma ferramenta composta", e não ver aí "nenhuma diferença essencial", significa perder algo fundamental, mais especificamente "o elemento histórico" (aquele elemento que mereceu tanta atenção na nota de rodapé) (446). Marx foi um dos primeiros a usar o termo "revolução industrial" e a torná-lo essencial para sua reconstrução histórica. Mas o que constitui o cerne dessa revolução industrial? Foi ela uma simples mudança tecnológica, o fato de as ferramentas terem se tornado máquinas? Consiste a diferença entre máquinas e ferramentas no fato de as máquinas terem uma fonte externa de força? Ou a revolução industrial provocou também uma mudança radical nas relações sociais, paralelamente às transformações nas forças produtivas? A resposta a essas perguntas é igualmente afirmativa.

A máquina da qual parte a Revolução Industrial substitui o trabalhador que maneja uma única ferramenta por um mecanismo que opera com uma massa de ferramentas iguais ou semelhantes de uma só vez e é movido por uma única força motriz, qualquer que seja sua forma. Temos, aqui, a máquina, mas apenas como elemento simples da produção mecanizada. (449)

Isso se refere, no entanto, à transformação operada na posicionalidade (relação social) do trabalhador, que é tão importante quanto a própria máquina. Mesmo que os trabalhadores possam continuar a proporcionar a força motriz, em algum momento surge a necessidade de suplementá-la com uma fonte externa. A força hidráulica foi utilizada desde muito cedo, mas sua aplicação era limitada pela localização.

Somente com a segunda máquina a vapor de Watt, a assim chamada máquina a vapor de ação dupla, encontrou-se um primeiro motor capaz de produzir sua própria força motriz por meio do consumo de carvão e água, um motor cuja potência encontra-se plenamente sob controle humano, que é móvel e um meio de locomoção e que, ao contrário da roda d'água, é urbano e não rural, permitindo a concentração da produção nas cidades, ao invés de dispersá-la pelo interior. Além disso, é universal em sua aplicação tecnológica, e sua instalação depende relativamente pouco de circunstâncias locais. (451)

A máquina a vapor liberou o capital da dependência de fontes localizadas de poder, porque o carvão era uma mercadoria que, em princípio, podia ser transportada para qualquer lugar. Mas cuidado para não superestimar essa invenção, porque "a própria máquina a vapor [...] não provocou nenhuma revolução industrial. O que se deu foi o contrário: a criação das máquinas-ferramentas é que tornou necessária a máquina a vapor revolucionada" (449).

E, embora Marx não mencione o fato, o carvão também eliminou a aguda rivalidade, que havia limitado até então o desenvolvimento industrial, entre o uso da terra para a produção de alimentos e o uso de sua biomassa como fonte de energia. Enquanto a madeira e o carvão vegetal foram as fontes primárias de combustível, a disputa pela terra aumentou o custo tanto dos alimentos quanto dos combustíveis. Com o carvão, foi possível extrair a energia armazenada no período carbonífero e, com o petróleo, aquela armazenada no período cretáceo. Isso liberou a terra para a produção de alimentos e outras formas de matéria-prima e permitiu que a indústria se expandisse usando combustíveis baratos, com todo o tipo de consequência tanto para a urbanização quanto, é claro, para o modo como vivemos nossa vida neste exato momento. É interessante notar que, em tempos recentes, uma das respostas para a escassez de combustíveis tem sido recorrer à terra para produzi-los (etanol, em particular), e isso teve como consequência previsível o rápido aumento do preço dos alimentos e de outras matérias-primas (com todo os tipos de consequências sociais, como rebeliões e fome; até mesmo o preço do meu *bagel* subiu trinta centavos). Estamos recriando as barreiras à acumulação do capital que a mudança para os combustíveis fósseis contornou com tanto sucesso no fim do século XVIII ao revolucionar nossa relação com a natureza.

Mas a marca da revolução industrial foi mais do que uma simples mudança na produção de energia. "Por meio da divisão do trabalho, reaparece a cooperação peculiar à manufatura, mas agora como combinação de máquinas de trabalho parciais". Há uma evolução significativa nas relações sociais.

> Na manufatura, os trabalhadores, individualmente ou em grupos, têm de executar cada processo parcial específico com sua ferramenta manual. Se o trabalhador é adaptado ao processo, este último também foi previamente adaptado ao trabalhador. Esse princípio subjetivo da divisão deixa de existir na produção mecanizada. O processo total é aqui considerado objetivamente, em si mesmo, analisado em suas fases constitutivas, e o problema de executar cada processo parcial e de combinar os diversos processos parciais é solucionado mediante a aplicação técnica da mecânica, da química etc.

O resultado é a evolução de "um sistema articulado que reúne tanto máquinas de trabalho individuais de vários tipos quanto diversos grupos dessas máquinas", sistema que é tanto mais perfeito "quanto mais contínuo for seu processo total" (454).

Devemos ressaltar alguns pontos nessa afirmação. Em primeiro lugar, a importância da continuidade no processo de produção, que é crucial por ser requerida pela continuidade da circulação do capital, e a maquinaria ajuda a realizar isso. Em segundo lugar, note que as relações sociais são transformadas juntamente com as relações técnicas. Em terceiro lugar, a análise do processo de produção em suas fases constitutivas acarreta uma transformação mental que faz uma ciência (a química, por exemplo) gerar tecnologia. Em outras palavras, há uma evolução nas concepções mentais. Ao menos três dos elementos examinados na nota de rodapé entram em ação aqui, ao mesmo tempo que a relação com a natureza e as exigências locais se alteram à medida que o carvão substitui as quedas d'água e a biomassa como fonte primária de energia. É em parágrafos desse tipo que vemos como funciona o raciocínio de Marx na nota de rodapé. Diferentes elementos confluem perfeitamente para formar uma narrativa convincente de coevolução, mais do que de causação. O resultado é um "sistema articulado de máquinas de trabalho movidas por um autômato central". Nesse sistema, diz ele, "a produção mecanizada atinge sua forma mais desenvolvida. No lugar da máquina isolada surge, aqui, um monstro mecânico" – como vimos, Marx adora esse tipo de imagem –, "cujo corpo ocupa fábricas inteiras e cuja força demoníaca, inicialmente escondida sob o movimento quase solenemente comedido de seus membros gigantescos, irrompe no turbilhão furioso e febril de seus incontáveis órgãos de trabalho". No entanto, Marx lembra que "as invenções de Vaucanson, Arkwright, Watt etc. só puderam ser realizadas porque esses inventores encontraram à sua disposição, previamente fornecida pelo período manufatureiro, uma quantidade considerável de hábeis trabalhadores mecânicos". Ou seja, não haveria novas tecnologias sem a existência prévia das necessárias relações sociais e habilidades laborais. Uma parte desses trabalhadores "era formada de artesãos autônomos de diversas profissões", enquanto "outra parte estava reunida em manufaturas" (455).

Mas o processo evolucionário teve um impulso próprio. "Com o aumento das invenções e a demanda cada vez maior por máquinas recém-inventadas, desenvolveram-se cada vez mais, por um lado, a compartimentação da fabricação de máquinas em diversos ramos autônomos e, por outro lado, a divisão do trabalho no interior das manufaturas de construção de máquinas." As relações sociais estavam em pleno processo de transformação. "Na manufatura, portanto, vemos a base técnica imediata da grande indústria. Aquela produziu a maquinaria, com a qual esta suprassumiu [*aufhob*] os sistemas artesanal e manufatureiro nas esferas de produção de que primeiro se apoderou." Após "revolucionar essa base – encontrada já pronta e, depois, aperfeiçoada de acordo com sua antiga forma" –, o sistema finalmente criou "para si uma nova, apropriada a seu próprio modo de produção" (456). Em suma, o capitalismo descobriu uma base tecnológica mais adequada a suas regras de circulação.

Esse é, a meu ver, um argumento evolucionário, não determinista. As contradições do capitalismo, na forma em que surgem no período manufatureiro e artesanal, não podiam ser resolvidas com base nas tecnologias existentes. Houve, portanto, uma pressão considerável para que se criasse uma nova combinação de tecnologias. Marx conta como o capitalismo criou "para si uma nova [base], apropriada a seu próprio modo de produção". Mas todo esse processo permaneceu condicionado ao "crescimento de uma categoria de trabalhadores que, dada a natureza semiartística de seu negócio, só podia ser aumentada de modo gradual, e não aos saltos. Em certo grau de desenvolvimento, porém, a grande indústria entrou também tecnicamente em conflito com sua base artesanal e manufatureira" (456). A força expansionista do capital encontrou um limite. O sistema capitalista chegou ao ponto em que necessitava de trabalhadores qualificados para construir as máquinas que facilitariam seu desenvolvimento, ao mesmo tempo que sua própria base tecnológica servia como impulso para a capacidade de construir máquinas.

Mas era difícil deter o processo evolucionário. "O revolucionamento do modo de produção numa esfera da indústria condiciona seu revolucionamento em outra." Note aqui o uso que Marx faz do termo "modo de produção". Em certas passagens, como no parágrafo inicial d'*O capital*, ele usa esse termo para contrapor,

202 / Para entender *O capital* I

digamos, os modos de produção capitalista e feudal. Mas, aqui, o termo ganha um significado muito mais específico: o modo de produção numa indústria particular. Esses dois significados estão relacionados: o modo de produção numa indústria particular cria novas formas de máquinas que são adequadas ao modo de produção capitalista entendido em seu sentido mais amplo. Aqui, no entanto, estamos falando de transformações específicas nos modos de produção em esferas particulares da indústria e das interações dinâmicas entre elas.

> Isso vale, antes de mais nada, para os ramos da indústria isolados pela divisão social do trabalho – cada um deles produzindo, por isso, uma mercadoria autônoma –, porém entrelaçados como fases de um processo global. Assim, a fiação mecanizada tornou necessário mecanizar a tecelagem, e ambas tornaram necessária a revolução mecânico--química no branqueamento, na estampagem e no tingimento.

O alastramento entre diferentes segmentos de um processo de produção cria mudanças que se reforçam mutuamente. Além disso, "a revolução no modo de produção da indústria e da agricultura provocou também uma revolução nas condições gerais do processo de produção social, isto é, nos meios de comunicação e transporte" (457). Isso introduz um tema que acho extremamente interessante em Marx: a importância daquilo que ele chama nos *Grundrisse* de "anulação do espaço pelo tempo"*. A dinâmica evolucionária do capitalismo não é neutra em relação a sua forma geográfica. Já vimos pistas disso na discussão sobre a urbanização, a concentração provocada pela introdução da máquina a vapor e a liberdade de movimento propiciada pelo vapor como força motriz. A conectividade no mercado mundial também foi alterada.

> Assim, abstraindo da construção de veleiros, que foi inteiramente revolucionada, o sistema de comunicação e transporte foi gradualmente ajustado ao modo de produção da grande indústria por meio de um sistema de navios fluviais e transatlânticos a vapor, ferrovias e telégrafos. Mas as terríveis quantidades de ferro que tinham de ser forjadas, soldadas, cortadas, furadas e moldadas exigiam, por sua vez, máquinas ciclópicas, cuja criação estava além das possibilidades da construção manufatureira de máquinas.

E aqui surge o último elo da argumentação: "A grande indústria teve, pois, de se apoderar de seu meio característico de produção, a própria máquina, e produzir máquinas por meio de máquinas. Somente assim ela criou sua base técnica adequa-

---

* Karl Marx, *Grundrisse*, cit., p. 432. (N. E.)

da e se firmou sobre seus próprios pés" (457-8). A capacidade de produzir máquinas com a ajuda de máquinas é, em suma, *a* base técnica de um modo de produção capitalista absolutamente maduro e dinâmico. Em outras palavras, o crescimento da engenharia e da indústria de máquinas-ferramentas é a fase final de uma revolução que criou a "base técnica adequada" para o modo de produção capitalista em geral. "Como maquinaria, o meio de trabalho adquire um modo de existência material que condiciona a substituição da força humana por forças naturais e da rotina baseada na experiência pela aplicação consciente da ciência natural." Isso acarreta uma revolução não apenas das concepções mentais, mas também de sua aplicação.

> Na manufatura, a articulação do processo social de trabalho é puramente subjetiva, combinação de trabalhadores parciais; no sistema da maquinaria, a grande indústria é dotada de um organismo de produção inteiramente objetivo, que o trabalhador encontra já dado como condição material da produção. (459)

A natureza da cooperação é fundamentalmente alterada, por exemplo.

Detive-me nesse item para mostrar que a propagação sinérgica das revoluções na tecnologia baseia-se, e ao mesmo tempo provoca transformações, nas relações sociais, nas concepções mentais e nos modos de produção (em sentido concreto e particular), assim como nas relações espaciais e naturais. O surgimento desse novo sistema tecnológico adequado ao modo de produção capitalista (em sentido amplo) é uma história evolucionária em que todos os elementos presentes na nota de rodapé de Marx se desenvolvem em conjunto.

No segundo item do capítulo, Marx levanta a seguinte questão: como o valor é transferido da máquina para o produto? Os outros dois modos de aquisição de mais-valor relativo – pela cooperação e pela divisão do trabalho – não custam nada ao capital, exceto algum gasto fortuito. Mas uma máquina é uma mercadoria que tem de ser comprada no mercado. Isso é muito diferente, por exemplo, de uma simples reconfiguração da divisão do trabalho na fábrica. As máquinas têm um valor, e esse valor tem de ser pago. O valor incorporado na máquina tem de ser transferido de algum modo "ao produto para cuja produção ela serve", mesmo que não ocorra nenhuma transferência física de matéria (460). Inicialmente, Marx apela para a ideia da depreciação linear. Se a máquina dura dez anos, um décimo de seu valor é incorporado ao produto a cada ano desse período. Mas ele estabelece um limite importante para o desenvolvimento da maquinaria:

> Considerado exclusivamente como meio de barateamento do produto, o limite para o uso da maquinaria está dado na condição de que sua própria produção custe menos trabalho do que o trabalho que sua aplicação substitui. Para o capital, no entanto, esse

204 / Para entender *O capital* I

limite se expressa de forma mais estreita. Como ele não paga o trabalho aplicado, mas o valor da força de trabalho aplicada, o uso da máquina lhe é restringido pela diferença entre o valor da máquina e o valor da força de trabalho por ela substituída. (466)

Isso supõe (como a maioria dos economistas tende a fazer) que os capitalistas tomam decisões racionais. Se uma máquina é cara e você economiza muito pouco trabalho com ela, então por que comprá-la? Quanto mais barata a máquina e mais caro o trabalho, maior é o incentivo para empregar maquinaria. O cálculo que o capitalista tem de fazer, portanto, é entre o valor gasto para comprar a máquina e o valor economizado no trabalho empregado (capital variável). Esse limite para o desenvolvimento da maquinaria é tipicamente imposto pelas leis coercitivas da concorrência. Os capitalistas que compram máquinas caras, mas economizam pouco trabalho com elas, serão excluídos do mercado.

Quanto capital variável é economizado depende, no entanto, do valor da força de trabalho. "Isso explica porque hoje, na Inglaterra, são inventadas máquinas que só encontram aplicação na América do Norte" (466). Na América do Norte, a relativa escassez de trabalho encarecia o custo com a mão de obra e estimulava o emprego de máquinas, ao passo que na Grã-Bretanha o excedente de mão de obra significava trabalho mais barato e, portanto, menos incentivo ao uso de máquinas. Esse cálculo das condições limitantes do emprego da maquinaria é importante tanto na teoria quanto na prática. Há exemplos na China, onde, por abundância de mão de obra, um artigo que é feito numa máquina cara e sofisticada nos Estados Unidos foi fragmentado em processos de trabalho menores, que podem ser feitos à mão. Em vez de empregar uma máquina muito cara e 20 trabalhadores nos Estados Unidos, você emprega 2 mil trabalhadores na China e ferramentas manuais. Esse exemplo refuta a ideia de que o capitalismo marcha inevitavelmente em direção a uma mecanização e a uma sofisticação tecnológica cada vez maiores. Dada a importância das condições limitantes e as relações de valor, todos os tipos de oscilação podem ocorrer no desenvolvimento das tecnologias mecânicas.

No terceiro item, Marx considera três consequências do emprego da máquina para o trabalhador. A maquinaria facilitou a "apropriação de forças de trabalho subsidiárias pelo capital", o "trabalho feminino e infantil". De fato, as tecnologias mecânicas destruíram a base técnica que existia no período artesanal. Tornou-se muito mais fácil empregar mulheres e crianças sem qualificação técnica. Isso trouxe uma série de consequências. Foi possível substituir o salário familiar pelo salário individual. Este foi reduzido, enquanto o salário familiar, com a entrada das mulheres e das crianças no mercado de trabalho, permaneceu constante. Esse foi um tema interessante e persistente na história do capitalismo. Nos Estados Unidos, desde os anos 1970, os salários individuais caíram ou permaneceram praticamente constantes em termos reais, mas os salários familiares tenderam a crescer à medida que mais mulheres começavam a trabalhar. O que a classe capitalista ganha com isso são dois trabalhadores pelo preço de um. O milagre econômico brasileiro nos anos 1960 foi igualmente dominado por uma diminuição catastrófica dos salários individuais sob a ditadura militar, mas os salários familiares conseguiram se estabilizar por causa não apenas do trabalho das mulheres, mas também das crianças (nessa época, o trabalho infantil começou a ser empregado nas minas de ferro). Isso levou ao famoso comentário do presidente Emílio Garrastazu Médici de que "a economia" (ele deveria ter dito a classe capitalista) "vai bem, mas o povo vai mal". Há muitas circunstâncias históricas em que os capitalistas apelaram para essa solução para ganhar mais-valor.

Isso traz à tona também a questão da relação entre os salários individual e familiar. Este último é necessário para a reprodução da classe trabalhadora. Mas quem assume o custo de sua reprodução? Marx, como muitos apontaram, não é muito sensível a questões desse gênero, mas numa nota de rodapé ele reconhece a importância da relação entre trabalho doméstico e a compra e venda de força de trabalho no mercado. Se a mulher participa da força de trabalho,

> é necessário substituir por mercadorias prontas os trabalhos domésticos que o consumo da família exige, como costurar, remendar etc. A um dispêndio menor de trabalho doméstico corresponde, portanto, um dispêndio maior de dinheiro, de modo que os custos de produção da família operária crescem e contrabalançam a receita aumentada. A isso se acrescenta que a economia e a eficiência no uso e na preparação dos meios de subsistência se tornam impossíveis. (469, nota 121)

A análise do salário familiar traz outras questões. Na época de Marx, era muito comum que o homem, em especial nos países com que Marx tinha familiaridade, distribuísse o trabalho para toda a família. Daí resultou o *"gang system"* [sistema de turmas] para a provisão de trabalho. Um homem adulto podia ser responsável pelo fornecimento da força de trabalho de várias crianças, talvez de uma mulher e uma irmã, assim como de sobrinhos e outros parentes. Na França, o mercado de trabalho era formado com frequência por um *gang system* em que a figura patriarcal comandava o trabalho de todos ao seu redor e entregava esse trabalho a seus empregadores, que, por sua vez, deixavam a cargo daquela figura patriarcal a remuneração do trabalho e a distribuição dos benefícios. Sistemas desse tipo não são raros na Ásia e podem ser encontrados na organização de grupos de imigrantes na Europa e na América do Norte. Como aponta Marx na nota de rodapé, os piores aspectos desse sistema se evidenciaram (e continuam a se evidenciar) no tráfico de crianças e no trabalho em condições análogas à escravidão. Baseando-se em grande medida nos relatórios dos inspetores de fábrica (imbuídos de uma moralidade vitoriana que Marx não critica) e no relato de Engels em *A situação da classe trabalhadora na Inglaterra**, Marx foca a "corrupção moral decorrente da exploração capitalista do trabalho de mulheres e crianças" e as débeis tentativas da burguesia de conter essa degradação moral por meio da educação (473). Assim como no caso das Leis Fabris, há uma contradição entre o que as leis coercitivas da concorrência obrigam os capitalistas individuais a fazer e o que o Estado tenta realizar por meio da educação das crianças. Marx, portanto, levanta questões, embora de modo pouco apropriado, sobre a reprodução da vida (outro elemento importante, apesar de negligenciado, da nota 89).

A segunda parte (b) desse item trata do "prolongamento da jornada de trabalho". A maquinaria cria de fato novas condições, não apenas permitindo ao capital estender a jornada de trabalho, mas criando "novos incentivos" para isso. "Como capital, e como tal o autômato tem no capitalista consciência e vontade, a maquinaria é movida pela tendência a reduzir ao mínimo as barreiras naturais humanas, resistentes, porém elásticas." A máquina é concebida, em parte, para vencer a resistência do trabalhador, que é, "de todo modo, reduzida pela aparente facilidade do trabalho na máquina e pela maior ductibilidade e flexibilidade do elemento feminino e infantil" (476). É evidente que temos aqui um típico preconceito vitoriano. Na verdade, as mulheres não eram nada dóceis, nem as crianças.

Mas, aqui, o cerne do problema é a temporalidade e a continuidade da produção. Quanto mais a máquina é usada, mais ela se desgasta; isso explica o forte incentivo para que as máquinas fossem empregadas o mais rápido possível. Para começar, "o desgaste material da máquina é duplo. Um deles decorre de seu uso" e o outro de seu não uso, isto é, quando a máquina simplesmente enferruja. "Mas, além do desgaste material, a máquina sofre, por assim dizer, um desgaste moral." Esse termo sempre me parece estranho. O que Marx quer dizer é "obsolescência econômica". Se comprei uma máquina por 2 milhões de dólares no ano passado e, neste ano, todos os meus concorrentes podem comprá-la por 1 milhão (ou, o que dá no mesmo, pagar 2 milhões de dólares por uma máquina duas vezes mais eficiente do que a minha), então o valor das mercadorias produzidas cairá e perderei metade do valor da minha máquina. "Em ambos os casos, seu valor, por mais jovem e vigorosa que a máquina ainda possa ser, já não é determinado pelo tempo de trabalho efetivamente objetivado nela mesma, mas pelo tempo de trabalho necessário à sua própria reprodução ou à reprodução da máquina aperfeiçoada." O perigo é que a máquina se desvalorize "em maior ou menor medida" (477). Para se

---

* São Paulo, Boitempo, 2008. (N. E.)

proteger contra esse perigo, os capitalistas são levados a usar sua maquinaria o mais rápido possível (se possível, mantendo-a em uso 24 horas por dia). Isso significa estender a jornada de trabalho (ou, como veremos, introduzir o trabalho por turnos e os sistemas de revezamento). Máquinas empregadas para estender a jornada de trabalho estimulam a necessidade de estendê-la ainda mais.

Os capitalistas são apaixonados pelas máquinas porque elas são uma fonte de excedente e mais-valor relativo. O fetiche de um "ajuste tecnológico" [*technological fix*] torna-se algo arraigado em seu sistema de crenças. No entanto, as máquinas também são fonte de uma "contradição imanente, já que dois fatores que compõem o mais-valor fornecido por um capital de dada grandeza, um deles, a taxa de mais-valor, aumenta somente na medida em que reduz o outro fator, o número de trabalhadores" (480). E, como a massa de mais-valor, tão crucial para o capitalista, depende da taxa de mais-valor e do número de trabalhadores, as inovações que poupam trabalho podem não melhorar a situação do capitalista. Desse ponto de vista, substituir trabalhadores por inovações tecnológicas não parece uma boa ideia, pois significaria eliminar da produção os verdadeiros produtores de valor. Essa contradição é tratada em detalhes no Livro III d'*O capital*, em que as dinâmicas da inovação tecnológica são vistas como desestabilizadoras e fonte de sérias tendências a crises.

Mas o incentivo para que os capitalistas continuem a inovar é todo-poderoso. Apesar das contradições, a busca competitiva pela efêmera forma de mais-valor relativo é irresistível. Em resposta às leis coercitivas da concorrência, os capitalistas individuais comportam-se de um modo que não coincide necessariamente com os interesses da classe capitalista. Mas as consequências sociais para o trabalho também podem ser catastróficas.

> Se, portanto, a aplicação capitalista da maquinaria cria, por um lado, novos e poderosos motivos para o prolongamento desmedido da jornada de trabalho, revolucionando tanto o modo de trabalho como o caráter do corpo social de trabalho e, assim, quebrando a resistência a essa tendência, ela produz, por outro lado, em parte mediante o recrutamento para o capital de camadas da classe trabalhadora que antes lhe eram inacessíveis, em parte liberando os trabalhadores substituídos pela máquina, uma população operária redundante, obrigada a aceitar a lei ditada pelo capital. Daí este notável fenômeno na história da indústria moderna, a saber, de que a máquina joga por terra todas as barreiras morais e naturais da jornada de trabalho. Daí o paradoxo econômico de que o meio mais poderoso para encurtar a jornada de trabalho se converte no meio infalível de transformar todo o tempo de vida do trabalhador e de sua família em tempo de trabalho disponível para a valorização do capital. (480)

208 / Para entender *O capital* I

Podemos entender agora por que John Stuart Mill estava certo.

A terceira parte (c) desse item trata explicitamente da intensificação. Antes mencionada de passagem (por exemplo, na definição do tempo de trabalho socialmente necessário), a questão é devidamente tratada aqui. Os capitalistas podem usar a tecnologia mecanizada para alterar e regular a intensidade e o ritmo do processo de trabalho. A redução da chamada porosidade da jornada de trabalho (momentos em que o trabalho não é realizado) é o alvo principal. Quantos segundos o trabalhador pode desperdiçar durante a jornada de trabalho? Se trabalham com ferramentas, os trabalhadores podem largá-las e pegá-las novamente. Podem trabalhar em seu próprio ritmo. Com a tecnologia mecanizada, a velocidade e a continuidade são determinadas pelo sistema da máquina, e os trabalhadores têm de se adequar ao movimento da linha de produção, por exemplo (como em *Tempos modernos*, de Charles Chaplin). Ocorre uma inversão nas relações sociais: os trabalhadores tornam-se apêndices da máquina. Um dos grandes avanços ocorridos após 1850, quando a burguesia industrial aceitou que teria de conviver com as Leis Fabris e com a regulação da duração da jornada de trabalho, foi os capitalistas terem descoberto que jornadas de trabalho mais curtas eram compatíveis com intensidades aumentadas. Esse reposicionamento do trabalhador como um apêndice do processo de trabalho é extremamente importante para o que vem a seguir.

8. Maquinaria e grande indústria

No capítulo anterior, sugeri que olhássemos o longo capítulo sobre a maquinaria pela lente da nota 89, prestando particular atenção ao modo como a "tecnologia desvela a atitude ativa do homem em relação à natureza, o processo imediato de produção de sua vida e, com isso, também de suas condições sociais de vida e das concepções espirituais que delas decorrem". É interessante que, ao ler esse capítulo, você observe que Marx estabelece inter-relações entre esses diferentes "momentos" não apenas para entender a evolução das tecnologias capitalistas, mas também para mostrar o que o estudo desse processo evolutivo revela sobre o modo de produção capitalista visto como uma totalidade (um conjunto ou junção de elementos interativos). Se você lê-lo assim, verá um conjunto de determinações muito mais rico do que uma simples história das mudanças tecnológicas.

Para a leitura desse capítulo gigantesco (em que é muito fácil se perder), também disse que seria útil prestar atenção aos títulos dos itens para ter uma ideia do dinamismo da argumentação. Considere a história até aqui. Nos primeiros itens, Marx explicou como o capitalismo desenvolveu uma base tecnológica ímpar, revolucionando as tecnologias associadas ao artesanato e à indústria manufatureira. Essa base se formou pela produção de máquinas por máquinas e pela associação de muitas máquinas num sistema fabril. Mas máquinas são mercadorias que têm de ser pagas, portanto seu valor tem de circular como capital constante durante seu tempo de vida. Se esse tempo de vida é de dez anos, então um décimo do valor da máquina é incorporado no produto a cada ano. Mas isso impõe um limite – o valor depreciado da máquina tem de ser menor do que o valor do trabalho substituído por ela. Isso cria a possibilidade de um desenvolvimento geográfico desigual. Se o custo do trabalho é maior nos Estados Unidos do que na Grã-Bretanha, então o incentivo para empregar maquinaria nos Estados Unidos é maior. O poder dos

210 / Para entender *O capital* I

sindicatos na Alemanha Ocidental a partir de meados da década de 1970 garantiu altos salários, o que provocou um forte incentivo para a inovação tecnológica. Assim, a vantagem tecnológica permitiu à Alemanha Ocidental ganhar mais-valor relativo com relação ao resto do mundo, mas ao mesmo tempo produziu um desemprego estrutural.

No terceiro item, Marx examinou as implicações para o trabalhador (a relação entre tecnologias e relações sociais). A transformação de ofícios qualificados em supervisão de máquinas permitiu o emprego de mulheres e crianças de um modo que antes não era possível. Isso possibilitou a substituição do trabalho familiar (salário familiar) pelo trabalho individual (salário individual) e economia para o capitalista, mas teve grandes consequências para as estruturas familiares e as relações de gênero e provocou mudanças no papel e na forma das economias domésticas. A introdução da maquinaria, porém, também criou um incentivo para prolongar a jornada de trabalho e, com isso, enfrentar o problema da "depreciação moral" (obsolescência econômica) e o perigo da desvalorização da maquinaria antiga em razão da introdução de maquinaria nova e mais eficiente. Os capitalistas esforçaram-se, portanto, para recuperar o mais rápido possível o valor incorporado nas máquinas, o que implicava usá-las 24 horas por dia, se possível. A maquinaria também pôde ser usada para intensificar o processo de trabalho. Os capitalistas puderam assumir o controle tanto da continuidade quando da velocidade do processo de trabalho e, assim, reduzir a porosidade da jornada de trabalho. A intensificação surgiu como uma importante estratégia capitalista para tirar mais mais-valor do trabalhador. Essa é a história até aqui.

Itens 4 a 10: Trabalhadores, fábricas, indústria

Os últimos sete itens do capítulo sobre a maquinaria aprofundam e ampliam nossa perspectiva a respeito do que pode ser "revelado" sobre o capitalismo a partir do exame da evolução tecnológica. No item 4, Marx examina a fábrica *per se*. Esta é o objeto principal de sua preocupação, não apenas como uma coisa de caráter técnico, mas também como uma ordem social. Devo fazer aqui, contudo, algumas advertências críticas. A experiência de Engels com o industrialismo de Manchester foi crucial e suplementada com os escritos de Babbage e Ure, os principais ideólogos pró-capitalistas na época e promotores dos princípios de gerenciamento industrial eficiente. Marx tende a universalizar o que aconteceu em Manchester como se fosse a forma acabada do industrialismo capitalista e, a meu ver, aceita um pouco demais as ideias de Babbage e Ure. Se Engels tivesse ido para Birmingham, o argumento de Marx teria sido muito diferente. A estrutura industrial na cidade era de pequena escala, mas estava reunida de forma a poupar deslocamentos. Era mais orientada para os ofícios, com oficinas de armas, joias e produtos metalúrgicos, aparentemente dotada de grande eficiência e caracterizada por relações de trabalho muito diferentes das encontradas nas imensas fábricas de algodão de Manchester. Evidentemente, Marx conhecia muito pouco daquilo que poderíamos chamar de modelo birminghamniano de industrialismo capitalista, por isso não foi capaz de traçar uma distinção importante na história do desenvolvimento capitalista. Desde a década de 1960, o industrialismo sul-coreano é do tipo manchesteriano, mas o de Hong Kong é mais do tipo birminghamniano. A Baviera, a chamada Terceira Itália e outros distritos industriais organizados de modo semelhante (o Vale do Silício é um caso particular) foram extremamente importantes nas fases recentes do industrialismo, e são muito diferentes das formas industriais de tipo manchesteriano instaladas no delta do Rio das Pérolas, na China. A questão, no entanto, é que o mundo industrial não podia e não pode ser reduzido às fábricas de Manchester. A análise de Marx sobre as fábricas, ainda que seja convincente, é unilateral.

Ele observa:

> com a ferramenta de trabalho, também a virtuosidade em seu manejo é transferida do trabalhador para a máquina. A capacidade de rendimento da ferramenta é emancipada das limitações pessoais da força humana de trabalho. Com isso, supera-se a base técnica sobre a qual repousa a divisão do trabalho na manufatura. No lugar da hierarquia de trabalhadores especializados que distingue a manufatura, surge na fábrica automática a tendência à equiparação ou ao nivelamento dos trabalhos que os auxiliares da maquinaria devem executar; no lugar das diferenças geradas artificialmente entre os trabalhadores, vemos predominar as diferenças naturais de idade e sexo.
> A divisão do trabalho que reaparece na fábrica automática consiste, antes de tudo, na distribuição dos trabalhadores entre as máquinas especializadas. (491-2)

Os trabalhadores podem ir de uma máquina para outra. Eles se tornam, de fato, supervisores de máquinas.

Marx descreve a desqualificação que acompanha o advento do sistema fabril, de modo que pouco a pouco todo trabalho se torna homogêneo. Se você pode vigiar esta máquina, também pode vigiar aquela. O significado contínuo da desqualificação através da história do capitalismo foi objeto de um debate considerável em tempos mais recentes (a começar por *Trabalho e capital monopolista: a degradação do trabalho no século XX*, de Harry Braverman*, que provocou uma série de comentários e estudos a partir dos anos 1970). Além disso, "como o mo-

---

* 3. ed., Rio de Janeiro, Guanabara, 2010. (N. T.)

212 / Para entender *O capital* I

vimento total da fábrica não parte do trabalhador e sim da máquina, é possível que ocorra uma contínua mudança de pessoal sem a interrupção do processo de trabalho" (493). O resultado é que os trabalhadores são reduzidos à tarefa vitalícia de servir a máquinas particulares. Assim, o trabalhador e as relações sociais mudam com a atividade laboral, de tal modo que os trabalhadores se tornam meros apêndices das máquinas.

> Na manufatura e no artesanato, o trabalhador se serve da ferramenta; na fábrica, ele serve à máquina. Lá, o movimento do meio de trabalho parte dele; aqui, ao contrário, é ele quem tem de acompanhar o movimento. Na manufatura, os trabalhadores constituem membros de um mecanismo vivo. Na fábrica, tem-se um mecanismo morto, independente deles e ao qual são incorporados como apêndices vivos. [...] Mesmo a facilitação do trabalho se torna um meio de tortura, pois a máquina não livra o trabalhador do trabalho, mas seu trabalho de conteúdo. [...] não é o trabalhador quem emprega a condição de trabalho, mas, ao contrário, são estas últimas que empregam o trabalhador; porém, apenas com a maquinaria essa inversão adquire uma realidade tecnicamente tangível. Por meio de sua transformação num autômato, o próprio meio de trabalho se confronta, durante o processo de trabalho, com o trabalhador como capital, como trabalho morto a dominar e sugar a força de trabalho viva. A cisão entre as potências intelectuais do processo de produção e o trabalho manual, assim como a transformação daquelas em potências do capital sobre o trabalho, consuma-se, como já indicado anteriormente, na grande indústria, erguida sobre a base da maquinaria. (494-5)

Em outras palavras, as concepções mentais são separadas do trabalho físico. Elas ficam com os capitalistas – são eles que concebem as coisas. Os trabalhadores não precisam pensar, apenas dar assistência às máquinas. Isso pode não ser verdade na prática, é claro, mas o que importa é que essa é a estrutura pela qual a classe capitalista luta dia e noite e, por conseguinte, toda a estrutura das concepções mentais, das relações sociais, da reprodução da vida, da relação com a natureza etc. é transformada segundo posições de classe.

> A habilidade detalhista do operador de máquinas individual, esvaziado, desaparece como coisa diminuta e secundária perante a ciência [leia-se concepções mentais], perante as enormes potências da natureza [leia-se relação com a natureza] e o trabalho social massivo que estão corporificadas no sistema da maquinaria e constituem, com este último, o poder do "patrão" (*master*). (495)

Mas essa transformação se baseia na capacidade de degradar de tal maneira a situação dos trabalhadores que eles acabam se transformando em meros apêndices das máquinas, incapazes de usar seu poder mental e sujeitos ao "poder autocrático" (496) e às regras despóticas dos capitalistas. A habilidade reside agora naqueles que projetam as máquinas, nos engenheiros etc., que se tornam um pequeno grupo de trabalhadores altamente especializados. Mas em contrapartida, como Marx observou anteriormente, surge "uma classe superior de trabalhadores, com formação científica ou artesanal, situada à margem do círculo dos operários fabris e somente agregada a eles" (492).

Transformações desse tipo só poderiam gerar resistência, em particular dos trabalhadores qualificados. Esse é o foco do item 5, que trata da "luta entre o trabalhador e a máquina". O ludismo (assim batizado em referência a uma personagem ficcional chamada Ned Ludd) foi um movimento de protesto contra a desqualificação e a perda de trabalho em que os trabalhadores destruíam as máquinas. Eles consideravam que as máquinas eram suas concorrentes, que elas destruíam suas habilidades e criavam insegurança em relação aos postos de trabalho. Marx, porém, observa uma evolução na política dessa revolta:

> A destruição massiva de máquinas que, sob o nome de ludismo, ocorreu nos distritos manufatureiros ingleses durante os quinze primeiros anos do século XIX e que foi provocada sobretudo pela utilização do tear a vapor, ofereceu ao governo antijacobino de um Sidmouth, Castlereagh etc. o pretexto para a adoção das mais reacionárias medidas de violência. Foi preciso tempo e experiência até que o trabalhador distinguisse entre a maquinaria e sua aplicação capitalista e, com isso, aprendesse a transferir seus ataques, antes dirigidos contra o próprio meio material de produção, para a forma social de exploração desse meio. (501)

Essa afirmação requer uma análise cuidadosa. Marx parece sugerir que o problema não são as máquinas (a tecnologia), mas o capitalismo (as relações sociais). A partir daí, podemos deduzir (erroneamente, a meu ver) que as máquinas são neutras em si mesmas, portanto poderiam ser usadas na transição para o socialismo. Historicamente, parece ser verdadeiro que os trabalhadores pararam de quebrar máquinas e se voltaram contra os capitalistas que utilizavam essa tecnologia de modo mais brutal. Mas isso parece violar a linha geral de argumentação de Marx, sobretudo se for considerada minha leitura da nota 89, na qual as tecnologias e as relações sociais estão mutuamente integradas. De acordo com essa leitura, há um problema que diz respeito às próprias máquinas, porque elas foram concebidas e introduzidas para interiorizar certas relações sociais, concepções mentais e modos de produzir e viver. Certamente, não é uma coisa boa que os trabalhadores se tornem apêndices das máquinas. Nem a privação das capacidades mentais associada ao emprego das tecnologias mecânicas capitalistas. Assim, quando Lenin louvou as

214 / Para entender *O capital* I

técnicas fordistas de produção, introduziu sistemas fabris semelhantes aos das fábricas norte-americanas e afirmou que a transformação das relações sociais ocasionada pela revolução era o que importava, ele entrou num terreno perigoso. O próprio Marx parece ambíguo nessas passagens. Em outras partes de sua obra, ele é mais crítico acerca da natureza das tecnologias em que o capitalismo assentou suas bases. As tecnologias discutidas nesse capítulo são adequadas ao modo de produção capitalista. Isso deveria nos levar automaticamente ao problema das tecnologias adequadas ao modo de produção socialista ou comunista. Se você pegar as tecnologias do modo de produção capitalista e tentar construir o socialismo com elas, que resultado você terá? Provavelmente uma versão diferente de capitalismo, como tendeu a acontecer na União Soviética após a disseminação das técnicas fordistas. Apesar de criticar Proudhon por ter simplesmente se apropriado das noções burguesas de justiça, Marx corre o risco, aqui, de endossar a apropriação das tecnologias capitalistas.

Uma forma de defender Marx é retornar à sua descrição do advento do capitalismo. No período manufatureiro, o desenvolvimento capitalista baseava-se no artesanato feudal tardio e nas tecnologias manufatureiras (ainda que modificando sua forma de organização) e, dadas as condições conjunturais, não havia como ser de outro modo. Apenas mais tarde o capitalismo conseguiu definir uma base tecnológica específica. Exatamente do mesmo modo, o socialismo foi obrigado a usar as tecnologias capitalistas em seu estágio revolucionário inicial e, dadas as exigências das circunstâncias (guerra e desordem social), Lenin estava certo em adotar as mais avançadas formas tecnológicas do capitalismo para recuperar a produção e, com isso, proteger a revolução. Mas, considerando-se minha leitura da nota de rodapé, um projeto socialista revolucionário de longo prazo não pode evitar a questão da definição de uma base tecnológica alternativa, ou de relações alternativas com a natureza, relações sociais alternativas, sistemas de produção alternativos, reprodução alternativa da vida cotidiana e concepções de mundo alternativas. E esse foi, penso eu, um dos graves erros na história dos comunismos existentes. É claro que esse debate é mais amplo do que o comunismo, uma vez que a questão das tecnologias apropriadas para a realização de certos objetivos sociais e políticos – sejam eles feministas, anarquistas, ambientalistas ou o que for – é um problema geral, que merece um exame detalhado. As tecnologias, temos de concluir, não são neutras em relação aos outros momentos da totalidade social.

O problemático caráter de classe das tecnologias capitalistas é confirmado no texto de Marx. Segundo ele:

> [A maquinaria] não atua apenas como concorrente poderoso, sempre pronto a tornar "supérfluo" o trabalhador assalariado. O capital, de maneira aberta e tendencial, procla-

ma e maneja a maquinaria como potência hostil ao trabalhador. Ela se converte na arma mais poderosa para a repressão das periódicas revoltas operárias, greves etc. contra a autocracia do capital. Segundo Gaskell, a máquina a vapor foi, desde o início, um antagonista da "força humana", o rival que permitiu aos capitalistas esmagar as crescentes reivindicações dos trabalhadores [...]. Poder-se-ia escrever uma história inteira dos inventos que, a partir de 1830, surgiram meramente como armas do capital contra os motins operários. (508)

Assim, os capitalistas desenvolvem conscientemente novas tecnologias como instrumentos da luta de classes. Essas tecnologias não apenas servem para disciplinar o trabalhador dentro do processo de trabalho, como também ajudam a criar um excedente de trabalho que reduz os salários e as ambições do trabalhador.

Marx introduz aqui, pela primeira vez, a ideia do desemprego ocasionado pela tecnologia. As inovações que poupam trabalho provocam demissões. De fato, ao longo dos últimos trinta anos, profundas mudanças econômicas e aumentos de produtividade incríveis causaram desemprego e insegurança no emprego e tornaram muito mais fácil a tarefa de disciplinar politicamente o trabalho. Houve certa tendência a culpar a subcontratação e a concorrência da mão de obra barata do México e da China pelos males da classe trabalhadora norte-americana, mas estudos mostram que cerca de dois terços da perda de postos de trabalho nos Estados Unidos se devem a mudanças tecnológicas. Quando me mudei para Baltimore, em 1969, a Bethlehem Steel empregava mais de 25 mil trabalhadores; 20 anos depois, empregava menos de 5 mil e produzia a mesma quantidade de aço. "O instrumento de trabalho liquida o trabalhador" (504).

Não é difícil fundamentar o argumento de que as tecnologias são usadas como armas da luta de classes. Lembro-me de ter lido as memórias de um industrial, um inovador no campo das máquinas-ferramentas na Paris do Segundo Império. Ele dava três motivações para a inovação: primeiro, reduzir o preço da mercadoria e melhorar a competitividade; segundo, melhorar a eficiência e eliminar o desperdício; terceiro, colocar os trabalhadores em seu devido lugar. Desde o movimento dos ludistas, a luta de classes em torno das formas tecnológicas foi um traço constante do capitalismo.

O item 6, sobre a "teoria da compensação", concentra-se nas alterações que as mudanças tecnológicas provocam na relação entre capital e trabalho. Se os capitalistas economizam capital variável ao empregar menos trabalhadores, o que fazem com o capital economizado? Se expandem suas atividades, então parte do trabalho que se tornou supérfluo é reabsorvido. Com base nisso, os economistas burgueses da época inventaram uma teoria da compensação para provar que as máquinas não causavam desemprego. Marx não nega que haja certa compensação, mas a grande-

216 / Para entender *O capital* I

za desta última é problemática. Você pode reabsorver 10% dos trabalhadores que se tornaram supérfluos, ou 20%. Não há nenhuma razão imediata para que todos sejam reabsorvidos. "Apesar de a maquinaria necessariamente deslocar trabalhadores nos ramos de atividade em que é introduzida, ela pode, no entanto, gerar um aumento da ocupação em outros ramos do trabalho. Mas esse efeito nada tem em comum com a assim chamada teoria da compensação" (514). Mesmo que a maioria dos trabalhadores seja reempregada, há ainda um sério problema de transição. "Assim que a maquinaria libera uma parte dos trabalhadores até então ocupados em determinado ramo industrial, distribui-se também o pessoal de reserva" – isto é, o exército industrial de reserva, que está sempre à disposição –, "que é absorvido em outros ramos de trabalho, enquanto as vítimas originais" – dispensadas do trabalho – "definham e sucumbem, em sua maior parte, durante o período de transição" (513). Há também problemas de adaptação: metalúrgicos não podem se tornar programadores de computador da noite para o dia.

> Como, portanto, considerada em si mesma, a maquinaria encurta o tempo de trabalho, ao passo que, utilizada de modo capitalista, ela aumenta a jornada de trabalho; como, em si mesma, ela facilita o trabalho, ao passo que, utilizada de modo capitalista, ela aumenta sua intensidade; como, em si mesma, ela é uma vitória do homem sobre as forças da natureza, ao passo que, utilizada de modo capitalista, ela subjuga o homem por intermédio das forças da natureza; como, em si mesma, ela aumenta a riqueza do produtor, ao passo que, utilizada de modo capitalista, ela o empobrece etc., o economista burguês declara simplesmente que a observação da maquinaria em si mesma demonstra com absoluta precisão que essas contradições palpáveis não são mais do que a aparência da realidade comum, não existindo em si mesmas e, portanto, tampouco na teoria. (513-4)

Assim, a maquinaria tem sempre de ser vista na relação com o uso capitalista que se faz dela. E a única questão que realmente importa é que o uso capitalista da maquinaria é em geral cruel e desnecessariamente opressivo. Mas se a máquina é vista "em si mesma" como uma "vitória do homem sobre as forças da natureza" e dotada de possibilidades potencialmente virtuosas (como aliviar o fardo do trabalho e aumentar o bem-estar material), então retornamos à dúbia afirmação de que a tecnologia capitalista, "em si mesma", pode servir de base para formas alternativas de organização social, sem necessidade de grandes ajustes ou transformações revolucionárias. Caímos mais uma vez na questão da posicionalidade das formas organizacionais, das tecnologias e das máquinas na transição do feudalismo para o capitalismo e do capitalismo para o socialismo ou comunismo. Essa é uma das grandes questões levantadas nesse capítulo, questão que merece uma análise longa e rigorosa.

A compensação também é causada pelo fato de a introdução das máquinas aumentar o emprego na indústria de máquinas-ferramentas. Mas lembre-se de que o "aumento de trabalho exigido para a produção do próprio meio de trabalho – maquinaria, carvão etc. – tem de ser menor do que a diminuição de trabalho ocasionada pela utilização da maquinaria" (514). Portanto, existe a possibilidade de um aumento do emprego na extração de matérias-primas. No caso do algodão, porém, isso significou não a expansão do trabalho assalariado, mas a intensificação e a disseminação do trabalho escravo no sul dos Estados Unidos. Se todas essas possibilidades de compensação são inibidas, porém, permanece o problema do que os capitalistas devem fazer com o capital excedente. Eles adquirem esse excedente – individualmente ou como classe – à medida que o valor da força de trabalho diminui e o número de trabalhadores empregados tende a cair.

O que é posto aqui, ainda que forma um tanto nebulosa, é o problema do que a burguesia deve fazer com todo o seu capital excedente. Esse é um problema enorme e fundamental. Eu o chamo de problema da absorção do capital excedente. No fim de cada dia, os capitalistas acabam necessariamente com um excedente e têm de decidir o que fazer com ele no dia seguinte. Se não encontram aplicação para ele, estão numa enrascada. Esse é o problema principal analisado por Marx nos dois volumes seguintes d'*O capital*. Ele não o examina em todos os detalhes aqui, mas levanta algumas sugestões: "O resultado imediato da maquinaria é aumentar o mais-valor e, ao mesmo tempo, a massa de produtos em que ele se representa – portanto, aumentar, juntamente com a substância de que a classe dos capitalistas e seus sequazes se alimentam, essas próprias camadas sociais" (517). Assim, "cresce a produção de artigos de luxo", e o mercado da produção excedente pode ser ampliado pela expansão do comércio exterior. "O aumento dos meios de produção e de subsistência, acompanhado da diminuição relativa do número de trabalhadores, leva à expansão do trabalho em ramos da indústria cujos produtos – como canais, docas, túneis, pontes etc. –, só trazem retorno num futuro mais distante" (517). Investimentos em infraestrutura física de longo prazo, que não rende frutos por muitos anos, podem se tornar um veículo para a absorção do excedente. Observações desse tipo me levaram a examinar, em *Os limites do capital*, o papel crucial das expansões geográficas e dos investimentos de longo prazo (particularmente em urbanização) na estabilização do capitalismo. Além disso,

> o extraordinário aumento da força produtiva nas esferas da grande indústria, acompanhado como é de uma exploração intensiva e extensivamente ampliada da força de trabalho em todas as outras esferas da produção, permite empregar de modo improdutivo uma parte cada vez maior da classe trabalhadora e, desse modo, reproduzir massi-

218 / Para entender *O capital* I

vamente os antigos escravos domésticos, agora rebatizados de "classe serviçal", como criados, damas de companhia, lacaios etc.

Essa classe improdutiva inclui

os muito velhos ou muitos jovens para o trabalho, todas as mulheres, jovens e crianças "improdutivos", seguidos dos estamentos "ideológicos", como governo, clero, juristas, militares etc., além de todos aqueles cuja ocupação exclusiva é consumir trabalho alheio sob a forma de renda da terra, juros etc., e, por fim, os indigentes, vagabundos, delinquentes etc. (518)

Toda essa enorme população tem de ser sustentada com o excedente. Com referência à Inglaterra e ao País de Gales, Marx cita os números do censo de 1861, que mostram que "os ocupados em todas as fábricas têxteis [...] somados ao pessoal de todas as metalúrgicas e manufaturas de metais" formam um total de 1.039.605 pessoas, enquanto aquelas empregadas nas minas somam 565.835, em comparação com as 1.208.648 que compõem a classe dos serviçais (ou "escravos domésticos modernos") (519). Tendemos a pensar que a mudança radical que transferiu o peso da economia da manufatura para o setor de serviços ocorreu no fim do século passado, mas esses dados mostram que o setor de serviços não é novo. A grande diferença é que a maior parte da classe dos serviçais de Marx não era organizada de modo capitalista (muitos moravam na casa dos patrões). Não havia estabelecimentos anunciando "manicures", "faxineiros", "cabeleireiros" etc. Mas a parcela da população envolvida nessa forma de emprego sempre foi grande e muito frequentemente negligenciada nas análises econômicas (inclusive as de Marx), embora fosse mais numerosa do que a classe trabalhadora no sentido clássico de operários, mineiros etc.

O item 7, sobre a "Repulsão e atração de trabalhadores com o desenvolvimento da indústria mecanizada", examina os ritmos temporais de emprego segundo as altas e as baixas dos ciclos econômicos. Os lucros, diz Marx, "não só constituem, em si mesmos, uma fonte de acumulação acelerada, como atraem à esfera favorecida da produção grande parte do capital social adicional que se forma constantemente e busca novas aplicações". Mas, quando flui para essas novas áreas favorecidas, o capital excedente encontra certas barreiras, como aquelas geradas pela "insuficiência de matéria-prima e de mercado por onde escoar seus próprios produtos" (522). Onde você conseguirá novas matérias-primas e para quem venderá seus produtos? Essa pergunta é crucial, e voltaremos a ela no último item, "Reflexões e prognósticos".

A resposta de Marx é... a Índia! Você destrói as indústrias indianas e transforma aquela imensa população em mercado seu, e ao mesmo tempo transforma o país em produtor de matérias-primas para esse seu mercado. Em outras palavras, você adota práticas colonialistas e expansões geográficas. O problema é resolvido por aquilo que chamo de ajuste espacial. O resultado é "uma nova divisão internacional do trabalho, adequada às principais sedes da indústria mecanizada, divisão que transforma uma parte do globo terrestre em campo de produção preferencialmente agrícola voltado a suprir as necessidades de outro campo, preferencialmente industrial" (523). Naquele momento, no entanto, isso estava fora do alcance do aparato teórico de Marx. O que vemos claramente nesse item é a necessidade social inerente ao modo de produção capitalista de revolver o problema de aplicação do excedente de capital por meio de deslocamentos geográficos e temporais.

Altas e baixas no ciclo industrial são características do capitalismo.

A enorme capacidade, própria do sistema fabril, de expandir-se aos saltos e sua dependência do mercado mundial geram necessariamente uma produção em ritmo febril e a consequente saturação dos mercados, cuja contração acarreta um período de estagnação. A vida da indústria se converte numa sequência de períodos de vitalidade mediana, prosperidade, superprodução, crise e estagnação. A insegurança e a instabilidade a que a indústria mecanizada submete a ocupação e, com isso, a condição de vida do trabalhador tornam-se normais com a ocorrência dessas oscilações periódicas do ciclo industrial. Descontadas as épocas de prosperidade, grassa entre os capitalistas a mais encarniçada luta por sua participação individual no mercado. Tal participação é diretamente proporcional ao baixo preço do produto. Além da rivalidade que essa luta provoca pelo uso de maquinaria aperfeiçoada, substitutiva de força de trabalho, e pela aplicação de novos métodos de produção, chega-se sempre a um ponto em que se busca baratear a mercadoria por meio da redução forçada dos salários abaixo do valor da força de trabalho. (524-5)

Essa descrição genérica dos movimentos cíclicos na economia carece de sustentação teórica, e os mecanismos exatos que produzem tais movimentos não são explorados. Marx passa, por assim dizer, do terreno da teoria para uma descrição esquemática dos ciclos de alta e baixa característicos da economia britânica da época. O que ele apresenta em seguida, com o único propósito de ilustrar seu argumento histórico, é a história dos ciclos de alta e baixa da indústria algodoeira na Grã-Bretanha. Ele resume a história:

Portanto, nos primeiros 45 anos da indústria algodoeira britânica, de 1770 a 1815, encontramos apenas 5 anos de crise e estagnação, mas esse foi o período de seu monopólio mundial. O segundo período, ou seja, os 48 anos que vão de 1815 a 1863, conta apenas 20 anos de recuperação e prosperidade contra 28 de depressão e estagnação. De 1815 a 1830, tem início a concorrência com a Europa continental e os Estados Unidos.

220 / Para entender *O capital* I

A partir de 1833, a expansão dos mercados asiáticos se impõe por meio da "destruição da raça humana". (530)

Uma nota de rodapé esclarece que a "destruição da raça humana" a que Marx se refere foi protagonizada pelos britânicos, que obrigaram a Índia a plantar ópio e vendê-lo à China em troca de prata, a qual, por sua vez, seria usada para comprar produtos da Grã-Bretanha.

No item 8, "O revolucionamento da manufatura, do artesanato e do trabalho domiciliar pela grande indústria", Marx examina o que acontece quando sistemas de trabalho diferentes entram em concorrência mútua. Esse item levanta algumas questões intrigantes. Na época de Marx, sistemas de trabalho domésticos, sistemas artesanais, sistemas manufatureiros e sistemas fabris coexistiam, às vezes na mesma região. Quando foram postos em concorrência uns com os outros, esses sistemas sofreram adaptações e, em alguns casos, produziram novas formas híbridas, mas o resultado geral foi tornar as condições de trabalho terríveis, se não absolutamente intoleráveis, em todos os setores. Trabalhadores artesanais, por exemplo, tinham de trabalhar cinco vezes mais para competir com os produtos fabricados nos teares a vapor. Mas Marx parece acreditar que, no fim das contas, o sistema fabril prevaleceria. Se digo "parece", é porque ele não diz isso explicitamente. Contudo, há muitas pistas aqui de uma espécie de progressão teleológica, em que o capitalismo se move necessariamente e cada vez mais em direção a um sistema fabril. Os antigos sistemas híbridos de trabalho, baseados em sistemas de exploração completamente desumanos (que Marx, com a ajuda dos inspetores de fábrica, descreve em detalhes), não podiam durar. Se é isso que ele está dizendo, então temos razões para discordar.

Prefiro lê-lo de outro modo, talvez contra o pano de fundo de seu próprio pensamento. Diria que os capitalistas gostam de preservar o poder de escolher o sistema de trabalho. Se não conseguem lucro suficiente com o sistema fabril, querem ter a opção de retornar ao sistema doméstico. Se ainda assim não conseguirem lucro, recorrerão a um sistema quase manufatureiro. Isto é, em vez de tomar as condições que Marx descreve nesse capítulo como temporárias e transicionais, prefiro lê-las como características (opções) permanentes de um modo de produção capitalista em que a concorrência entre diferentes sistemas de trabalho se torna uma arma do capital contra o trabalho na luta para conseguir mais-valor. Usar desse modo a explicação de Marx para as consequências devastadoras da concorrência entre os sistemas de trabalho permite uma melhor compreensão do que está acontecendo hoje no mundo. O ressurgimento de oficinas clandestinas e sistemas familiares de trabalho, subcontratação e coisas do gênero foi a marca do capitalismo neoliberal nos últimos quarenta anos. O sistema fabril nem sempre trouxe vantagens para o capital, e Marx tem bons *insights* do porquê. Os trabalhadores, quando reunidos numa grande fábrica, podem tomar consciência de seus interesses comuns e constituir uma força política poderosa. A industrialização na Coreia do Sul a partir da década de 1960 produziu um sistema fabril de larga escala, e uma de suas consequências foi um movimento sindical forte; até ser disciplinado pela crise de 1997--1998, esse movimento foi uma força politicamente poderosa. Em Hong Kong, o sistema de trabalho baseava-se no trabalho familiar clandestino e em estruturas de subcontratação, e o movimento sindical é quase inexistente. Obviamente, há outros fatores em jogo, mas a questão principal é que a possibilidade de escolher o sistema de trabalho que será aplicado é importante para o capital na dinâmica da luta de classes.

Por isso, acredito que é mais proveitoso ler esses itens d'*O capital* na forma de uma história exemplar de como os capitalistas, tendo o poder de escolher o processo e o sistema de trabalho, usam essa escolha como uma arma na luta de classes pela geração de mais-valor. Os trabalhadores fabris são disciplinados pela concorrência com as oficinas clandestinas e vice-versa. O acirramento da concorrência entre esses sistemas piorou as coisas para o trabalhador, em comparação, por exemplo, com as décadas de 1960 ou 1970, quando havia, em muitas partes do mundo capitalista, grandes sistemas fabris e organizações trabalhistas fortes que apoiavam os movimentos sociais com certo grau de influência e poder político. Na época, era tentador imaginar que o sistema fabril acabaria eliminando os outros e a política decorrente desse processo conduziria ao socialismo. Muitos dos que leram *O capital* nos anos 1960 favoreceram essa interpretação teleológica.

Analisaremos agora a explanação de Marx em detalhes. Em primeiro lugar, temos o subitem "Suprassunção da cooperação fundada no artesanato e na divisão do trabalho", que descreve um deslocamento distintivo de um sistema de trabalho para outro. Em segundo lugar, o impacto sobre a manufatura e as indústrias domésticas é examinado. Nesse caso, o tema é a adaptação, e não a supressão. "Por toda parte torna-se determinante o princípio da produção mecanizada, a saber, analisar o processo de produção em suas fases constitutivas e resolver os problemas assim dados por meio da aplicação da mecânica, da química etc., em suma, das ciências naturais" (532-3). Em outras palavras, as concepções mentais associadas às tecnologias mecânicas introduziram-se na reorganização dos sistemas antigos. A ciência e a tecnologia só começaram a interagir com a indústria no século XIX, o que fez com que os processos de trabalho fossem cientificamente fragmentados em fases constitutivas e transformados em processos repetitivos e mecânicos. Mas isso implicou uma revolução mental no modo como entendíamos o mundo, e o método científico pôde ser aplicado a todos os sistemas de trabalho (inclusive os artesanais). É claro que na manufatura e nas indústrias domésticas, em que formas mais antigas de pensamento prevaleciam

222 / Para entender *O capital* I

havia muito tempo, a mudança não foi automática. Mas as consequências para as indústrias que se reformularam segundo os princípios científicos e técnicos foram terríveis, como mostra a descrição de Marx da produção de renda (490-3).

A forma que a indústria doméstica assumiu não tinha nada "em comum, a não ser o nome, com aquela indústria domiciliar antiquada". Ela se converteu "no departamento externo da fábrica, da manufatura ou da grande loja". Desse modo, "o capital movimenta, por fios invisíveis, um outro exército" de trabalhadores (533). Marx cita o exemplo de uma fábrica de camisas "que emprega mil trabalhadores na fábrica e 9 mil trabalhadores domiciliares espalhados pelo campo". Essa forma de organização do trabalho ainda é comum nos dias atuais, sobretudo na Ásia, onde a indústria automobilística japonesa, por exemplo, baseia-se numa vasta rede de trabalhadores subcontratados que produzem as peças. Essa exploração "desavergonhada" é característica dessas formas "modernas" de indústria domiciliar, em parte porque "a capacidade de resistência dos trabalhadores diminui em consequência de sua dispersão" e em parte porque "toda uma série de parasitas rapaces se interpõe entre o verdadeiro patrão e o trabalhador" (533).

As transformações generalizadas em todos os sistemas de trabalho apresentam complicações específicas. "O revolucionamento do modo social de produzir, esse produto necessário da transformação do meio de produção, consuma-se num emaranhado caótico de formas de transição" (543). Mas isso é o mais perto que Marx chega de endossar uma perspectiva teleológica, "a diversidade das formas de transição não esconde [...] a tendência à transformação dessas formas em sistema fabril propriamente dito" (544). No entanto, isso é uma tendência, não uma lei, e, quando Marx usa a palavra "tendência", é importante notar que quase sempre ele tenciona contrapor tendências que tornam incertos os resultados reais. Nesse exemplo, porém, ele não examina contratendências potenciais.

Ele descreve como essa "revolução industrial, que transcorre de modo natural-espontâneo, é artificialmente acelerada pela expansão das leis fabris a todos os ramos da indústria em que trabalhem mulheres, adolescentes e crianças" (545). Apenas os grandes ramos industriais, observa ele, têm recursos para cumprir as regulamentações.

> Mas se, desse modo, a lei fabril acelera artificialmente a maturação dos elementos materiais necessários à transformação da produção manufatureira em fabril, ela ao mesmo tempo acelera, devido à necessidade de um dispêndio aumentado de capital, a ruína dos pequenos patrões e a concentração do capital. (548)

O grande capital costuma suportar as imposições de todos os tipos de marcos regulatórios – relativos, por exemplo, à segurança do trabalho e à preservação da

8. Maquinaria e grande indústria / 223

saúde do trabalhador –, sobretudo se as pequenas empresas não podem arcar com esses custos e deixam o mercado para as grandes. A chamada "captura regulatória" [*regulatory capture*] existe há muito tempo na história do capitalismo. As empresas capturam o aparato regulador e o usam para eliminar a concorrência. Quando os Mini Cooper chegaram à Grã-Bretanha no início dos anos 1960, eles haviam sido proibidos pelo regime regulatório dos Estados Unidos, porque a distância dos faróis em relação ao solo não era suficiente, era alguns milímetros menor do que a necessária. É o bastante quanto às práticas reais do livre-comércio!

A sazonalidade que caracteriza algumas linhas de produção põe outro conjunto de problemas aos quais o capital tem de se adaptar. Uma das razões por que considero *O capital* um livro tão presciente é que com frequência Marx identifica tendências no capitalismo de sua época que são muito fáceis de identificar no capitalismo de hoje. Por exemplo, havia uma tendência no capitalismo de criar aquilo que nos anos 1980, como resultado da inovação japonesa, seria chamado de sistemas *just-in-time*. Marx observou em sua época que as flutuações de oferta e demanda, tanto sazonais como anuais, exigiam modos de resposta flexíveis. Ele cita um comentador da época:

> "A expansão do sistema ferroviário [...] por todo o país estimulou bastante o hábito das encomendas de curto prazo. Agora os compradores vêm de Glasgow, Manchester e Edimburgo, uma vez por quinzena, ou então compram por atacado nos grandes armazéns da *City*, aos quais fornecemos as mercadorias. Fazem encomendas que têm de ser atendidas imediatamente, em vez de comprarem as mercadorias do estoque, como antes era o costume. Em anos anteriores, sempre conseguíamos adiantar o serviço durante a estação baixa para a demanda da temporada seguinte, mas agora ninguém pode prever qual será, então, o objeto da demanda."

Para ter essa flexibilidade, no entanto, era necessário criar uma infraestrutura adequada de transporte e comunicação. "O hábito dessas encomendas se expande com as ferrovias e a telegrafia" (548).

O item 9, sobre as "cláusulas sanitárias e educacionais" da legislação fabril, põe outro conjunto de contradições interessantes. "A legislação fabril", observa Marx, "essa primeira reação consciente e planejada da sociedade à configuração natural-espontânea de seu processo de produção, é, como vimos, um produto necessário da grande indústria tanto quanto o algodão, as *selfactors* e o telégrafo elétrico" (551). As Leis Fabris não só procuravam regular as horas de trabalho, mas também tinham algo a dizer sobre a saúde e a educação, temas a que muitos industriais resistiam ferozmente. No entanto,

224 / Para entender *O capital* I

do sistema fabril, como podemos ver em detalhe na obra de Robert Owen, brota o germe da educação do futuro, que há de conjugar, para todas as crianças a partir de certa idade, o trabalho produtivo com o ensino e a ginástica, não só como método de incrementar a produção social, mas como único método para a produção de seres humanos desenvolvidos em seus múltiplos aspectos. (554)

Por que estamos falando, de repente, de "seres humanos desenvolvidos em seus múltiplos aspectos", num capítulo cheio de histórias de dignidade destruída e apropriação das capacidades do trabalhador pelo capital? Talvez porque a resistência do capitalista a medidas sanitárias e educacionais seja irracional do ponto de vista da classe capitalista? "Como vimos, ao mesmo tempo que a grande indústria suprime tecnicamente a divisão manufatureira do trabalho", ela reproduz "aquela divisão do trabalho de maneira ainda mais monstruosa, na fábrica propriamente dita, por meio da transformação do trabalhador em acessório autoconsciente de uma máquina parcial" (554). Os efeitos sobre as crianças são particularmente devastadores. Mas há sinais positivos nisso tudo.

É característico que, já no século XVIII, ainda se denominassem mistérios (*mystères*) os diversos ofícios em cujos segredos só podia penetrar o iniciado por experiência e por profissão. A grande indústria rasgou o véu que ocultava aos homens seu próprio processo social de produção e que convertia os diversos ramos da produção, que se haviam particularizado de modo natural-espontâneo, em enigmas uns em relação aos outros, e inclusive para o iniciado em cada um desses ramos. (556)

A moderna ciência da tecnologia provocou uma verdadeira revolução em nossas concepções mentais do mundo. "As formas variegadas, aparentemente desconexas e ossificadas do processo social de produção se dissolveram, de acordo com o efeito útil almejado, em aplicações conscientemente planificadas e sistematicamente particularizadas das ciências naturais" (556-7).

O resultado foi uma revolução industrial em todos os sentidos do termo.

A indústria moderna jamais considera nem trata como definitiva a forma existente de um processo de produção. Sua base técnica é, por isso, revolucionária, ao passo que a de todos os modos de produção anteriores era essencialmente conservadora. Por meio da maquinaria, de processos químicos e outros métodos, ela revoluciona constantemente, juntamente com a base técnica da produção, as funções dos trabalhadores e as combinações sociais do processo de trabalho. Desse modo, ela revoluciona de modo igualmente constante a divisão do trabalho no interior da sociedade e não cessa de jogar de um ramo de produção para outro massas de capital e massas de trabalhadores.

8. Maquinaria e grande indústria / 225

A natureza da grande indústria condiciona, portanto, a variação do trabalho, a fluidez da função, a mobilidade onidirecional do trabalhador. (557)

A necessidade gera uma enorme contradição. O lado negativo é que a grande indústria "reproduz em sua forma capitalista a velha divisão do trabalho" e "suprime toda tranquilidade, solidez e segurança na condição de vida do trabalhador, a quem ela ameaça constantemente de privá-lo, juntamente com o meio de trabalho, de seu meio de subsistência". Isso "desencadeia o desperdício mais exorbitante de forças de trabalho e as devastações da anarquia social" (557). Mas há o lado positivo:

> a grande indústria, precisamente por suas mesmas catástrofes, converte em questão de vida ou morte a necessidade de reconhecer como lei social geral da produção a mudança dos trabalhos e, consequentemente, a maior multilateralidade possível dos trabalhadores, fazendo, ao mesmo tempo, com que as condições se adaptem à aplicação normal dessa lei. Ela converte numa questão de vida ou morte a substituição dessa realidade monstruosa, na qual uma miserável população trabalhadora é mantida como reserva, de prontidão para satisfazer as necessidades mutáveis de exploração que experimenta o capital, pela disponibilidade absoluta do homem para cumprir as exigências variáveis do trabalho; a substituição do indivíduo parcial, mero portador de uma função social de detalhe, pelo indivíduo totalmente desenvolvido, para o qual as diversas funções sociais são modos alternantes de atividade. (558)

O capitalismo requer fluidez e adaptabilidade do trabalho, uma força de trabalho instruída e variada, capaz de executar múltiplas tarefas e responder com flexibilidade a condições variáveis. Há aqui uma profunda contradição: por um lado, o capital quer trabalho degradado, desqualificado, algo como um gorila treinado para servir ao capital sem questioná-lo; por outro lado, ele necessita desse outro tipo de trabalho, instruído, flexível e adaptável. Como se poderia abordar tal contradição sem fazer surgir "fermentos revolucionários" (558), sobretudo se levarmos em conta que os capitalistas individuais, que buscam intensamente seus próprios interesses e são impelidos pelas leis coercitivas da concorrência, teriam dificuldade em eliminá-la?

Uma resposta coletiva de classe encontra-se nos artigos sobre a educação inseridos nas Leis Fabris. Esses artigos não foram necessariamente aplicados, observa Marx, em particular diante da resistência do capitalista individual. No entanto, é significativo que tenham sido considerados necessários num Estado que, como observamos anteriormente, era governado por capitalistas e proprietários fundiários. Ele sugere que "o ensino teórico e prático da tecnologia" garantiu "seu devido

226 / Para entender *O capital* I

lugar nas escolas operárias". E prossegue: "Mas tampouco resta dúvida de que a forma capitalista de produção e as condições econômicas dos trabalhadores que lhe correspondem encontram-se na mais diametral contradição com tais fermentos revolucionários e sua meta: a superação da antiga divisão do trabalho". Note bem: o desenvolvimento dessas "contradições de uma forma histórica de produção é, no entanto, o único caminho histórico de sua dissolução e reconfiguração" (558).

O desenvolvimento dessa contradição fundamental é crucial para entender as transformações na reprodução da força de trabalho. A grande indústria teve um papel importante na dissolução da "base econômica do antigo sistema familiar e do trabalho familiar a ele correspondente". Também dissolveu "as próprias relações familiares antigas", revolucionou as relações entre pais e filhos e freou os abusos do poder paterno, que surgiu com o *gang system*. Foi o "modo capitalista de exploração que, suprimindo a base econômica correspondente à autoridade paterna, converteu esta última num abuso" (559). Porém,

> por terrível e repugnante que pareça a dissolução do velho sistema familiar no interior do sistema capitalista, não deixa de ser verdade que a grande indústria, ao conferir às mulheres, aos adolescentes e às crianças de ambos os sexos um papel decisivo nos processos socialmente organizados da produção situados fora da esfera doméstica, cria o novo fundamento econômico para uma forma superior da família e da relação entre os sexos. (560)

É óbvio, Marx conclui,

> que a composição do pessoal operário por indivíduos de ambos os sexos e das mais diversas faixas etárias, que em sua forma capitalista, natural-espontânea e brutal – em que o trabalhador existe para o processo de produção, e não o processo de produção para o trabalhador –, é uma fonte pestífera de degeneração e escravidão, pode se converter, sob as condições adequadas, em fonte de desenvolvimento humano. (560)

A busca por fluidez, flexibilidade e adaptabilidade do trabalho revoluciona a família e as relações entre os sexos! Pressões desse tipo perduram até hoje, ao mesmo tempo que o lado negativo da contradição aqui identificada por Marx continua onipresente. Trata-se, devemos concluir, de uma contradição permanente, localizada no cerne do capitalismo.

Assim, o que subitamente encontramos ao fim desse longo capítulo, pleno de imagens negativas, são algumas potencialidades positivas e revolucionárias para a educação das classes trabalhadoras e uma reconfiguração radical (com a ajuda do poder estatal) de suas condições de reprodução. O capital precisa de fluidez no trabalho e, portanto, tem de educar os trabalhadores, ao mesmo tempo que elimina os velhos rigores paternalistas, patriarcais. Essas ideias não são muito desenvolvidas no texto de Marx, mas é interessante que ele tenha considerado importante inseri--las em sua análise. E, ao mesmo tempo que a política da jornada de trabalho visava salvar o capital de suas tendências autodestrutivas, ela trazia em si o germe de uma política operária voltada para a supressão do próprio sistema capitalista.

Isso conduz Marx, após uma longa e detalhada exposição das Leis Fabris, a sua conclusão, na qual ele volta a flertar com uma formulação teleológica:

> Se a generalização da legislação fabril tornou-se inevitável como meio de proteção física e espiritual da classe trabalhadora, tal generalização, por outro lado, e como já indicamos anteriormente, generaliza e acelera a transformação de processos laborais dispersos, realizados em escala diminuta, em processos de trabalho combinados, realizados em larga escala, em escala social; ela acelera, portanto, a concentração do capital e o império exclusivo do regime de fábrica. Ela destrói todas as formas antiquadas e transitórias, sob as quais o domínio do capital ainda se esconde em parte, e as substitui por seu domínio direto, indisfarçado. Com isso, ela também generaliza a luta direta contra esse domínio. Ao mesmo tempo que impõe nas oficinas individuais uniformidade, regularidade, ordem e economia, a legislação fabril, por meio do imenso estímulo que a limitação e a regulamentação da jornada de trabalho dão à técnica, aumenta a anarquia e as catástrofes da produção capitalista em seu conjunto, assim como a intensidade do trabalho e a concorrência da maquinaria com o trabalhador. Juntamente com as esferas da pequena empresa e do trabalho domiciliar, ela aniquila os últimos refúgios dos "supranumerários" e, assim, a válvula de segurança até então existente de todo o mecanismo social. Ao amadurecer as condições materiais e a combinação social do processo de produção, ela amadurece as contradições e os antagonismos de sua forma capitalista e, portanto, ao mesmo tempo, os elementos criadores de uma nova sociedade e os fatores que revolucionam a sociedade velha. (570-1)

O item 10, "Grande indústria e agricultura", traz de volta para o centro da discussão a "relação entre o homem e a natureza" e faz, por assim dizer, uma breve porém importante participação especial na argumentação. "É na esfera da agricultura", diz Marx, que "a grande indústria atua do modo mais revolucionário", em parte por "liquidar o baluarte da velha sociedade, o 'camponês', substituindo-o pelo trabalhador assalariado", o que, por sua vez, gera conflitos de classe no campo. A aplicação de princípios científicos na agricultura revoluciona as relações entre a agricultura e a manufatura, ao mesmo tempo que "cria os pressupostos materiais de uma nova síntese, superior, entre agricultura e indústria". Mas esse resultado potencialmente positivo "perturba o metabolismo entre o homem e a terra, isto é, o retorno ao solo daqueles elementos que lhe são constitutivos e foram consumidos pelo homem sob forma de alimentos e vestimentas, retorno que é a eterna condição natural da fertilidade permanente do solo" (572). Esse problema é exacerbado pela crescente urbanização. "E todo progresso da agricultura capitalista", conclui Marx,

> é um progresso na arte de saquear não só o trabalhador, mas também o solo, pois todo progresso no aumento da fertilidade do solo por certo período traz consigo, ao mesmo tempo, um progresso no esgotamento das fontes duradouras dessa fertilidade. Quanto mais um país, como, por exemplo, os Estados Unidos da América do Norte, tem na grande indústria a base de seu desenvolvimento, tanto mais rápido é esse processo de destruição. Por isso, a produção capitalista só desenvolve a técnica e a combinação do processo de produção social ao minar os mananciais de toda a riqueza: a terra e o trabalhador. (573-4)

As relações entre tecnologia, natureza, produção e reprodução da vida sofrem uma mudança negativa, ainda que revoluções em concepções mentais e relações sociais abram possibilidades positivas. Marx não defende o retorno a uma sociedade em que os processos de produção sejam "*mystères*". Ele acredita que a aplicação da ciência e da tecnologia pode ter implicações progressistas. Mas o grande problema desse capítulo é identificar onde exatamente se encontram tais possibilidades progressistas e como podem ser mobilizadas na criação de um modo de produção socialista. Marx, embora não resolva esse problema, coloca-o e obriga-nos a refletir sobre ele. As mudanças tecnológicas e organizacionais não são um *deus ex machina*, mas estão profundamente enraizadas na coevolução de nossa relação com a natureza, os processos de produção, as relações sociais, as concepções mentais de mundo e a reprodução da vida cotidiana. Todos esses "momentos" são combinados nesse capítulo, alguns muito mais do que outros. Ele pode e deve ser lido como um ensaio acerca da reflexão sobre essas relações. Mas o sentido do método que surge dessa leitura permite uma interrogação do argumento de Marx nos próprios termos de Marx.

9. DO MAIS-VALOR ABSOLUTO E RELATIVO À ACUMULAÇÃO DO CAPITAL

Nos capítulos anteriores, dedicamo-nos aos vários modos como podemos conseguir mais-valor relativo e absoluto. Quando Marx faz esse tipo de bifurcação conceitual, invariavelmente leva de volta a dualidade ao estado de unidade: no fim das contas, há apenas um mais-valor, e suas duas formas se condicionam mutuamente. Seria impossível ganhar mais-valor absoluto sem uma base tecnológica e organizacional adequada. Inversamente, o mais-valor relativo não teria sentido algum sem uma duração da jornada de trabalho que permitisse a apropriação de mais-valor absoluto. A diferença está apenas na estratégia capitalista, que "se faz sentir onde quer que se trate de aumentar a taxa de mais-valor". Como costuma ocorrer quando Marx avança para um ponto de síntese, ele tanto retoma material já apresentado quanto o conduz a um ponto diferente, de onde é possível observar o terreno do capitalismo de uma nova perspectiva. As novas perspectivas do capítulo 14 geraram uma grande controvérsia, por isso exigem um escrutínio cuidadoso.

Considere, em primeiro lugar, o conceito de trabalhador coletivo, mencionado diversas vezes em capítulos anteriores. O mais-valor não é mais visto como uma relação individual de exploração, mas como parte de um todo mais amplo, em que os trabalhadores, em cooperação e dispersados pela divisão detalhista do trabalho, produzem coletivamente o mais-valor de que os capitalistas se apropriam. A dificuldade desse conceito é definir onde começa e onde termina o trabalhador coletivo. O caminho mais simples seria, digamos, partir da fábrica e designar como trabalhador coletivo todos que trabalham ali, inclusive faxineiros, auxiliares, gerentes de depósito e mesmo estagiários, ainda que muitos desses trabalhadores não desempenhem papel algum na produção efetiva de mercadorias. "Para trabalhar produtivamente, já não é mais necessário fazê-lo com as próprias mãos; basta, agora, ser um órgão do trabalhador coletivo, executar qualquer uma de suas subfunções" (577).

230 / Para entender *O capital* I

Mas grande parte do trabalho não é realizada nas fábricas, e a tendência em tempos mais recentes é recorrer à terceirização e à subcontratação, atrás das quais se encontram muitas vezes outros subcontratantes. E o que dizer da propaganda, do marketing e do design como serviços que, embora essenciais à venda de mercadorias, são frequentemente separados das atividades imediatas da produção? Ou devemos considerar exclusivamente as atividades internas da fábrica? É difícil chegar a uma definição exata, e parece não haver nenhuma solução perfeita – daí a controvérsia. Mas sem a ajuda desse conceito seria difícil chegar a uma abordagem macroteórica da dinâmica do capitalismo. Marx diz que até aqui a análise "permanece correta para o trabalhador coletivo, considerado em seu conjunto", mas não é mais válida "para cada um de seus membros, tomados isoladamente".

O segundo movimento é comparar essa ampliação da definição de trabalho produtivo com a restrição de seu âmbito, de modo que "só é produtivo o trabalhador que produz mais-valor para o capitalista". Caracterizar alguém como "improdutivo" pode provocar uma reação emocional, já que soa como uma ofensa contra todos aqueles que trabalham duro para sobreviver. Contudo, como Marx se apressa a afirmar, no capitalismo "ser trabalhador produtivo não é [...] uma sorte, mas um azar" (577-8). A noção marxiana de "produtivo" não é normativa ou universal, mas uma definição historicamente específica ao capitalismo. No que concerne ao capital, aqueles que não contribuem para a produção de mais-valor são considerados improdutivos. A tarefa do socialismo seria, portanto, redefinir a noção de "produtivo" de um modo mais responsável e benéfico socialmente.

No entanto, mesmo no contexto do capitalismo, há desafios legítimos em torno da definição de "produtivo". Por exemplo, durante anos as feministas argumentaram que o trabalho doméstico não pago reduz o valor de mercado da força de trabalho e, por isso, gera mais-valor para o capitalista. Marx não trata dessa questão, mas ocupa-se da suposta "base natural" da produtividade, e sua análise dá pistas de como ele teria abordado algumas dessas questões. A produtividade, diz ele, pode ser "limitada por condições naturais" ou aumentada, porque "quanto maiores a fertilidade natural do solo e a excelência do clima, tanto menor é o tempo de trabalho necessário para a conservação e reprodução do produtor". Mantendo-se inalteradas as demais circunstâncias, "a grandeza do mais-trabalho variará de acordo com as condições naturais do trabalho, sobretudo com a fertilidade do solo" (581-2). Portanto, não há razão alguma para não dizer que o mais-trabalho variará de acordo com as condições sociais (por exemplo, a produtividade do trabalho familiar). Deixaremos de lado as passagens estranhas, que refletem o pensamento oitocentista a respeito do determinismo ambiental e da dominação da natureza ("Uma natureza demasiado pródiga 'conduz o homem em sua mão, como uma criança em andadeiras'"*); Marx conclui, então, que "a excelência das condições naturais" (às quais poderíamos acrescentar também as condições sociais) "limita-se a fornecer a possibilidade, jamais a realidade do mais-trabalho, portanto, do mais-valor ou do mais-produto" (583). Quer dizer, a relação dinâmica com a natureza (ou com as condições da vida cotidiana e o trabalho doméstico) forma um pano de fundo necessário, mas não suficiente, para os processos sociais e as relações de classe por meio das quais o mais-valor é criado e apropriado.

Marx nos induz a reconhecer que "a relação capitalista [...] nasce num terreno econômico que é o produto de um longo processo de desenvolvimento", de modo que a produtividade do trabalho "não é uma dádiva da natureza, mas o resultado de uma história que compreende milhares de séculos" (580-1). Além disso, diz ele, "para que [o trabalhador] o gaste [o tempo de ócio] em mais-trabalho para estranhos, é necessária a coação externa" (584). E a grande ironia é que "tanto as forças produtivas historicamente desenvolvidas, sociais, quanto as forças produtivas do trabalho condicionadas pela natureza aparecem como forças produtivas do capital, ao qual o trabalho é incorporado" (584). Para Marx, o x da questão, certo ou errado, reside sempre na configuração específica da apropriação do mais-valor do trabalho pelo capital, uma configuração que se encontra na matriz dos elementos que definem a totalidade de um modo de produção capitalista cada vez mais ampliado. Se Marx tivesse abordado essa questão, é muito provável que tivesse tratado as tarefas domésticas do mesmo modo que trata a relação com a natureza (como indica a nota 121 da página 469).

Os dois movimentos, o de ampliação e o de restrição da definição de trabalho produtivo, não são independentes um do outro. Combinados, ajudam Marx a ir de uma microperspectiva individual, em que a imagem dominante é a do trabalhador individual explorado por um empregador capitalista particular, para uma macroanálise das relações de classe, na qual é a exploração de uma classe por outra que ocupa a cena. Essa perspectiva de classe será a dominante dos últimos capítulos.

Curiosamente, todas as formas de teoria econômica encontram problemas ao se mover de um terreno microteórico para um terreno macroteórico. A economia política burguesa não tinha como realizar esse movimento, porque não dispunha (e ainda não dispõe) de uma teoria das origens do mais-valor. Ricardo ignorou completamente o problema, e John Stuart Mill, mesmo reconhecendo que ele tinha algo a ver com o trabalho, não pôde identificar exatamente em que consistia esse algo, porque não viu a diferença entre o que o trabalho toma e o que o traba-

---

* Citação modificada do poema (e canção popular) "An die Natur", de Friedrich Leopold, conde de Stolberg. (N. T.)

232 / Para entender *O capital* I

lho cria. "Em terrenos planos", diz Marx numa sarcástica referência a Mill, "até os montes de terra parecem colinas, e podemos medir a banalidade de nossa burguesia atual pelo calibre de seus 'grandes espíritos'" (586). Embora a teoria de Marx do mais-valor facilite o movimento, o modo como o faz, como vimos, não se exime de críticas. Mas cabe a nós arar o solo para colher os frutos de seu pensamento.

Os dois capítulos seguintes não abordam questões substanciais. No capítulo 15, Marx apenas reconhece que o mais-valor varia de acordo com três fatores: a duração da jornada de trabalho, a intensidade do trabalho e a produtividade do trabalho, de modo que os capitalistas podem recorrer a três estratégias. A diminuição das possibilidades numa dimensão pode ser compensada pelo recurso a outra. O ponto fundamental é enfatizar, como faz Marx com frequência, a flexibilidade das estratégias dos capitalistas na busca de mais-valor: se não conseguem obtê-lo de um modo (aumentando a intensidade), eles o obtêm de outro (aumentando as horas de trabalho). Enfatizo esse ponto porque Marx é visto muitas vezes como um pensador rígido, que trabalha com conceitos rígidos. O capítulo 16 limita-se a mencionar (mais uma vez!) várias fórmulas para interpretar a taxa de mais-valor. Há muitas repetições n'*O capital*. Às vezes parece que Marx não está seguro de que entendemos o problema e sente-se na obrigação de repeti-lo para se certificar.

CAPÍTULOS 17 A 20: SALÁRIO

Os curtos capítulos sobre o salário (17-20) são relativamente autoexplicativos. As consequências resultam, como poderíamos esperar, do fato de que o campo da ação social é configurado mais pela *representação* na forma-dinheiro – salário – do que pelo valor da força de trabalho. Isso leva imediatamente ao problema da máscara fetichista que esconde as relações sociais sob o fermento da política representativa. Marx, no entanto, começa lembrando que há uma enorme diferença entre "o valor do trabalho" (expressão empregada na economia política clássica) e o "valor da força de trabalho".

> No mercado, o que se contrapõe diretamente ao possuidor de dinheiro não é, na realidade, o trabalho, mas o trabalhador. O que este último vende é sua força de trabalho. Mal seu trabalho tem início efetivamente e a força de trabalho já deixou de lhe pertencer, não podendo mais, portanto, ser vendida por ele. O trabalho é a substância e a medida imanente dos valores, mas ele mesmo não tem valor algum.
>
> Pensar de outro modo é cair numa tautologia, isto é, falar do valor do valor.

9. Do mais-valor absoluto e relativo à acumulação do capital / 233

Na expressão "valor do trabalho", o conceito de valor não só se apagou por completo, mas converteu-se em seu contrário. É uma expressão imaginária, como, por exemplo, valor da terra. Essas expressões imaginárias surgem, no entanto, das próprias relações de produção. São categorias para as formas em que se manifestam relações essenciais. Que em sua manifestação as coisas frequentemente se apresentem invertidas é algo conhecido em quase todas as ciências, menos na economia política. (607)

Em outras palavras, o valor do trabalho é um conceito fetichista que disfarça a ideia do valor da força de trabalho e, por conseguinte, evita a questão crucial de como a força de trabalho se torna mercadoria.

A única solução que a economia política clássica encontrou para o problema da fixação daquilo que ela chamava incorretamente de valor do trabalho foi apelar para a doutrina da oferta e da demanda. Essa doutrina aparece várias vezes n'*O capital*, mas é aqui que Marx rechaça com mais ênfase seu valor explanatório. Mesmo a economia política clássica

reconheceu que a variação na relação entre oferta e demanda nada esclarece acerca do preço do trabalho, assim como de que qualquer outra mercadoria, além de sua variação, isto é, a oscilação dos preços de mercado abaixo ou acima de uma certa grandeza. Se oferta e demanda coincidem, cessa, mantendo-se iguais as demais circunstâncias, a oscilação de preço. Mas, então, oferta e demanda cessam também de explicar qualquer coisa. Quando oferta e demanda coincidem, o preço do trabalho é determinado independentemente da relação entre demanda e oferta, quer dizer, é seu preço natural, que, desse modo, tornou-se o objeto que realmente se deveria analisar. (608)

Essa determinação independente já foi definida por Marx na análise da compra e da venda de força de trabalho. Esta é fixada pelo valor das mercadorias necessárias à reprodução do trabalhador em dado padrão de vida, em dada sociedade e em dada época. Continuar a falar do valor do trabalho, em vez de do valor da força de trabalho, leva a todo tipo de confusão. Marx tenta esclarecer a questão fazendo (de novo!) um resumo da teoria do mais-valor nas páginas 609-10.

Mas o trabalhador pode ser remunerado de diferentes modos – por hora, por dia, por semana, por peça. O capítulo 18 trata do salário por tempo e do funcionamento desse sistema. Não há nada muito problemático aqui, mas devemos nos lembrar de que o modo como ele é praticado no mercado disfarça a relação social subjacente. O capítulo 19 fala do salário por peça, cuja vantagem para o capitalista é que os trabalhadores são forçados a competir entre si em termos de produtividade individual. A concorrência excessiva entre os trabalhadores provoca o aumento da produtividade e a queda dos salários, muito possivelmente abaixo do valor da força de trabalho. Por outro lado, a concorrência entre os capitalistas pode provocar um aumento nos salários. E assim chegamos, mais uma vez, à ideia de que há um ponto de equilíbrio em que a concorrência entre os capitalistas e a concorrência entre os trabalhadores produzem um salário que representa o valor adequado da força de trabalho.

A seção VI, sobre o salário, culmina no capítulo 20, em que Marx examina as diferenças nacionais dos salários. Nesse ponto, ele dispensa brevemente a tendência a analisar o capitalismo como se fosse um sistema fechado. É possível aqui examinar um desenvolvimento geográfico desigual num sistema globalizado. Mas a abordagem é muito breve para permitir maiores conclusões. Se o valor da força de trabalho é fixado pelo valor da cesta de mercadorias necessárias para sustentar o trabalhador num dado padrão de vida, e se esse padrão varia de acordo com as condições naturais, o estado da luta de classes e o grau de civilização de um país, então o valor da força de trabalho tem de apresentar uma variação geográfica (de país para país, nesse caso) significativa. A história da luta de classes na Alemanha é diferente da história da luta de classes na Grã-Bretanha ou na Espanha, por exemplo, e por isso há diferenças nacionais entre os salários (na verdade, costuma haver também diferenças regionais, mas Marx não se ocupa delas aqui). Do mesmo modo, variações de produtividade nas indústrias que produzem gêneros de primeira necessidade em diferentes partes do mundo geram diferenças no valor da força de trabalho e nas taxas de salários. Um salário nominal baixo num país altamente produtivo traduz-se num salário real maior, e vice-versa, porque os trabalhadores compram mais produtos com os salários que recebem (o que é chamado hoje de paridade do poder de compra). O que acontece então com o comércio entre países sob essas condições, e como será a concorrência entre os diferentes países? Marx não trata a fundo dessa questão; ele parece mais interessado na diferenciação entre salários reais e nominais, causada, em primeiro lugar, pela variação de produtividade nas indústrias de gêneros de primeira necessidade nos diversos países. O resultado será um contraste entre os modos como o capitalismo se desenvolve e como o mais-valor é estrategicamente buscado e extraído nos diferentes países. Se Marx tivesse se aprofundado nessa questão, muito provavelmente o resultado seria um sério questionamento da doutrina ricardiana da vantagem comparativa do comércio exterior, mas, por alguma razão, ele decidiu não desenvolver essa linha de argumentação. Devo dizer que acho difícil que alguém se entusiasme com esses capítulos sobre o salário, uma vez que as ideias são bastante óbvias e a redação é um tanto prosaica.

SEÇÃO VII: O PROCESSO DE ACUMULAÇÃO DO CAPITAL

A seção VII, por sua vez, é imensamente interessante e rica de *insights*, porque é aqui que Marx trata do "processo de acumulação do capital" como um todo. Ele constrói o que poderia ser chamado de "macroanálise" das dinâmicas do modo de produção capitalista. Esse é, sem dúvida, o argumento culminante do Livro I d'*O capital*. Todo o conjunto de *insights* anteriores é reunido aqui para criar o que hoje poderíamos chamar de série de "modelos" de dinâmicas capitalistas. No entanto, é vital ter em mente, durante a leitura da seção VII, a natureza dos pressupostos. As conclusões de Marx não são afirmações universais, mas achados contingentes, baseados e limitados por seus pressupostos. Esquecer-se disso é um risco. Há um grande número de comentários sobre a obra de Marx, tanto favoráveis quanto desfavoráveis, que caem em sérios erros de interpretação porque negligenciam o impacto desses pressupostos. Uma das teses mais famosas apresentadas aqui, por exemplo, é a tendência ao empobrecimento crescente do proletariado e à produção de uma desigualdade cada vez maior entre as classes. Essa tese se baseia nos pressupostos de Marx e, quando esses pressupostos são abrandados ou substituídos, a tese não necessariamente se sustenta. Fico extremamente irritado com tentativas de aprovar ou reprovar os achados de Marx nesses capítulos como se ele apresentasse suas conclusões como verdades universais, e não como proposições contingentes.

Marx especifica seus pressupostos no preâmbulo da seção VII. Ele afirma:

> A primeira condição da acumulação é que o capitalista tenha conseguido vender suas mercadorias e reconverter em capital a maior parte do dinheiro assim obtido. Em seguida, pressupõe-se que o capital percorra seu processo de circulação de modo normal. A análise mais detalhada desse processo pertence ao Livro II desta obra. (639)

O "modo normal" implica que os capitalistas não encontram nenhum problema para vender seus produtos por seu valor no mercado ou recolocar na produção o mais-valor que ganham. Portanto, todas as mercadorias são negociadas por seu valor. Não há superprodução ou subprodução; tudo é negociado em equilíbrio. Em particular, não há nenhum problema para encontrar um mercado, assim como não há nenhuma falta de demanda efetiva. Seria esse um pressuposto razoável? A resposta é: de modo nenhum, porque ele exclui um dos principais aspectos da formação de crises, aquele que predominou, por exemplo, na Grande Depressão dos anos 1930 e tornou-se central nas teorias keynesianas, qual seja, a falta de demanda efetiva. Marx abandona esses pressupostos nos volumes posteriores, mas é inteiramente fiel a eles nos três capítulos seguintes. Desconsiderar a de-

236 / Para entender *O capital* I

manda efetiva permite a ele identificar aspectos da dinâmica capitalista que, de outro modo, permaneceriam obscuros.

O segundo pressuposto é que a divisão do mais-valor em lucro da empresa (a taxa de retorno do capital industrial), lucro do capital comercial, juro, renda e impostos (Marx não inclui este último) não tem efeito algum. Na prática, os produtores capitalistas têm de compartilhar parte do mais-valor criado e apropriado com capitalistas que executam outras funções. "O mais-valor se divide, assim, em diversas partes. Seus fragmentos cabem a diferentes categorias de pessoas e recebem formas distintas, independentes entre si, como o lucro, o juro, o ganho comercial" – o lucro do comerciante –, "a renda fundiária", os impostos etc. "Tais formas modificadas do mais-valor só poderão ser tratadas no Livro III" (639). Com efeito, Marx pressupõe que há uma classe capitalista formada exclusivamente de capitalistas industriais. No Livro III d'*O capital*, torna-se claro que o capital a juros, o capital financeiro, o capital comercial e o capital fundiário desempenham um papel considerável na compreensão da dinâmica geral do capitalismo. Aqui, porém, esses aspectos são deixados de lado. Temos apenas um modelo altamente simplificado de como funciona a acumulação do capital e, como todo modelo desse tipo, ele serve somente na medida do que permitem seus pressupostos.

Outro pressuposto tácito é explicitado um pouco mais adiante, numa nota de rodapé.

> Abstraímos, aqui, do comércio de exportação, por meio do qual uma nação pode converter artigos de luxo em meios de produção ou de subsistência, e vice-versa. Para conceber o objeto da investigação em sua pureza, livre de circunstâncias acessórias perturbadoras, temos de considerar, aqui, o mundo comercial como uma nação e pressupor que a produção capitalista se consolidou em toda parte e apoderou-se de todos os ramos industriais. (656, nota 21a)

Marx pressupõe um sistema fechado, em que o capital circula de modo "normal". Esse é um pressuposto importante e claramente restritivo. O que temos aqui é apenas um modelo simplificado da dinâmica de acumulação do capital, derivado da teoria do mais-valor absoluto e relativo operando num sistema fechado. Como veremos, o modelo é muito esclarecedor quanto a certos aspectos do capitalismo.

Apenas para situar os capítulos seguintes em seu contexto, vale a pena compará-los com o que temos nos outros volumes d'*O capital*. O Livro II confronta aquilo que é constante no Livro I: a dificuldade de encontrar mercados e levá-los a um estado de equilíbrio tal que o processo "normal" da circulação do capital possa ocorrer. Mas o Livro II tende a manter constante aquilo que é tratado como algo dinâmico no Livro I, isto é, a extração de mais-valor absoluto e relativo, rápidas

9. Do mais-valor absoluto e relativo à acumulação do capital / 237

mudanças de tecnologia e produtividade, determinações cambiantes do valor da força de trabalho. O Livro II imagina um mundo de tecnologia constante e relações de trabalho estáveis! Ele levanta as seguintes questões: como o capital pode circular sem dificuldade (dados os diferentes tempos de faturamento, além dos problemas resultantes da circulação do capital fixo de diferentes durações) e sempre encontrar mercado para o mais-valor que está sendo produzido? Considerando que a acumulação do capital exige expansão, como os capitalistas conseguem encontrar mercado, se a classe trabalhadora está cada vez mais pobre e os capitalistas estão reinvestindo? De fato, não há nenhuma menção à pauperização no fim do Livro II. O problema é assegurar o "consumo racional" das classes trabalhadoras para ajudar a absorção dos excedentes de capital que são produzidos. O modelo apresentado aqui é o famoso expediente fordista de baixar o salário para cinco dólares por jornada de oito horas de trabalho, auxiliado por um exército de assistentes sociais cuja tarefa era fazer os operários consumirem seus salários "racionalmente" do ponto de vista do capital. Hoje, nos Estados Unidos, vivemos num mundo em que cerca de 70% da força que impulsiona a economia depende do consumismo movido a dívidas, o que é perfeitamente compreensível, de acordo com a análise que encontramos no Livro II, mas não no Livro I.

Está claro que há uma contradição fundamental entre as condições de equilíbrio definidas no Livro I e aquelas definidas no Livro II. Se as coisas vão bem de acordo com a análise do Livro I, provavelmente vão muito mal do ponto de vista da análise do Livro II, e vice-versa. Os dois modelos da dinâmica de acumulação do capital não concordam, e nem podem concordar. Isso serve de prefácio para a discussão sobre a inevitabilidade das crises no Livro III, mas a expressão "movido a dívidas" que acrescentei ao "consumismo" indica que os termos da distribuição (financiamento, crédito e juro) podem ter um papel importante na dinâmica do capitalismo, em vez de simplesmente um papel auxiliar. O poder do consumidor, fortalecido pelo fato de todos (inclusive os governos) usarem cartões de crédito e se endividarem até o pescoço, foi essencial para a estabilização (tal como existe hoje) do capitalismo global nos últimos cinquenta anos. Nada disso é encontrado nos capítulos seguintes. Mas o modelo altamente simplificado de acumulação do capital que Marx constrói e analisa é extremamente revelador, além de profundamente relevante para a compreensão da história recente do neoliberalismo, que se caracterizou pela desindustrialização, pelo desemprego estrutural crônico, pela insegurança crescente do trabalho e por surtos de desigualdade social. Em suma, passamos muito tempo no mundo do Livro I nos últimos trinta anos. Os problemas da demanda efetiva revelados no Livro II foram temporariamente resolvidos pelos excessos do sistema de crédito, com consequências previsivelmente desastrosas.

238 / Para entender *O capital* I

CAPÍTULO 21: REPRODUÇÃO SIMPLES

O primeiro capítulo da seção VII apresenta as qualidades de um capitalismo ficcional caracterizado pela reprodução simples. Como a acumulação do capital por meio da extração de mais-valor é reproduzida e perpetuada? Para responder a essa pergunta, temos de entender a acumulação do capital em sua "interdependência contínua" e no "fluxo constante de sua renovação", de modo que "todo processo social de produção é simultaneamente processo de reprodução". Além isso, "se a produção tem forma capitalista, também o tem a reprodução" (641).

Parte do que o capitalista apropria em termos de nova riqueza tem de ser investido na reprodução do sistema. Mas isso significa que o mais-valor tem de retornar à reprodução simples. "Ora, embora esta [a reprodução simples] seja mera repetição do processo de produção na mesma escala, essa mera repetição ou continuidade imprime ao processo certas características novas ou, antes, dissolve as características aparentes que ele ostentava quando transcorria de maneira isolada" (642). Até aqui, a análise se concentrou apenas na produção do mais-valor como um evento produzido de uma só vez. Mas as coisas se mostram muito diferentes quando examinadas como um processo contínuo ao longo do tempo.

> O que reflui continuamente para o trabalhador na forma do salário é uma parte do produto continuamente reproduzido por ele mesmo. Sem dúvida, o capitalista lhe paga em dinheiro o valor das mercadorias[isto é, o valor da força de trabalho]. Mas o dinheiro é apenas a forma transformada do produto do trabalho. Enquanto o trabalhador converte uma parte dos meios de produção em produto, uma parte de seu produto anterior se reconverte em dinheiro. É com seu trabalho da semana anterior ou do último semestre que será pago seu trabalho de hoje ou do próximo semestre. A ilusão gerada pela forma-dinheiro desaparece de imediato assim que consideramos não o capitalista e o trabalhador individuais, mas a classe capitalista e a classe trabalhadora. (642)

As relações de classe, e não os contratos entre indivíduos, ocupam agora o pensamento de Marx.

> A classe capitalista entrega constantemente à classe trabalhadora, sob a forma-dinheiro, títulos sobre parte do produto produzido por esta última e apropriado pela primeira. De modo igualmente constante, o trabalhador devolve esses títulos à classe capitalista e, assim, dela obtém a parte de seu próprio produto que cabe a ele próprio. A forma-mercadoria do produto e a forma-dinheiro da mercadoria disfarçam a transação. (643)

9. Do mais-valor absoluto e relativo à acumulação do capital / 239

A imagem que isso transmite é que a classe trabalhadora se encontra numa relação de "loja de fábrica" com a classe capitalista. Os trabalhadores recebem dinheiro pela força de trabalho que vendem aos capitalistas e gastam esse dinheiro comprando de volta uma parte daquelas mercadorias que eles produziram coletivamente. Essa relação de loja de fábrica é dissimulada pelo sistema salarial e não é facilmente discernível quando a análise foca apenas o trabalhador individual. O significado de "capital variável" sofre outra mudança. De fato, o corpo do trabalhador, do ponto de vista do capital, é um mero instrumento de transmissão para a circulação de uma parte do capital. O trabalhador está numa contínua versão do processo M-D-M. Mas, em vez de ver isso como uma relação simples e linear, temos de pensá-la agora como contínua e circular. Uma parte do capital flui à medida que os trabalhadores incorporam valor nas mercadorias, recebem salários em dinheiro, gastam o dinheiro em mercadorias, reproduzem a si mesmos e retornam ao trabalho no dia seguinte para incorporar mais valor nas mercadorias. Os trabalhadores se mantêm vivos ao fazer circular o capital variável.

Isso suscita algumas observações interessantes. Para começar, "o capital variável só perde o significado de um valor adiantado a partir do fundo próprio do capitalista quando consideramos o processo capitalista de produção no fluxo constante de sua renovação". Os capitalistas só pagam seus trabalhadores depois que o trabalho é realizado. Portanto, os trabalhadores adiantam aos capitalistas o valor de sua força de trabalho. Não há garantia alguma de que o trabalhador será pago (se, por exemplo, o capitalista declarar falência nesse meio-tempo). Na China, nos últimos anos, tem sido muito comum não pagar os salários devidos, em particular na área da construção civil. Marx está interessado em remodelar de maneira ainda mais radical nossa interpretação da acumulação do capital. Diz ele que "esse processo tem de ter começado em algum lugar e em algum momento. Do ponto de vista que desenvolvemos até aqui, portanto, é provável que o capitalista se tenha convertido em possuidor de dinheiro em virtude de uma acumulação originária" (644). Esse conceito formará a base da discussão sobre as origens do capitalismo no capítulo 24. Aqui, ele afirma apenas que deve ter havido um momento original em que os capitalistas, de uma maneira ou de outra, tiveram recursos suficientes para iniciar esse processo de acumulação de capital. A pergunta que ele faz aqui é: como e por quem esse capital original é reproduzido?

Marx dá um exemplo: se um capitalista tem inicialmente mil libras e as investe em capital variável e capital constante para produzir um mais-valor de duzentas libras, ele se apropria das duzentas libras como se fossem capital seu e ainda recebe de volta as mil libras iniciais. Mas o capital original foi preservado pelo consumo produtivo dos trabalhadores, e o mais-valor foi produzido a partir do tempo de trabalho excedente dos trabalhadores. Suponhamos que, no ano seguinte, o capita-

240 / Para entender *O capital* I

lista volte a investir mil libras (tendo consumido o excedente) com o objetivo de produzir outras duzentas libras de mais-valor. Após cinco anos de repetição do processo, os trabalhadores produziram mil libras de mais-valor, o equivalente ao capital original do capitalista. Marx desenvolve aqui o argumento político de que o capitalista, mesmo que tivesse direito àquelas mil libras iniciais, certamente perde o direito ao capital original, depois de cinco anos produzindo duzentas libras de mais-valor por ano. Por direito, as mil libras pertencem aos trabalhadores, dado o princípio lockiano (que Marx não cita, apesar de estar claro que o tem em mente) de que os direitos de propriedade cabem àqueles que criam valor ao misturar seu trabalho à terra. São os trabalhadores que produzem o mais-valor, e este, por direito, deveria pertencer a eles.

O caráter político desse argumento é importante, mas contraria radicalmente modos de pensar profundamente arraigados. Ficaríamos surpresos se nos informassem que o dinheiro original que depositamos numa caderneta de poupança por 5% de juros, por exemplo, não nos pertence mais depois de alguns anos. No que nos diz respeito, o capitalismo parece ser capaz de botar seus próprios ovos de ouro. Mas é legítimo perguntar de onde vêm os 5%, e, se Marx está certo, eles só podem vir da mobilização e da apropriação do mais-valor de alguém, em algum lugar. É inquietante pensar que esses 5% talvez venham da exploração cruel de trabalho vivo na província de Cantão, na China. Nossa superestrutura legal insiste em preservar os direitos originais de propriedade, assim como o direito de usar esses direitos para ter lucro. Mas os direitos de propriedade resultam do poder de classe do capital de extrair e manter o controle dos excedentes, porque a força de trabalho se tornou, por processos históricos específicos, uma mercadoria comprada e vendida no mercado de trabalho. O que Marx diz aqui implica que, para desafiar o capitalismo, é necessário desafiar não apenas a noção de direitos, o modo como as pessoas pensam sobre os direitos e a propriedade, mas também os processos materiais por meio dos quais os excedentes são criados e apropriados pelo capital. Assim, depois de cinco anos,

> Nem um átomo de valor de seu antigo capital continua a existir. [...] Abstraindo-se inteiramente de toda acumulação, a mera continuidade do processo de produção, ou a reprodução simples, após um período mais ou menos longo, transforma necessariamente todo capital em capital acumulado ou mais-valor capitalizado. Ainda que, no momento em que entrou no processo de produção, esse capital fosse propriedade adquirida mediante o trabalho pessoal daquele que o aplicou, mais cedo ou mais tarde ele se converteria em valor apropriado sem equivalente, em materialização, seja em forma monetária, seja em outra, de trabalho alheio não pago. (645)

9. Do mais-valor absoluto e relativo à acumulação do capital / 241

Há um exemplo interessante de um plano prático que reflete o modo marxiano de pensar (se derivou ou não de Marx, isso eu não sei). Um economista sueco chamado Rudolf Meidner, que teve um papel fundamental na elaboração do altamente bem-sucedido Estado de bem-estar social sueco nos anos 1960 e início dos anos 1970, formulou aquele que seria conhecido como o Plano Meidner. Para enfrentar a inflação, os poderosos sindicatos seriam estimulados a aceitar um arrocho salarial coletivo. Em troca, os lucros extras (mais-valor) que se somariam ao capital em consequência desse arrocho seriam depositados num fundo de investimento social que seria controlado pelos trabalhadores e compraria ações de empresas capitalistas. As ações seriam inalienáveis e, com o tempo (mais do que os cinco anos do exemplo de Marx), o controle da empresa passaria para o fundo de investimento social. Em outras palavras, a classe capitalista seria literalmente comprada (de maneira pacífica) ao longo do tempo e substituída pelo controle total dos operários sobre as decisões de investimento. O plano foi recebido com horror pela classe capitalista (que prontamente concedeu o chamado Prêmio Nobel de Economia – na verdade, esse prêmio não tem nada a ver com Nobel – a neoliberais como Friedrich Hayek e Milton Friedman, formou *think tanks* antissindicalistas e mobilizou uma oposição feroz na mídia). O governo social-democrata da época nunca tentou implementar o plano; contudo, quando pensamos nele, a ideia (muito mais complicada nos detalhes, é claro) é extremamente coerente com o argumento de Marx, e oferece ao mesmo tempo um modo pacífico de comprar o poder capitalista. Por que não pensar mais nisso?

Quando associado à relação de "loja de fábrica" entre o trabalho e o capital, o argumento de Marx conduz a *insights* ainda mais profundos, ao mesmo tempo que levanta questões cruciais (e, nesse caso, infelizmente não respondidas). "Como antes de [o trabalhador] entrar no processo seu próprio trabalho já está estranhado" – isto é, o trabalhador cedeu o valor de uso da força de trabalho ao capitalista –, "tendo sido apropriado pelo capitalista e incorporado ao capital, esse trabalho se objetiva continuamente, no decorrer do processo, em produto alheio." Nem o produto nem o trabalho nele incorporado pertencem ao trabalhador.

> Por conseguinte, o próprio trabalhador produz constantemente a riqueza objetiva como capital, como poder que lhe é estranho, que o domina e explora, e o capitalista produz de forma igualmente contínua a força de trabalho como fonte subjetiva e abstrata de riqueza, separada de seus próprios meios de objetivação e efetivação, existente na mera corporeidade do trabalhador; numa palavra, produz o trabalhador como assalariado. Essa constante reprodução ou perpetuação do trabalhador é a *sine qua non* [condição indispensável] da produção capitalista. (645-6)

Penso que essa é uma formulação interessante e desconcertante, digna de uma reflexão séria. "O próprio trabalhador produz constantemente a riqueza *objetiva* como capital", e essa riqueza objetiva torna-se um poder estranho que agora domina o trabalhador. O trabalhador produz o instrumento de sua própria dominação! Esse é um tema que ressoa e reverbera por todo *O capital*. Ele levanta a questão histórica geral da tendência dos seres humanos a produzir os instrumentos de sua própria dominação. Nesse caso, porém, o capitalista produz a fonte *subjetiva* da riqueza, que é abstrata, por intermédio da "corporeidade do trabalhador", que é "separado de seus próprios meios de objetivação e efetivação". O capitalista produz e reproduz o trabalhador como o sujeito ativo – porém alienado – capaz de produzir valor. E isso, note bem, é a condição fundamental e socialmente necessária para a sobrevivência e a manutenção do modo de produção capitalista.

O trabalhador engaja-se no consumo produtivo e no consumo individual (uma distinção que encontramos antes). Os trabalhadores não só produzem o equivalente do valor do capital variável, isto é, sua própria vida, como também transferem e, desse modo, reproduzem o valor do capital constante. Por meio de seu trabalho, os trabalhadores reproduzem tanto o capital quanto o trabalhador. Os capítulos sobre a divisão do trabalho e a maquinaria mostraram como o trabalhador foi necessariamente transformado num apêndice do capital no interior do processo de trabalho. Mas agora vemos o trabalhador como um "apêndice do capital" no mercado e em sua casa. É isto que a circulação de capital variável realmente significa: o capital circula pelo corpo do trabalhador e reproduz o trabalhador como um sujeito ativo que reproduz o capital. Mas o trabalhador não tem de ser reproduzido apenas como uma pessoa individual. "A manutenção e a reprodução da classe trabalhadora permanecem uma condição necessária para a reprodução do capital" (647).

Isso levanta uma série de questões, tratadas por Marx de modo muito superficial. As políticas de reprodução de classe, diz ele, eram brutais e simples em sua época. "O capitalista pode abandonar confiadamente" a tarefa diária da reprodução de classe "ao impulso de autoconservação e procriação dos trabalhadores. Ele apenas se preocupa com limitar ao máximo o consumo individual dos trabalhadores, mantendo-o nos limites do necessário" (647). Contudo, Marx passa ao largo de algo importante, que requer uma análise mais profunda. A imensa e fundamental questão da reprodução da classe trabalhadora envolve questões de propagação, autopreservação, relações sociais no interior da classe e uma série de outros aspectos que Marx deixa convenientemente para os próprios trabalhadores resolverem, porque é isso que o capital supostamente faz. Na verdade, mesmo num Estado controlado por capitalistas e proprietários fundiários, as questões a respeito da reprodução social jamais são deixadas unicamente aos trabalhadores, e certamente as condições da luta de classes e "o grau civilizacional" de um país têm o mesmo peso – se não maior – nesse caso do que nas questões relativas à jornada de trabalho. A discussão anterior sobre os artigos das Leis Fabris que se referem à educação são um exemplo da intervenção do Estado na política de reprodução da classe trabalhadora, e o Estado sempre foi ativo no campo da saúde pública (a cólera tinha o estranho hábito de transpor as fronteiras de classe) e dos direitos reprodutivos, das políticas de controle populacional etc. Questões desse tipo necessitariam de uma consideração muito mais detalhada do que a fornecida por Marx. Mas seu argumento geral é acertado. A reprodução simples *não é* uma questão técnica. A questão fundamental é a reprodução da relação de classe.

> Em seu próprio desenrolar, portanto, o processo capitalista de produção reproduz a cisão entre força de trabalho e condições de trabalho. Com isso, ele reproduz e eterniza as condições de exploração do trabalhador. Ele força permanentemente o trabalhador a vender sua força de trabalho para viver e capacita o capitalista a comprá-la para enriquecer. Já não é mais o acaso que contrapõe o capitalista e o trabalhador no mercado, como comprador e vendedor. É a versatilidade característica do processo que faz com que o trabalhador tenha de retornar constantemente ao mercado como vendedor de sua força de trabalho e converte seu próprio produto no meio de compra nas mãos do primeiro. Na realidade, o trabalhador pertence ao capital ainda antes de vender-se ao capitalista. (652)

O resultado, conclui Marx, é que "o processo capitalista de produção, considerado em seu conjunto ou como processo de reprodução, produz não apenas mercadorias, não apenas mais-valor, mas produz e reproduz a própria relação capitalista: de um lado, o capitalista, do outro, o trabalhador assalariado" (653).

CAPÍTULO 22: TRANSFORMAÇÃO DE MAIS-VALOR EM CAPITAL

Por uma série de razões, como veremos em breve, a ideia de um modo de produção capitalista numa condição estável, de não crescimento, é improvável, se não totalmente impossível. O capítulo 22 examina como e por que o mais-valor ganho ontem é transformado no novo capital monetário de amanhã. A resultante "reprodução do capital em escala progressiva" envolve a incorporação dessas "forças de trabalho suplementares e de diversas faixas etárias que a classe trabalhadora lhe fornece anualmente aos meios de produção adicionais já contidos na produção anual". Para que isso aconteça, é necessário que o capital produza primeiro as condições para sua própria expansão.

Para acumular, é necessário transformar uma parte do mais-produto em capital. Mas, sem fazer milagres, só podemos transformar em capital aquilo que é utilizável no processo de trabalho, isto é, os meios de produção e, além deles, aquilo com que o trabalhador pode sustentar-se, isto é, os meios de subsistência. Por conseguinte, é preciso empregar uma parte do mais-trabalho anual na fabricação de meios de produção e de subsistência adicionais [...]. Numa palavra: o mais-valor só pode ser convertido em capital porque o mais-produto, do qual ele é o valor, já contém os componentes materiais de um novo capital. (656)

A produção de artigos de luxo ou de outros produtos sem utilidade (como equipamento militar e monumentos religiosos ou ao Estado) não tem importância, independentemente de quão lucrativa possa ser. Os novos meios de subsistência e produção têm de ser produzidos e organizados de antemão. Então, e apenas então, "o ciclo da reprodução simples se modifica e se transforma [...] perfazendo uma espiral" (657). Outro modo de ver isso (de acordo com a análise do capítulo precedente) é o de que "a classe trabalhadora que criou, com seu mais-trabalho realizado neste ano, o capital que no próximo ano ocupará trabalho adicional. Isso é o que se denomina", diz Marx com profunda ironia, "gerar capital por meio de capital".

No entanto, o trabalhador é sujeito ativo nesse processo. Marx continua a pressupor que os processos de mercado obedecem "continuamente à lei da troca de mercadorias, e que o capitalista sempre compra a força de trabalho e o trabalhador sempre a vende, e supomos que por seu valor real". Mais uma vez, enfatizo a importância desses pressupostos na análise de Marx. "É evidente que a lei da apropriação ou lei da propriedade privada, lei que se funda na produção e circulação de mercadorias, converte-se em seu direto oposto, obedecendo à sua dialética própria, interna e inevitável." Fica clara, assim, a inversão do princípio lockiano da mistura de trabalho e terra para criar valor como fundamento do direito à propriedade privada.

A troca de equivalentes, que aparecia como a operação original, distorceu-se a ponto de, agora, a troca se realizar apenas na aparência, uma vez que, em primeiro lugar, a própria parte do capital trocada pela força de trabalho não é mais do que uma parte do produto do trabalho alheio, apropriado sem equivalente. (659)

Consequentemente, "a relação de troca entre o capitalista e o trabalhador se converte, portanto, em mera aparência correspondente ao processo de circulação, numa mera forma, estranha ao próprio conteúdo e que apenas o mistifica" (659). E Marx continua:

9. Do mais-valor absoluto e relativo à acumulação do capital / 245

A compra e venda constantes da força de trabalho é a forma. O conteúdo está no fato de que o capitalista troca sem cessar uma parte do trabalho alheio já objetivado, do qual ele constantemente se apropria sem equivalente, por uma quantidade cada vez maior de trabalho vivo alheio. Originalmente, o direito de propriedade aparecia diante de nós como fundado no próprio trabalho. No mínimo esse suposto tinha de ser admitido, porquanto apenas possuidores de mercadorias com iguais direitos se confrontavam uns com os outros, mas o meio de apropriação da mercadoria alheia era apenas a alienação da mercadoria própria, e esta só podia se produzir mediante o trabalho. A propriedade aparece agora, do lado do capitalista, como direito a apropriar-se de trabalho alheio não pago ou de seu produto; do lado do trabalhador, como impossibilidade de apropriar-se de seu próprio produto. A cisão entre propriedade e trabalho converte-se na consequência necessária de uma lei que aparentemente partia da identidade de ambos. (659)

Nesse ponto, Marx volta (mais uma vez!) à questão de como a troca de equivalentes pode produzir um não equivalente, isto é, mais-valor, e como a noção original de direitos de propriedade é invertida, tornando-se um direito de apropriação do trabalho de outros. O que vem a seguir é, portanto, a enésima repetição da teoria do mais-valor (se você ainda tem alguma dúvida a respeito dessa teoria, leia com atenção a passagem das páginas 660-1). Marx prossegue, no entanto, e observa que o que pode ser deduzido do ponto de vista do indivíduo não costuma funcionar do ponto de vista das relações de classe.

Certamente, o quadro é inteiramente diferente quando consideramos a produção capitalista no fluxo ininterrupto de sua renovação e, em vez do capitalista individual e do trabalhador individual, consideramos a totalidade, a classe capitalista e, diante dela, a classe trabalhadora. Com isso, porém, introduziríamos um padrão de medida totalmente estranho à produção de mercadorias. (661)

Isso acontece porque a liberdade, a igualdade, a propriedade e Bentham prevalecem no mercado, tornando invisível a produção de mais-valor no processo de trabalho.

Esse mesmo direito segue em vigor como no início, quando o produto pertencia ao produtor, e este, trocando equivalente por equivalente, só podia enriquecer mediante seu próprio trabalho, e também segue em vigor no período capitalista, quando a riqueza social se torna, em proporção cada vez maior, a propriedade daqueles em condições de se apropriar sempre de novo do trabalho não pago de outrem. [...] Esse resultado se torna inevitável tão logo o próprio trabalhador vende livremente a força de trabalho como mercadoria. (662)

246 / Para entender *O capital* I

As liberdades e os direitos burgueses mascaram a exploração e a alienação. "Na mesma medida em que, de acordo com suas próprias leis imanentes, ela [a produção de mercadorias] se desenvolve até se converter em produção capitalista, as leis de propriedade que regulam a produção de mercadorias se convertem em leis da apropriação capitalista" (662). Para usarmos a linguagem do prefácio da *Contribuição à crítica da economia política*, há um ajuste superestrutural para legitimar e legalizar a apropriação de mais-valor, recorrendo a conceitos de direitos de propriedade privada. Daí a rejeição de Marx a toda e qualquer tentativa de universalizar as concepções burguesas de direito e justiça. Elas não fazem mais do que fornecer a cobertura legal, ideológica e institucional socialmente necessária para a produção do capital numa escala cada vez maior.

A economia política clássica, cheia de concepções burguesas de direitos, levou a "concepções errôneas da reprodução em escala ampliada" (como diz o título do item 2). Para começar, a relação entre a acumulação do capital e o entesouramento (poupança) foi mantida num estado de extrema confusão. No entanto, a economia política clássica está certa "quando acentua como momento característico do processo de acumulação o consumo do mais-produto por trabalhadores produtivos, em vez de por improdutivos" (664). Mas, pela definição marxiana de "produtivo", isso significa que o mais-produto de ontem tem de servir para a criação de mais mais-produto e mais-valor hoje. As dinâmicas desse processo são complicadas. A economia política clássica focou exclusivamente o trabalho extra e, portanto, o capital variável extra (aumento em gastos com salários) que era exigido. Contudo, assim como no caso da última hora de Senior, da qual Marx zombou, a economia política clássica tendeu a se esquecer inteiramente da necessidade de obter novos meios de produção (capital constante) a cada rodada de acumulação (que acarretou mudanças na relação com a natureza por meio da extração de matéria-prima). Essa era a segunda "concepção errônea" que Marx tinha de corrigir.

Isso nos leva à pergunta fundamental: se os capitalistas têm o comando do mais-valor, por que simplesmente não o consomem e aproveitam a vida? Uma parte do mais-valor é, de fato, consumida pelos capitalistas como renda. A classe capitalista consome uma parte do mais-valor para satisfazer seus prazeres. Mas outra parte é reinvestida como capital. Surge então outra pergunta: o que governa a relação entre o consumo da renda e o reinvestimento do mais-valor como capital? A resposta de Marx merece uma longa citação.

Apenas como capital personificado o capitalista tem um valor histórico e dispõe daquele direito histórico à existência de que, como diz o espirituoso Lichnovski, nenhuma data

9. Do mais-valor absoluto e relativo à acumulação do capital / 247

não dispõe*. Somente nesse caso sua própria necessidade transitória está incluída na necessidade transitória do modo de produção capitalista. Ainda assim, porém, sua força motriz não é o valor de uso e a fruição, mas o valor de troca e seu incremento. (667)

Os capitalistas, diz Marx, estão necessariamente interessados na acumulação do poder social em forma-dinheiro e, portanto, são estimulados por ela.

Como fanático da valorização do valor, o capitalista força inescrupulosamente a humanidade à produção pela produção e, consequentemente, a um desenvolvimento das forças produtivas sociais e à criação de condições materiais de produção que constituem as únicas bases reais possíveis de uma forma superior de sociedade, cujo princípio fundamental é o pleno e livre desenvolvimento de cada indivíduo. O capitalista só é respeitável como personificação do capital. Como tal, ele partilha com o entesourador a pulsão absoluta de enriquecimento. Mas o que neste aparece como mania individual, no capitalista é efeito do mecanismo social, no qual ele não é mais que uma engrenagem. Além disso, o desenvolvimento da produção capitalista converte numa necessidade o aumento progressivo do capital investido numa empresa industrial, e a concorrência impõe a cada capitalista individual, como leis coercitivas externas, as leis imanentes do modo de produção capitalista. Obriga-o a expandir continuamente seu capital a fim de conservá-lo, e ele não pode expandi-lo senão por meio da acumulação progressiva. (667)

O capitalista, segundo Marx, não tem uma liberdade real. Os pobres capitalistas são meras engrenagens de um mecanismo; eles têm de reinvestir, porque as leis coercitivas da concorrência os obrigam a isso. Como capital personificado, eles têm uma psicologia tão concentrada no aumento do valor de troca, na acumulação do poder social em forma-dinheiro ilimitada, que a acumulação de dinheiro se torna o foco fetichista de seus desejos mais profundos. Nisso reside a similaridade entre o avarento e o capitalista. Ambos desejam poder social, mas os capitalistas procuram esse poder colocando constantemente sua riqueza em circulação, ao passo que o avarento tenta manter sua riqueza deixando de usá-la. E se individualmente os capitalistas derem algum sinal de que estão se desviando de sua missão principal, as

---

* A 31 de agosto de 1848, na Assembleia Nacional de Frankfurt, o latifundiário silesiano Lichnovski pronunciou-se – num alemão que provocou risos nos ouvintes – contra o direito histórico da Polônia à existência autônoma, direito de que, disse, "nenhuma data não dispõe". Segundo Lichnovski, uma data anterior de ocupação do território polonês sempre "poderia reivindicar" um "direito maior", como era o caso dos alemães. Esse discurso foi comentado à época por Marx e Engels, na *Nova Gazeta Renana*, numa série de artigos intitulada "Die Polendebatte e in Frankfurt" [O debate sobre a Polônia em Frankfurt] (Cf. N. E. A. MEW, 5, p. 351-3). (N. T.)

248 / Para entender *O capital* I

irritantes leis coercitivas da concorrência (mais uma vez introduzidas na argumentação com a função essencial de policiar o sistema) os põem na linha.

Diante dessa realidade, os apologistas burgueses criam uma nobre ficção. Os capitalistas, dizem eles, criam capital e dedicam-se à sua nobre missão de criar aquela "forma superior de sociedade" – que mesmo Marx admite que pode ser produto de seus esforços – por meio da abstinência! Devo dizer que, vivendo em Nova York, jamais presenciei uma situação em que a classe capitalista se mostrasse abstinente. Marx sugere, no entanto, que os capitalistas se defrontam com um dilema faustiano. E até cita *Fausto*: "Duas almas moram, ah!, em seu peito, e uma quer apartar-se da outra!" (620). Por um lado, eles são forçados pelas leis coercitivas da concorrência a acumular e reinvestir; por outro, são atormentados pelo desejo de consumir. A abstinência forçada de consumo é transformada numa ideologia de virtude burguesa voluntária. O lucro pode até ser interpretado como um retorno obtido graças à virtude! E o reinvestimento também é uma virtude (ele cria empregos, por exemplo) e merece ser admirado e recompensado. Todos aqueles cortes de impostos que George W. Bush concedeu aos multimilionários durante seu governo foram interpretados como uma recompensa aos investidores virtuosos, cuja abstinência tinha supostamente um papel crucial na criação de empregos e no crescimento econômico. O fato de os ricos se acostumarem rapidamente a fazer festas de 10 milhões de dólares para comemorar a formatura dos filhos ou o aniversário da esposa não casou muito bem com a teoria. No entanto, Marx, ainda fortemente influenciado pela história do capitalismo de Manchester, sugere que a luta entre as "duas almas" que habitam o peito do capitalista teve uma evolução gradual. De fato, nos estágios iniciais, os capitalistas foram forçados a se abster do consumo (daí a importância da ideologia dos *quakers* entre os primeiros capitalistas ingleses), mas, à medida que a espiral da acumulação aumentava cada vez mais, as restrições ao consumo se abrandaram. Em Manchester, "o último terço do século XVIII, 'foi de grande luxo e esbanjamento'", diz Marx, citando um relato de 1795 (670). Sob tais condições, "a produção e a reprodução em escala ampliada seguem aqui seu curso, sem qualquer ingerência daquele santo milagroso, o cavaleiro da triste figura, o capitalista 'abstinente'" (674).

Movidos pelas leis coercitivas da concorrência e pelo desejo de aumentar seu poder social em forma-dinheiro ilimitada, os capitalistas reinvestem porque esse é o único meio de permanecer no negócio e manter sua posição de classe. Isso leva Marx a uma conclusão fundamental a respeito da essência do modo de produção capitalista.

Acumulai, acumulai! Eis Moisés e os profetas! "A indústria provê o material que a poupança acumula." Portanto, poupai, poupai, isto é, reconvertei em capital a maior parte possível do mais-valor ou do mais-produto! A acumulação pela acumulação, a produção pela produção: nessa fórmula, a economia clássica expressou a vocação histórica do

9. Do mais-valor absoluto e relativo à acumulação do capital / 249

período burguês. Em nenhum instante ela se enganou sobre as dores de parto da rique-za, mas de que adianta lamentar-se diante da necessidade histórica? Se para a economia clássica o proletário não era mais que uma máquina para a produção de mais-valor, também o capitalista, para ela, era apenas uma máquina para a transformação desse mais-valor em mais-capital. (670-1)

Isso significa simplesmente que o capitalismo procura sempre o crescimento. Não pode existir uma ordem social capitalista que não seja fundada na busca do crescimento e da acumulação em escala cada vez maior. "A acumulação pela acu-mulação, a produção pela produção." Leia as matérias diárias sobre a situação da economia – do que as pessoas falam o tempo inteiro? Crescimento! Onde está o crescimento? Como vamos crescer? Pouco crescimento define uma recessão, assim como crescimento negativo define uma depressão. Um crescimento (composto) de 1% ou 2% não é suficiente; precisamos de 3% no mínimo e a economia só pode ser considerada "saudável" se chegarmos a 4%. E veja a China: ela tem taxas constantes de 10% de crescimento há tantos anos. Essa é a verdadeira história de sucesso nos tempos atuais, em comparação com o Japão, que depois de décadas de crescimento espetacular teve crescimento próximo a zero nos anos 1990 e foi trans-ferido para a enfermaria do capitalismo global.

A esse imperativo soma-se uma crença fetichista, uma ideologia centrada nas vir-tudes do crescimento. O crescimento é inevitável, o crescimento é bom. Não crescer é estar em crise. Mas crescimento ilimitado significa produzir por produzir, o que também significa consumir por consumir. Tudo o que se coloca no caminho do cres-cimento é ruim. Barreiras e limites ao crescimento têm de ser removidos. Problemas ambientais? Péssimo! A relação com a natureza tem de ser mudada. Problemas sociais e políticos? Péssimo! Reprima os críticos e mande os recalcitrantes para a cadeia. Barreiras geopolíticas? Derrube-as com violência, se necessário. Tudo deve dançar ao ritmo da "acumulação pela acumulação" e da "produção pela produção".

Para Marx, essa é uma das características que definem o capitalismo. É claro que ele chega a essa conclusão com base em seus pressupostos. Mas esses pressu-postos são coerentes com a visão da economia política clássica acerca da "missão histórica" da burguesia. E isso define um princípio regulador muito importante e poderoso. A história do capitalismo não se baseia em taxas compostas de cresci-mento? Sim. As crises capitalistas não são definidas como falta de crescimento? Sim. Os criadores de políticas em todo o mundo capitalista não são obcecados pelo estímulo e pela manutenção do crescimento? Sim. E você já viu alguém ques-tionar o princípio do crescimento, para não dizer tomar alguma providência a esse respeito? Não. Questionar o crescimento é irresponsável e impensável. Apenas ex-cêntricos, desajustados e utopistas esquisitos acreditam que o crescimento ilimita-

250 / Para entender *O capital* I

do seja ruim, sejam quais forem suas consequências ambientais, econômicas, sociais e políticas. Sem dúvida, problemas causados pelo crescimento, como o aquecimento global e a degradação ambiental, têm de ser enfrentados, mas é raro que se diga que a resposta ao problema é suspender completamente o crescimento (embora haja evidências de que as recessões aliviem a pressão sobre o meio ambiente). Não, temos de descobrir novas tecnologias, novas concepções mentais, novos modos de viver e produzir, para que o crescimento, a ilimitada acumulação composta do capital, possa continuar.

Esse não foi um princípio regulador de outros modos de produção. É claro que impérios cresceram e ordens sociais se expandiram episodicamente, mas com frequência eles apenas se estabilizaram e, em alguns casos, estagnaram e até desapareceram. Uma das grandes críticas aos comunismos realmente existentes, como a antiga União Soviética e Cuba, foi e continua a ser que esses países não cresceram o suficiente e, por isso, não podiam competir com o incrível consumismo e o espetáculo do crescimento no Ocidente, concentrado nos Estados Unidos. Digo isso não para elogiar a União Soviética, mas para destacar quão automáticas tendem a ser nossas respostas ao não crescimento – a estagnação é imperdoável. Hoje temos uma quantidade suficiente de veículos utilitários esportivos, Coca-Cola e água engarrafada para satisfazer a acumulação pela acumulação, acompanhada de todo tipo de consequência desastrosa para a saúde e o meio ambiente (como epidemias de diabetes, que, diga-se de passagem, ainda são raras em Cuba, em comparação com os Estados Unidos). Isso nos leva a pensar que pode ser difícil manter a taxa composta de crescimento de 3% que caracteriza o capitalismo desde a metade do século XVIII. Quando o capitalismo era constituído de uma zona econômica de cerca de 40 milhas quadradas em torno de Manchester e umas poucas cidadezinhas, 3% de taxa composta de crescimento eram algo excepcional, mas hoje ele abrange a Europa, a América do Norte e do Sul e, sobretudo, o Leste Asiático, com forte implantação na Índia, na Indonésia, na Rússia e na África do Sul. Partindo dessa base, as consequências de uma taxa composta de crescimento de 3% ao longo dos próximos cinquenta anos são inimagináveis. Ao mesmo tempo, isso torna mais imaginável, se não absolutamente imperativa, a sugestão de Marx nos *Grundrisse* de que está na hora de o capital dar lugar a um modo de produção mais sensato.

Como se pode ver, há uma variedade de modos de ganhar mais-valor sem produzir absolutamente nada. Reduzir o valor da força de trabalho pela redução do padrão de vida é um dos caminhos. Marx, citando John Stuart Mill, diz que, "se o trabalho pudesse ser obtido sem ser comprado, os salários seriam supérfluos".

Mas, se os trabalhadores pudessem viver de ar, tampouco seria possível comprá-los por preço algum. Sua gratuidade é, portanto, um limite em sentido matemático, sempre

9. Do mais-valor absoluto e relativo à acumulação do capital / 251

inalcançável, ainda que sempre passível de aproximação. É uma tendência constante do capital reduzir os trabalhadores a esse nível niilista. (676)

E Marx apresenta algumas maneiras de fazer isso, como fornecer receitas culinárias aos trabalhadores para que economizem com alimentação. Mais tarde, esse tipo de coisa tornou-se parte, por exemplo, das práticas da Russell Sage Foundation e dos assistentes sociais, que tentaram ensinar a outros trabalhadores maneiras adequadas de consumir. Tomar esse caminho, porém, cria problemas de demanda efetiva que Marx não considera, porque ele pressupõe que todas as mercadorias são comercializadas por seus valores. A economia de capital constante (inclusive o corte de desperdícios) também pode ser proveitosa, embora os capitalistas estejam constantemente à procura de algo "presenteado gratuitamente pela Natureza". "Uma vez mais, é a ação direta do homem sobre a natureza que se converte, sem interferência de novo capital, em fonte direta de uma maior acumulação" (679). Alterar a produtividade do trabalho social por outros meios (motivação e organização) não custa nada, e usar máquinas velhas, além de seu tempo de vida, também ajuda, assim como destinar recursos existentes (por exemplo, ambientes construídos) para novos propósitos. Finalmente, "a ciência e a técnica constituem uma potência de expansão do capital em funcionamento, independente da grandeza dada que esse capital alcançou" (681). A acumulação pode ser expandida por todos esses diferentes meios, sem que haja necessidade de recorrer à capitalização do mais-valor.

"No decorrer desta investigação", diz Marx no início do item 5,

verificamos que o capital não é uma grandeza fixa, mas uma parte elástica da riqueza social, parte que flutua constantemente com a divisão do mais-valor em renda e capital adicional. Viu-se, além disso, que, mesmo com uma dada grandeza do capital em funcionamento, a força de trabalho, a ciência e a terra nele incorporadas (e por terra entendemos, do ponto de vista econômico, todos os objetos de trabalho preexistentes na natureza, sem intervenção humana) constituem potências elásticas do capital, potências que, dentro de certos limites, deixam a ele uma margem de ação independente de sua própria grandeza. Abstraímos, aqui, de todas as circunstâncias do processo de circulação [ele se refere aos pressupostos iniciais sobre o mercado], que proporcionam graus muito diversos de eficiência à mesma massa de capital [...] [e] abstraímos de qualquer combinação mais racional que pudesse ser realizada de maneira direta e planificada com os meios de produção e as forças de trabalho existentes. (684-5)

Mais uma vez, Marx insiste na incrível flexibilidade e manobrabilidade do capital. "A economia política clássica", ao contrário, "sempre gostou de conceber o capital social como uma grandeza fixa e dotada de um grau fixo de eficiência". O pobre Jeremy Bentham, "esse oráculo insipidamente pedante e fanfarrão do senso comum burguês do século XIX", tinha uma visão particularmente fixa de como o capitalismo construiu um fundo de trabalho (685).

O capital não é uma grandeza fixa! Nunca se esqueça disso e agradeça o fato de existir uma boa dose de flexibilidade e fluidez no sistema. Muito frequentemente, a oposição de esquerda ao capitalismo subestimou esse fato. Se os capitalistas não podem acumular de um modo, eles o farão de outro. Se não podem usar a ciência e a tecnologia em seu próprio benefício, explorarão a natureza ou passarão receitas à classe trabalhadora. Há inúmeras estratégias à disposição deles, e eles desenvolveram maneiras muito sofisticadas de usá-las. O capitalismo pode ser monstruoso, mas não é um monstro rígido. Os movimentos oposicionistas ignoram sua capacidade de adaptação, sua flexibilidade e fluidez por sua própria conta e risco. O capital não é uma coisa, mas um processo. Está continuamente em movimento, mesmo quando interioriza o princípio regulador da "acumulação pela acumulação e a produção pela produção".

10. A ACUMULAÇÃO CAPITALISTA

CAPÍTULO 23: A LEI GERAL DA ACUMULAÇÃO CAPITALISTA

No capítulo 23, Marx operacionaliza um modelo sinóptico da dinâmica capitalista sob os pressupostos apresentados no começo da seção VII: a acumulação ocorre normalmente (não há nenhum problema no mercado e tudo é comercializado por seu valor, com exceção, nesse capítulo, da força de trabalho); o sistema é fechado (não há comércio exterior); o mais-valor é produzido por meio da exploração do trabalho vivo na produção; e a divisão do mais-valor entre juro, lucro do capital mercantil, renda e impostos não tem nenhum impacto. Nesse modelo puro do processo de acumulação, tudo depende desses pressupostos. Quando eles são abandonados, como ocorre no Livro II, os resultados são diferentes.

UM COMENTÁRIO SOBRE A COMPOSIÇÃO DO VALOR DO CAPITAL

Nesse capítulo, Marx concentra-se numa questão substantiva. Quer examinar as implicações da acumulação do capital para o destino da classe trabalhadora. Essa é a razão por que ele permite que a remuneração da força de trabalho flutue acima e abaixo de seu valor. Para ajudar nessa tarefa, constrói um aparato conceitual para tratar daquilo que ele chama de "composição do capital" (689). Ele usa três termos: composição técnica, composição orgânica e composição de valor. Aparentemente, esses termos foram introduzidos bem mais tarde no argumento, em parte como reflexo do trabalho que ele estava fazendo no Livro III, sobre as contradições e as crises. Assim, não têm uma função importante nesse capítulo, e é possível entender o argumento sem eles.

254 / Para entender *O capital* I

Caso essa parte da discussão lhe pareça esotérica e complicada (o que ela é), passe diretamente para o item seguinte. Mas, como tais termos desempenham um papel central no Livro III e têm sido objeto de grande discussão e controvérsia na teoria marxiana em geral, acho que é importante examiná-los aqui.

O termo "composição técnica" descreve simplesmente a capacidade física de um trabalhador de transformar certa quantidade de valores de uso numa mercadoria em dado período de tempo. Ele mede a produtividade física e refere-se ao número de meias, toneladas de aço, unidades de pão, litros de suco de laranja ou garrafas de cerveja produzidos por hora por um trabalhador. Novas tecnologias transformam essa razão física para que, por exemplo, o número de meias que cada trabalhador produz por hora aumente de dez para vinte. O conceito de composição técnica é claro e inequívoco. Os problemas começam na diferenciação entre as composições orgânica e de valor, que são ambas razões de valor. A composição de valor é a razão entre o valor dos meios de produção consumidos na produção e o valor do capital variável adiantado. Convencionalmente, representamos essa razão como c/v, a quantidade de capital constante dividida pelo capital variável. A composição orgânica, que também é medida como uma razão de valor de c/v, é definida como mudanças na composição de valor que advêm de mudanças físicas na produtividade.

Por que essa diferença? A implicação é que podem ocorrer mudanças na composição do valor diferentes daquelas relacionadas às mudanças físicas na produtividade. Uma vez que mudanças não tecnológicas foram listadas no fim do capítulo precedente, essa interpretação é mais do que simplesmente plausível. Mas note que tal tipo de mudança, assim como dádivas da natureza, economias de desperdício ou redução do padrão de vida dos trabalhadores, pode afetar o valor tanto do capital constante quanto do capital variável investido, de modo que a razão c/v pode crescer ou decrescer como resultado de tais mudanças. Há outra interpretação que, pelo que sei, Marx não desenvolve, mas podemos inferi-la. Essa interpretação depende de onde estão ocorrendo as mudanças na produtividade física. Se eu alterar a produtividade física da fabricação de meias por meio do emprego de nova maquinaria, a razão c/v (chamemos assim à composição orgânica do capital) aumentará em minha empresa em virtude de minhas ações. Mas também é provável que essa razão mude sem que eu faça nada, pois o valor do capital constante e variável que obtenho (por seu valor, dados os pressupostos de Marx) é fixado pela produtividade física cambiante nas indústrias produtoras dos bens de primeira necessidade que fixam o valor da força de trabalho e nas indústrias que produzem os meios de produção que adquiro (entradas de capital constante). Nesse exemplo, a razão c/v (chamemos a isso composição de valor do capital) aumentará ou cairá conforme o ritmo relativo de mudanças na produtividade física nesses dois diferentes setores da economia (embora a produtividade física na minha empresa não tenha se alterado). Essa interpretação concentra-se na diferença entre o que o capitalista pode fazer quanto à razão c/v e o que acontece com a razão c/v no mercado, fora do controle do capitalista. É difícil sustentar essa interpretação aqui, porque, nesse capítulo, Marx trabalha no nível agregado das relações entre as classes capitalista e trabalhadora. Mas ela é plausível ainda assim, dada a teoria do mais-valor relativo, que enfatiza que o que move o dinamismo tecnológico (que produz mais-valor relativo do tipo agregado) é a procura do capitalista individual (que opera sob as leis coercitivas da concorrência) pela forma efêmera de mais-valor relativo.

A razão por que isso é tão importante é que, no Livro III d'*O capital*, Marx explica por que existe uma tendência de queda da taxa de lucro. Ricardo explicou isso em termos malthusianos, dizendo que, no fim, ganhos decrescentes com a terra aumentariam tanto o preço dos recursos naturais que os lucros teriam de cair até zero. Em outras palavras, o problema está na relação com a natureza (quando se deparou com o problema da taxa decrescente de lucro, Marx afirmou, em outra parte, que Ricardo, "fugindo da economia, [...] se refugia na química orgânica"*). Marx desconsidera essa afirmação e argumenta, ao contrário, que é a dinâmica interna da mudança tecnológica no interior do capitalismo, a busca pelo mais-valor relativo, que aumenta a composição orgânica (de valor?) do capital, c/v, que, no longo prazo, levará a uma taxa decrescente de lucro (m/[c + v]), com base no pressuposto de um limite sobre a taxa de mais-valor (m/v). Dito de outro modo, as inovações que poupam trabalho removem o produtor ativo de valor do processo de trabalho e, assim, tornam mais difícil (mantendo-se constantes as demais circunstâncias) produzir mais-valor. O argumento é engenhoso e tem a virtude indubitável de interiorizar (corretamente, a meu ver) as dinâmicas da formação de crises nos quadros das relações sociais capitalistas e do desenvolvimento de suas forças produtivas. Infelizmente, o argumento é incompleto e problemático, porque, dada a segunda linha do argumento apresentado acima, não há por que a razão c/v aumentar do modo como Marx sugere.

Nesse capítulo, Marx argumenta diretamente em favor de uma lei da composição crescente de valor do capital. Ele começa observando que, do ponto de vista da classe capitalista, a composição cambiante de valor do capital tem aspectos diretos e indiretos em relação à produção.

Estamos falando não apenas de máquinas e fábricas, mas também de ferrovias, estradas e todo tipo de infraestrutura (ambientes construídos) que fornecem as precondições necessárias à produção capitalista. Para que essas precondições sejam

---

* Karl Marx, *Grundrisse*, cit., p. 631. (N. E.)

cumpridas, é preciso que ocorra um enorme aumento na proporção do estoque total de capital constante (e cada vez mais fixo) em relação ao número de trabalhadores empregados. (Marx não registra aqui algo que ele observa em outro lugar: se investimentos passados, por exemplo, em ambientes construídos já foram amortizados, eles funcionam como um "bem livre" – de modo muito semelhante às dádivas da natureza – para a realização da produção capitalista. Quer dizer, a não ser que uma classe inoportuna de proprietários fundiários se meta no caminho e comece a extrair renda dos capitalistas.) O movimento que leva da produção artesanal relativamente simples a processos de produção mais complexos e integrados apresenta uma tendência histórica a aumentar, com o tempo, a razão de c/v. Isso leva Marx a observar que

> essa lei do aumento crescente da parte constante do capital em relação a sua parte variável é confirmada a cada passo [...] pela análise comparativa dos preços das mercadorias, quer comparemos diferentes épocas econômicas de uma única nação, quer comparemos nações diferentes numa mesma época. Enquanto a grandeza relativa do elemento do preço que representa apenas o valor dos meios de produção consumidos, ou seja, a parte constante do capital, será diretamente proporcional ao progresso da acumulação, a grandeza relativa do outro elemento do preço, que representa a parte que paga o trabalho ou a parte variável do capital, será inversamente proporcional a ele. (699)

Há, como Marx claramente propõe, uma "lei" da composição crescente de valor do capital ao longo do tempo, e é essa lei que desempenha um papel crucial na teoria da taxa decrescente de lucro no Livro III. Contudo, Marx reconhece que pode haver um decréscimo no valor (oposto à presença física) do capital constante em razão da mudança tecnológica. De fato, ele sugere que se a razão c/v não aumentou mais foi porque, "com a crescente produtividade do trabalho, não apenas aumenta o volume dos meios de produção por ele utilizados, mas o valor deles diminui em comparação com seu volume". Como resultado da produtividade crescente na produção de meios de produção,

> seu valor aumenta, portanto, de modo absoluto, mas não proporcionalmente a seu volume. O aumento da diferença entre capital constante e capital variável é, por conseguinte, muito menor do que o da diferença entre a massa dos meios de produção e a massa da força de trabalho em que são convertidos, respectivamente, o capital constante e o capital variável. (699)

A "lei" pressuposta da composição crescente de valor do capital está sujeita a modificação, mas não de um modo que contrarie sua direção fundamental. A acumulação do capital e a busca por mais-valor relativo "geram, de acordo com a conjugação dos estímulos que eles exercem um sobre o outro, a variação na composição técnica do capital, o que faz com que a sua componente variável se torne cada vez menor em comparação à componente constante" (701).

Mas, para consolidar seu argumento, Marx precisa dividir a economia em setores que produzam bens de subsistência e meios de produção e, em seguida, examinar as taxas relativas de mudança na produtividade física em ambos os setores. Ele faz isso no fim do Livro II (escrito após os rascunhos do Livro III que chegaram até nós), mas sua preocupação principal é examinar como o mercado pode manter os dois setores em equilíbrio (se é que pode fazer isso). Ele descarta, portanto, o dinamismo tecnológico que se encontra no centro da análise do Livro I e é tão vital para a análise dos lucros decrescentes no Livro III. O conceito de composição de valor não é mencionado. Marx considera a probabilidade de crises de desproporcionalidade (excesso de produtos de primeira necessidade em relação aos meios produção, ou vice-versa) e mesmo a possibilidade de crises generalizadas de subconsumo (falta de demanda efetiva), mas não faz nada para esclarecer a questão das taxas decrescentes de lucro que decorrem das mudanças tecnológicas. O que a obra teórica subsequente mostrou, no entanto, é que há um padrão de mudança tecnológica entre os dois setores (bens de subsistência e meios de produção) que pode manter a razão c/v perpetuamente constante, mas não existe nenhum mecanismo para assegurar tal resultado. Por isso a probabilidade de crises frequentes de desproporcionalidade e crises generalizadas ocasionais, decorrentes de instabilidades geradas pelas mudanças tecnológicas, é considerável.

É claro que não podemos resolver todas essas questões aqui. A meu ver (e muitos discordarão de mim), a intuição de Marx de que os padrões de mudança tecnológica são desestabilizadores a ponto de produzir crises está correta, mas não posso dizer o mesmo de sua explicação das composições crescentes de valor e das taxas decrescentes de lucro. No entanto, a linha principal de argumento desenvolvida nesse capítulo é perfeitamente compreensível sem o emprego do conceito de composição de valor.

O PRIMEIRO MODELO DA ACUMULAÇÃO DO CAPITAL

Se os capitalistas pegam parte do mais-valor que eles apropriaram ontem e investem em mais produção hoje, isso requer mais força de trabalho, pressupondo-se, por ora, que não haja nenhuma mudança tecnológica. Assim, o primeiro efeito óbvio da acumulação do capital sob essas condições é a demanda aumentada de força de trabalho. "Acumulação do capital é, portanto, multiplicação do proletariado" (690). De onde sairão os trabalhadores extras, e quais serão as implicações do

258 / Para entender *O capital* I

aumento da demanda? Em algum ponto, a demanda aumentada levará a um aumento nos salários. A "espiral" da acumulação faz, portanto, com que mais capital seja gerado, mais trabalhadores sejam empregados por salários maiores, de modo que ou a força de trabalho é vendida acima de seu valor (uma exceção do pressuposto de que todas as mercadorias são trocadas por seu valor) ou o valor da força de trabalho aumenta à medida que os trabalhadores alcançam um padrão superior de vida. Mas isso significa apenas que "o tamanho e o peso dos grilhões de ouro que o trabalhador forjou para si mesmo permitem torná-las [a relação de dependência e a exploração do assalariado] menos constringentes" (695).

> Abstraindo totalmente da elevação do salário, acompanhada de uma baixa do preço do trabalho etc., o aumento dos salários denota, no melhor dos casos, apenas a diminuição quantitativa do trabalho não pago que o trabalhador tem de executar. Tal diminuição jamais pode alcançar o ponto em que ameace o próprio sistema. Sem levar em conta os conflitos violentos em torno da taxa do salário [...], uma elevação do preço do trabalho derivada da acumulação do capital pressupõe a seguinte alternativa. [...] Ou o preço do trabalho continua a subir porque seu aumento não perturba o progresso da acumulação. (695-6)

Quer dizer, os capitalistas podem suportar um aumento no preço do trabalho porque a massa de capital da qual eles podem se apropriar continua a crescer, à medida que empregam mais trabalhadores. Lembre-se de que os capitalistas estão interessados em primeiro lugar na massa de lucro, e esta depende, como vimos no capítulo 15, do número de trabalhadores empregados, da taxa e da intensidade da exploração. Diante de uma taxa decrescente de exploração, aumentar o número de trabalhadores empregados pode aumentar substancialmente a massa de capital ganha pelo capitalista. Nesse cenário, não há, portanto, nenhum conflito entre salários crescentes e acumulação do capital. "O outro termo da alternativa" é:

> a acumulação se afrouxa graças ao preço crescente do trabalho, que embota o acicate do lucro. A acumulação decresce. Porém, ao decrescer desaparece a causa de seu decréscimo, a saber, a desproporção entre capital e força de trabalho explorável. O próprio mecanismo do processo de produção capitalista remove, assim, os empecilhos que ele cria transitoriamente. (696)

O modelo de Marx é bastante simples. A acumulação do capital, pressupondo-se a produtividade constante, aumenta a demanda por trabalho. Se isso gera ou não um aumento de salários depende da população disponível. Mas quanto maior é a parcela empregada da população disponível, maior é a elevação dos salários, o que diminui a taxa de mais-valor. Mas a massa de mais-valor pode continuar a aumentar porque mais trabalhadores estão empregados. Se em algum ponto, por alguma razão, a massa de mais-valor começa a diminuir, a demanda por trabalho cai, a pressão sobre os salários diminui e a taxa de mais-valor se recupera. Ao longo do tempo, portanto, provavelmente veríamos oscilações contrabalançando as taxas de salário e de lucro. Se os salários aumentam, a acumulação diminui; se os salários caem, os lucros e a acumulação voltam a subir. Marx descreve aqui um sistema automático de ajuste entre a demanda e a oferta de trabalho e a dinâmica da acumulação.

Marx sugere que há evidência histórica para processos desse tipo. Na Inglaterra do século XVIII, havia uma tendência – muito explorada por um comentador da época chamado Eden – de um aumento dos salários provocado pela rápida expansão da acumulação do capital. As classes trabalhadoras melhoravam de vida, juntamente com uma classe capitalista que, é claro, ia muito bem. Eden sucumbiu à tentação de declarar, portanto, que a acumulação do capital era boa também para os trabalhadores. Mas o que ela faz, diz Marx, é afrouxar "os grilhões de ouro" que prendem o trabalho ao capital. Além disso, essa ideia já havia sido vigorosamente contestada no famoso tratado de Mandeville, *The Fable of the Bees* [A fábula das abelhas]. Mandeville provocou uma indecorosa polêmica contra os "vadios" que existiam na sociedade inglesa e, com isso, estabeleceu que tal sociedade tinha uma necessidade desesperada de pessoas pobres, e quanto mais pobres melhor, pois assim demandariam menos em termos de bens e serviços, deixando mais para os ricos. Se não tivéssemos os pobres, os ricos não poderiam ser ricos. Essa glorificação das condições na Inglaterra do século XVIII incomodou Adam Smith e os humanistas, que não podiam aceitar a ideia de que os pobres sempre existirão e exercem uma função tão vital para os ricos. A resposta de Smith foi tentar mostrar que as condições de todos, inclusive a do mais pobre, melhorariam se o mecanismo de mercado fosse mobilizado para aumentar a riqueza nacional. A importância de Mandeville para Marx é a ideia de que a acumulação do capital requer a existência prévia não apenas de uma população disponível, mas de uma população disponível suficientemente pobre, ignorante, oprimida e desesperada, que possa ser recrutada como mão de obra barata e introduzida no sistema capitalista num piscar de olhos.

O SEGUNDO MODELO DA ACUMULAÇÃO DO CAPITAL

O segundo modelo da acumulação analisa o que ocorre quando a produtividade crescente do trabalho social se converte "na mais poderosa alavanca da acumulação" (698). Os impactos das mudanças tecnológicas e organizacionais na produtividade têm de ser colocados numa posição central em relação às dinâmicas da acumulação. Isso leva Marx a tratar a "lei" da composição crescente de valor do capital da maneira já exposta. Mas "ainda que o progresso da acumulação diminua a grandeza relativa da parte variável do capital, ele não exclui de modo algum, com isso, o aumento de sua grandeza absoluta", porque, como vimos no primeiro modelo, mais trabalhadores podem ser empregados para contrabalançar a taxa decrescente de mais-valor (699).

O emprego da cooperação, as novas divisões do trabalho e a aplicação de maquinaria, ciência e tecnologia como meios de aumentar a produtividade do trabalho dependem fundamentalmente de uma acumulação de riqueza monetária inicial ou "primitiva" em quantidade suficiente para pôr todo o processo em movimento. Marx introduziu o termo "acumulação primitiva" nos capítulos anteriores, mas prefere, mais uma vez, postergar qualquer consideração detalhada sobre ele até o capítulo 24. "De que modo ela surge é algo que ainda não precisamos examinar aqui" (700). Mas, uma vez que a acumulação está em andamento, o progresso da produtividade crescente também depende de processos de concentração e centralização do capital. Apenas desse modo todas as possíveis economias de escala podem se realizar. A riqueza concentra-se cada vez mais num número pequeno de mãos, diz ele, porque a cada etapa da acumulação o capitalista adquire uma massa crescente de capital na forma de poder monetário. O crescimento ocorre a uma taxa composta, e a concentração da riqueza e do poder se acelera, embora seja limitada pela taxa de mais-valor e pelo número de trabalhadores empregados. Mas esse processo de concentração também pode ser parcialmente compensado, pela abertura de pequenos negócios em novas linhas de produção.

> Portanto, a acumulação e a concentração que a acompanha estão não apenas fragmentadas em muitos pontos, mas o crescimento dos capitais em funcionamento é atravessado pela formação de novos capitais e pela cisão de capitais antigos. De maneira que, se a acumulação se apresenta, por um lado, como concentração crescente dos meios de produção e do comando sobre o trabalho, ela aparece, por outro lado, como repulsão mútua entre muitos capitais individuais. (701)

A "fragmentação do capital social total em muitos capitais individuais ou a repulsão mútua entre seus fragmentos" também tem de ser levada em conta. É típico de Marx pôr tendências contrapostas em jogo: de um lado, concentração; de outro, subdivisão e fragmentação. Onde está o equilíbrio entre elas? Sabe-se lá! O equilíbrio entre concentração e descentralização está quase sempre sujeito a um fluxo constante (contrariando toda interpretação teleológica da evolução da maquinaria e da grande indústria).

A centralização, por outro lado, chega à concentração do capital por um caminho distinto – incorporações, fusões, extinção implacável dos competidores. Marx sugere que pode haver leis da centralização do capital. Mas admite não ter condições de desenvolvê-las aqui, embora suspeite, evidentemente, que possam ser reveladas (o que seria coerente com a visão teleológica!). No entanto, há uma tendência definida à centralização, alimentada indubitavelmente por "uma potência inteiramente nova" que surge com a produção capitalista: o "sistema de crédito" (702). Apesar de não poder introduzir o sistema de crédito (isso violaria o pressuposto inicial de que a divisão do mais-valor entre juro, renda e lucro sobre o capital comercial não tem importância), Marx não resiste a fazer algumas considerações prévias:

> Em seus primórdios, [o crédito] insinua-se sorrateiramente como modesto auxílio da acumulação e, por meio de fios invisíveis, conduz às mãos de capitalistas individuais e associados recursos monetários que se encontram dispersos pela superfície da sociedade em massas maiores ou menores, mas logo se converte numa arma nova e temível na luta concorrencial e, por fim, num gigantesco mecanismo social para a centralização dos capitais. (702)

O quadro é convincente e, na época de Marx, extraía muito de seu material das teorias de Saint-Simon sobre o poder dos capitais associados e as práticas dos banqueiros do Segundo Império, como os irmãos Péreire. Ele ainda ecoa em nosso mundo contemporâneo. Criam-se instituições de microcrédito e microfinanças para capturar a chamada "riqueza na base da pirâmide" e, em seguida, toda essa riqueza é absorvida para socorrer as instituições internacionais (tudo isso com a ajuda do Banco Mundial e do FMI) e usada em Wall Street para pagar o jogo de apostas em ações e fusões de capitais. "Na mesma medida em que se desenvolve a produção e a acumulação capitalistas", observa Marx com perspicácia, "desenvolvem-se também a concorrência e o crédito, as duas alavancas mais poderosas da centralização" (702). A rápida centralização ultrapassa os processos mais vagarosos de concentração por meio do crescimento composto como principal veículo para obter a enorme escala financeira necessária à implementação de etapas inteiramente novas de produtividade crescente. A centralização pode melhorar radicalmente e aumentar a escala da produção. Não conseguiríamos realizar muitos dos megaprojetos de infraestrutura física (por exemplo, ferrovias e portos) e urbanização (capital fixo e constante) sem a centralização (ou, como Marx discute em outro lugar, sem o envolvimento do Estado).

Instrumentos adequados de centralização são, portanto, absolutamente fundamentais para a dinâmica da acumulação. Mas isso traz a ameaça do poder do monopólio e contradiz a visão – muito cara à economia política clássica, bem como aos teóricos neoliberais contemporâneos – de uma economia de mercado descentralizada, em que as decisões são tomadas de modo tão disperso e individualista que ninguém consegue monopolizar ou dominar o mercado. O que Marx sugere é que, mesmo que a economia de mercado comece com pequenas empresas, altamente competitivas, é quase certo que ela se transformará rapidamente pela centralização do capital e terminará num estado de oligopólio e monopólio. O resultado da concorrência, diz ele em outro lugar, é sempre o monopólio. Há, portanto, processos internos à dinâmica capitalista que são inerentemente disruptivos com relação à teoria do funcionamento perfeito dos mercados. O problema é que os mercados e a luta pelo mais-valor relativo não podem coexistir por muito tempo sem que a centralização surja e rompa com a tomada de decisões descentralizada que caracteriza os mercados de funcionamento livre. Embora Marx não explicite essa questão, ela é certamente uma das implicações de seu argumento. Mas, se a análise da concentração é digna de crédito, a centralização crescente não pode ser de todo um processo de mão única, sem nenhuma influência ou força contrapesantes. Infelizmente, Marx não explora esse ponto aqui, mas falará em outro lugar como a centralização pode às vezes ser contrabalançada pela descentralização. O que ele introduz aqui é a ideia de uma dinâmica de mercado do processo de acumulação na qual essas forças têm de ser integradas ao argumento e não ignoradas como um acidente da história. No entanto, isso o leva para além de seu propósito nesse capítulo, que é tratar da condição da classe trabalhadora.

Uma produtividade crescente do trabalho (um valor crescente da composição do capital) tem implicações para a demanda de trabalho.

> Como a demanda de trabalho não é determinada pelo volume do capital total, mas por sua componente variável, ela decresce progressivamente com o crescimento do capital total, em vez de, como pressupomos anteriormente, crescer na mesma proporção dele. Essa demanda diminui em relação à grandeza do capital total e em progressão acelerada com o crescimento dessa grandeza. Ao aumentar o capital global, também aumenta, na verdade, sua componente variável, ou seja, a força de trabalho nele incorporada, porém em proporção cada vez menor. (704-5)

Isso significa que a acumulação capitalista "produz constantemente, e na proporção de sua energia e seu volume, uma população trabalhadora adicional relativamente excedente, isto é, excessiva para as necessidades médias de valorização do capital e, portanto, supérflua" (705). Ela faz isso por meio de processos que hoje chamamos *downsizing*. "Assim, com a acumulação do capital produzida por ela mesma, a população trabalhadora produz, em volume crescente, os meios que a

10. A acumulação capitalista / 263

tornam relativamente supranumerária. Essa lei de população é peculiar ao modo de produção capitalista" (706-7). Mais uma vez, o tema da produção das condições de nossa própria dominação surge como suprema ironia.

A menção a uma "lei da população" põe Marx contra Malthus, que, a julgar pelas notas de rodapé, está longe de ser o teórico favorito de Marx e cuja teoria universal da população e da superpopulação exigia uma refutação. "Cada modo de produção particular na história", escreve Marx, "tem suas leis de população particulares, historicamente válidas. Uma lei abstrata de população só é válida para as planta e os animais e, ainda assim, apenas enquanto o ser humano não interfere historicamente nesses domínios" (707). A objeção de Marx a Malthus é que este naturaliza o desemprego e a criação da pobreza, transformando-os em simples relação entre o aumento da população e a demanda de recursos. Marx não considera que o crescimento da população seja irrelevante ou mesmo um fator neutro em relação à acumulação do capital; de fato, há muitas passagens em outros lugares nas quais ele trata o forte crescimento populacional como uma precondição necessária para uma acumulação sustentada. Sua objeção fundamental é à tese de que a pobreza é produzida por uma classe trabalhadora que reproduz a si mesma em número demasiado grande (tese que culpa a vítima). A preocupação de Marx é mostrar que o capitalismo produz pobreza, independentemente do estado ou da taxa de crescimento da população. Ele prova que Mandeville estava certo quando disse que os pobres estão e sempre estarão entre nós no modo de produção capitalista, mas, *contra* Mandeville, mostra como e por que isso acontece.

O capitalismo produz pobreza criando um excedente relativo de trabalhadores por meio do uso de tecnologias que eliminam postos de trabalho. Uma massa permanente de trabalhadores desempregados é socialmente necessária para que a acumulação continue a se expandir.

> Mas, se uma população trabalhadora excedente é um produto necessário da acumulação ou do desenvolvimento da riqueza com base capitalista, essa superpopulação se converte, em contrapartida, em alavanca da acumulação capitalista, e até mesmo numa condição de existência do modo de produção capitalista. Ela constitui um exército industrial de reserva disponível, que pertence ao capital de maneira tão absoluta como se ele o tivesse criado por sua própria conta. (707)

Não é, portanto, a tecnologia em si a principal alavanca da acumulação, mas a massa de trabalhadores excedentes que ela faz surgir. "Ela fornece a suas necessidades variáveis de valorização o material humano sempre pronto para ser explorado, independentemente dos limites do verdadeiro aumento populacional" (707).

264 / Para entender *O capital* I

Normalmente, o exército industrial de reserva é colocado na produção e, em seguida, retirado em movimentos alternados, criando um movimento cíclico no mercado de trabalho. "Por sua vez, as oscilações do ciclo industrial conduzem ao recrutamento da superpopulação e, com isso, convertem-se num dos mais enérgicos agentes de sua reprodução" (708). Marx descreve o:

> simples processo que "libera" constantemente uma parte dos trabalhadores, por métodos que reduzem o número de trabalhadores ocupados em relação à produção aumentada. Toda forma de movimento da indústria moderna deriva, portanto, da transformação constante de uma parte da população trabalhadora em mão de obra desempregada ou semiempregada. (708)

"Uma vez consolidada esta forma, até mesmo a economia política compreende que produzir uma população excedente relativa, isto é, excedente em relação à necessidade média de valorização do capital, é uma condição vital da indústria moderna" (709). Malthus, por exemplo, "reconhece na superpopulação [...] uma necessidade da indústria moderna", mas não vê que "à produção capitalista não basta de modo algum a quantidade de força de trabalho disponível fornecida pelo crescimento natural da população. Ela necessita, para assegurar sua liberdade de ação, de um exército industrial de reserva independente dessa barreira natural" (710).

As ramificações desse processo se espalham e influenciam a desqualificação de amplos segmentos da força de trabalho e os processos de desindustrialização por meio da mudança tecnológica, com os quais nos familiarizamos tão bem nos últimos trinta anos. A existência dessa população excedente relativa resulta normalmente em sobretrabalho para aqueles que estão empregados, uma vez que podem ser ameaçados de demissão se não trabalharem além da jornada e não aceitarem aumentar a intensidade de trabalho. Como em nossa época o capital não gosta de arcar com os custos indiretos de empregados de tempo integral (assistência à saúde e aposentadoria), a preferência por obrigar o empregado a trabalhar além da jornada legal, querendo ele ou não, aumenta mesmo quando a massa de trabalhadores desempregados aumenta. Às vezes fazer horas extras é condição para permanecer no emprego.

"O sobretrabalho da parte ocupada da classe trabalhadora engrossa as fileiras de sua reserva, ao mesmo tempo que, inversamente, esta última exerce, mediante sua concorrência, uma pressão aumentada sobre a primeira, forçando-a ao sobretrabalho e à submissão aos ditames do capital." Isso se torna um notável "meio de enriquecimento do capitalista individual" (711-2). O impacto sobre os salários é também significativo. "*Grosso modo*, os movimentos gerais do salário são regulados exclusivamente pela expansão e contração do exército industrial de reserva"

(712). Os movimentos do salário são regidos pela acumulação do capital. Isso contradiz a visão comum de que o ritmo de acumulação do capital é regulado pelas flutuações das taxas salariais, causadas pelo aumento populacional ou, segundo a retórica contemporânea, por sindicados gananciosos. O "dogma econômico" era que "o incremento do salário estimula um aumento mais rápido da população trabalhadora, aumento que prossegue até que o mercado de trabalho esteja supersaturado, ou seja, até que o capital se torne insuficiente em relação à oferta de trabalho" (713).

O modelo de Marx sugere que, onde quer que enfrente problemas de oferta de trabalho, a acumulação do capital expulsa as pessoas de seus postos de trabalho, recorrendo a inovações tecnológicas e organizacionais, e o resultado é a queda dos salários abaixo de seu valor ou o aumento da jornada e da intensidade de trabalho para aqueles que permanecem empregados.

> Nos períodos de estagnação e prosperidade média, o exército industrial de reserva pressiona o exército ativo de trabalhadores; nos períodos de superprodução e paroxismo, ele barra suas pretensões. A superpopulação relativa é, assim, o pano de fundo sobre o qual se move a lei da oferta e da demanda de trabalho. Ela reduz o campo de ação dessa lei a limites absolutamente condizentes com a avidez de exploração e a mania de dominação próprias do capital. (714-5)

Temos, assim, que "o mecanismo da produção capitalista vela para que o aumento absoluto de capital não seja acompanhado de um aumento correspondente da demanda geral de trabalho" (715). Isso provoca "proezas da apologética econômica" para justificar tais práticas quando atuam tão claramente em detrimento das classes trabalhadoras (715). A única coisa que os apologistas podem fazer é ver a "miséria", os "sofrimentos" e a "possível morte dos trabalhadores deslocados durante o período de transição, que os expulsa para as fileiras do exército industrial de reserva", como um sacrifício breve e necessário pelo bem maior e mais duradouro de tudo que podemos conseguir com a acumulação progressiva do capital. Mas a realidade é bem mais sinistra.

> A demanda de trabalho não é idêntica ao crescimento do capital, e a oferta de trabalho não é idêntica ao crescimento da classe trabalhadora, como se fossem duas potências independentes a se influenciar mutuamente. *Les dés sont pipés* [os dados estão viciados]. O capital age sobre os dois lados ao mesmo tempo. (715)

Quer dizer, o capital cria a demanda para o trabalho quando reinveste, mas também pode administrar a oferta de trabalho mediante reinvestimentos em tec-

266 / Para entender *O capital* I

nologias que poupam trabalho e produzem desemprego. Essa capacidade de operar dos dois lados da equação de oferta e demanda contradiz totalmente o modo como os mercados deveriam funcionar.

Como aconteceu no caso da maquinaria, os trabalhadores logo desvendam

> o mistério de como é possível que, na mesma medida em que trabalham mais, produzam mais riqueza alheia, de como a força produtiva de seu trabalho pode aumentar ao mesmo tempo que sua função como meio de valorização do capital se torna cada vez mais precária para eles; tão logo descobrem que o grau de intensidade da concorrência entre eles mesmos depende inteiramente da pressão exercida pela superpopulação relativa; tão logo, portanto, procuram organizar, mediante *trades unions* [surpreendentemente, esta é a única vez em que esse termo é usado n'*O capital*] etc., uma cooperação planificada entre os empregados e os desempregados com o objetivo de eliminar ou amenizar as consequências ruinosas que aquela lei natural da produção capitalista acarreta para sua classe, o capital e seu sicofanta, o economista político, clamam contra a violação da "eterna" e, por assim dizer, "sagrada" lei da oferta e da demanda. (715-6)

Numa situação em que as regras do mercado são subvertidas pela capacidade do capital de regular tanto a oferta quanto a demanda de força de trabalho, as tentativas dos trabalhadores de se organizar para proteger seus interesses coletivos são furiosamente condenadas por infringir as regras do mercado!

Marx construiu dois modelos de acumulação, com e sem mudança tecnológica. Os capitalistas podem escolher entre: acumular com uma tecnologia existente e ingressar no mundo do modelo 1 (coisa difícil de fazer, dadas as leis coercitivas da concorrência) ou investir numa mudança tecnológica e ingressar no mundo do modelo 2. A questão no segundo modelo é: o que regula o ritmo da mudança tecnológica? A teoria do mais-valor relativo mostrou que essa mudança é impulsionada pelas leis coercitivas da concorrência, à medida que os capitalistas competem pela forma efêmera do mais-valor relativo – que caberá aos que trabalham com uma produtividade maior. Assim, o limite é parcialmente estabelecido pela intensidade da concorrência (um ponto que Marx não enfatiza). Mas há também um limite externo. Marx estabeleceu anteriormente que o cálculo para a adoção de novas tecnologias mecânicas envolve uma comparação entre o valor investido na aquisição da máquina e o valor da força de trabalho poupada com seu uso. Embora Marx não explicite a questão, isso significa que a inovação tecnológica continuaria até o ponto em que a taxa salarial caísse o suficiente para fazer com que a compra de máquinas deixasse de valer a pena (como ocorreu na Inglaterra no século XIX em relação aos Estados Unidos). Esse ponto seria provavelmente quando a classe trabalhadora fosse reduzida a uma condição de extrema miséria.

A SUPERPOPULAÇÃO RELATIVA

No item 4, Marx examina a questão da superpopulação relativa. Ele a classifica em três estratos: flutuante, latente, estagnada (716). Por superpopulação "flutuante" ele entende as pessoas que já estão proletarizadas, que já são trabalhadoras assalariadas de tempo integral ou que, temporariamente dispensadas do trabalho por alguma razão, sobrevivem de algum modo durante o período de desemprego, antes de serem reabsorvidas no emprego quando as condições para a acumulação melhoram. Em termos atuais, a superpopulação flutuante equivale mais ou menos ao conjunto de desempregados, tal como são quantificados nas estatísticas de desemprego, além daqueles classificados como subempregados ou "trabalhadores desalentados".

A superpopulação latente são pessoas que ainda não foram proletarizadas. Na época de Marx, o termo referia-se particularmente às populações camponesas ainda não absorvidas pelo sistema de trabalho assalariado. A destruição do sistema de subsistência camponês ou nativo e a proletarização do mundo rural empurraram grandes massas para o trabalho assalariado. Isso continua até hoje (como mostraram nas últimas décadas China, México e Índia). A dissolução dos sistemas domésticos também mobilizou – e continua a mobilizar – mulheres e crianças para a força de trabalho assalariado (transformando as mulheres na espinha dorsal do trabalho assalariado em muitas partes do mundo em desenvolvimento). A superpopulação latente pode também incluir produtores pequeno-burgueses independentes e artesãos que foram deslocados pelo grande capital e forçados a ingressar no mercado de trabalho. A canibalização das fazendas familiares nos Estados Unidos nos últimos cinquenta anos liberou a força de trabalho de seus antigos confinamentos. Poderíamos dizer o mesmo dos produtores independentes e das pessoas que dirigiam pequenas lojas e mercearias, hoje substituídas por supermercados. A superpopulação latente é, portanto, uma categoria enorme e diversa, que compreende produtores pequeno-burgueses de vários tipos, mulheres e crianças, camponeses etc. Atualmente, ela abrange também grupos que fugiram da proletarização apenas para retornar a ela. Os médicos acreditavam que não faziam parte do proletariado, mas não é difícil identificar um insidioso processo de proletarização da força de trabalho médica. A proletarização da educação superior também ocorreu em ritmo acelerado, à medida que o modelo empresarial e neoliberal da universidade se intensificou. Marx chama nossa atenção para as possíveis mudanças na dinâmica de proletarização e as várias maneiras como uma reserva latente de força de trabalho pode ser mobilizada. Obviamente, isso variará muito de uma situação para outra. Além disso, enquanto a população flutuante está mais ou menos confinada nas áreas da organização capitalista, a reserva latente tem uma composição geográfica muito diferente. Ela está potencialmente disponível em todos os lugares, e a geopolítica de acesso a ela mediante práticas imperialistas e coloniais pode ter um papel significativo.

O terceiro extrato é a superpopulação estagnada. Refere-se àquela parte da população empregada de maneira muito irregular e particularmente difícil de mobilizar. A camada mais baixa da superpopulação estagnante é situada por Marx "na esfera do pauperismo" e inclui "vagabundos, delinquentes, prostitutas", em suma, o "lumpemproletariado propriamente dito", pelo qual ele demonstra muito pouca simpatia. Entre eles, encontram-se também os "aptos ao trabalho", assim como "os órfãos e os filhos de indigentes. Estes são candidatos ao exército industrial de reserva e [...] são rápida e massivamente alistados no exército ativo de trabalhadores". Por fim, há "os degradados, maltrapilhos, incapacitados para o trabalho", especialmente os "indivíduos que sucumbem a sua incapacidade de adaptação, causada pela divisão do trabalho". Essa camada forma aquilo que Marx chama de "asilo para inválidos do exército trabalhador ativo", e é quase impossível mobilizá-la para a força de trabalho assalariada (719). É isso que William Julius Wilson chama de "subclasse" (um termo que não aprecio).

O último e longo item desse capítulo descreve com detalhes sombrios a situação vivida pelos indivíduos que integravam o exército industrial de reserva (tanto flutuante quanto latente). Embora se concentre na Grã-Bretanha (e, em particular, nas condições de sua reserva de trabalho rural), Marx dá atenção especial ao papel da urbanização e, com respeito aos imigrantes irlandeses na Inglaterra, identifica algo importante no modo como as mobilizações de forças de trabalho latentes frequentemente se aproveitam das diferenças de etnia e religião (nesse caso), o que, por extensão, pode englobar todo tipo de diferença racial, sexual, religiosa etc. na política de "dividir para governar" praticada pela classe capitalista. Não seria nada difícil encontrar paralelos em nossa época. A longa história do trabalho de porto-riquenhos nos Estados Unidos tem uma nítida semelhança com a do trabalho de irlandeses na Grã-Bretanha no século XIX. Poderíamos facilmente citar exemplos de condições de trabalho no México, na Guatemala, na China, em Bangladesh, na Indonésia e na África do Sul que não seriam menos terríveis do que as condições descritas por Marx no item 5.

O segundo modelo de acumulação de Marx depende fundamentalmente das reservas flutuantes criadas pelo desemprego induzido pelo avanço tecnológico. O modo sistêmico como essa população flutuante é administrada (por exemplo, como os trabalhadores desempregados permanecem vivos e em condições de saúde suficientes para retornar à força de trabalho) é obviamente uma questão de interesse considerável. Mas há também um problema estratégico, o de se é mais vantajoso para o capitalismo trabalhar com reservas flutuantes ou latentes (a reserva estagnada seria muito difícil de mobilizar e coordenar). A livre manipulação de reservas flutuantes traz uma série de dificuldades. Uma organização de trabalho forte, que exija um mínimo de segurança no trabalho, pode frear o desemprego. Novas tecnologias e sistemas de produção podem ser desafiados pelos próprios trabalhadores antes de se disseminarem. E as consequências políticas que resultam da produção de desemprego podem ser sérias em determinadas circunstâncias. Nas décadas de 1950 e 1960, por exemplo, houve uma relutância geral, por parte da classe empresarial burguesa, em criar desemprego, em parte por medo da desordem social. Preferiu-se encontrar reservas latentes. Havia duas maneiras de fazer isso: tomar capital no exterior ou importar trabalhadores. Na Suécia, nas décadas de 1960 e 1970, o desemprego era baixo e não havia praticamente nenhuma reserva flutuante. Dado o poder dos sindicatos, o monte de leis sociais e o forte aparato político social-democrata, a geração de mais-valor passou a depender da importação de trabalho de Portugal, Iugoslávia e Europa Central. A escassez de trabalho na indústria automobilística francesa levou o Estado a incentivar a imigração dos magrebinos, enquanto o excedente de trabalhadores na Turquia alimentou a indústria alemã durante esses anos. As mudanças nas leis de imigração nos Estados Unidos durante a década de 1960 também foram importantes para ajudar a mobilizar as reservas latentes de força de trabalho. O excedente de mão de obra no México é crucial para o funcionamento das empresas nos Estados Unidos, e torna o atual furor contra a imigração, tanto legal quanto ilegal, uma questão difícil (por exemplo, a falta de um excedente de mão de obra causou prejuízos na época das colheitas no Oeste dos Estados Unidos).

Hoje temos uma situação em que há um desemprego considerável e uma grande quantidade de trabalho latente. É interessante refletir sobre essas categorias em relação com a história política específica do controle do trabalho no capitalismo. A população flutuante também levanta a questão de como manter a reserva num nível suficientemente saudável para competir com os empregados. A criação de estruturas de bem-estar foi uma das respostas encontradas, mas isso é menos significativo agora, dada a tendência à neoliberalização. O argumento da direita é que o desemprego surge quando os trabalhadores cobram um preço muito alto por seu trabalho. Os trabalhadores criam desemprego quando se recusam a trabalhar por um salário abaixo de certo salário mínimo! Isso costuma acontecer quando as políticas de bem-estar são muito generosas. Logo, a melhor maneira de acabar com o desemprego é reduzir essas políticas a zero. Mas isso torna difícil para a população flutuante permanecer como reserva de trabalho. O mesmo problema aflige a política de imigração. Toda tentativa de regular a imigração nos Estados Unidos vai de encontro à necessidade de um acesso adequado à oferta de trabalho excedente. As indústrias, desde o agronegócio até a Microsoft, são contra políticas restritivas de imigração.

270 / Para entender *O capital* I

A administração da oferta de trabalho se torna crucial. O interesse da classe capitalista é administrar a oferta de trabalho para criar e perpetuar um exército de reserva (numa combinação de flutuante e latente) e assim manter salários baixos, ameaçar os empregados com demissões iminentes, dispersar a organização de trabalho e aumentar a intensidade de trabalho dos que continuam empregados. Desde os anos 1970, essa estratégia parece ter funcionado bastante bem nos Estados Unidos, já que os salários reais permaneceram essencialmente baixos (com um breve período de aumento nos anos 1990), enquanto as taxas de lucro aumentaram em geral. Essa foi a primeira era na história dos Estados Unidos em que os trabalhadores não tiraram nenhum benefício dos aumentos significativos de produtividade. Os benefícios obtidos com a procura de mais-valor relativo acumularam-se nas mãos da classe capitalista, gerando imensas concentrações de riqueza e desigualdade crescente.

A DESCONSTRUÇÃO DO SONHO UTÓPICO LIBERAL

Na seção IV, ao analisar a produção do mais-valor relativo, vimos que no interior do sistema capitalista todos os métodos para aumentar a força produtiva social do trabalho se aplicam à custa do trabalhador individual; todos os meios para o desenvolvimento da produção se convertem em meios de dominação e exploração do produtor, mutilam o trabalhador, fazendo dele um ser parcial, degradam-no à condição de um apêndice da máquina, aniquilam o conteúdo de seu trabalho ao transformá-lo num suplício, alienam ao trabalhador as potências espirituais do processo de trabalho na mesma medida em que a tal processo se incorpora a ciência como potência autônoma, desfiguram as condições nas quais ele trabalha, submetem-no, durante o processo de trabalho, ao despotismo mais mesquinho e odioso, transformam seu tempo de vida em tempo de trabalho, arrastam sua mulher e seu filho sob a roda do carro de Jagrená* do capital. Mas todos os métodos de produção do mais-valor são, ao mesmo tempo, métodos de acumulação, e toda expansão da acumulação se torna, em contrapartida, um meio para o desenvolvimento desses métodos. Segue-se, portanto, que, à medida que o capital é acumulado, a situação do trabalhador, seja sua remuneração alta, seja baixa, tem de piorar. Por último, a lei que mantém a superpopulação relativa ou o exército industrial de reserva em constante equilíbrio com o volume e o vigor da acumulação prende o trabalhador ao capital mais firmemente do que as correntes de Hefesto prendiam Pro-

---

* Juggernaut (Dschagannat): uma das formas do deus Vishnu. O culto de Jagrená caracterizava-se por um elevado grau de fanatismo religioso e incluía rituais de autoflagelação e autossacrifício extremos. Em certos dias festivos, os fiéis se jogavam sob as rodas de um carro (o "carro de Jagrená"), sobre o qual se encontrava uma figura de Vishnu-Dschagannat. (N. T.)

meteu ao rochedo. Ela ocasiona uma acumulação de miséria correspondente à acumulação de capital. Portanto, a acumulação de riqueza num polo é, ao mesmo tempo, a acumulação de miséria, o suplício do trabalho, a escravidão, a ignorância, a brutalização e a degradação moral no polo oposto, isto é, do lado da classe que produz seu próprio produto como capital. (720-1)

Essa é a famosa tese conclusiva sobre o empobrecimento crescente do proletariado como consequência e condição necessária da acumulação capitalista. Uma resposta típica a essa tese é dizer que ela está simplesmente errada, que muitos trabalhadores do mundo estão hoje muito melhor do que há cem anos e que, embora possa ser verdade que as condições de trabalho nas indústrias da China e nas fábricas clandestinas de Hong Kong ainda sejam terríveis, esses problemas são típicos de um processo de transição para um padrão de vida material melhor, que mesmo nesses países já começa a despontar. Essa é uma daquelas afirmações que tanto marxistas quanto críticos de Marx costumam tomar como predições sólidas, que podem ser testadas recorrendo-se aos registros históricos. E, na medida em que esses registros não corroboram plenamente as predições, a análise de Marx é declarada errada.

Por isso, sou obrigado a lembrá-lo dos pressupostos que regem esses capítulos e enfatizar mais uma vez que conclusões desse tipo não são absolutas, mas contingentes, e dependem inteiramente dos pressupostos estabelecidos no início. Essa é a conclusão do Livro I d'*O capital*, no qual o foco recai exclusivamente sobre a dinâmica da produção. A análise prossegue dessa perspectiva. O que encontraremos no fim do Livro II, escrito do ponto de vista da realização do capital no mercado, é algo inteiramente diferente. Lá, Marx se concentrará nos problemas da demanda efetiva (quem tem poder financeiro para comprar um volume cada vez maior de produtos?). Parte da solução desse problema tem de residir naquilo que lá ele chama de "consumo racional" da classe trabalhadora. Por esse termo, ele entende duas coisas: primeiro, a classe trabalhadora tem de dispor de poder de compra suficiente para ser capaz de consumir; segundo, a classe trabalhadora tem de adquirir os hábitos de consumo adequados à absorção do produto excedente que o capitalismo não para de gerar. Assim, ao final do Livro II, Marx cita como a filantropia burguesa se concentra em ensinar hábitos "apropriados" de consumo às classes trabalhadoras (de modo semelhante ao que Ford fez quando mobilizou um exército de assistentes sociais para assegurar que aqueles que se beneficiavam de um salário de cinco dólares pela jornada de oito horas que ele implantara em suas fábricas gastassem o dinheiro com sensatez, e não o esbanjassem com bebidas, drogas e mulheres). Assim, o que temos no fim do Livro II é uma história completamente diversa. Fica evidente que a classe trabalhadora não pode desempenhar seu papel social-

272 / Para entender *O capital* I

mente necessário como um centro de demanda de produtos capitalistas se a história contada no Livro I for a única a existir.

Então qual é o propósito do argumento do Livro I? Ele diz que se o mundo funcionasse desse modo o resultado seria um empobrecimento cada vez maior dos trabalhadores. Há elementos de verdade nessa conclusão? Certamente sim, se pensarmos nas fábricas da Indonésia, de Bangladesh, do Vietnã e da Guatemala. Nesses lugares, reservas latentes de trabalho são mobilizadas sob condições de extrema brutalidade. De fato, vemos ali toda a "árdua faina" que Marx descreve. Não precisamos ir muito longe para encontrar relatos detalhados das terríveis condições de trabalho em muitos dos centros mundiais de produção (os relatórios de diversas ONGs e da ONU estão cheios deles, e mesmo a mídia convencional tem publicado matérias impressionantes). Além disso, uma das características dos últimos trinta anos de práticas e políticas neoliberais é que a desigualdade de renda não parou de aumentar e surgiram bilionários por toda a parte (Índia, México, China, Rússia), fazendo da imagem da acumulação de riqueza, de um lado, e da miséria, de outro, uma metáfora muito convincente para descrever as condições do capitalismo global contemporâneo.

Assim, é difícil ler a história narrada no Livro I e não reconhecer que ela descreve uma verdade, ainda que parcial, sobretudo se comparada com a situação nos países capitalistas avançados nos anos 1950 e 1960, quando a organização do trabalho era relativamente forte, as tendências social-democratas eram dominantes e as intervenções estatais, tanto na produção como na distribuição da riqueza, eram mais amplamente aceitas. Naqueles tempos, as questões de consumo racional eram mais salientes: como garantir que a classe trabalhadora compre automóveis? Ora, basta construir cidades e subúrbios de tal modo que o automóvel se torne uma necessidade e não mais um luxo, o que significa que os trabalhadores terão de receber o suficiente para poder dispor de automóveis, habitações suburbanas e tudo o que acompanha esse estilo de vida. Durante essa época, a análise do Livro II tinha muito sentido, e as conclusões do Livro I pareciam um pouco implausíveis.

Muito disso mudou na virada neoliberal dos anos 1970. Houve uma expansão maciça do proletariado no mundo todo, quando cerca de 2 bilhões de pessoas foram privadas de sua base econômica e introduzidas no proletariado, seja pela destruição de modos de vida rural e economias camponesas (como na América Latina e no sul da Ásia), seja pela ação direta do governo (como na China e no leste da Ásia em geral). O resultado previsível desse influxo foi que as classes trabalhadoras dos centros tradicionais de acumulação de capital não melhoraram de vida. Aumentos espantosos de riqueza fluíram para o 1% mais rico (e mais ainda, proporcionalmente, para o 0,1% mais rico) da população. A perseguição do projeto

10. A acumulação capitalista / 273

neoliberal nos levou de volta a um mundo em que a análise apresentada no Livro I é cada vez mais relevante.

Esse era um projeto consciente das classes dominantes. O "choque Volcker", que aumentou dramaticamente as taxas de juros nos Estados Unidos no início de 1979, produziu um surto de desemprego; isso, conjugado ao ataque do presidente Reagan ao trabalho organizado (a começar pela extinção do sindicato de controladores de tráfego aéreo na greve de 1981), teve como claro objetivo disciplinar o trabalho. O economista britânico Alan Budd, refletindo sobre sua experiência como principal conselheiro econômico de Margaret Thatcher, confessou mais tarde quão envergonhado se sentia ao lado de seus vizinhos:

> as políticas de controle da inflação nos anos 1980, ao comprimir a economia e o gasto público, foram um disfarce para bater nos trabalhadores. O desemprego crescente era um meio muito adequado de reduzir a força da classe trabalhadora. O que foi engendrado – em termos marxistas – foi uma crise do capitalismo, que recriou um exército de reserva de trabalho e permitiu aos capitalistas fazer altos lucros desde então.[1]

Como Reagan, Thatcher atacou politicamente o poder dos sindicatos com a repressão violenta da greve dos mineiros nos anos 1980. Mais uma vez, o objetivo era disciplinar o trabalho para garantir lucros e uma acumulação ilimitada. O que é terrível na análise de Marx é o fato de tal resultado ser inteiramente previsível e poder ser tão facilmente articulado em termos marxistas.

O que Marx faz no Livro I d'*O capital* é levar a sério as palavras e as teorias dos economistas políticos clássicos e perguntar que tipo de mundo surgiria se eles conseguissem implementar sua visão liberal utópica de mercados de funcionamento perfeito, liberdade pessoal, direitos de propriedade privada e livre-comércio. Passo a passo, ele explora o que aconteceria num mundo construído segundo essa imagem. Adam Smith pretendia mostrar que a riqueza nacional cresceria e todos viveriam ou poderiam viver melhor num mundo de mercados descentralizados e funcionamento livre (apesar de ele próprio não eximir o Estado de responsabilidade, quando se tratava de distribuir a riqueza de modo mais equitativo). O que Marx mostra é que um mundo construído segundo as linhas de um puro *laissez-faire* produziria, por um lado, uma acumulação crescente de riqueza e, por outro, uma enorme acumulação de miséria. Quem gostaria de construir um mundo segundo as regras dessa visão utópica? A resposta é de uma obviedade estonteante: os membros ricos da classe capitalista! Quem tenta nos convencer das virtudes dessa

---

[1] Ver *The Observer*, 21 de junho de 1992.

274 / Para entender *O capital* I

visão utópica do livre mercado e quem nos colocou na trilha neoliberal? Surpresa! Os ricos, que usaram seu dinheiro para nos convencer de que o mercado está sempre certo e de que a teoria marxiana é uma bobagem.

O projeto neoliberal (como mostro em *O neoliberalismo: história e implicações**) foi direcionado para a acumulação crescente de riqueza e a apropriação crescente de mais-valor pelos degraus superiores da classe capitalista. E, ao perseguir esse objetivo, a classe capitalista tomou o caminho típico, tal como descrito nos modelos de acumulação de capital apresentados no Livro I. Diminuir salários e criar desemprego por meio de mudanças tecnológicas que deslocam trabalhadores, centralizar o poder capitalista, atacar as organizações dos trabalhadores e interferir ao mesmo tempo na coordenação da oferta e da demanda (quando, como vimos, o capital atua em ambos os lados do mercado), investir na terceirização e na produção *offshore*, mobilizar populações latentes em todo o mundo e reduzir o máximo possível as políticas de bem-estar social. Foi exatamente nisso que consistiu a "globalização neoliberal". Criaram-se as condições socialmente necessárias, em grande parte de acordo com a análise feita no Livro I, para a imensa acumulação de riqueza de uma pequena parcela da população a expensas de todo o restante. O problema, é claro, é que esse tipo de capitalismo neoliberal só pode sobreviver "minando ao mesmo tempo os mananciais de toda a riqueza: a terra e o trabalhador" (574).

Mas essa não foi a única consequência coerente com a análise de Marx. Nesse capítulo, ele aponta a inevitabilidade da concentração e da centralização crescentes do capital sob as condições do utopismo do livre mercado. Essa foi outra forte característica do neoliberalismo nos últimos trinta anos (basta olharmos para a energia, a indústria farmacêutica, a mídia e, sobretudo, a centralização crescente do poder financeiro). Liberdades excessivas de mercado sempre produzem uma tendência a um maior oligopólio e até mesmo a um monopólio (fato reconhecido na legislação antitruste e em monitoramentos estatais – amplamente ineficazes em nossos dias – de fusões e monopólios). A riqueza não apenas se acumula, como se concentra nas mãos de uma classe capitalista cada vez mais poderosa! Mas isso também levanta um problema. O que acontece quando as condições para a harmonia definidas na análise apresentada no Livro II se tornam tão contraditórias – precisamente por causa da polarização da riqueza – a ponto de provocar uma crise como a que estourou em 2008? Talvez não seja por acaso que o único período da história dos Estados Unidos em que a distribuição de riqueza foi tão assimétrica quanto hoje tenha sido nos anos 1920, e agora estejamos assistindo a uma reprise do colapso de 1929 em 2008.

---

* David Harvey, *O neoliberalismo: história e implicações* (São Paulo, Loyola, 2008). (N. T.)

10. A acumulação capitalista / 275

Acredito que isso seja um imenso testemunho da força da análise de Marx e do poder de seu método. Não resta dúvida de que ele pode nos fazer enxergar aspectos da dinâmica histórica que muito frequentemente permanecem ocultos, ao mesmo tempo que enfrenta as contradições latentes e as poderosas construções ideológicas que produzem e legitimam os tipos de resultados que ele prevê. Quantos Nassau Seniors não se encontram hoje em nossos departamentos de economia! Assim, é apropriado defender teses condicionais de Marx, reconhecendo que, embora não sejam a história inteira, ainda assim são um aspecto vital e muito facilmente reconhecível daquilo que ocorre no capitalismo de hoje. De fato, ele desfez o feitiço da *"lei geral, absoluta, da acumulação capitalista"* em termos nada equívocos, ainda que também reconheça que "como todas as outras leis, ela é modificada, em sua aplicação, por múltiplas circunstâncias, cuja análise não cabe realizar aqui" (719-20). A lei geral é uma exposição brilhante dos caminhos por onde nos levarão o livre mercado e o utopismo liberal, caso sejam implantados, e, no grau com que a virada ideológica neoliberal adotou essa fraseologia, deu-lhe nova roupagem e buscou implementá-la, ela realmente nos levou na direção prevista por Marx, repleta de contradições. Uma leitura atenta do texto de Marx e uma apreciação profunda de seu método, apesar de não nos trazerem nenhum reconforto, podem proporcionar muitos *insights* e uma significativa capacidade de diagnóstico.

11. O SEGREDO DA ACUMULAÇÃO PRIMITIVA

Os capítulos 24 e 25 d'*O capital* apresentam uma nítida mudança de tom, conteúdo e método. Para começar, eles vão de encontro ao pressuposto central do resto do livro, estabelecido no capítulo 2, em que Marx aceita o mundo teórico de Adam Smith de trocas atomísticas realizadas no mercado; nesse mundo, a liberdade, a igualdade, a propriedade e Bentham reinam de tal modo que todas as trocas de mercadoria ocorrem num ambiente não coercitivo de instituições liberais em perfeito funcionamento. Smith sabia perfeitamente bem que esse não é o modo como o mundo realmente funciona, mas aceitou-o como uma ficção conveniente e convincente sobre a qual ele podia erigir uma teoria econômico-política normativa. Marx, como vimos, leva tudo isso em conta para desconstruir seu utopismo.

Usando desse estratagema, Marx foi capaz de mostrar, como vimos no último capítulo, que, quanto mais próximos estivermos de um regime de mercado livre, mais nos veremos confrontados com duas importantes consequências. A menor delas é que a estrutura descentralizada, fragmentada e atomística que evitaria que um poder singular dominasse e manipulasse o mercado dá lugar a um poder capitalista cada vez mais centralizado. A concorrência tende sempre a produzir monopólio e, quanto mais feroz a concorrência, mais rápida é a tendência à centralização. A maior das consequências é a produção, de um lado, de imensas concentrações de riquezas (em particular da parte dos capitalistas centralizadores) e, de outro, de uma crescente miséria, exploração e degradação da classe trabalhadora.

O projeto neoliberal dos últimos trinta anos, fundado no utopismo liberal, confirmou as duas tendências previstas por Marx. É claro que, nos detalhes, há uma grande dose de divergência, tanto geográfica quanto setorial, mas o grau de centralização do capital que ocorreu em várias esferas foi avassalador, e há um reconhecimento geral de que as imensas concentrações de riqueza que ocorreram no ponto mais alto da escala de riqueza e renda jamais foram tão grandes como agora, enquanto as condições de vida das classes trabalhadoras do mundo inteiro estagnaram ou se deterioraram. Nos Estados Unidos, por exemplo, a proporção da renda e da riqueza concentradas nas mãos do 1% mais rico da população dobrou nos últimos vinte anos, e a do 0,1% mais rico triplicou. A proporção de renda entre os diretores executivos e os trabalhadores assalariados médios, que era de 30:1 nos anos 1970, passou para mais de 350:1 em média nos últimos anos. Onde quer que a neoliberalização tenha sido desenfreada (como no México e na Índia a partir dos anos 1990), novos bilionários entraram para a lista da *Forbes* das pessoas mais ricas do mundo. O mexicano Carlos Slim é hoje uma das pessoas mais ricas do mundo, e ele alcançou essa posição na esteira da neoliberalização que ocorreu no México no início dos anos 1990.

Marx chegou a essas conclusões contraintuitivas desconstruindo, em seus próprios termos, as teses dos economistas políticos clássicos. Mas também usou criticamente suas poderosas abstrações para penetrar a dinâmica real do capitalismo e revelar as origens das lutas em torno da duração da jornada de trabalho, das condições de vida do exército industrial de reserva e coisas do gênero. A análise do Livro I pode ser lida como um relato sofisticado e condenatório de que "não há nada mais desigual do que tratar desiguais como iguais". A ideologia da liberdade de troca e da liberdade de contrato nos ludibria a todos. Fundamenta a superioridade e a hegemonia moral da teoria política burguesa e sustenta sua legitimidade e seu suposto humanismo. Mas, quando as pessoas entram nesse mundo livre e igualitário das trocas mercantis com dotes e recursos diferentes, mesmo a menor desigualdade, para não falar da divisão fundamental da posição de classe, aprofunda-se e transforma-se com o tempo em enormes desigualdades de influência, riqueza e poder. E isso, quando somado a uma centralização crescente, contribui para a inversão devastadora de Marx da visão smithiana do "benefício de todos" que deriva da mão invisível do mercado. Isso esclarece o conteúdo de classe daquilo que, por exemplo, caracterizou os últimos trinta anos de globalização neoliberal. O resultado em Marx é uma crítica feroz das teses da liberdade individual que fundamentam a teoria liberal e neoliberal. Esses ideais são, na visão de Marx, tão enganadores, fictícios e fraudulentos quanto sedutores e cativantes. Os trabalhadores, como observa ele, são livres apenas no duplo sentido de ser capazes de vender sua força de trabalho para quem quiserem, ao mesmo tempo que são obrigados a vender essa força de trabalho para viver, porque foram libertados e liberados de todo e qualquer controle sobre os meios de produção!

O que os capítulos 24 e 25 d'*O capital* fazem é analisar como esse segundo tipo de "liberdade" foi assegurado. Somos obrigados a enfrentar o uso predatório, violento e abusivo do poder que se encontra nas origens históricas do capitalismo, quando ele liberou a força de trabalho como uma mercadoria e eliminou o modo

11. O segredo da acumulação primitiva / 279

de produção anterior. Os pressupostos que dominaram o argumento em todos os capítulos anteriores d'*O capital* são abandonados com consequências brutais.

O capitalismo, como vimos, depende fundamentalmente de uma mercadoria capaz de produzir mais valor do que aquele que ela tem, e essa mercadoria é a força de trabalho. Como Marx observa numa passagem d'*O capital*:

> A pergunta sobre por que esse trabalhador livre se confronta com ele na esfera da circulação não interessa ao possuidor de dinheiro, que encontra o mercado de trabalho como uma seção particular do mercado de mercadorias. E, no presente momento, ela tampouco tem interesse para nós. Ocupamo-nos da questão teoricamente, assim como o possuidor de dinheiro ocupa-se dela praticamente. Uma coisa, no entanto, é clara. A natureza não produz possuidores de dinheiro e de mercadorias, de um lado, e simples possuidores de suas próprias forças de trabalho, de outro. Essa não é uma relação natural e tampouco uma relação social comum a todos os períodos históricos. Mas é claramente o resultado de um desenvolvimento histórico anterior, o produto de muitas revoluções econômicas, da derrocada de toda uma série de formas anteriores de produção social. (244)

A acumulação primitiva diz respeito às origens históricas desse trabalho assalariado, assim como à acumulação nas mãos do capitalista dos recursos necessários para empregá-lo.

Os capítulos 24 e 25 tratam, portanto, da questão central da transformação da força de trabalho em mercadoria (ou, de modo mais geral, da formação da classe trabalhadora). A versão burguesa dessa história, contada por Locke e Smith, é a seguinte:

> Numa época muito remota, havia, por um lado, uma elite laboriosa, inteligente e sobretudo parcimoniosa e, por outro, um bando de vadios a dissipar tudo o que tinham e ainda mais [...]. Deu-se, assim, que os primeiros acumularam riquezas e os últimos acabaram sem ter nada para vender, a não ser sua própria pele. E desse pecado original datam a pobreza da grande massa, que ainda hoje, apesar de todo seu trabalho, continua a não possuir nada para vender a não ser a si mesma, e a riqueza de poucos, que cresce continuamente, embora há muito tenham deixado de trabalhar. (785)

Essa história descreve uma transição gradual e pacífica do feudalismo para o capitalismo. Mas "na história real", diz Marx,

> o papel principal é desempenhado pela conquista, pela subjugação, pelo assassínio para roubar, em suma, pela violência. Já na economia política, tão branda, imperou sempre o idílio. Direito e "trabalho" foram, desde tempos imemoriais, os únicos meios de enriquecimento, excetuando-se sempre, é claro, "este ano". (786)

280 / Para entender *O capital* I

Isso acontece porque

> o processo que cria a relação capitalista não pode ser senão o processo de separação entre o trabalhador e a propriedade das condições de realização de seu trabalho, processo que, por um lado, transforma em capital os meios sociais de subsistência e de produção e, por outro, converte os produtores diretos em trabalhadores assalariados. A assim chamada acumulação primitiva não é, por conseguinte, mais do que o processo histórico de separação entre produtor e meio de produção. Ela aparece como "primitiva" porque constitui a pré-história do capital e do modo de produção que lhe corresponde. (786)

Em termos factuais, os métodos da acumulação primitiva "podem ser qualquer coisa, menos idílicos [...]. E a história dessa expropriação está gravada nos anais da humanidade com traços de sangue e fogo" (786-7).

A visão de Marx, radicalmente diferente da de Smith e Locke, levanta questões interessantes. Em primeiro lugar: o capital comercial e financeiro e a usura são formas antediluvianas ou ainda desempenham um papel ativo, independente do capital de produção, do capital industrial etc.? Anteriormente, Marx observou que "tanto o capital comercial como o capital a juros são formas derivadas", ao mesmo tempo que "tornar-se-á claro por que elas surgem historicamente antes da moderna forma basilar do capital" (240). Isso implica que a transição do feudalismo para o capitalismo ocorreu em estágios em que o capital comercial e o capital usurário abriram o caminho para o capital de produção (ou industrial). O papel que essas formas anteriores de capital desempenharam na dissolução da ordem feudal está, portanto, aberto à investigação. Em segundo lugar: isso significa que, uma vez que o capitalismo passou pela acumulação primitiva, e uma vez que a pré-história acabou e surgiu uma sociedade capitalista madura, os violentos processos que ele descreve tornam-se insignificantes e desnecessários ao modo como o capitalismo funciona? Essa é uma questão à qual retornarei mais adiante. Mas é bom tê-la em mente, enquanto prosseguimos.

Na versão de Marx da acumulação primitiva, todas as regras da troca mercantil expostas anteriormente (no capítulo 2) são abandonadas. Não há reciprocidade nem igualdade. Sim, a acumulação do dinheiro está lá, bem como os mercados, mas o processo real é diferente. Trata-se da expropriação violenta de toda uma classe de pessoas do controle sobre os meios de produção, primeiro por meio de ações ilegais e, por fim, como a lei de cercamento na Inglaterra, pela ação do Estado. Adam Smith, é claro, não queria que o Estado fosse entendido como um agente ativo na vitimação da população e, por isso, não podia contar uma história da acumulação primitiva em que o Estado desempenhasse um papel crucial. Se as origens da acumulação do capital se encontram no aparato e no poder estatal, qual é o sentido de defender políticas de *laissez-faire* como um meio fundamental para aumentar o bem-estar nacional e individual? Por isso, Smith, e a maioria dos economistas políticos clássicos, preferiu ignorar o papel do Estado na acumulação primitiva. Houve exceções. James Steuart, observa Marx, compreendeu que a violência estatal era absolutamente fundamental para a proletarização, mas assumiu a posição de que era um mal necessário. O livro de Michael Perelman, *The Invention of Capitalism* [A invenção do capitalismo][1], fornece uma excelente explicação sobre como a acumulação original ou primitiva foi tratada na economia política clássica.

A principal preocupação de Marx nos capítulos 24 e 25 é esmiuçar a história da acumulação primitiva do século XVI em diante e investigar como esses processos foram postos em movimento. É claro que ele admite prontamente que a "história [da expropriação da terra] assume tonalidades distintas nos diversos países e percorre as várias fases em sucessão diversa e em diferentes épocas históricas. Apenas na Inglaterra, e por isso tomamos esse país como exemplo, tal expropriação se apresenta em sua forma clássica" (787-8).

Devemos entender por "clássica" que essa expropriação foi um modelo de transição para o capitalismo que o mundo inteiro teve de seguir? Mais tarde, Marx negou essa interpretação e afirmou que via a Grã-Bretanha apenas como um exemplo, apesar de especial e pioneiro. Mais uma vez, essas questões são controversas, e teremos de retornar a elas. O modo como pensamos sobre elas tem relevância para outra questão importante, porém largamente negligenciada: é necessário passar pela acumulação primitiva e pela longa história do capitalismo para chegar ao socialismo?

CAPÍTULO 24: A ASSIM CHAMADA ACUMULAÇÃO PRIMITIVA

Os itens do capítulo 24 são relativamente curtos e ordenados numa sequência com claras implicações. Vejamos alguns de seus pontos mais importantes. O primeiro item trata da expropriação da população agrícola, bem como do processo igualmente importante de dissolução dos laços dos vassalos feudais. A apropriação da terra foi o meio principal para expropriar o campesinato, mas a liberação dos vassalos se deveu muito ao modo como o poder do dinheiro começou a ser exercido na, e sobre a, ordem feudal (por exemplo, pelo capital comercial e pela usura). "A nova nobreza era uma filha de sua época, para a qual o dinheiro era o poder de todos os poderes" (790). Nos *Grundrisse*, Marx é bem mais explícito. Lá, ele mostra como o dinheiro dissolve a co-

---

[1] Michael Perelman, *The Invention of Capitalism: Classical Political Economy and the Secret History of Primitive Accumulation* (Durham, Duke University Press, 2000).

282 / Para entender *O capital* I

munidade tradicional e, ao fazê-lo, torna-se ele mesmo a comunidade. Assim, passamos de um mundo em que a "comunidade" é definida em termos de estruturas de relações sociais interpessoais para um mundo em que prevalece a comunidade do dinheiro. O dinheiro, usado como poder social, conduz à criação de grandes latifúndios, criações de ovelhas e coisas do gênero, ao mesmo tempo que a troca de mercadorias prolifera (uma ideia muito presente nos capítulos iniciais sobre o dinheiro e a troca em geral). A comunidade tradicional não capitula sem lutar e, ao menos nos estágios iniciais, o poder estatal tenta preservar aquilo que, mais tarde, E. P. Thompson chamaria de "economia moral" do campesinato contra o poder nu e cru do dinheiro.

Mas o poder estatal cede gradualmente por duas razões. Em primeiro lugar, porque o Estado depende do poder do dinheiro e torna-se, assim, vulnerável a ele. Em segundo lugar, porque o poder do dinheiro pode ser criado e mobilizado de um modo que a legislação estatal tenha dificuldade de detê-lo. Sob Henrique VII, aprovaram-se leis que tentavam conter o processo de monetização e proletarização. Mas o poder cada vez maior do incipiente capitalismo demandava, ao contrário, "uma posição servil das massas populares, a transformação destas em trabalhadores mercenários e a de seus meios de trabalho em capital". Um "novo e terrível impulso ao processo de expropriação violenta das massas populares foi dado, no século XVI" e, depois disso, a resistência da ordem social tradicional começou a ruir (792). Em vez de as ilegalidades do poder do dinheiro assumirem uma liderança subversiva, o Estado se alia a esse poder e começa a apoiar ativamente os processos de proletarização. Essa tendência se consolida, diz Marx, com a Revolução Gloriosa de 1688, que:

> conduziu ao poder, com Guilherme III de Orange, os extratores de mais-valor, tanto proprietários fundiários como capitalistas. Estes inauguraram a nova era praticando em escala colossal o roubo de domínios estatais que, até então, era realizado apenas em proporções modestas. Tais terras foram presenteadas, vendidas a preços irrisórios ou, por meio de usurpação direta, anexadas a domínios privadas. [...] O patrimônio do Estado, apropriado desse modo fraudulento, somado ao roubo das terras da Igreja [...], constitui a base dos atuais domínios principescos da oligarquia inglesa. (795-6)

Sobre essa base, formaram-se alianças de classe novas e mais poderosas. "A nova aristocracia fundiária era aliada natural da nova bancocracia, das altas finanças recém-saídas do ovo e dos grandes manufatureiros, que então se apoiavam sobre tarifas protecionistas." Em outras palavras, formou-se uma burguesia constituída por uma ampla aliança entre capitalistas rurais, comerciais, financeiros e manufatureiros. Eles curvam o aparato estatal à sua vontade coletiva. O resultado é que a "própria lei se torna, agora, o veículo do roubo das terras do povo, embora os grandes arrendatários também empreguem paralelamente seus pequenos e independentes métodos privados".

11. O segredo da acumulação primitiva / 283

Desse modo, o roubo sistemático da propriedade comunal se estende por todo o período, com destaque para o amplo cercamento das terras comuns. A "violenta usurpação dessa propriedade comunal, em geral acompanhada da transformação das terras de lavoura em pastagens, tem início no final do século XV e prossegue durante o século XVI" (796). Fortuitamente, tais circunstâncias deram origem a uma importante literatura nostálgica sobre a perda da antiga ordem. Esse era o mundo de Oliver Goldsmith e das elegias de Gray sobre a destruição de uma suposta alegre Inglaterra*. Marx escolhe um exemplo posterior, o caso espetacular da expulsão dos habitantes das Terras Altas escocesas, onde os camponeses foram expulsos pouco a pouco de suas terras até o fim do século XIX. Ele critica a hipocrisia da duquesa de Sutherland, que, enquanto expulsava as pessoas das Terras Altas por um processo quase legal, recebia "em Londres, com grande pompa, a autora de *A cabana do pai Tomás*, Harriet Beecher Stowe, a fim de exibir sua simpatia pelos escravos negros da república americana" (802, nota 218) Diz Marx, em resumo:

O roubo dos bens da Igreja, a alienação fraudulenta dos domínios estatais, o furto da propriedade comunal, a transformação usurpatória, realizada com inescrupuloso terrorismo, da propriedade feudal e clânica em propriedade privada moderna foram outros tantos métodos idílicos da acumulação primitiva. Tais métodos conquistaram o campo para a agricultura capitalista, incorporaram o solo ao capital e criaram para a indústria urbana a oferta necessária de um proletariado inteiramente livre. (804)

A questão sobre o que todas essas pessoas expulsas de suas terras fariam é tratada no item 3. Em geral não havia emprego para elas; então, ao menos aos olhos do Estado, tais indivíduos se tornavam vagabundos, mendigos, ladrões e assaltantes. O aparato estatal respondia de um modo que perdura até nossos dias: criminalizando e encarcerando, tratando-os como vagabundos e praticando contra eles a mais extrema violência. "Assim, a população rural, depois de ter sua terra violentamente expropriada, sendo dela expulsa e entregue à vagabundagem, viu-se obrigada a se submeter, por meio de leis grotescas e terroristas, e por força de açoites, ferros em brasa e torturas, a uma disciplina necessária ao sistema de trabalho assalariado." A violência da socialização dos trabalhadores ao aparato disciplinar do capital é nítida. Mas, com o passar do tempo, "a coerção muda exercida pelas relações econômicas sela o domínio do capitalista sobre o trabalhador". Uma vez formado o proletariado, segundo o que Marx parece dizer, a muda coerção das relações econô-

---

* *"Merrie England"*: visão utópica e nostálgica da sociedade e da cultura inglesas, baseada em um modo de vida idílico e pastoral, e bastante difundida no início da Revolução Industrial. (N. T.)

284 / Para entender *O capital* I

micas cumpre sua missão, e a violência flagrante pode passar a segundo plano, pois as pessoas foram socializadas à situação de trabalhadoras assalariadas, como portadoras da mercadoria-força-de-trabalho. Mas "a burguesia emergente" continua a necessitar do "poder do Estado" para regular os salários e evitar qualquer tipo de organização coletiva dos trabalhadores (a legislação antissindical e o que foi chamado na época de Combination Laws, leis que proibiam associações e até mesmo assembleias de trabalhadores) (808-9). Esse foi um apoio crucial, observa Marx, para a consolidação do regime liberal (fundado nos direitos de propriedade privada).

> Já no início da tormenta revolucionária, a burguesia francesa ousou despojar novamente os trabalhadores de seu recém-conquistado direito de associação. O decreto de 14 de junho de 1791 declarou toda coalizão de trabalhadores um "atentado à liberdade e à Declaração dos Direitos do Homem". (812)

A legalidade burguesa é usada desse modo muito específico para inibir os potenciais poderes coletivos do trabalho.

O item 4 examina a gênese dos arrendatários capitalistas. Marx conta uma história muito simples sobre como os bailios primeiro se tornaram meeiros e depois arrendatários passando, então, a pagar renda fundiária (em dinheiro) aos senhores rurais. Esse processo de monetização e mercantilização deu impulso a uma "revolução agrícola" no campo, permitindo que o capital utilizasse o solo de determinada maneira. O capital circulava através do solo, da natureza, exatamente do mesmo modo que circulava através do corpo do trabalhador como capital variável. O impacto dessa revolução agrícola, diz Marx no item 5, teve dois lados: liberou não só uma grande quantidade de trabalho, mas também meios de subsistência que antes eram consumidos diretamente na terra. Ele mercantilizou a oferta de alimentos. O mercado para bens e mercadorias cresceu, em parte porque menos pessoas podiam subsistir por sua própria conta. O resultado foi a expansão das trocas e o crescimento do mercado. Enquanto isso, o capital destruiu grande parte dos negócios subsidiários artesanais e domiciliares não apenas na Índia, como também na Grã-Bretanha. Isso levou à criação de um mercado doméstico mais forte e maior. O crescimento do mercado interno na Grã-Bretanha a partir do século XVI foi, segundo Marx, um elemento importante no desenvolvimento do capitalismo.

Isso nos conduz, no item 6, à gênese do capitalista industrial, que assumiu o papel de protagonista que antes era desempenhado pelo capital comercial, pelo capital usurário, pela bancocracia (capital financeiro) e pelo capital fundiário. Desde o início, essa mudança estava estreitamente ligada ao colonialismo, ao comércio escravagista e ao que ocorreu na África e nos Estados Unidos. No feudalismo havia muitas barreiras para a transformação da quantidade cada vez maior de capital monetário

11. O segredo da acumulação primitiva / 285

em capital industrial. "O regime feudal no campo e a constituição corporativa nas cidades" inibiram o desenvolvimento industrial baseado no trabalho assalariado, mas "essas barreiras caíram com a dissolução dos séquitos feudais e com a expropriação e a parcial expulsão da população rural". Contudo, como prediz Marx,

> A nova manufatura se instalou nos portos marítimos exportadores ou em pontos do campo não sujeitos ao controle do velho regime urbano e de sua constituição corporativa. Na Inglaterra se assistiu, por isso, a uma amarga luta das *corporate towns** contra essas novas incubadoras industriais. (820-1)

Na Grã-Bretanha, o capitalismo industrial se desenvolveu naquilo que hoje chamaríamos de áreas não cultivadas [*greenfield sites*]. Centros econômicos como Norwich e Bristol eram altamente organizados, e era muito difícil enfrentá-los politicamente e conter o poder das guildas. Nas regiões não cultivadas não existiam aparatos regulatórios para detê-lo – não havia uma burguesia citadina ou guildas organizadas. Por isso, a maior parte da industrialização britânica ocorreu em antigos vilarejos, como Manchester (todas os centros algodoeiros eram originalmente pequenos vilarejos). Leeds e Birmingham também começaram como pequenos vilarejos comerciais. Esse padrão de industrialização difere daquele de outras regiões, embora continue a valer a regra de que, sempre que possível, o capital gosta de se deslocar para lugares ermos. Quando a indústria automobilística japonesa se transferiu para a Grã-Bretanha nos anos 1980, ela evitou as regiões mais sindicalizadas e instalou-se em áreas abertas a novos desenvolvimentos, onde as companhias podiam agir com liberdade e construir o que bem quisessem (com o apoio do governo antissindical de Thatcher, é claro). Nos Estados Unidos, a tendência é a mesma. Encontrar espaços onde não há regulação e organização sindical continua a ser um aspecto significativo da dinâmica geográfica e locacional do capitalismo.

O papel do sistema colonial e do comércio escravagista não pode ser ignorado, pois foi por meio deles que a burguesia cercou e subjugou os poderes feudais. Há uma forte corrente de opinião que vê as *plantations* das Índias Ocidentais no começo do século XVIII como um estágio pioneiro da organização de trabalho em larga escala, como aquelas que reapareceram mais tarde nos sistemas fabris da Grã--Bretanha: "Tais métodos, como, por exemplo, o sistema colonial, baseiam-se, em parte, na violência mais brutal" (821). Todo tipo de tática foi usado para extrair riqueza das populações colonizadas. "Entre 1769 e 1770", por exemplo, "os ingle-

---

* As *corporate towns* são cidades que, por privilégio real, tinham autonomia em relação ao condado e podiam eleger suas próprias autoridades, constituindo-se elas mesmas num condado (*county of itself, county of a town, county corporate*). (N. T.)

286 / Para entender *O capital* I

ses fabricaram um surto de fome por meio da compra de todo arroz e pela recusa de revendê-lo, a não ser por preços fabulosos" (822-3). Todos esses métodos

> lançaram mão do poder do Estado, da violência concentrada e organizada da sociedade, para impulsionar artificialmente o processo de transformação do modo de produção feudal em capitalista e abreviar a transição de um para o outro. A violência é a parteira de toda sociedade velha que está prenhe de uma sociedade nova. Ela mesma é uma potência econômica. (821)

Mas não podemos entender esse papel crucial do Estado como força organizadora e como promotor do sistema colonial sem reconhecer a importância tanto da dívida nacional quanto do sistema de crédito público como meios pelos quais o poder do dinheiro pode começar a controlar o poder do Estado. A fusão do poder do dinheiro com o poder estatal a partir do século XVI é assinalada pelo advento de um "moderno sistema tributário" e de um sistema internacional de crédito (826). Os "bancocratas, financistas, rentistas, corretores, *stockjobbers* [bolsistas]" etc. que povoavam esse sistema passaram a desempenhar importantes funções de poder (825). O sistema colonial permitia que "os tesouros espoliados fora da Europa diretamente mediante o saqueio, a escravização e o latrocínio" fossem levados "à metrópole", onde "se transformavam em capital", ao mesmo tempo que a dívida pública se tornava "uma das alavancas mais poderosas da acumulação primitiva" (824).

> Sistema colonial, dívidas públicas, impostos escorchantes, protecionismo, guerras comerciais etc., esses rebentos do período manufatureiro propriamente dito cresceram gigantescamente durante a infância da grande indústria. O nascimento desta última é celebrado pelo grande rapto herodiano dos inocentes. (827)

Esse "massacre" surgiu da necessidade de encontrar e mobilizar força de trabalho suficiente em áreas distantes das cidades. Marx cita John Fielden: "O que mais se requisitava eram dedos pequenos e ágeis. Logo surgiu o costume de buscar aprendizes (!) nas diferentes *workhouses* paroquiais de Londres, Birmingham e outros lugares" (827). E Marx prossegue: "Enquanto introduzia a escravidão infantil na Inglaterra, a indústria do algodão dava, ao mesmo tempo, o impulso para a transformação da economia escravista dos Estados Unidos, antes mais ou menos patriarcal, num sistema comercial de exploração", e com isso estimulava o comércio escravagista, que estava sob o domínio dos britânicos. "Liverpool teve um crescimento considerável graças ao tráfico de escravos. Esse foi seu método de acumulação primitiva" (829). Foi necessário um imenso esforço para trazer à luz as "eternas leis naturais" do modo de produção capitalista, para consumar o processo de cisão entre trabalhadores e condições de trabalho, transformando, num dos polos, os meios sociais de produção e subsistência em capital e, no polo oposto, a massa do povo em trabalhadores assalariados, em "pobres laboriosos" livres, esse produto artificial da história moderna. (829)

Se o dinheiro "vem ao mundo com manchas naturais de sangue numa de suas faces", conclui Marx, "o capital nasce escorrendo sangue e lama por todos os poros, da cabeça aos pés" (830).

Os processos de expropriação, afirma Marx no item 7, são tão longos quanto brutais e dolorosos. O feudalismo não acabou sem luta. "A partir desse momento, agitam-se no seio da sociedade forças e paixões que se sentem travadas por esse modo de produção."

[O feudalismo] tem de ser destruído, e é destruído. Sua destruição, a transformação dos meios de produção individuais e dispersos em meios de produção socialmente concentrados e, por conseguinte, a transformação da propriedade nanica de muitos em propriedade gigantesca de poucos, portanto, a expropriação que despoja grande massa da população de sua própria terra e de seus próprios meios de subsistência e instrumentos de trabalho, essa terrível e dificultosa expropriação das massas populares, tudo isso constitui a pré-história do capital. (831)

Essa pré-história "compreende uma série de métodos violentos" que levam ao "mais implacável vandalismo" (831). Mas, uma vez em movimento, os processos do desenvolvimento capitalista assumem sua própria lógica distintiva, inclusive a da centralização. "Cada capitalista liquida muitos outros. Paralelamente a essa centralização, ou à expropriação de muitos capitalistas por poucos, desenvolve-se a forma cooperativa do processo de trabalho em escala cada vez maior, a aplicação técnica consciente da ciência, a exploração planejada da terra" (832).

Isso ocorre à medida que se forma o mercado mundial e, com ele, o "caráter internacional do regime capitalista". Disso também emerge a revolta da classe trabalhadora,

que, cada vez mais numerosa, é instruída, unida e organizada pelo próprio mecanismo do processo de produção capitalista. O monopólio do capital se converte num entrave para o modo de produção que floresceu com ele e sob ele. A centralização dos meios de produção e a socialização do trabalho atingem um grau em que se tornam incompatíveis com seu invólucro capitalista. O entrave é arrebentado. Soa a hora derradeira da propriedade privada capitalista. Os expropriadores são expropriados. (832)

288 / Para entender *O capital* I

Há, no fim das contas, uma enorme diferença entre "a expropriação da grande massa da população" por uns poucos usurpadores e a expropriação de uns poucos usurpadores pela grande massa da população.

Esse chamado às barricadas da revolução é a retórica do *Manifesto Comunista*, que retorna para influenciar o conteúdo político d'*O capital*. Trata-se de uma afirmação política e polêmica, que certamente havia de proporcionar a uma obra impressionante como esta, de tão profunda análise, animada por um espírito tão revolucionário, um capítulo culminante.

Isso nos leva ao último capítulo [capítulo 25], um capítulo curioso, que contraria a retórica messiânica do capítulo precedente e oferece uma série de reflexões sobre a teoria da colonização. Além disso, ele trata não da experiência colonial real e dos prognósticos das lutas revolucionárias anticoloniais (a expropriação dos senhores coloniais pela massa do povo colonizado), mas das teorias da colonização elaboradas por um homem chamado Wakefield, que nunca figurou entre os grandes economistas políticos de todos os tempos e escreveu seu livro sobre colonização enquanto cumpria pena na prisão de Newgate por tentar seduzir a filha de uma família rica. Na prisão, Wakefield achou-se em companhia de prisioneiros prestes a ser enviados para a Austrália, e isso, é claro, levou-o a pensar sobre o papel da Austrália no esquema geral das coisas. Ele sabia pouco do que estava acontecendo na Austrália, mas viu algo que Marx considerou de grande importância, porque significava uma refutação esmagadora de Adam Smith. Wakefield reconheceu simplesmente que podemos levar para a Austrália todo o capital existente no mundo (dinheiro, instrumentos de trabalho, materiais de todos os tipos); no entanto, se não conseguirmos encontrar trabalhadores "livres" (no duplo sentido da palavra!) para trabalhar para nós, não podemos ser capitalistas.

Em suma, Wakefield "descobriu que o capital não é uma coisa, mas uma relação social entre pessoas, intermediada por coisas" (836). Era difícil encontrar trabalhadores na Austrália; na época, eles tinham acesso fácil à terra e podiam se sustentar como produtores independentes. O único meio de assegurar a oferta de trabalho, e assim preservar as perspectivas do capitalismo, era o Estado intervir e pôr um preço de reserva na terra. Esse preço de reserva tinha de ser suficientemente alto para assegurar que todos que fossem para a Austrália tivessem de trabalhar como assalariados até poupar capital suficiente para ter acesso à terra. Wakefield considerava que o sistema agrário nos Estados Unidos (o Homestead Act) era aberto e livre demais, e isso aumentava muito o preço do trabalho (o que, como vimos anteriormente, levou à rápida adoção de inovações que poupavam trabalho). Como Wakefield predisse corretamente, os Estados Unidos teriam de recorrer às táticas brutais da pré-história do capitalismo se quisessem que o sistema continuasse vivo no país. A luta entre o "trabalho livre" na fronteira e o controle crescente da política agrária

11. O segredo da acumulação primitiva / 289

por interesses privados (em particular as ferrovias), assim como a retenção das populações imigrantes como trabalhadores assalariados nas cidades, eram aspectos vitais da acumulação.

"O que nos interessa", escreve Marx,

> é apenas o segredo que a economia política do Velho Mundo descobre no Novo Mundo e proclama bem alto, a saber, o de que o modo capitalista de produção e acumulação – e, portanto, a propriedade privada capitalista – exige o aniquilamento da propriedade privada fundada no trabalho próprio, isto é, a expropriação do trabalhador. (844)

> O governo deve conferir à terra virgem, por decreto, um preço artificial, independente da lei da oferta e da demanda, que obrigue o imigrante a trabalhar como assalariado por um período maior, antes que possa ganhar dinheiro suficiente para comprar sua terra e transformar-se num camponês independente. (842)

Esse, diz Marx, é o "grande segredo" dos planos de Wakefield para a colonização, mas é também o grande segredo da acumulação primitiva. Esses planos tiveram uma influência considerável no Parlamento britânico e afetaram a política agrária. "É altamente característico que o governo inglês tenha aplicado durante muitos anos esse método de 'acumulação primitiva', expressamente prescrito pelo sr. Wakefield para seu uso em países coloniais" (843).

Marx usa essa teoria colonial para refutar a teoria smithiana da acumulação original ou primitiva. Mas há algo mais em jogo aqui, algo que pode ser de profunda relevância para o argumento e a estrutura d'*O capital* como livro. No prefácio da segunda edição, Marx menciona sua relação com Hegel e diz: "Critiquei o lado mistificador da dialética hegeliana há quase trinta anos" (91). É quase certo que ele se refira à sua longa *Crítica da filosofia do direito de Hegel*. Nela, ele parte do parágrafo 250 da exposição de Hegel. Mas o conteúdo dos parágrafos precedentes é surpreendente. Sem qualquer advertência ou teorização prévia, Hegel inicia uma discussão das contradições internas do capitalismo. Ele observa a "dependência e a agonia da classe ligada" a um certo tipo de trabalho, processos que levam ao empobrecimento generalizado e à criação de uma turba de miseráveis, ao mesmo tempo que "produz, do outro lado da escala social, condições que facilitam imensamente a concentração desproporcional de riqueza em poucas mãos". A linguagem é muito similar à do capítulo 23 d'*O capital*, em que Marx fala da acumulação de riqueza num polo e da miséria, da faina e da degradação no outro polo, ocupado pela classe trabalhadora. "Por isso, torna-se evidente", observa Hegel, "que, apesar de um excesso de riqueza, a sociedade civil não é rica o suficiente [...] para evitar a pobreza excessiva e a criação de uma multidão de miseráveis". Diz ainda:

290 / Para entender *O capital* I

Essa dialética interna da sociedade civil a leva – ou leva de todo modo uma sociedade civil específica – a avançar para além de seus próprios limites e a buscar mercados, e com eles seus meios necessários de subsistência, em outros países, que são deficientes nos bens que ela produz em excesso ou, de modo geral, são industrialmente atrasados.

Uma "sociedade civil madura" é levada assim à atividade colonizadora, "por meio da qual ela oferece a uma parte de sua população um retorno à vida em bases familiares num novo país e garante para si mesma uma nova demanda e um novo campo para sua indústria"[2].

O que Hegel chama de "dialética interna" produz níveis cada vez maiores de desigualdade social. Além disso, como ele diz num de seus adendos, "contra a natureza o homem não pode reivindicar nenhum direito, mas, uma vez que a sociedade está estabelecida, a pobreza assume imediatamente a forma de um mal cometido por uma classe contra a outra"[3]. Essa dialética interna, fundada na luta de classes, leva as sociedades civis a buscar alívio numa "dialética externa" da atividade colonial e imperialista. Não está claro se Hegel acredita que isso resolverá o problema interno. Marx, porém, está seguro de que não. A expropriação dos expropriadores, exposta no penúltimo capítulo [capítulo 24] d'*O capital* como resultado último da dialética interna, não pode ser contraditada por práticas coloniais que apenas recriam em escala maior as relações sociais do capitalismo. Não pode haver uma solução colonial às contradições de classe internas do capitalismo e, nesse mesmo sentido, não pode haver um ajuste espacial às contradições internas. O que hoje chamamos de globalização é simplesmente, como nos lembram a todo instante, um ajuste temporário que "resolve" os problemas no aqui e agora, projetando-os para um terreno geográfico maior e mais amplo.

COMENTÁRIO

Há uma variedade de questões levantadas pela análise de Marx da acumulação primitiva que requer comentário. Para começar, é importante reconhecer e apreciar o caráter inovador e pioneiro dessa análise. Nunca ninguém havia feito isso de modo tão sistemático e ordenado. Mas, como costuma acontecer com teorias inovadoras, essa é um pouco exagerada e trata superficialmente de uma série de questões. Desde então, historiadores e historiadores econômicos realizaram uma

---

[2] G. W. F. Hegel, *Hegel's Philosophy of Right* (Oxford, Clarendon, 1957), p. 149-52.

[3] Ibidem, p. 277.

11. O segredo da acumulação primitiva / 291

enorme quantidade de pesquisas sobre a transição do feudalismo para o capitalismo. Provavelmente seria consenso que a história contada por Marx é parcialmente verdadeira em alguns pontos. Houve, de fato, vários momentos e incidentes de extrema violência nessa geografia histórica. E é inegável o papel do sistema colonial, inclusive da evolução das políticas agrárias, trabalhistas e tributárias aplicadas nas colônias. Mas também houve exemplos de acumulação primitiva que foram relativamente pacíficos. As populações eram menos forçadas a sair da terra do que atraídas pelas possibilidades de emprego e pelas perspectivas de uma vida melhor oferecidas pela urbanização e pela industrialização. A transferência voluntária para as cidades de populações inteiras, que deixavam para trás as condições precárias da vida rural em busca de altos salários, não era incomum (mesmo sem aqueles processos de expropriação da terra a que Marx se refere e dos quais há evidências históricas suficientes). A história da acumulação primitiva é, portanto, muito mais nuançada e complicada em seus detalhes do que aquela que Marx conta. E, em sua dinâmica, houve aspectos importantes que Marx ignora. Por exemplo, a dimensão de gênero é reconhecida hoje como altamente significativa, porque a acumulação primitiva acarretou muitas vezes uma perda radical de poder das mulheres, a redução delas à condição de propriedade móvel e o reforço das relações sociais patriarcais.

Marx, porém, delineou os traços gerais da revolução industrial e agrícola, dos processos de proletarização, mercantilização e monetização necessários ao surgimento do capitalismo. Sua análise estabeleceu uma linha para todas as discussões futuras e isso já é suficiente para fazer dela uma intervenção criativa. Ela nos recorda dramaticamente a violência originária e as lutas ferozes que deram à luz o capitalismo, uma violência que subsequentemente a burguesia tentou negar e esquecer, apesar de vivermos até hoje com suas marcas.

Por todo *O capital*, mas também em muitos de seus outros escritos, Marx tende a relegar os processos de acumulação primitiva à pré-história do capitalismo. Uma vez acabada essa pré-história, entra em cena a "coerção silenciosa das relações econômicas". O projeto político de Marx n'*O capital* consiste em nos alertar sobre o modo como essas coerções silenciosas operam em nós, muitas vezes sem nos darmos conta, escondidas atrás das máscaras fetichistas que nos cercam. Ele nos mostra, como afirmei anteriormente, que não há nada mais desigual do que o tratamento igual de desiguais; que a igualdade pressuposta no mercado nos ilude, fazendo-nos acreditar na igualdade entre as pessoas; que as doutrinas burguesas dos direitos de propriedade privada e da taxa de lucro fazem parecer que todos temos direitos humanos; que as ilusões da liberdade pessoal e da liberdade (e como e por que agimos com base nessas ilusões, e até lutamos por elas politicamente) nascem das liberdades do mercado e do livre-comércio.

292 / Para entender *O capital* I

Mas há, a meu ver, um problema na ideia de que a acumulação primitiva aconteceu uma vez na história e, após concluída, perdeu a importância. Em tempos recentes, diversos comentadores, inclusive eu, sugeriram que temos de atentar para a continuidade da acumulação primitiva que aconteceu durante toda a geografia histórica do capitalismo. Rosa Luxemburgo introduziu firmemente essa questão na agenda há cerca de um século. Insistiu no fato de que pensamos o capitalismo como sendo baseado em duas formas de exploração:

> Uma diz respeito ao mercado de mercadorias e ao lugar onde o mais-valor é produzido – a fábrica, a mina, o latifúndio agrícola. Vista por esse prisma, a acumulação é um processo puramente econômico, cuja fase mais importante é a transação entre o capitalista e o trabalhador assalariado. [...] Aqui, ao menos formalmente, prevalecem a paz, a propriedade e a igualdade, e a aguda dialética da análise científica [e, segundo ela, essa foi a principal realização de Marx n'*O capital*] era necessária para revelar como o direito de propriedade, no curso da acumulação, torna-se apropriação da propriedade de outrem, e como a troca de mercadoria se transforma em exploração e a igualdade, em domínio de classe.

Isso é, de fato, o que Marx revela tão brilhantemente até o capítulo 23 d'*O capital*. "O outro aspecto da acumulação do capital", diz ela,

> diz respeito às relações entre o capitalismo e os modos não capitalistas de produção, que começam a surgir no cenário internacional. Seus métodos predominantes são a política colonial, um sistema de crédito internacional – uma política de esferas de interesse – e a guerra. A força, a fraude, a opressão e o saque são praticados abertamente, sem nenhuma tentativa de disfarce, e é necessário certo esforço para descobrir, nesse emaranhado de violência política e disputas de poder, as leis inexoráveis do processo econômico.[4]

Há, sustenta ela, uma "conexão orgânica" entre esses dois sistemas de exploração e acumulação. A longa história do capitalismo está centrada nessa relação dinâmica entre, de um lado, a contínua acumulação primitiva e, de outro, a dinâmica da acumulação por meio do sistema de reprodução ampliada descrito n'*O capital*. Portanto, Marx estava errado, diz ela, em situar a acumulação primitiva num ponto antediluviano, numa pré-história do capitalismo. O capitalismo teria deixado de existir há muito tempo, se não tivesse se engajado em novos ciclos de acumulação primitiva, sobretudo por meio da violência do imperialismo.

---

[4] Rosa Luxemburgo, *The Accumulation of Capital* (Londres, Routledge, 2003), p. 432. [Ed. bras.: *A acumulação do capital*, 2. ed., São Paulo, Nova Cultural, 1985.]

11. O segredo da acumulação primitiva / 293

Intuitivamente, muitas coisas sugerem que Rosa Luxemburgo estava certa em princípio, mesmo que não concordemos com suas conclusões específicas. Para começar, os processos específicos de acumulação que Marx descreve – a expropriação das populações rurais e camponesas, a política de exploração colonial, neocolonial e imperialista, o uso dos poderes do Estado para realocar recursos para a classe capitalista, o cercamento de terras comuns, a privatização das terras e dos recursos do Estado e o sistema internacional de finança e crédito, para não falar dos débitos nacionais crescentes e da continuação da escravidão por meio do tráfico de pessoas (especialmente mulheres) – todos esses traços ainda estão entre nós e, em alguns casos, parecem não ter sido relegados ao segundo plano, mas, como o sistema de crédito, o cercamento de terras comuns e a privatização, tornaram-se ainda mais proeminentes.

A continuidade se torna ainda mais enfática quando deslocamos nosso olhar do caso "clássico" da Grã-Bretanha para a geografia histórica do capitalismo no cenário mundial. Rosa Luxemburgo cita as chamadas Guerras do Ópio contra a China como exemplo dos processos que ela tinha em mente. Um dos maiores mercados estrangeiros para os produtos britânicos era a Índia, e os indianos podiam pagar por esses produtos, em parte fornecendo matérias-primas para a Grã-Bretanha (como Marx indica n'*O capital*). Mas isso não era suficiente. Assim, o ópio indiano foi cada vez mais comercializado na China em troca da prata, que podia ser usada para pagar pelos produtos britânicos. Quando os chineses tentaram controlar o comércio exterior em geral e o comércio de ópio em particular, o Exército britânico subiu o rio Yangtzé e destruiu o Exército chinês numa curta batalha para forçar a abertura dos portos. Apenas por meios imperialistas como esses, sugeriu Rosa Luxemburgo, é que se podia assegurar a acumulação de longo prazo e a realização do capital. Segundo sua obra, a continuidade da acumulação primitiva ocorreu sobretudo na periferia, fora das regiões onde o modo de produção capitalista se tornou dominante. Práticas coloniais e imperialistas foram cruciais em tudo isso. Contudo, à medida que nos aproximamos do presente, o papel das mudanças na periferia (em particular com a descolonização) e as práticas da acumulação primitiva não apenas mudam e proliferam em suas diferentes formas, mas também se tornam mais proeminentes nas principais regiões dominadas pelo capital.

Considere, por exemplo, o caso da China contemporânea. A China passou por um processo próprio de desenvolvimento, com relações mínimas com o exterior, durante o governo de Mao. Em 1978, porém, Deng Xiaoping começou a abrir o país para o exterior e a revolucionar a economia chinesa. As reformas agrícolas não só produziram o equivalente a uma revolução agrícola na produção, como também extraíram da terra uma enorme quantidade de trabalho e produção excedentes. Não há dúvida de que algo equivalente ao que Marx descreve como acumulação primitiva ocorreu na China nos últimos trinta anos. E no grau com que a abertura

294 / Para entender *O capital* I

da China ajudou a estabilizar o capitalismo global em tempos recentes, é provável que Rosa Luxemburgo olhasse para isso e dissesse que esse novo ciclo de acumulação primitiva foi fundamental para a sobrevivência do capitalismo. Nesse caso, no entanto, os acontecimentos não foram provocados por práticas imperialistas estrangeiras, mas pelo Estado chinês e pelo Partido Comunista, que resolveu seguir uma via quase capitalista para aumentar a riqueza nacional. Isso levou à criação de um proletariado urbano amplo e mal pago, oriundo de uma população agrária, a um investimento inicialmente controlado de capital estrangeiro em certas regiões e cidades para empregar esse proletariado e ao desenvolvimento de uma rede de relações comerciais globais para comercializar e realizar o valor das mercadorias, mesmo quando o mercado interno já começava a dar grandes saltos de crescimento. É interessante notar também o papel das terras não cultivadas na China. Viu-se acontecer em Shenzhen, a partir de 1980, o mesmo que aconteceu em Manchester, que passou de um pequeno vilarejo para um sólido centro industrial em poucas décadas. O padrão de desenvolvimento em Shenzhen não é muito diferente daquele que Marx descreve, exceto que o grau de violência originário foi abrandado (alguns diriam que foi dissimulado) e o poder do Estado e do partido foi fundamental em todo esse processo. À luz desse exemplo, e do papel crucial que a China desempenhou na contínua expansão de um sistema capitalista cujo empenho era "a acumulação pela acumulação, a produção pela produção", é difícil evitar as conclusões de que (a) algo semelhante à acumulação primitiva continua vivo na dinâmica do capitalismo contemporâneo e (b) sua existência ininterrupta pode ser fundamental para a sobrevivência do capitalismo.

Mas essa proposição é válida em toda a parte. A violência da extração dos recursos naturais (sobretudo na África) e a expropriação das populações camponesas na América Latina, no Sul e no Leste da Ásia continuam a ocorrer. Tudo continua igual e, em alguns casos, até se intensificou, provocando sérios conflitos, por exemplo, em torno da expulsão de populações camponesas na Índia para abrir caminho para a criação de "zonas econômicas especiais" em terras não cultivadas, onde a indústria possa iniciar suas atividades em terreno privilegiado. O assassinato dos camponeses que resistiram às expulsões em Nandigram, em Bengala Ocidental, que visavam abrir caminho para o desenvolvimento industrial, é um exemplo tão "clássico" de acumulação primitiva quanto qualquer outro da Grã-Bretanha do século XVII. Além disso, quando Marx aponta o débito nacional e o sistema nascente de crédito como aspectos vitais na história da acumulação primitiva, ele está falando de algo que cresceu desordenadamente para agir como um sistema nervoso central e regular os fluxos de capital. As táticas predatórias de Wall Street e das instituições financeiras (operadoras de cartão de crédito) são indicadoras de uma acumulação primitiva realizada por outros meios. Assim, nenhuma das práticas predatórias identificadas por Marx desapareceu, e algumas até progrediram a graus inimagináveis então.

Nos dias atuais, no entanto, as técnicas de enriquecimento das classes dominantes e a diminuição do padrão de vida do trabalhador por algo semelhante à acumulação primitiva proliferaram e se multiplicaram. Por exemplo, a United Airlines vai à falência e consegue que o Tribunal de Falências reconheça que a empresa precisa se livrar de suas obrigações com aposentadorias para ser um negócio viável. Todos os funcionários da United Airlines são subitamente privados de suas aposentadorias e passam a depender de um fundo de previdência do Estado que paga taxas muito menores. Os funcionários aposentados da companhia aérea são enviados de volta ao proletariado. Há entrevistas com ex-funcionários da United Airlines em que eles dizem: "Estou com 67 anos e achei que estaria vivendo tranquilamente com minha aposentadoria de 80 mil dólares por ano, mas estou ganhando apenas 35 mil. Vou ter de voltar para o mercado e encontrar um emprego para sobreviver". E a grande questão, a que realmente interessa, é: para onde foi o equivalente de todo esse dinheiro? Talvez não seja coincidência que, no momento em que muitos trabalhadores eram privados de suas pensões, planos de saúde e outros direitos de bem-estar em todo o território dos Estados Unidos, a remuneração de executivos de Wall Street e diretores executivos atingia níveis estratosféricos.

Considere, ainda como exemplo, a onda de privatizações que varreu o mundo capitalista a partir dos anos 1970. A privatização da água, da educação e da saúde em muitos países que os forneciam como bens e serviços públicos alterou dramaticamente o funcionamento do capitalismo (criando todo tipo de mercado, por exemplo). A privatização de empresas estatais (quase sempre por preços que permitiam aos capitalistas conseguir lucros imensos em muito pouco tempo) também acabou com o controle público sobre o crescimento e as decisões de investimento. Essa é, de fato, uma forma particular de cercamento dos bens comuns, orquestrada em muitos casos pelo Estado (como no ciclo originário da acumulação primitiva). O resultado foi um confisco dos recursos e dos direitos das pessoas comuns. E, ao mesmo tempo que houve confisco, houve essa imensa concentração de riqueza no outro extremo da escala.

Em meus livros *O novo imperialismo** e *O neoliberalismo: história e implicação*, afirmei que, hoje, o poder de classe consolida-se cada vez mais por meio de processos desse tipo. Como parece ser um pouco estranho chamá-los de primitivos ou originais, prefiro chamar esses processos de acumulação de desapossamento. Argumentei que, embora boa parte desse processo tenha ocorrido nos anos 1950 e 1960,

---

* 6. ed., São Paulo, Loyola, 2012. (N. T.)

296 / Para entender *O capital* I

em particular por meio das táticas do colonialismo e do imperialismo e na busca predatória de recursos naturais, não havia uma grande acumulação por desapossamento nas principais regiões do capitalismo, sobretudo naquelas onde existiam sólidos aparatos social-democratas. A partir de meados da década de 1970, o neoliberalismo mudou isso. A acumulação por desapossamento se interiorizou cada vez mais nas principais regiões do capitalismo, ainda que tenha se ampliado e aprofundado em todo o sistema global. Não deveríamos ver a acumulação primitiva (como poderíamos considerar razoavelmente que é o caso na China) ou a acumulação por desapossamento (como ocorreu com a onda de privatizações nas principais regiões do capitalismo) como algo que diz respeito apenas à pré-história do capitalismo. Ela continua e, nos últimos tempos, foi revivida como um elemento cada vez mais importante no modo como o capitalismo opera para consolidar o poder de classe. E ela pode abarcar tudo – desde o confisco do direito de acesso à terra e à subsistência até a privação de direitos (aposentadoria, educação e saúde, por exemplo) duramente conquistados no passado por movimentos da classe trabalhadora em lutas de classe ferozes. Chico Mendes, o líder dos seringueiros na Amazônia, foi assassinado por defender um modo de vida contra os criadores de gado, os produtores de soja e os madeireiros que pretendiam capitalizar a terra. Os camponeses de Nandigram foram mortos por resistir à expulsão da terra contra o desenvolvimento capitalista. O Movimento dos Trabalhadores Rurais Sem Terra (MST) no Brasil e os zapatistas lutaram em defesa de seu direito à autonomia e à autodeterminação em ambientes ricos em recursos, que são cobiçados ou dominados pelo capital. E então imagine como os novos fundos de *private equity* tomam as empresas públicas nos Estados Unidos, apropriam-se de seus ativos e demitem o máximo possível de funcionários, antes de levar essas empresas reestruturadas para o mercado e vendê-las por um lucro altíssimo (operação que rende ao diretor executivo do fundo de *private equity* um bônus astronômico).

Há inúmeros exemplos de luta contra todas essas formas de acumulação e desapossamento. Luta contra a biopirataria e a tentativa de patentear material e códigos genéticos; luta contra o uso da desapropriação compulsória para abrir espaço para empreendedores capitalistas; luta contra a gentrificação [*gentrification*] e a produção de sem-teto em Nova York e Londres; o modo predatório como o sistema de crédito expulsa os agricultores familiares de suas terras a fim de abrir caminho para o agronegócio nos Estados Unidos... A lista não tem fim. A acumulação por desapossamento continua a ocorrer por intermédio de uma variedade de práticas que, ao menos superficialmente, não tem nenhuma relação direta com a exploração do trabalho vivo para a produção de mais-valor, tal como aquela que Marx descreve n'*O capital*.

Há, no entanto, aspectos comuns, assim como complementares, entre os dois processos, como sugere Rosa Luxemburgo – corretamente, a meu ver – ao apontar a "relação orgânica" entre eles. A extração de mais-valor é, afinal de contas, uma forma específica de acumulação por desapossamento, porque é simplesmente a alienação, a apropriação e o desapossamento da capacidade do trabalhador de produzir valor no processo de trabalho. Além do mais, para que essa forma de acumulação continue a crescer, é preciso encontrar maneiras de mobilizar populações latentes como trabalhadores e liberar mais terras e mais recursos como meios de produção para o desenvolvimento capitalista. Assim como no caso da Índia e da China, por exemplo, a criação de "zonas econômicas especiais" por meio da expulsão de camponeses de suas próprias terras é pré-requisito para a continuidade do desenvolvimento capitalista, do mesmo modo como a limpeza das assim chamadas favelas é necessária para que o capital em desenvolvimento expanda suas operações urbanas. Essa tomada de terras pelo Estado mediante desapropriação ou outro meio legal tornou-se um fenômeno disseminado nos tempos recentes. Em Seul, nos anos 1990, investidores e construtores estavam desesperados por terrenos urbanos e forçaram o desapossamento de populações que haviam imigrado para a cidade nos anos 1950 e construído suas casas em terrenos dos quais não possuíam o título de propriedade. As construtoras contrataram gangues de valentões para ir a essas regiões da cidade e destruir a marretadas as casas dessas pessoas, assim como todos os seus bens. Na década de 1990, podíamos andar por bairros de Seul totalmente devastados, pontilhados de ilhas de intensa resistência popular.

Embora tenda a considerar que a reprodução ampliada é *o* mecanismo por meio do qual o mais-valor é acumulado e produzido, Marx não deixa de notar as condições necessárias do desapossamento, que também redistribui recursos diretamente para a classe capitalista. Assim como Rosa Luxemburgo, penso que a acumulação por meio do desapossamento não pode ser ignorada, o confisco do direito à aposentadoria, às terras comuns e à seguridade social (um ativo que pertence a toda a população dos Estados Unidos), a crescente mercantilização da educação, para não falar das expulsões das terras e da destruição do meio ambiente, são fatores importantes para o modo como entendemos a dinâmica agregada do capitalismo. Além disso, a conversão em mercadoria de um ativo de propriedade comum como a educação, a conversão das universidades em instituições empresariais neoliberais (com enormes consequências para o que se ensina nelas e o modo como se ensina), tem importantes consequências ideológicas e políticas e é ao mesmo tempo o sinal e o símbolo de uma dinâmica capitalista que não poupa nada em sua luta para expandir a esfera da produção e extração do lucro.

Na história da acumulação primitiva descrita por Marx, houve todo tipo de luta contra as expulsões e as expropriações forçadas. Movimentos generalizados na Grã-Bretanha – os *levellers* e os *diggers*, por exemplo – resistiram violentamente. Não seria exagero dizer que, nos séculos XVII e XVIII, as principais formas de luta

298 / Para entender *O capital* I

de classe não foram contra a exploração do trabalho, mas contra o desapossamento. Em muitas partes do mundo, poderíamos dizer o mesmo hoje. Isso nos leva a pensar qual forma de luta de classe constitui ou constituirá o cerne de um movimento revolucionário contra o capitalismo num dado lugar e num dado momento. Como desde a década de 1970 o capitalismo global não tem conseguido gerar crescimento, a consolidação do poder de classe teve de apelar com muito mais força para a acumulação por desapossamento. Foi provavelmente isso que encheu os cofres das classes altas a ponto de fazê-los transbordar. O renascimento dos mecanismos de acumulação por desapossamento foi particularmente visível no papel cada vez maior do sistema de crédito e das apropriações financeiras, em cuja última onda milhões de norte-americanos perderam suas casas por execução hipotecária. Grande parte dessa perda de recursos aconteceu nos bairros mais pobres e teve implicações particularmente sérias para as mulheres e as populações afro-americanas em cidades mais antigas, como Cleveland e Baltimore. Enquanto isso, os banqueiros de Wall Street – que nos anos prósperos ficaram imensamente ricos com o negócio – ganham bônus enormes mesmo quando perdem o emprego por causa das dificuldades financeiras. O impacto redistributivo da perda dos investimentos em imóveis de milhões de pessoas e os enormes ganhos em Wall Street aparecem como um caso contemporâneo de forte predação e roubo legalizado típico da acumulação por desapossamento.

Entendo que lutas políticas contra a acumulação por desapossamento são tão importantes quanto os movimentos proletários mais tradicionais. Mas esses movimentos tradicionais e os partidos políticos associados a eles tendem a prestar pouca atenção às lutas em torno do desapossamento e a vê-las muitas vezes como secundárias e de conteúdo não propriamente proletário, porque seu foco é o consumo, o meio ambiente, o valor dos ativos e coisas do gênero. Os participantes do Fórum Social Mundial, por outro lado, estão muito mais preocupados em resistir à acumulação por desapossamento e não é raro que assumam posições antagônicas às políticas classistas dos movimentos operários, afirmando que esses movimentos não levam a sério as preocupações dos participantes do Fórum Social Mundial. No Brasil, por exemplo, o MST, que é uma organização que se preocupa sobretudo com a acumulação por desapossamento, mantém uma relação relativamente tensa com o Partido dos Trabalhadores (PT), que tem uma base urbana e uma ideologia mais trabalhista e é liderado por Lula. Portanto, alianças mais sólidas entre eles são uma questão digna de consideração, tanto prática quanto teoricamente. Se Rosa Luxemburgo estiver certa, como acredito que está, quando diz que há uma relação orgânica entre essas duas formas de acumulação, então devemos nos preparar para ver uma relação orgânica entre as duas formas de resistência. Uma força de oposição formada por "desapossados", seja desapossados no processo de trabalho, seja desapossados dos meios de subsistência, recursos ou direitos, requer uma revisão das políticas coletivas em linhas absolutamente diferentes. Penso que Marx estava errado em confinar essas formas de luta numa pré-história do capitalismo. Gramsci certamente entendeu a importância de construir alianças de classe entre esses dois terrenos distintos, como o fez Mao. A ideia de que as políticas da acumulação primitiva – e, por extensão, da acumulação por desapossamento – pertencem exclusivamente à pré-história do capitalismo é errada. Mas isso, é claro, você terá de decidir por conta própria.

Reflexões e prognósticos

Quando você chegar ao fim do Livro I d'*O capital*, uma boa ideia é retornar ao início e ler o primeiro capítulo de novo. É quase certo que você o lerá com outros olhos e achará muito mais fácil entender o texto. Quando fiz isso pela primeira vez, achei o texto muito mais interessante e até divertido de ler. Sem a tensão causada pela dúvida de conseguir ou não chegar ao fim do volume, relaxei e comecei a gostar realmente daquilo que Bertell Ollman chama de "dança da dialética" e de todas as nuances (inclusive as notas de rodapé, os adendos e as referências literárias) que eu havia deixado passar na primeira leitura. Voltar a correr os olhos esquematicamente pelo texto também pode ser útil. Isso ajuda a consolidar a compreensão de alguns temas. Em minhas aulas, eu costumava pegar um conceito básico e pedir aos estudantes que comentassem como ele era trabalhado na fábrica do livro. "Quantas vezes você encontrou o conceito de fetichismo?", eu perguntava. Mercadorias e dinheiro são conceitos óbvios. Mas por que os capitalistas fetichizam a maquinaria e por que todos aqueles poderes inerentes ao trabalho (cooperação, divisão do trabalho, capacidades e poderes mentais) aparecem tão frequentemente como poderes do capital? (E a palavra "aparece" significa necessariamente um momento fetichista?) Há uma série de temas que podem ser explorados, como alienação (nesse caso, tente começar do fim, com a acumulação primitiva, e trabalhe o texto de trás para frente!), relações entre processo e coisa, interseções (confusões?) entre lógica e história etc.

Aqui, no entanto, quero considerar alguns dos argumentos que Marx apresenta nos outros volumes e em outros escritos, estendendo as implicações lógicas do quadro apresentado no Livro I. Penso que é apropriado fazer isso, porque, como indiquei inicialmente, Marx pretendia que grande parte da argumentação do Livro I estabelecesse uma base teórica e conceitual capaz de levá-lo adiante, para um terreno mais amplo. A invocação ocasional das contradições onipresentes do capitalis-

302 / Para entender *O capital* I

mo e das possibilidades de crise que elas prenunciam indica para onde ia Marx. A partir daí, podemos ter uma noção do que é uma política da classe capitalista e de quais serão os principais terrenos da luta política.

O Livro I d'*O capital* analisa um processo de circulação do capital com a seguinte estrutura:

$$D-M \ldots \ldots \begin{array}{c} FT \\ PT \\ MP \end{array} \ldots \ldots M-D + \Delta D$$

O ponto de partida é o dinheiro. Com ele, o capitalista vai ao mercado e compra dois tipos de mercadorias: força de trabalho (capital variável) e meios de produção (capital constante). Ao mesmo tempo, ele seleciona uma forma de organização e uma tecnologia e combina a força de trabalho e os meios de produção num processo de trabalho que produz uma mercadoria, que então é vendida no mercado pelo dinheiro original acrescido de um lucro (mais-valor). Impelidos pelas leis coercitivas da concorrência, os capitalistas parecem (e uso essa palavra no sentido de Marx) forçados a usar parte do mais-valor para criar ainda mais mais-valor. A acumulação pela acumulação e a produção pela produção tornam-se a missão histórica da burguesia: a produção de taxas ilimitadas de crescimento, a menos que o capital encontre limites ou barreiras insuperáveis. Quando isso acontece, o capital se depara com uma crise de acumulação (definida simplesmente como falta de crescimento). A geografia histórica do capitalismo é cheia de crises desse tipo, ora locais, ora sistêmicas (como em 1848, 1929 e 2008). O fato de o capitalismo ter sobrevivido até hoje sugere que, de alguma forma, a fluidez e a flexibilidade da acumulação do capital – traços que Marx não se cansa de enfatizar – permitiram que os limites fossem superados e as barreiras contornadas.

Uma análise detalhada do fluxo do capital nos permite identificar alguns pontos potenciais de bloqueio que podem ser fonte de sérias crises e rupturas. Vejamos esses pontos um a um.

1) DE ONDE VEM O DINHEIRO INICIAL?

Essa é a questão fundamental que a análise de Marx da acumulação primitiva procura responder. A acumulação primitiva é mencionada em diversos pontos da obra, como no capítulo 24, que trata diretamente das origens. Mas quanto mais quantidades de mais-valor criado ontem são convertidas em capital novo, mais o dinheiro investido hoje vem do excedente de amanhã. Isso não exclui, no entanto, a possibilidade de incrementos adicionais de dinheiro extraídos da continuação da acumulação primitiva, ou o que eu preferiria chamar, em seu contexto moderno, de "acumulação por desapossamento". Se apenas a acumulação de ontem fosse capitalizada na expansão de hoje, com o tempo certamente teríamos uma concentração cada vez maior de capital monetário em mãos individuais. Contudo, como afirma Marx, há métodos de centralização, concretizados sobretudo com a ajuda do sistema de crédito, que permitem que grandes quantidades de poder monetário sejam reunidas com muita rapidez. No caso de empresas de capital aberto e outras formas de organizações empresariais, enormes quantidades de poder monetário são reunidas sob o controle de uns poucos diretores e gerentes. Há muito tempo aquisições e fusões são um grande negócio, e atividades desse tipo podem provocar novos ciclos de acumulação e desapossamento (vendas de ativos de firmas e demissão de trabalhadores, como faz o movimento de fundos de *private equity*). Além disso, há vários truques que permitem ao grande capital excluir o pequeno (a regulação estatal é usada com frequência como um auxílio, como predisse Marx). O desapossamento de pequenos operadores (lojas de bairro ou fazendas de família) para dar lugar a grandes empresas (redes de supermercados e agronegócio), frequentemente com a ajuda de mecanismos de crédito, é uma prática antiga. Assim, a questão da organização, da configuração e da massa de capital monetário disponível para investimento jamais nos abandonou. Ela ganha importância diante das "barreiras de entrada" – a escala de certas atividades, como a construção de uma siderúrgica ou de uma ferrovia ou a fundação de uma companhia aérea, requer um imenso gasto inicial de capital monetário antes que a produção comece de fato. Apenas em tempos relativamente recentes, por exemplo, foi possível que consórcios privados de capitais associados, e não mais o Estado, empreendessem grandes projetos de infraestrutura, como o túnel do Canal da Mancha, que liga a Grã-Bretanha à Europa continental. Como observa Marx no capítulo sobre a maquinaria, tais projetos de infraestrutura tornam-se mais necessários à medida que o modo de produção capitalista se desenvolve. Processos de centralização e descentralização do capital definem um terreno de luta entre diferentes facções do capital, assim como entre o capital e o Estado (em torno de questões de poder monopolista, por exemplo). A centralização maciça de dinheiro tem todo tipo de consequência para a dinâmica da luta de classes, bem como para a trajetória do desenvolvimento capitalista. Entre outras coisas, ela dá a muitos elementos da classe capitalista privilegiada (ela mesma consolidada com a centralização) a capacidade de esperar, porque o poder monetário dá a eles um controle sobre o tempo que frequentemente é negado aos pequenos produtores e aos trabalhadores assalariados. Mas o elemento contraditório reside no fato de que o poder monopolista crescente diminui o poder das leis coercitivas da concorrência de regular a atividade econômica (em particular a inovação), e isso pode levar à estagnação.

2) DE ONDE VEM A FORÇA DE TRABALHO?

Marx dá muita atenção a esse ponto no Livro I. A acumulação primitiva lança a força de trabalho no mercado como uma mercadoria, mas, em seguida, o trabalho extra requerido para expandir a produção com uma dada tecnologia vem ou da absorção da reserva flutuante gerada por ciclos anteriores de mudança tecnológica que dispensa trabalho ou da mobilização de elementos latentes e *in extremis* [em condições extremas] no interior da reserva estagnada. Marx menciona diversas vezes a capacidade de mobilizar trabalhadores agrícolas ou camponeses, além de mulheres e crianças anteriormente excluídas, e incorporá-los à força de trabalho como elementos cruciais para a perpetuação da acumulação do capital. Para que isso ocorra, é preciso haver um processo contínuo de proletarização, o que significa contínua acumulação primitiva por um meio ou outro ao longo da geografia histórica do capitalismo. Mas as reservas de trabalho também podem ser produzidas pelo desemprego induzido pela tecnologia. A acumulação perpétua requer, como mostra Marx, um excedente constante de força de trabalho. Esse exército industrial de reserva é posicionado mais ou menos como uma onda de proa diante do processo de acumulação. É preciso ter sempre à disposição força de trabalho acessível e em quantidade suficiente. E ela tem de ser não apenas acessível, mas também disciplinada e dotada de certas qualidades (isto é, qualificada e flexível, quando necessário).

Se, por alguma razão, essas condições não são satisfeitas, o capital se defronta com uma séria barreira à acumulação contínua. Ou o preço do trabalho sobe, porque isso não interfere na dinâmica da acumulação, ou tanto o apetite quanto a capacidade de acumulação contínua enfraquecem. Sérias barreiras à oferta de trabalho, derivadas da absoluta escassez de trabalho ou do surgimento de poderosas organizações trabalhistas (sindicatos e partidos políticos de esquerda), podem gerar crises de acumulação do capital. Uma resposta óbvia a essas barreiras é o capital entrar em greve, recusando-se a reinvestir. Isso produz uma crise deliberada de acumulação, que visa produzir desemprego suficiente para disciplinar a força de trabalho. Essa solução, no entanto, é dispendiosa para o capital, assim como para o trabalho. Os capitalistas prefeririam, obviamente, um caminho alternativo, que nos conduz à política do problema. Se o trabalho for muito bem organizado e muito poderoso, a classe capitalista tentará comandar o aparato estatal por um golpe de Estado, como o que matou Allende e a alternativa socialista no Chile em 1973, ou por meios políticos, como nos Estados Unidos e na Grã-Bretanha, para fazer o que Pinochet, Reagan e Thatcher fizeram, isto é, esmagar a organização do trabalho e acabar com os partidos políticos de esquerda. Essa é uma forma de transpor a barreira. Outra é tornar o capital mais móvel, de modo que possa se deslocar para onde exista um proletariado disponível ou uma população que possa ser facilmente proletarizada, como no México ou na China nos últimos trinta anos. Políticas de imigração ou mesmo estratégias de imigração organizadas pelo Estado (como fizeram muitos países europeus no fim dos anos 1960) constituem uma terceira alternativa. Uma das consequências desse tipo de superação das barreiras à oferta de trabalho é forçar o trabalho organizado (e, mais em geral, segmentos da esfera pública) a se opor à exportação de postos de trabalho e às políticas de imigração, culminando em movimentos anti-imigrantes entre as classes trabalhadoras.

Os aspectos contraditórios das políticas de oferta de trabalho surgem em torno de questões relativas não apenas ao valor da força de trabalho (fixado pelas condições da oferta de bens de subsistência para satisfazer a reprodução da força de trabalho em dado padrão de vida, ele mesmo sujeito a definição de acordo com a situação da luta de classes), mas também à saúde, às habilidades e ao treinamento da força de trabalho. Os interesses de classe dos capitalistas (opostos aos interesses dos capitalistas individuais, que costumam praticar a política do "*après moi le déluge!*") podem se mobilizar tanto para subsidiar uma oferta de bens de subsistência mais baratos, e assim manter baixo o valor da força de trabalho, quanto para investir na melhoria da qualidade da oferta de trabalho; nesse último caso, os interesses militares do Estado podem desempenhar um importante papel de apoio. Assim, as políticas de oferta de trabalho apresentam todo tipo de ramificação, e foram um foco central de lutas durante o desenvolvimento histórico e geográfico do capitalismo.

Alguns marxistas extraíram disso uma teoria própria da formação de crises. A chamada teoria da compressão do lucro [*profit-squeeze*] concentra-se no problema sempre presente das relações de trabalho e da luta de classes, tanto no processo quanto no mercado de trabalho. Quando essas relações criam um obstáculo à continuidade da acumulação do capital, temos uma crise, a menos que encontremos um modo (ou, mais provavelmente, uma mistura de modos) de fazer o capital contornar o obstáculo.

Alguns analistas, como Andrew Glyn (veja sua impressionante análise, escrita com Bob Sutcliffe, em *British Capitalism, Workers and the Profits Squeeze*[1]), interpretam o que ocorreu no fim dos anos 1960 e início dos anos 1970 (em especial na Europa e na América do Norte) como um excelente exemplo prático da teoria da compressão do lucro. É verdade que o gerenciamento de recursos do trabalho e a política de organização e oferta de trabalho dominaram a política nesse período. Também é verdade que a sobrevivência do capitalismo dependeu da transposição ou do contorno constante desse potencial obstáculo à acumulação. No momento em que escrevo (2008),

---

[1] Andrew Glyn e Bob Sutcliffe, *British Capitalism, Workers and the Profits Squeeze* [Capitalismo britânico, trabalhadores e compreensão de lucro] (Harmondsworth, Penguin, 1972).

306 / Para entender *O capital* I

porém, há poucos sinais de uma situação de compressão do lucro, já que existem reservas de trabalho por toda a parte e o ataque político contra os movimentos da classe trabalhadora reduziu a níveis muito modestos a resistência operária em quase todo o mundo. É difícil interpretar a crise de 2008 em termos de compressão do lucro, salvo por contorcionismos teóricos (e há algumas versões dessa teoria, como a de Itoh, que fazem isso).

3) ACESSO AOS MEIOS DE PRODUÇÃO

Quando os capitalistas vão ao mercado, precisam encontrar ali meios extras de produção (elementos extras de capital constante) para satisfazer sua necessidade de reinvestimento de parte do excedente na expansão da produção. Há dois tipos de meios de produção: os produtos intermediários (já conformados pelo trabalho humano), que são consumidos no processo de produção (por meio daquilo que Marx chama de "consumo produtivo", como a energia e o tecido consumidos na confecção de um casaco), e a maquinaria e o equipamento de capital fixo, inclusive prédios e infraestrutura física, como sistemas de transporte, canais, portos e tudo aquilo que é necessário para o bom andamento da produção. A categoria de meios de produção (capital constante) é evidentemente muito ampla e complicada. Do mesmo modo, a falta desses investimentos e condições materiais é um obstáculo potencialmente sério à acumulação sustentada do capital. A indústria automobilística não pode se expandir sem uma quantidade maior de aço. É por essa razão que Marx observa que as inovações tecnológicas, introduzidas numa parte daquilo que hoje chamamos de "cadeia de mercadorias", tornam necessária a inovação em outro lugar para facilitar a expansão geral da produção. Inovações na indústria algodoeira exigiam inovações na produção do algodão (descaroçadores), nos transportes, nas comunicações, nas técnicas químicas e industriais de tingimento etc.

Podemos deduzir disso a possibilidade das chamadas "crises de desproporcionalidade" no interior da complicada estrutura de entrada e saída que compõe a totalidade do modo de produção capitalista. No fim do Livro II, Marx faz um estudo detalhado de como podem se formar tais crises numa economia dividida em dois grandes departamentos: o das indústrias que produzem os meios de produção e o das indústrias que produzem as mercadorias necessárias à subsistência dos trabalhadores (mais tarde, ele complicou o modelo, incluindo os bens de luxo). O que ele mostrou (e estudos matemáticos mais sofisticados de economistas como Morishima confirmariam esse ponto) foi que o equilíbrio nunca era automático, porque a tendência do capital é fluir para onde a taxa de lucro é maior, e desproporcionalidades em excesso podiam abalar seriamente a reprodução do capitalismo. Em nossos tempos, vemos também o óbvio impacto que a escassez e o aumento do preço da energia provocam na dinâmica capitalista. Barreiras desse tipo são uma fonte constante de preocupação no sistema capitalista, e a necessidade igualmente constante de superar ou contornar esses obstáculos costuma ser a prioridade da atividade política (subsídios e planejamento estatal – sobretudo de infraestrutura física –, atividade de pesquisa e desenvolvimento, integração vertical mediante fusões etc.).

4) ESGOTAMENTO DOS RECURSOS NATURAIS

Por trás disso, porém, esconde-se uma problemática mais profunda, que Marx também menciona diversas vezes no Livro I. Ela diz respeito à nossa relação metabólica com a natureza. O capitalismo, como qualquer outro modo de produção, conta com a beneficência de uma natureza generosa, e, como Marx observa, a destruição e a degradação da terra faz tão pouco sentido no longo prazo quanto a destruição das forças coletivas de trabalho, pois ambas estão na base da produção de toda riqueza. Mas os capitalistas individuais, trabalhando por seus próprios interesses de curto prazo e impelidos pelas leis coercitivas da concorrência, são constantemente tentados a assumir a posição do *après moi le déluge!*" com relação tanto ao trabalhador quanto ao solo. Mesmo quando isso não acontece, o curso da acumulação perpétua exerce uma enorme pressão sobre a expansão da oferta dos assim chamados recursos naturais, ao mesmo tempo que o aumento inevitável da quantidade de dejetos testa a capacidade dos sistemas ecológicos de absorvê-los sem envenenar o ambiente. É provável que, aqui também, o capitalismo encontre obstáculos que se tornarão cada vez mais difíceis de contornar. O capitalismo, observa Marx, "adquire uma elasticidade, uma súbita capacidade de se expandir por saltos que só encontra limites na matéria-prima e no mercado onde escoa seus próprios produtos" (522).

Há, no entanto, vários modos de enfrentar, às vezes superar e muito frequentemente contornar esses obstáculos da natureza. Os recursos naturais integram um contexto tecnológico, social e cultural, de modo que toda escassez na natureza pode ser mitigada por mudanças tecnológicas, sociais e culturais. A relação dialética com a natureza que é estabelecida na nota do início do capítulo 13 ("Maquinaria e grande indústria") indica uma série de transformações possíveis, inclusive a produção da própria natureza. A geografia histórica do capitalismo foi marcada por uma incrível fluidez e flexibilidade com relação a isso, de modo que seria falso dizer que há limites absolutos em nossa relação metabólica com a natureza que não podem ser superados ou contornados de alguma forma. Mas isso não significa que esses obstáculos não sejam sérios às vezes e que possamos superá-los sem provocar

308 / Para entender *O capital* I

crises ambientais. Grande parte da política capitalista, sobretudo em nossos dias, procura assegurar que aquilo que Marx chama de dádivas da natureza esteja facilmente disponível ao capital e garantido para uso futuro. As tensões em torno dessas questões que explodem no interior da política capitalista podem ser bastante agudas. De um lado, a manutenção de um fluxo cada vez maior de petróleo barato foi essencial para a posição geopolítica dos Estados Unidos nos últimos cinquenta ou sessenta anos. Assegurar que as reservas mundiais de petróleo estejam acessíveis à exploração levou os Estados Unidos a entrar no conflito no Oriente Médio e em outros lugares, e a política energética, apenas para citar outro exemplo de estreita relação com a natureza, surge muitas vezes como uma questão predominante no interior do aparato estatal. De outro lado, a política do petróleo barato criou problemas de empobrecimento excessivo, além do aquecimento global e de uma série de outros problemas relacionados à qualidade do ar (nível de ozônio, fumaça, partículas sólidas na atmosfera etc.) que representam riscos cada vez maiores para as populações humanas. A degradação do uso do solo em razão do enorme consumo de energia das grandes aglomerações humanas tornou-se um problema na outra ponta da extração constante de recursos naturais para sustentar todos os aspectos do crescimento da indústria automobilística.

Alguns marxistas (liderados por Jim O'Connor, fundador da revista *Capitalism Nature Socialism*) referem-se a essas barreiras impostas pela natureza como "a segunda contradição do capitalismo" (a primeira é, obviamente, a relação capital-trabalho). Mesmo em nossa época, é verdade que essa segunda contradição atrai tanta atenção política quanto a questão do trabalho, se não mais, e há certamente uma grande preocupação e uma ansiedade política geradas pela ideia de uma crise na relação com a natureza, encarada não só como uma fonte sustentável de terra e matérias-primas para o avanço do desenvolvimento capitalista (urbano), mas também como um depósito de lixo.

Na obra de O'Connor, essa segunda contradição do capitalismo tomou o lugar da primeira, após as derrotas dos movimentos trabalhistas e socialistas dos anos 1970, como ponta de lança da agitação anticapitalista. Deixo a você a tarefa de avaliar até que ponto esse tipo de política deve ser perseguido. O que é certo, porém, é que a barreira na relação com a natureza não deve ser menosprezada ou desprezada, dado o arcabouço teórico construído por Marx no Livro I d'*O capital*. E hoje está claro que os obstáculos na natureza são cada vez maiores e que pode acontecer uma crise em nossa relação com a natureza que exigirá grandes adaptações (como o desenvolvimento de novas tecnologias ambientais e a expansão de indústrias para a produção desses bens) para que esses obstáculos sejam contornados com sucesso, ao menos por algum tempo, no contexto da acumulação ilimitada do capital.

5) A QUESTÃO DA TECNOLOGIA

As relações entre capital e trabalho, assim como aquelas entre capital e natureza, são mediadas pela escolha de formas de organização e tecnologia (hardware e software). A meu ver, Marx está em plena forma no Livro I, quando teoriza de onde vêm os impulsos para a mudança organizacional e tecnológica e por que inevitavelmente os capitalistas fetichizam a maquinaria, que não pode produzir valor, embora seja uma fonte vital de mais-valor para eles, tanto individual como coletivamente. O resultado é o constante dinamismo organizacional e tecnológico. "A indústria moderna", diz Marx, "jamais considera nem trata como definitiva a forma existente de um processo de produção. Sua base técnica é, por isso, revolucionária, ao passo que a de todos os modos de produção anteriores era essencialmente conservadora" (577). Esse é um tema recorrente nas obras de Marx. Como ele observa no *Manifesto Comunista*:

> A burguesia não pode existir sem revolucionar incessantemente os instrumentos de produção, por conseguinte, as relações de produção e, com isso, todas as relações sociais. A conservação inalterada do antigo modo de produção era, pelo contrário, a primeira condição de existência de todas as classes industriais anteriores. Essa subversão contínua da produção, esse abalo constante de todo o sistema social, essa agitação permanente e essa falta de segurança distinguem a época burguesa de todas as precedentes.*

Mas é nesse ponto também que as leis coercitivas da concorrência dão um passo adiante, estimulando a procura por mais-valor relativo. A implicação, que por alguma razão Marx reluta em considerar, é que toda ação dessas leis coercitivas, por meio da monopolização e da crescente centralização do capital descritas no capítulo 23, influenciará o ritmo e a forma das revoluções tecnológicas. As dimensões da luta de classes mediante oposição de amplas bases (por exemplo, o movimento ludista) ou sabotagem no chão de fábrica devem também ser levadas em consideração. Como observou Marx, um estímulo às mudanças tecnológicas surge do desejo do capital de ter armas para usar contra o trabalho. Quanto mais os trabalhadores se tornam meros apêndices da máquina, e quanto mais suas habilidades monopolizáveis são minadas pelas tecnologias mecânicas, mais vulneráveis eles se tornam à autoridade arbitrária do capital. Na medida em que a história das inovações tecnológicas e organizacionais se apresenta em ondas, parece que há muito mais a dizer sobre essa dinâmica do que foi dito até agora, mesmo na rica análise apresentada no Livro I.

---

* Karl Marx e Friedrich Engels, *Manifesto Comunista*, cit., p. 43. (N. T.)

310 / Para entender *O capital* I

Essas questões se tornam importantes porque, ao apresentar seus argumentos sobre a composição orgânica e de valor do capital no capítulo 23, Marx antecipa a visão apresentada no Livro III de que uma tendência inelutável a um valor de composição crescente do capital pressagia uma lei ou tendência igualmente inelutável de queda da taxa de lucro, o que produz necessariamente as condições para as crises de longo prazo no processo de acumulação. Para Marx, é especialmente aqui que o capital tem de enfrentar um obstáculo crucial inerente à sua própria natureza.

A crise resultante da lucratividade deve-se unicamente aos efeitos desestabilizadores do dinamismo tecnológico que nasce da busca persistente por mais-valor relativo. Uma versão resumida da argumentação afirma que a busca por mais-valor relativo empurra o capitalista para tecnologias que economizam trabalho, e quanto mais trabalho é poupado, menos valor é produzido, já que o trabalho é a fonte de valor. É claro que existem meios de compensar essa perda, como o aumento da taxa de mais-valor ou a reabsorção dos trabalhadores deslocados na produção aumentada. Mas, como afirmei no capítulo 10, há razões para sermos céticos em relação a qualquer tendência necessária e inelutável de aumento da composição de valor do capital. No Livro III, Marx lista uma variedade de "influências antagônicas" a uma taxa decrescente de lucro, inclusive taxas crescentes de exploração do trabalho, queda nos custos do capital constante, comércio exterior e forte aumento do exército industrial de reserva, o que desestimula o emprego de novas tecnologias (como observado no Livro I). Nos *Grundrisse*, ele vai além e aponta a constante desvalorização do capital, a absorção do capital na produção de infraestrutura física, a abertura de novas linhas de produção com trabalho intensivo e o processo de monopolização. Minha visão (provavelmente minoritária) é que o argumento da taxa decrescente de lucro não funciona como Marx determina, e explico mais detalhadamente por que penso assim em meu livro *Os limites do capital*.

Mas acredito também que não há dúvida de que as mudanças organizacionais e tecnológicas têm sérios efeitos desestabilizadores na dinâmica da acumulação do capital, e a brilhante exposição de Marx sobre as forças que impulsionam as constantes revoluções tecnológicas e organizacionais prepara o terreno para uma melhor compreensão dos processos tanto da luta de classes quanto das lutas populares em torno do desenvolvimento de novas tecnologias e da formação de crises. A tendência à crise pode se manifestar (como indica a nota 89 do capítulo 13) nas relações de trabalho, na relação com a natureza e em todos os outros momentos coexistentes do processo de desenvolvimento capitalista. Há também efeitos diretamente desestabilizadores, como a desvalorização do investimento prévio (maquinaria, instalações, equipamentos, construções, rede de comunicação) antes que o valor tenha sido recuperado (amortizado); rápidas mudanças nas exigências qualitativas do trabalho (por exemplo, saber trabalhar com computadores) que excedem as habilidades da força de trabalho existente e os investimentos em infraestrutura social necessários para criá-las; a produção de uma insegurança crônica no emprego e crises cada vez mais profundas de desproporcionalidade provocadas pelo desenvolvimento irregular das capacidades tecnológicas entre diferentes setores; mudanças dramáticas nas relações espaçotemporais (inovações no transporte e nas comunicações) que levam a uma revolução total na paisagem global da produção e do consumo; acelerações súbitas na circulação do capital (o uso de computadores para realizar operações no mercado financeiro pode criar sérios problemas, como vimos); e assim por diante. E, sim, há ocasiões em que uma composição crescente de valor do capital pode ser detectada com consequências para os lucros.

6) A PERDA DE CONTROLE CAPITALISTA SOBRE O PROCESSO DE TRABALHO

Marx faz um grande esforço para enfatizar que a criação de mais-valor repousa na habilidade do capitalista de comandar e controlar o trabalhador no chão de fábrica, onde o valor é produzido. Esse comando e esse controle sobre o "fogo conformador" do processo de trabalho são sempre contestados. O "despotismo" do controle do trabalho depende de certa mistura de coerção e persuasão, assim como de uma organização bem-sucedida da estrutura hierárquica de autoridade nas relações de trabalho. É claro que qualquer rompimento nesse controle pressagia uma crise, e Marx enfatiza o poder implícito dos trabalhadores de romper, sabotar, desacelerar ou simplesmente interromper a produção de valor da qual depende necessariamente o capitalista. A recusa a se sujeitar ao aparato disciplinar do capital, o poder de se negar a trabalhar são extremamente importantes na dinâmica da luta de classes. Isso pode, por si só, forçar uma crise (como enfatizam teóricos marxistas da tradição "autonomista", como Tronti e Negri). Obviamente, esse poder do trabalhador é limitado, no sentido de que os trabalhadores têm de viver e, sem salário, eles também sofrerão, a não ser que disponham de outro meio qualquer de subsistência (como o cultivo da terra). No entanto, o limite potencial que existe na circulação do capital, no ponto da produção, e no próprio processo de trabalho não pode ser ignorado. Por isso, tanto os capitalistas individuais quanto a classe capitalista tomam muito cuidado em garantir a disciplina e formas adequadas de controle do trabalho.

312 / Para entender *O capital* I

7) O PROBLEMA DA REALIZAÇÃO E DA DEMANDA EFETIVA

O sétimo obstáculo potencial aparece no fim da sequência, quando a nova mercadoria ingressa no mercado e realiza seu valor como dinheiro mediante troca. A transição M-D é sempre mais problemática do que a transição do universal (o dinheiro) para o particular (a mercadoria), pelas razões apresentadas no capítulo 2. Para começar, é necessário que um número suficiente de pessoas precise, queira ou deseje a mercadoria produzida como valor de uso. Se uma coisa é inútil, ela não tem valor algum, diz Marx. Mercadorias inúteis se desvalorizam, e o processo de circulação do capital chega a um emperramento fatal. Assim, a primeira condição para a realização do valor é prestar atenção às necessidades e desejos da população. Em nossa época, em comparação com a de Marx, há um enorme esforço – que inclui a criação de toda uma indústria de publicidade – para manipular as necessidades e os desejos da população e garantir mercado para os valores de uso. Mas o que está em jogo aqui é mais do que simplesmente a publicidade. O que se exige é a formação de toda uma estrutura e processo de vida cotidiana (o fator de reprodução-da-vida-cotidiana, exposto na nota 89 do capítulo 13) que necessita da absorção de um certo conjunto de valores de uso para se sustentar. Considere, por exemplo, o desenvolvimento de necessidades e desejos associados ao surgimento de um estilo de vida suburbano nos Estados Unidos após a Segunda Guerra Mundial. Estamos falando da necessidade não apenas de carros, gasolina, autoestradas e casas suburbanas, mas também de cortadores de grama, geladeiras, ares-condicionados, cortinas, móveis (de interior e exterior), equipamentos de entretenimento (televisão) e toda uma série de coisas para suprir o dia a dia. A vida no subúrbio requeria o consumo de tudo isso. O desenvolvimento de subúrbios garantiu uma demanda cada vez maior para esses valores de uso. Assim, "criar uma nova necessidade", como predisse Marx, torna-se uma precondição essencial para a continuidade da acumulação do capital (180). Com o tempo, as políticas de criação de necessidades tornaram-se, em si mesmas, cada vez mais importantes, e hoje entende-se que o "sentimento do consumidor" é um elemento fundamental no estímulo à acumulação ilimitada do capital.

Mas de onde vem o poder aquisitivo para comprar todos esses valores de uso? Deve haver, no fim desse processo, uma quantia extra de dinheiro, guardada por alguém em algum lugar, para facilitar essa compra. Se não, há uma falta de demanda efetiva e o resultado é aquilo que chamamos de crise de "subconsumo" – quando não há demanda suficiente para absorver as mercadorias produzidas (veja o capítulo 3). A barreira criada pela falta de mercado "por onde escoar os produtos" (522) tem de ser transposta. Em parte, a demanda efetiva é expressa pelos trabalhadores que gastam seus salários. Mas o capital variável é sempre menor do que o capital total em circulação, de modo que a aquisição de bens de subsistência (mesmo num estilo de vida suburbano) jamais é suficiente para a realização do fluxo total de valor. Contudo, e essa é uma questão que surge no Livro II d'*O capital*, reduzir os salários como pressupõe a análise do Livro I cria apenas tensões mais profundas no ponto de realização e pode ser, em si mesmo, um componente importante na criação de crises de subconsumo. Foi por isso que a política do New Deal, numa época de crise que muitos consideram essencialmente uma crise de subconsumo, apoiou a sindicalização e outras estratégias (como benefícios da seguridade social) para estimular a demanda efetiva entre as classes trabalhadoras, e foi por isso também que, em 2008, numa situação de estresse econômico, o governo dos Estados Unidos abateu 600 dólares do imposto da maioria dos contribuintes para aumentar a demanda efetiva dos consumidores. Aumentar o salário real do trabalho (contrariando assim a tendência de empobrecimento crescente do proletariado) pode ser necessário para estabilizar a acumulação contínua de capital, mas, por razões óbvias, a classe capitalista (para não dizer o capitalista individual) pode não estar disposta a encarar a implementação radical desse tipo de solução.

Mas é óbvio que a demanda dos trabalhadores, embora seja uma base importante, não pode ir tão longe a ponto de resolver o problema da realização. Rosa Luxemburgo dedicou grande atenção a isso. Primeiro, tratou da possibilidade de a demanda extra surgir do aumento da oferta de ouro (ou, nos dias atuais, da emissão de mais dinheiro pelos bancos centrais). Ainda que isso seja de alguma ajuda no curto prazo (injetar liquidez suficiente no sistema, como se fez na crise financeira de 2008, é uma ferramenta crucial para estabilizar e sustentar a circulação e a acumulação continuadas do capital), é óbvio que, no longo prazo, o efeito será a criação de outro tipo de crise: a inflação. A solução de Rosa Luxemburgo foi pressupor a existência de uma demanda latente e mobilizável fora do sistema capitalista. Isso significa a continuação da acumulação primitiva por meio de imposições e práticas imperialistas em sociedades que ainda não foram absorvidas pelo modo de produção capitalista.

Na transição para o capitalismo, e na fase da acumulação primitiva, os estoques de riqueza acumulada na ordem feudal puderam desempenhar esse papel, juntamente com o roubo e o saque de riqueza do resto do mundo pelo capital comercial. Com o tempo, é claro, aquilo que poderíamos chamar de "reservas de ouro" das classes feudais foram consumidas, e a capacidade do campesinato de gerar poder de consumo por meio de uma tributação que visava sustentar o consumismo da aristocracia rural também se esgotou. À medida que o capitalismo industrial se consolidava na Europa e na América do Norte, o saque de riquezas da Índia, da China e de outras formações sociais não capitalistas já desenvolvidas tornava-se cada vez mais predominante, em particular da metade do século XIX em diante. Esse período foi marcado por uma imensa transferência de riqueza do Leste e do Sul da Ásia em particular, mas em alguma medida também da América do Sul e da África,

314 / Para entender *O capital* I

para a classe industrial-capitalista localizada nos países capitalistas centrais. À medida que o capitalismo crescia e se espalhava geograficamente, a capacidade de estabilizar o sistema por esses meios tornava-se cada vez menos plausível, ainda que nunca tenham sido inteiramente suficientes (o que é duvidoso) durante a fase do alto imperialismo do fim do século XIX. Não há dúvida de que, desde o início dos anos 1950, mas sobretudo a partir da década de 1970, a capacidade das práticas imperialistas de cumprir o papel de grande estabilizador, abrindo novos campos (novos mercados) para a realização do capital, diminuiu seriamente.

A resposta mais importante, que Rosa Luxemburgo não vê, mas que deriva logicamente do argumento de Marx (embora ele não a articule diretamente, porque o pressuposto do Livro I exclui o problema das crises potenciais de realização), é que a solução está no consumo capitalista. Como vimos, há dois tipos de consumo capitalista: uma parte do mais-valor é consumida como renda (por exemplo, artigos de luxo), mas a outra é destinada à expansão da produção por meio de estratégias de reinvestimento que aparecem (e uso essa palavra no sentido de Marx) como impelidas pelas leis coercitivas da concorrência. Encontramos aqui a necessidade daquilo que Marx chama de "consumo produtivo" como um elo no processo de realização. Isso significa que a produção de mais-valor tem de interiorizar sua própria demanda monetária. A demanda do produto excedente de ontem depende da expansão da produção de mais-valor de amanhã! O consumo capitalista de hoje, alimentado pelo excedente ganho ontem, cria o mercado para o produto excedente e o mais-valor de ontem. O que isso faz é transformar o que aparece como uma crise potencial de subconsumo causada pela falta de demanda efetiva numa falta de oportunidades ulteriores de investimentos lucrativos. Em outras palavras, a solução para os problemas de realização encontrados no fim do processo de circulação depende de retornarmos ao início e obtermos uma expansão ainda maior. A lógica do crescimento composto constante passa a predominar.

8) O SISTEMA DE CRÉDITO E A CENTRALIZAÇÃO DO CAPITAL

Para que a circulação do capital complete seu curso, duas condições fundamentais têm de ser realizadas. Primeiro, os capitalistas não podem conservar o dinheiro que ganharam ontem. Eles têm de recolocá-lo imediatamente em circulação. Mas, como afirma Marx em sua crítica à lei de Say, não há uma necessidade absoluta de que M-D, por exemplo, tenha imediatamente de ser seguido de D-M, e no interior dessa assimetria encontra-se a possibilidade constante não tanto de crises monetárias e financeiras, mas do surgimento de um obstáculo à realização do mais-valor pela ausência de gastos. No capítulo 2, examinamos várias circunstâncias em que faria todo o sentido poupar dinheiro, ao invés de gastá-lo, e é nesse ponto que o pensamento de Marx e de Keynes sobre a possibilidade de crises de subconsumo converge. Keynes tentou contornar esse obstáculo apelando para um conjunto de estratégias técnicas de gerenciamento fiscal e monetário conduzidas pelo Estado.

A segunda condição é que o lapso entre hoje e ontem seja remediado pela garantia de uma circulação contínua. Esse lapso pode ser remediado, como Marx mostra no capítulo 3, pelo aumento do crédito e pelo uso do dinheiro como meio de pagamento. Em suma, o sistema de crédito, como relação organizada entre credores e devedores, entra no processo de circulação para exercer uma função vital. Como outras opções são excluídas, esse se torna o principal meio de resolver o problema da demanda efetiva de um modo que é interno à circulação do capital. Mas, com isso, o sistema de crédito reclama sua parte do excedente na forma do juro.

Em várias passagens, mesmo no Livro I d'*O capital*, Marx reconhece implicitamente o papel crucial do sistema de crédito, mas, para preservar aquilo que ele considera o cerne do problema da relação capital-trabalho na seção VII, ele acredita que é necessário excluir da análise os fatos da distribuição (renda, juro, tributos, lucro sobre o capital comercial). Ainda que ajude a revelar e esclarecer certos aspectos importantes da dinâmica capitalista, isso faz com que um traço fundamental do processo de circulação do capital seja deixado de lado. E, infelizmente, Marx continua a ignorá-lo ao longo de grande parte do Livro II (embora reconheça sua presença crucial na relação, por exemplo, com a circulação dos investimentos em capital fixo de longo prazo), o que torna absolutamente correta a afirmação de Rosa Luxemburgo de que o esquema de acumulação apresentado no fim do Livro II não resolve o problema da realização e da demanda efetiva. É mais tarde, no Livro III, que Marx começa a examinar o papel do sistema de crédito, mas, para ser franco, esses capítulos, embora apresentem *insights* sugestivos, são uma confusão (tentei quanto pude – e confesso que a tentativa quase me enlouqueceu – expô-los de maneira ordenada nos capítulos 9 e 10 de meu livro *Os limites do capital*). Nos *Grundrisse*, no entanto, ele afirma que o "inteiro *sistema de crédito* e o comércio especulativo, a superespeculação etc. a ele associados baseiam-se na necessidade de estender e transpor os obstáculos da circulação e da esfera da troca"*.

Se é a continuidade da expansão do capitalismo que cria a demanda para o produto excedente de ontem, isso significa que o problema da realização não pode ser resolvido, sobretudo nas condições atuais do desenvolvimento capitalista globalizado, sem a construção de um vibrante e extenso sistema de crédito para remediar o lapso entre o produto excedente de ontem e a absorção desse produto excedente amanhã. Essa absorção pode ocorrer ou pela expansão da continuidade da produ-

---

* Karl Marx, *Grundrisse*, cit., p. 340. (N. E.)

316 / Para entender *O capital* I

ção de mais-valor (reinvestimento), ou pelo consumo capitalista dos ganhos obtidos. É fácil demonstrar que, no longo prazo, o consumo dos ganhos obtidos levará à estagnação (esse é o modelo da "reprodução simples", do qual Marx fala no capítulo 21). Apenas a continuidade da expansão da geração de mais-valor funcionará no longo prazo, e é isso que torna a necessidade social de aumento contínuo das taxas de composição uma condição de sobrevivência do capitalismo.

Se tivesse chegado a esse ponto, Marx certamente teria dito que as leis coercitivas da concorrência são uma mera ferramenta para assegurar essa condição absolutamente necessária para a sobrevivência do capitalismo. Em outras palavras, a sobrevivência do capitalismo requer a manutenção das leis coercitivas da concorrência a fim de manter a expansão da produção de mais-valor de amanhã como um meio de absorção dos excedentes produzidos ontem. Segue-se disso que qualquer diminuição dos poderes coercitivos, por exemplo por uma monopolização excessiva, bastará para produzir uma crise na reprodução capitalista. É exatamente esse o argumento de Baran e Sweezy em *Capitalismo monopolista** (escrito nos anos 1960, quando monopólios como o das Big Three**, as três grandes companhias automobilísticas de Detroit, eram cada vez mais significativos). A tendência à monopolização e centralização do capital produziu necessariamente, como Baran e Sweezy claramente previram, a crise de estagflação (desemprego crescente, acompanhado de alta inflação) que tanto assombrou os anos 1970. A resposta a essa crise foi a contrarrevolução neoliberal, que não apenas esmagou o poder do trabalho, mas também liberou as leis coercitivas da concorrência, outorgando-lhes o poder de "executoras" das leis do desenvolvimento capitalista por meio de todo tipo de estratagemas (comércio exterior mais aberto, desregulamentação, privatizações etc.).

Mas esse processo tem algumas complicações potenciais. Para começar, presume que todas as outras barreiras (por exemplo, a relação com a natureza) à expansão da produção de mais-valor amanhã são não operantes e há espaço suficiente para o aumento da produção. Isso implica, por exemplo, um tipo diferente de imperialismo, que não opera por roubo de valores e pilhagem de recursos do resto do mundo, mas usa o resto do mundo como local de abertura de novas formas de produção capitalista. A exportação de capital, mais do que de mercadorias, torna-se crucial. Essa é a grande diferença entre a Índia e a China do século XIX, cujas riquezas foram pilhadas pela dominação capitalista de seus mercados, e os Estados Unidos e, em certa medida, a Oceania e partes da América Latina, onde um irrestrito desen-

---

* Paul A. Baran e Paul M. Sweezy, *Capitalismo monopolista: ensaio sobre a ordem econômica e social americana* (3. ed., Rio de Janeiro, Zahar, 1978). (N. T.)

** *The Big Three* – assim são chamadas as três maiores companhias automotivas dos Estados Unidos: Ford, General Motors e Chrysler. (N. T.)

Reflexões e prognósticos / 317

volvimento capitalista ocorreu rapidamente, criou nova riqueza e, com isso, abriu um campo de absorção e realização do produto excedente gerado em outros centros do capitalismo (por exemplo, a Grã-Bretanha exportou capital e maquinaria para os Estados Unidos e a Argentina no século XIX). Em tempos recentes, é claro, a China absorveu grande quantidade de capital estrangeiro no desenvolvimento de sua produção e, desse modo, gerou uma enorme demanda efetiva não apenas de matérias-primas, mas também de maquinaria e outros insumos.

Há, no entanto, dois problemas inerentes a essa solução, e ambos podem criar novos obstáculos à continuidade da acumulação do capital no próprio ato de tentar superá-los. O primeiro problema deriva do simples fato de que o processo de circulação torna-se especulativo por definição: ele se baseia na crença de que a expansão de amanhã não encontrará nenhum obstáculo (nem o da continuidade da realização), de modo que o excedente de hoje pode ser efetivamente realizado. O elemento especulativo, que, mais do que excepcional ou excessivo, é fundamental, significa que antecipações e expectativas, como Keynes entendeu muito bem, são fundamentais para a continuidade da circulação do capital. Marx reconhece isso tacitamente no Livro III, quando observa que a expansão capitalista é, como ele diz, muito "protestante", porque se baseia mais na fé e no crédito do que no "catolicismo" do ouro, a verdadeira base monetária. Qualquer queda nas expectativas especulativas será, portanto, autorrealizável [self-fulfilling] e provocará uma crise. Nesse sentido, é interessante reler a *Teoria geral* de Keynes e observar que as soluções técnicas da política monetária e fiscal ocupam apenas uma parte minoritária do argumento, em comparação com a psicologia das expectativas e antecipações. A fé no sistema é fundamental, e a perda de confiança, como ocorreu em 2008, pode ser fatal.

O segundo problema surge no interior do próprio sistema monetário e de crédito. A possibilidade de crises financeiras e monetárias "independentes" – que Marx apresenta no capítulo 3, mas não desenvolve – é onipresente. O problema subjacente reside nas contradições da própria forma-dinheiro (o valor de uso como a representação do valor, o particular [concreto] como representação do universal [abstrato] e a apropriação privada do poder social – veja o capítulo 2). Quando Marx discute a lei de Say, aponta para o fato de que há uma tentação permanente de reter o dinheiro e, quanto mais as pessoas cedem a ela, maior é o obstáculo à continuidade da circulação. Mas por que as pessoas retêm o dinheiro? Uma das razões é que o dinheiro é uma forma de poder social. Ele pode comprar consciência e honra! Nos *Manuscritos econômico-filosóficos* de 1844, Marx diz que, se "sou *feio*, [...] posso comprar para mim a *mais bela* mulher"* (ou o mais lindo dos homens);

---

* Karl Marx, *Manuscritos econômico-filosóficos* (São Paulo, Boitempo, 2004), p. 159. (N. E.)

318 / Para entender *O capital* I

se sou estúpido, posso comprar a presença de pessoas inteligentes; se sou aleijado, posso ter pessoas para me carregar para onde eu quiser. Pense em tudo que você pode fazer com todo esse poder social! Portanto, existem excelentes razões para que as pessoas queiram reter o dinheiro, particularmente diante da incerteza. Colocá-lo em circulação para ter mais poder social exige um ato de fé, ou a criação de instituições seguras e confiáveis, nas quais você pode guardar seu dinheiro, enquanto outro agente o coloca em circulação para fazer mais dinheiro (que é, evidentemente, o que os bancos costumam fazer).

Mas as ramificações desse problema se espalham por todo o campo de representações, em que a perda de confiança nos símbolos do dinheiro (no poder do Estado de garantir sua estabilidade) ou na qualidade do dinheiro (inflação) dão lugar a considerações mais diretamente quantitativas, tais como a "escassez monetária" ou, como ocorreu no outono de 2008, o congelamento dos meios de pagamento.

> Ainda há pouco, o burguês [leia-se Wall Street], com a típica arrogância que acompanha a prosperidade inebriante, declarava o dinheiro como uma vã ilusão. Apenas a mercadoria é dinheiro. Mas agora grita-se por toda parte no mercado mundial: apenas o dinheiro é mercadoria! Assim como o veado anseia por água fresca, sua alma clama por dinheiro, a única riqueza. Na crise, a oposição entre a mercadoria e sua figura-valor, o dinheiro, é levada até a contradição absoluta. (211)

Quer melhor descrição da súbita crise de 2008!

No cerne do sistema de crédito há uma série de aspectos técnicos e legais (muitos dos quais podem falhar ou ser gravemente distorcidos simplesmente em virtude de suas regras de operação), associados a expectativas e antecipações subjetivas. E, à medida que o capitalismo se expande, o papel do sistema de crédito como uma espécie de sistema nervoso central que direciona e controla a dinâmica global da acumulação do capital torna-se cada vez mais importante. Isso implica que o controle sobre os meios de crédito é crucial para o funcionamento do capitalismo – uma posicionalidade que Marx e Engels reconhecem no *Manifesto Comunista*, fazendo da centralização dos meios de crédito nas mãos do Estado uma de suas principais reivindicações (pressupondo-se, é claro, o controle do Estado pela classe trabalhadora). Quando isso é acrescentado ao papel fundamental do Estado na garantia da qualidade da cunhagem das moedas e, ainda mais importante, das moedas simbólicas (papel reconhecido no capítulo 3), parece inevitável que haja algum tipo de fusão entre o Estado e os poderes financeiros. Essa fusão contraditória foi estabelecida pela criação de bancos centrais controlados pelo Estado e com poderes de reserva ilimitados sobre o desembolso dos meios de crédito para tomadores privados.

Do mesmo modo que o capital pode operar nos dois lados da demanda e da oferta da força de trabalho (veja o capítulo 8), ele também pode operar por meio do sistema de crédito nos dois lados da relação produção-realização. Nos Estados Unidos, por exemplo, a oferta cada vez mais generosa de crédito nos últimos anos a prováveis proprietários de imóveis juntou-se a uma oferta igualmente generosa de crédito a empresários do ramo da construção civil para estimular um *boom* no desenvolvimento imobiliário e urbano. Imaginou-se que, com isso, o problema da realização estaria resolvido. A dificuldade surgiu porque os salários reais não aumentaram na mesma proporção (como a análise do Livro I poderia prever, dada a predominância das políticas neoliberais a partir de 1980, que fez com que os ganhos obtidos com o aumento da produtividade não fossem repartidos, mas concentrados inteiramente nas classes mais altas), e isso diminuiu a capacidade dos proprietários de saldar dívidas cada vez maiores. A quebra do mercado imobiliário resultante dessa política era absolutamente previsível.

Mas uma análise dessa quebra sugere outro papel crucial do sistema de crédito. Assim como, apontou Marx, o crédito (e a usura) teve seu papel na extração de riqueza dos senhores feudais por meio da acumulação primitiva, o sistema de crédito também está bem posicionado para visar e extrair riqueza dos recursos das populações vulneráveis. Práticas predatórias de empréstimo – uma forma de acumulação por desapossamento – resultaram com frequência em execuções hipotecárias e permitiram que recursos fossem adquiridos a baixo custo e transferidos inteiramente para alimentar a riqueza de longo prazo dos interesses de classe capitalistas. A onda de execuções hipotecárias que começou em 2006 acarretou uma enorme perda de recursos em várias camadas vulneráveis da população, principalmente as afro-americanas. Esse segundo momento da "acumulação por desapossamento" por intermédio do sistema de crédito tem grandes consequências para a dinâmica do capitalismo. Na crise de 1997-1998, por exemplo, ele facilitou uma imensa transferência de riqueza do Leste e do Sudeste da Ásia para Wall Street, no momento em que um congelamento de liquidez empurrava firmas viáveis para a falência – que então puderam ser compradas a preços mais baixos por investidores estrangeiros e depois recuperadas e vendidas com lucros imensos. De modo semelhante, os ataques à agricultura familiar que ocorreram em ondas nos Estados Unidos desde os anos 1930, também baseados no crédito, concentraram a riqueza agrícola nas mãos do agronegócio, à custa dos pequenos proprietários, que foram obrigados a vender suas terras por um preço extremamente baixo mediante execução hipotecária. A luta de classes e a acumulação do poder da classe capitalista abrem caminho por qualquer canal possível no labirinto de instrumentos de créditos que hoje existem.

Marx não investigou o sistema de crédito suficientemente a fundo para enfrentar o problema da realização em toda sua complexidade. Esse é um dos itens inacabados de

320 / Para entender *O capital* I

Marx que requerem uma boa dose de trabalho para ser completados, sobretudo quando se considera a complexidade do mercado financeiro e de crédito, cujo funcionamento é obscuro mesmo para quem o administra e usa. Mas o que é interessante no argumento do Livro I é que Marx, ao tratar da transição da circulação de mercadorias para a circulação de capital, vê-se obrigado a tratar das relações entre credores e devedores e do uso de dinheiro regulado pelo Estado como meio de pagamento. Ele também trata da estrutura temporal dos processos de produção e dos pagamentos como um problema crucial da circulação monetária, que precisa de crédito para alcançar a necessária continuidade da circulação e da acumulação do capital. "A moeda de crédito", diz ele, "surge diretamente da função do dinheiro como meio de pagamento" (213). É isso a que me refiro quando digo que um estudo cuidadoso do argumento do Livro I nos ensina muito sobre o que vem pela frente no resto da análise de Marx. Ele também nos ajuda a descobrir o que falta e o que ainda precisa ser investigado mais profundamente.

A CIRCULAÇÃO DO CAPITAL COMO UM TODO

Quando a circulação é considerada como um todo, torna-se evidente que as muitas barreiras potenciais ao fluxo livre e contínuo do capital em todos os seus momentos não são nem independentes umas das outras nem sistematicamente integradas. Elas são construídas como um conjunto de momentos distintivos no interior da totalidade do processo de circulação do capital. No entanto, no curso da história da teorização marxiana sobre as crises, houve uma tendência a buscar uma explicação dominante e exclusiva da propensão do modo de produção capitalista de gerar crises. Os três grandes campos tradicionais do pensamento são a compressão do lucro, a queda decrescente da taxa de lucro e as teorias subconsumistas, e a separação entre eles costuma ser forte o suficiente para impedir qualquer aproximação. O próprio termo "subconsumista" é visto, em certos círculos, como um palavrão (significa que você é keynesiano, e não um "verdadeiro" marxista); já os fãs de Rosa Luxemburgo ficam ofendidos com o pouco caso que fazem de suas ideias aqueles que põem o argumento da taxa decrescente de lucro no centro de suas teorias. Nos últimos anos, por razões óbvias, deu-se muito mais atenção aos aspectos ambientais e financeiros da formação das crises, e na primeira década do século XXI esses aspectos estiveram em alta.

Penso que é mais coerente, seguindo o espírito da análise do Livro I e a discussão extremamente interessante das relações entre os limites e as barreiras nos *Grundrisse* ("Cada limite aparece como barreira a ser superada"*), pensar todos os limites

---

* Karl Marx, *Grundrisse*, cit., p. 332. (N. E.)

e barreiras discutidos como pontos potenciais de bloqueio, cada qual podendo desacelerar ou romper a continuidade do fluxo de capital e, com isso, criar uma crise de desvalorização. Penso que também é importante entender a potencialidade de deslocamento de uma barreira por outra. Medidas para aliviar uma crise de oferta de trabalho por meio da geração de um amplo desemprego podem, por exemplo, criar problemas de insuficiência de demanda efetiva. Medidas para resolver o problema da demanda efetiva por meio da ampliação do sistema de crédito entre as classes trabalhadoras podem provocar crises de confiança na qualidade do dinheiro (como as registradas pelas crises inflacionárias, pelo encolhimento repentino de oferta de crédito e pelos colapsos financeiros). Também penso que está mais de acordo com a frequente menção de Marx ao caráter fluído e flexível do desenvolvimento capitalista reconhecer o rápido reposicionamento de uma barreira à custa de outra e, assim, reconhecer as múltiplas formas em que as crises podem ser registradas em diferentes situações históricas e geográficas.

Em resumo, as barreiras potenciais são as seguintes: (1) incapacidade de reunir capital original suficiente para movimentar a produção (problemas de "barreiras de entrada"); (2) escassez de trabalho ou formas recalcitrantes de organização laboral que podem produzir compressões de lucro; (3) desproporcionalidades e desenvolvimento irregular entre setores na divisão do trabalho; (4) crises ambientais causadas por predação de recursos e degradação da terra e do meio ambiente; (5) desequilíbrios e obsolescência prematura causados por mudanças tecnológicas irregulares ou excessivamente rápidas, estimuladas pelas leis coercitivas da concorrência e contra-atacadas pelo trabalho; (6) recalcitrância ou resistência dos trabalhadores dentro de um processo de trabalho que se realiza sob o comando e o controle do capital; (7) subconsumo e demanda efetiva insuficiente; (8) crises monetárias e financeiras (armadilhas da liquidez, inflação e deflação) que ocorrem no âmbito de um sistema de crédito que depende de instrumentos sofisticados de crédito e poderes estatais organizados, além de um clima de fé e confiança. Em cada um desses pontos internos do processo de circulação do capital existe uma antinomia, um antagonismo potencial, que pode irromper como uma contradição aberta (para usar a linguagem que Marx emprega com frequência n'*O capital*).

Esse não é o fim da análise da formação e resolução das crises no capitalismo. Antes de tudo, a dinâmica do desenvolvimento geográfico irregular, juntamente com o problema do desdobramento espaçotemporal do desenvolvimento capitalista no cenário mundial, é extremamente complexa, na medida em que o capital procura criar uma paisagem geográfica (de infraestruturas físicas e sociais) apropriada à sua dinâmica num dado momento apenas para destruí-la e recriar outra paisagem geográfica num momento posterior. A dinâmica mutável da urbanização no cenário mundial é uma ilustração dramática desse processo. Os conflitos geopolíticos (inclusive guerras catastróficas) são abundantes e, como têm surgido das qualidades peculiares do poder territorializado (que exigem uma teorização adequada do Estado, um conjunto de instituições e práticas que é mencionado com frequência no Livro I, porém não é devidamente teorizado, como o sistema de crédito), seguem uma lógica que não se encaixa plenamente nas exigências da circulação e acumulação contínuas do capital. A história recente das mudanças globais na produção e na desindustrialização teve como consequência uma imensa destruição criativa, implementada, em grande parte, em meio a crises, às vezes locais, mas, em outros casos, de proporções continentais (como aquela que atingiu o Leste e o Sudeste Asiático em 1997-1998). Além disso, não podemos excluir a possibilidade de choques externos (inclusive furacões e terremotos) como desencadeadores de crises. Quando a atividade quase parou nos Estados Unidos, sobretudo em Nova York, após os ataques de 11 de Setembro, a interrupção da circulação foi tão assustadora que, em uma semana, os poderes públicos saíram em campo para incentivar a população a pegar seus cartões de crédito e ir às compras!

Acredito que um espírito de investigação marxiana da história recente das crises deveria se abrir a todas essas possibilidades. Keynes me parece certo em interpretar a crise dos anos 1930 basicamente como uma crise de insuficiência de demanda efetiva (ainda que, por razões de classe provavelmente, não tenha chamado a atenção para a desigualdade de renda – historicamente inédita até épocas mais recentes – que explodiu nos anos 1920 em consequência do arrocho salarial). O quadro piorou quando as pessoas perderam a confiança na capacidade da acumulação sustentada e, por isso, começaram a reter dinheiro. E, quanto mais pessoas retinham dinheiro, mais o sistema enfraquecia. Keynes chamou isso de armadilha da liquidez. Era preciso encontrar meios de liberar o dinheiro retido, e uma resposta foram os gastos governamentais, financiados por dívidas, para revigorar a circulação do capital (outra resposta foi a guerra). Por outro lado, acho que Andrew Glyn e outros estavam certos em ver um forte elemento de compressão do lucro nas dificuldades que os países capitalistas avançados enfrentaram no fim dos anos 1960, onde a escassez de trabalho e a forte organização do trabalho puseram claramente um freio na acumulação. Ao mesmo tempo, a monopolização excessiva ajudou a desacelerar a produtividade, e isso, juntamente com uma crise fiscal do Estado (associada à guerra que os Estados Unidos travavam no Vietnã), iniciou uma longa fase de estagflação que só pôde ser resolvida com o disciplinamento do trabalho e a liberação das leis coercitivas da concorrência. Nesse caso, a crise passou de um obstáculo para outro, retornando em seguida para os obstáculos anteriores. A relação com a natureza também afeta a lucratividade, sobretudo se a renda (uma categoria que, como o juro, não é tratada no Livro I) sobre os recursos naturais aumenta drasticamente.

Meu objetivo aqui não é tentar escrever uma história das crises, mas sugerir que os *insights* que temos ao estudar as obras de Marx precisam ser usados de modo flexível e contingente, e não formalístico. Minha visão a respeito da dinâmica interna da teoria da crise (oposta às lutas geopolíticas que ocorrem de modo independente, mas não sem relação entre si) baseia-se na análise dos vários limites e obstáculos encontrados no processo de circulação, no estudo das várias estratégias de superação ou tangenciamento desses limites e barreiras por meios políticos ou econômicos e no cuidadoso monitoramento do modo como barreiras já transpostas ou contornadas num ponto levam a novas barreiras em outros pontos. O desdobramento contínuo e a resolução parcial das tendências de crise do capitalismo tornam-se o objeto da investigação.

Por trás disso, encontra-se um problema mais profundo. A acumulação pela acumulação, a produção pela produção e a necessidade perpétua de ter uma taxa composta de crescimento funcionaram muito bem enquanto o núcleo do capitalismo industrial se constituiu de atividades realizadas nas 40 milhas quadradas ao redor de Manchester e em outros poucos centros do dinamismo capitalista, como era o caso por volta de 1780. Mas o que estamos analisando agora é a possibilidade de uma taxa composta de crescimento de 3% ao ano, digamos, e num espaço que inclui a China e o resto do Leste e do Sudeste Asiático, uma expansão da atividade na Índia, na Rússia e na Europa Oriental, as economias emergentes do Oriente Médio e da América Latina e focos intensos de desenvolvimento capitalista tanto na África quanto em centros tradicionais do capitalismo na América do Norte, na Europa e na Oceania. A massa de acumulação e de movimento físico necessária para manter essa taxa composta de crescimento nos próximos anos terá de ser nada menos do que assombrosa.

Vejo as crises como erupções superficiais provocadas por deslocamentos tectônicos profundos na lógica espaçotemporal do capitalismo. Neste momento, as placas tectônicas estão acelerando seu deslocamento, aumentando a probabilidade de crises mais frequentes e violentas. É praticamente impossível prever a maneira, a forma, a espacialidade e o momento das erupções, mas é quase certo que ocorrerão com mais frequência e com mais força, e farão os eventos de 2008 parecerem normais, se não triviais. E, já que essas tensões são internas à dinâmica capitalista (o que não exclui um evento disruptivo aparentemente externo, como um pandemia catastrófica), que argumento melhor poderia haver, como disse Marx certa vez, para o capitalismo "se retirar e ceder espaço a um estado superior de produção social"*?

Mas é mais fácil dizer do que fazer. É claro que isso pressupõe a construção de um projeto político. E não podemos esperar para saber tudo o que precisamos sa-

---

* Ibidem, p. 627. (N. E.)

324 / Para entender *O capital* I

ber, ou mesmo entender tudo o que Marx tem para dizer. No Livro I, Marx apresenta um espelho da nossa realidade, de modo a criar um imperativo para a ação, e deixa claro que a política de classe, a luta de classes, tem de ser o centro daquilo que fazemos. Em si, isso não soa particularmente revolucionário. Mas, ao longo do último quarto de século, cansamos de ouvir que as classes são irrelevantes, que a própria ideia de luta de classes é tão antiquada que não passa de pasto para dinossauros acadêmicos. Mas basta uma leitura séria d'*O capital* para mostrar irrefutavelmente que não chegaremos a lugar nenhum se não escrevermos "luta de classes" nas nossas bandeiras políticas e não marcharmos ao toque do seu tambor.

No entanto, precisamos definir melhor o que exatamente isso pode significar para nosso mundo e nosso tempo. Em sua época, Marx muitas vezes teve dúvidas sobre o que fazer, que tipo de aliança política seria razoável, que objetivos e reivindicações deviam ser articulados. Mas o que ele mostra também é que, mesmo entre incertezas, não podemos deixar de agir. Cínicos e críticos costumam objetar que o que se tenta fazer é reduzir questões de natureza, gênero, sexualidade, raça, religião etc. a termos de classe, e isso é inaceitável. Minha resposta é: de modo algum. Essas outras lutas são importantes e têm de ser consideradas em si mesmas. Contudo, diria eu, é raro que não tragam em si uma forte dimensão de classe, cuja solução é condição necessária, embora jamais suficiente, para, digamos, uma política antirracista ou ambientalista adequada.

Basta considerarmos, por exemplo, o impacto da chamada crise do *subprime* na cidade de Baltimore. Um número desproporcional de famílias negras e famílias sustentadas por um único progenitor (sobretudo mulheres) foi destituído de seus direitos de moradia e, em alguns casos, de seus recursos no decorrer de uma perversa guerra classista de acumulação por desapossamento. Nesse tipo de situação, não podemos fugir da categoria de classe e negar sua relevância. Temos de perder o medo de falar em termos de classes e de mobilizar estratégias políticas em torno das noções de guerra de classes.

Mas há, é claro, uma razão para que o silêncio seja desejável. Classe é uma categoria que os poderes instituídos não querem que ninguém leve a sério. O *Wall Street Journal* ironiza qualquer coisa que se pareça com uma guerra de classes por considerá-la algo gratuitamente divisor, agora que a nação tem de se manter unida para enfrentar suas dificuldades. A elite dominante jamais quer admitir abertamente, e muito menos discutir, aquilo que constitui o objetivo central de sua ação: a estratégia de classe para aumentar sua riqueza e seu poder.

Uma coisa em que Marx insiste é que o conceito de classe, em toda a sua glória ambígua, é indispensável tanto para a teoria quanto para a ação. Mas muita coisa deve ser feita para que essa categoria funcione. Por exemplo, uma das questões que surgem da leitura d'*O capital* é o que dizer das relações entre as lutas em torno da acumulação primitiva e da acumulação por desapossamento, por um lado, e as lutas de classe travadas tipicamente em torno do local de trabalho e no mercado de trabalho, por outro. Nem sempre é fácil unir essas duas formas de luta. Mas acho difícil ignorar o amplo leque de lutas que se travam no mundo inteiro contra o desapossamento, mesmo que muitas sejam apenas uma forma de política retrógrada do tipo "não no meu quintal". A divisão entre essas duas grandes formas de luta de classes dói politicamente. Mas o capítulo d'*O capital* sobre "A jornada de trabalho" nos ensina que alianças são importantes e é difícil chegar a algum lugar sem elas, porque a classe capitalista acumula capital por qualquer meio disponível, o que significa que ela faz isso à custa de todos nós. Os capitalistas tornam-se riquíssimos, enquanto os outros estagnam ou padecem. Esse privilégio e esse poder de classe, diz Marx, têm de ser combatidos e destruídos para dar lugar a outro modo de produção.

Mas o Livro I também nos ensina que o deslocamento de um modo de produção por outro é um processo complexo e demorado. O capitalismo não suplantou o feudalismo com uma clara transformação revolucionária. Ele teve de crescer nos interstícios da velha sociedade e suplantá-la pouco a pouco, às vezes pela força, pela violência, pela predação e pelo confisco de recursos, mas outras pelo logro e pela astúcia. E com frequência perdeu batalhas contra a antiga ordem, ainda que, no fim, tenha ganhado a guerra. Num primeiro momento, ele teve de construir sua alternativa com base em tecnologias, relações sociais, concepções mentais, sistemas de produção, relações com a natureza e padrões de vida cotidiana, tais como haviam sido constituídos no seio da ordem anterior. Somente depois de uma coevolução e um desenvolvimento irregular desses diferentes momentos no interior da totalidade social (veja terceiro item do capítulo 4), ele encontrou não apenas sua base tecnológica única, mas também seus sistemas de crenças e concepções mentais, sua configuração instável – mas claramente classista – de relações sociais, seus curiosos ritmos espaçotemporais e seus modos igualmente estranhos de vida cotidiana, para não mencionar seus processos de produção. Só então podemos falar verdadeiramente de capitalismo, mesmo que ele esteja em constante mudança para responder a suas próprias contradições inevitáveis.

Comecei este livro instigando você a tentar ler Marx nos próprios termos de Marx. Obviamente, minha visão pessoal a respeito desses termos, sejam quais forem, desempenhou um papel crucial no mapa mental que tentei construir para guiá-lo. Meu propósito não era convencê-lo de que tenho a linha de interpretação correta, a leitura correta, mas abrir um caminho para que você possa construir seu próprio entendimento e interpretação. Sei que muitas pessoas rejeitarão minha leitura, como você também poderá fazê-lo, no todo ou em parte. Para mim, a segunda tarefa crucial é abrir um espaço de diálogo e discussão para trazer a visão marxiana do mundo de volta à cena, tanto intelectual quanto politicamente. As obras de Marx têm muito a dizer sobre os perigos de nossos tempos para que possamos jogá-las na laxa de lixo da história. Depois dos acontecimentos de 2007, deveria ser evidente que precisamos pensar "fora da caixa" dos saberes recebidos. "Os eventos", escreveu Henri Lefebvre em seu livrinho *The Explosion*, que trata dos eventos de 1968, "desmentem as previsões; na medida em que são históricos, surpreendem os cálculos. Podem até mesmo derrubar as estratégias que tornaram sua ocorrência possível". Os eventos "tiram os teóricos de seus confortáveis assentos e os lançam num turbilhão de contradições"[2]. Não há melhor momento para estudar em minúcias as contradições internas do capitalismo e as obras desse dialético grandioso que tanto fez para torná-las tão luminosamente transparentes!

Mesmo que as concepções mentais não possam mudar o mundo, as ideias são, como observou o próprio Marx, uma força material na história. Ele escreveu *O capital* para nos equipar melhor para travar essa luta. Mas aqui também não existe caminho fácil, tampouco uma "estrada real para a ciência". Como Bertolt Brecht escreveu certa vez:

Muitas coisas são necessárias para mudar o mundo:
Raiva e tenacidade. Ciência e indignação,
A iniciativa rápida, a longa reflexão,
A fria paciência e a infinita perseverança,
A compreensão do caso particular e a compreensão do conjunto:
Somente as lições da realidade podem nos ensinar a transformar a realidade.*

---

[2] Henri Lefebvre. *The Explosion: Marxism and the French Revolution* (trad. Albert Ehrenfeld, Nova York, Monthly Review Press, 1969), p. 7-8.

* Bertolt Brecht, *Das Badener Lehrstück vom Einverständnis* [edição inglesa: *The Didactic Play of Baden: on Consent* (Londres, Methuen, 1997, Collected Works), v. 3, p. 84]. (N. T.)

ÍNDICE

11 de Setembro, 322, 22, 72
18 de brumário de Luís Bonaparte, O (Marx), 23
1848, Revoluções de, 16, 138, 152
1929, colapso de, 274, 302

abstinência, 123, 247-8
acumulação
    e entesouramento, 75-9, 84, 246
    por desapossamento, 295-9, 303, 319, 324-5
    primitiva, 260, 279-81, 286, 289-97, 299, 301-4, 313, 319, 325
acumulação do capital, A (Rosa Luxemburgo), 98, 292
África, 145-6, 284, 294, 313, 323
afro-americanos, 298, 319
agronegócio (EUA), 296, 319
agricultura
    e síntese industrial, 199, 227-8
    mercantilização, 284, 291
    subsistência, 267
Alemanha
    dialética hegeliana na, 20-1
    filosofia crítica na, 15, 16
    trabalho e tecnologia na, 209-10, 234, 269
    trabalho militar, 141
Alemanha Ocidental, 210
algodão, 217, 219, 286, 306
Allende, Salvador, 304
Amazônia, 296
América Central, 159
América do Norte, 313, 323
América do Sul, 313
América Latina
    destruição econômica rural, 272

expropriação camponesa, 294
ouro na, 67
produção atual na, 323
produção imperialista na, 316-7
Teologia da Libertação, 107
anarquismo social (Kropotkin), 189
Anistia Internacional, 137
antissemitismo, 95
Après moi le déluge!, 157, 305, 307
áreas não cultivadas (*greenfield sites*), 222-3, 285, 294, 296
Argentina, 317
Aristóteles, 15, 44, 55, 113, 128,
Arkwright, Richard, 201
armadilha da liquidez, 322
Ásia
    crescimento atual, 323
    crise de liquidez (1997-1998), 83-4, 221, 319, 338
    expropriação na, 294
    gang system (sistema de turmas), 205
    imperialismo na, 314
    Levi Strauss (& Co) na, 159
    movimento sindical na, 221
    proletarização na, 272
assistentes sociais, 237, 250, 271
Austrália, 288
automóvel
    companhias (Detroit), 316
    indústria (Japão), 170, 222-3, 285
    indústrias (França), 269
autonomista, tradição, 311

328 / Para entender *O capital* I

Babbage, Charles, 210
Babeuf, Graco, 16
Bacon, Francis, 37
Baltimore, Maryland, 13, 215, 298, 324
Balzac, Honoré de, 12, 93
Banco Mundial, 158, 261
Bangladesh, 268, 272
Baran, Paul A., 316
Baviera, 211
Beecher Stowe, Harriet, 283
Bengala Ocidental, 294
Bentham, Jeremy, 113, 126, 245, 251, 277
Bethlehem Steel, 215
Big Three (companhias automobilísticas), 170, 316
biopirataria, 296
Birmingham, Inglaterra, 154, 210-1, 285-6
Blanqui, August, 16
Blessed Unrest (Hawken), 194
Bonaparte, Luís, 138, 152
burguesia
    educação filantrópica pela, 271
    liberdades/legalização de direitos, 246, 284
    sobre a origem do capitalismo, 279-80
    versus aristocracia fundiária, 150-151, 282
boiardos, 139, 151
Brasil
    Lula (Luiz Inácio "Lula" da Silva), 298
    Mendes, Chico, 296
    milagre econômico, 205
    Movimento dos Trabalhadores Rurais Sem-Terra (MST) no Brasil, 296, 298
    PT (Partido dos Trabalhadores, Brasil), 298
Braverman, Harry, 211
Brecht, Bertolt, 326
Brenner, Robert, 22
Bright, John, 150
Bristol, Inglaterra, 149, 285
British Capitalism, Workers and the Profits Squeeze (Glyn e Sutcliffe), 305
Budd, Alan, 273
Bush, George W., 22, 102-3, 248

cabana do pai Tomás, A (Stowe), 283
Cabet, Étienne, 16
California Occupational Safety and Health Administration, 143
Câmara dos Lordes, 149
caminho do argumento (diagrama), 35
Canal da Mancha, túnel do, 303
capital industrial, origens do, 284-5, 313. *Ver também* acumulação
capital social, 218, 251, 260

Capitalism Nature Socialism (revista), 308
capitalismo global. *Ver* dívida; neoliberalismo
Capitalismo monopolista: ensaio sobre a ordem econômica e social americana (Baran e Sweezy), 316
capitalista (indivíduo *versus* classe), 99, 144, 164-8, 224-6, 305
captura regulatória (*regulatory capture*), 223. *Ver também* Estado
Carey, Henry, 15
cartista, movimento, 150-3
catolicismo, 76, 83, 100, 317
centralização (concentração), 260, 274, 277-8, 187, 303
Chamberlain, Joseph, 154
Chaplin, Charlie, 144, 208
Chile, 304
China
    contemporânea, 82, 107, 249, 293, 317, 323
    importações da, 164-5
    modelo do delta do Rio das Pérolas, 211
    pilhagem da, 316
    prata da, 97, 293
    proletarização na, 267, 272, 304-5
    salários, 107-8, 239
    trabalho, 27, 29, 204, 215
    zonas econômicas especiais na, 297
circuito M-D-M, 69-70, 76, 79-80, 89, 92, 105, 109, 112, 125, 130, 239
classe *versus* indivíduo (capitalista), 99, 144, 164-8, 224-6, 305
Cleaver, Harry, 117
Cobden, Richard, 150
Cohen, G. A., 22, 190
Colombo, Cristóvão, 76
colonialismo, 99, 284-5, 288-9
Combination Laws, 284
comédia humana, A (Balzac), 12, 93
composição (orgânica, técnica, de valor), 253-7
composição orgânica, 253-5, 310
compressão do lucro, teoria da 305-6, 320, 322
concentração (centralização), 260, 274, 277-8, 187, 303
Condillac, Étienne Bonnot de, 96
Considérant, Victor, 16
consumo, 237, 242, 250, 271
consumo racional, 237, 271-2
Contribuição à crítica da economia política (Marx), 25, 116, 195, 246
Coreia do Sul, 191, 211, 221, 297
Corn Laws (leis dos cereais), 150-1, 64
corpo do trabalhador
    como apêndice do capital, 143-4, 176, 183-4
    força de trabalho no, 102
    no circuito M-D-M, 130, 239, 284

Índice / 329

relação dialética com a natureza, 113
corveia, sistema de, 52, 139
crédito
    como auxiliar da acumulação, 260-1
    e demanda efetiva, 237
    operadoras de cartão de crédito, 294
    papel do, 79, 294
    sistema de, 286, 309, 314-20
crescimento, 197, 249. *Ver também* acumulação
crianças, 66, 151, 153, 159, 204-6, 210, 222, 224-6, 267, 304
Crítica da filosofia do direito de Hegel (Marx), 21, 289
Cuba, 250

D-M-D
    ΔD, 95-6
    forma de circulação, 79-80
    mais-valor derivado de, 92
    processo, 79-80
Darwin, Charles, 187-9, 194-5
darwinismo social, 194
Declaração Universal dos Direitos Humanos, 56, 284
Defoe, Daniel, 51
desconstrução, 15, 23, 137, 164, 277-8
desindustrialização. *Ver* neoliberalismo
Deleuze, Gilles, 193
demanda (efetiva), 97-9
Deng Xiaoping, 293
Derrida, Jacques, 14
Descartes, René, 15
desemprego
    como produto da acumulação, 263
    gerenciamento do (reservas flutuantes), 268-9
    insegurança no emprego como disciplina, 215
Desenvolvimento desigual: natureza, capital e a produção de espaço (Neil Smith), 190
desqualificação, 127, 178-9, 211-3, 264
determinismo, 190, 193-4
Detroit, Michigan, 170, 316
diagrama(s)
    cadeia de argumentação dialética, 111
    caminho do argumento, 35
    estrutura do valor, 32
    inter-relação dos elementos, 192
dialética campo-cidade, 19, 179, 185
Dickens, Charles, 95, 141, 150
diggers, 297
dinheiro, base metálica do, 85-6
direitos
    comuns, 295, 297
    concepção burguesa, 246
    liberais *versus* econômicos, 137-8, 157

política de direitos humanos, 56
    propriedade, 240. *Ver também* lei da propriedade
direitos comunais. *Ver* lei de cercamento
direitos humanos, 56. *Ver também* direitos
Disraeli, Benjamin, 150
dívida, 79, 237, 286, 294, 319
dividir para governar, 268
divisão do trabalho, 178-83
duquesa de Sutherland, 283

"economia moral" (Thompson), 282
Eden (comentador do século XVIII), 259
édito (Rússia, 1831), 139
educação, 206, 223-6, 243, 267, 295-7. *Ver também* Estado
    acesso à, 106-7, 154
    demanda efetiva, 97-9
    elite (intelectual), 185
Engels, Friedrich, 128, 155, 189, 210 . *Ver também Manifesto Comunista; A situação da classe trabalhadora na Inglaterra*
entesouramento. *Ver* acumulação
Epicuro, 15
Escandinavos, Estados, 157
Escócia, 145, 283
espaço-tempo
    geográfico, 45-6, 177, 180, 202, 311, 321, 323, 325
    relação, 45, 177, 180, 202, 311, 321
Espinosa, Baruch, 15
Essay on Trade and Commerce, An (Anônimo), 147
Essays in Biography (Keynes), 72-3
Estado
    aparato regulatório, 103, 223, 280-1, 283-5, 304-5
        apoio à proletarização, 272, 282
        como centralizador dos meios de crédito, 318
    educação, 223-6, 267, 295-7
    economistas políticos clássicos e o, 280
    na Ásia, 272
    nos anos 1930, 18, 21, 332-3
Estados Unidos
    agronegócio, 296, 319
    após a Segunda Guerra Mundial, 312
    após o 11 de Setembro, 22, 72, 322
    áreas não cultivadas (*greenfield sites*), 222-3, 285
    choque Volcker, 272
    destruição da agricultura familiar, 267
    e o petróleo do Oriente Médio, 308
    e trabalho mexicano, 215
    empresas e regulamentações, 222-3
    escala de renda, 169-70, 277-8

330 / Para entender *O capital* I

escassez de trabalho, 204, 304
escravidão, 155, 217, 284-5
execução hipotecária, 298, 319
fundos de *private-equity*, 296, 303
leis de imigração, 269
New Deal, 158
no Vietnã, 322
oferta de crédito (dívida), 319
origens do capitalista industrial, 284, 316-7
Partido Republicano, 152
salários (desde 1970), 108, 204-5, 266, 269, 285
seguridade social, 108, 297, 313
trabalho militar, 141
trabalho porto-riquenho nos, 268
tradições políticas e laborais, 154
estatísticas, 86
e força de trabalho, 165-66
e política energética, 308
Federal Reserve, 73, 83, 85
gerenciamento do sistema monetário, 64, 74-5, 83, 85-6, 320
legislação antitruste, 274
Leis fabris, 139-41, 223-4
New Deal, 158
políticas de imigração, 268-9, 305
políticas de infraestrutura, 303, 306
trabalho militar, 141
sistemas coloniais, 285-7
estagflação, 316, 332
estilo de vida suburbano, 272, 312-3
Ética a Nicômaco (Aristóteles), 44
Eugênia Grandet (Balzac), 93
Europa, 305, 313, 323
escravagista, comércio, 145, 149, 284-6
escravidão. *Ver* trabalho
evolucionistas (russos), 189
exército de reserva. *Ver* trabalho
Explosion, The (Lefebvre), 326

fábula das abelhas, A (Mandeville), 259
Fausto (Goethe), 12, 122, 247
fetichismo, 18, 46-55, 66, 71, 86, 112, 116, 131
feudalismo
e comércio escravagista/colonialismo, 284-5
terra *versus* dinheiro, 91
transição para o capitalismo, 91, 147, 216, 279-80, 287-91, 325
Feuerbach, Ludwig Andreas, 114
Fielden, John, 286
Filosofia do direito (Hegel), 23
Filosofia grega, 15, 44, 113
fisiocratas, 15

Forbes, lista, 278
força de trabalho médica, 267
Ford, Henry, 237, 283
fordista, sistema/técnicas de produção, 182, 214
forma-dinheiro (mercadoria)
e poder estatal, fusão, 286
origem e processo da, 19-44
poder social da, 247, 282
três peculiaridades da, 45-6
velocidade da, 73
Fórum Social Mundial, 298
Foucault, Michel, 12, 147-8
Fourier, Charles, 16, 115, 117
Fowkes, Ben, 8
França
economistas políticos clássicos, 15
gang system (sistema de turmas) na, 205
impacto da lei fabril inglesa na, 155
indústrias automobilísticas na, 269
semana de trabalho de 35 horas, 158
socialistas utópicos da, 52
trabalho militar, 141
Franklin, Benjamin, 100, 118, 188
Friedman, Milton, 241
Friedman, Thomas, 190
Fundo Monetário Internacional (FMI), 261

Gaia, hipótese de (Lovelock), 114
gang system (sistema de turmas), 205, 226
Gap Inc., 54, 159
gentrificação (Nova York e Londres), 296
Gifford, Kathy Lee, 159
Giuliani, Rudy, 22
globalização, no *Manifesto Comunista*, 29
Glyn, Andrew, 305, 322
Goldsmith, Oliver, 283
Grã-Bretanha
aristocracia *versus* burguesia, 140, 149-50
comércio escravagista, 145, 284-5
economistas políticos clássicos, 15
exportação de capital/maquinaria, 209, 317
indústria algodoeira, 215, 224, 306
Japão, indústria automobilística no (anos 1980), 177
Parlamento, 142, 149, 289
planos de colonização de Wakefield, 288
socialização do trabalho assalariado (Idade Média), 146
transição para o capitalismo, 281-3
Gramsci, Antonio, 198, 299
Grande Depressão, 72, 235
"grande traição" (Reform Act), 150
Gray, John, 190, 283

Índice / 331

greves de mineiros, 158, 273
Grundrisse (Marx)
    "anulação do espaço pelo tempo", 45, 202
    sobre a competição, 166
    sobre a força de trabalho, 121
    sobre a taxa decrescente de lucro, 255, 310
    sobre acumulação primitiva, 281-2
    sobre dinheiro como comunidade, 77
    sobre o sistema de crédito, 42, 315
    limites e barreiras, 320-1
    panorama do estudo sobre *O capital*, 19-20, 250
    prescrições metodológicas dos, 90-1
Guerra Civil (EUA), 169
Guerra Franco-Prussiana (1870-1871), 141
Guerras do Ópio, 97-8, 220, 293
Guantánamo, Baía de, 103
Guatemala, 268, 272
Guilherme de Orange, 282

Harvey, David, obras
    limites do capital, Os, 20, 99, 217, 310, 315
    Neoliberalismo: história e implicações, 273, 295
    novo imperialismo, O, 295-6
    Paris: Capital of Modernity, 100, 127
    Spaces of Capital, 99
    Spaces of Global Capitalism, 46
Hawken, Paul, 194
Hayek, Friedrich, 103, 241
Heath, Edward, 158
Hegel, G. W. F, 15, 20-1, 289-90
hegemonia (Gramsci), 198
Henrique VII (rei), 282
Hobbes, Thomas, 15, 181
Holloway, John, 117
Homestead Act (EUA), 288
Honduras, 159
Hong Kong, 211, 221, 217
Horner, Leonard, 151
humanistas (século XVIII), 259
Hume, David, 15

icarianos, 16
imigração, políticas de, 266-70, 305. *Ver também*
    trabalho; Estado
imigrantes, 159, 205, 289
imigrantes irlandeses, 240-268
Immigration and Customs Enforcement (ICE), 159
Império Romano, 178, 188
indústria de publicidade, 312
Índia
    expansão imperialista na, 218, 293, 313, 316
    neoliberalismo na, 278, 294, 297, 323

ópio da, 97-8, 220, 293
proletarização da, 267, 284, 293
Ver também Grã-Bretanha
zonas econômicas especiais na, 294, 297
Índias Ocidentais, 285
individualismo, 56, 103, 116, 278. *Ver também*
    direitos
indivíduo *versus* classe (capitalista), 99, 145-6, 164-168
Indonésia, 159, 250, 268, 272
indulgências, venda de, 76
infraestrutura
    centralização (estatal) e, 261, 307
    como absorção de excedente, 217, 310
    financiamento privado *versus* estatal da, 303
    interesse industrial em, 154, 223, 255
    necessidade de, 118-9, 306
    no modelo base-superestrura, 196
    padrões variáveis de, 107-8
    social (treinamento de trabalhadores), 310
inspetores de fábrica, 141, 150-1, 153, 158, 206
inter-relação dos elementos (diagrama), 192
Invention of Capitalism, The (Perelman), 281
Inglaterra
    acumulação primitiva na, 280, 283
    censo (1861), 218
    salários em comparação com a América do
    Norte, 204, 267
    Ver também Grã-Bretanha
Iowa, frigorífico (2008), 159
Itália, 211
Itoh, Makoto, 306
Iugoslávia, 269

Japão,
    crescimento no, 197-8, 249
    estrutura *"just-in-time"*, 177
    indústria automobilística, 177, 222, 285
    karoshi (sobretrabalho), 143
Johns Hopkins, universidade, 13-4, 48, 54
jovens hegelianos, 15
"just-in-time", sistemas, 170, 177, 223

Kant, Immanuel, 15, 114
Karl Marx's Theory of History (Cohen), 190
karoshi (sobretrabalho), 143
Keynes, John Maynard
    armadilha da liquidez (*liquidity trap*), 72
    demanda efetiva, 235-6
    Estado de bem-estar social (*welfare state*), 170
    sobre antecipação e expectativa, 317
    teoria subconsumista, 314-5, 320
Kropotkin, Piotr, 189, 195

332 / Para entender *O capital* I

Liga das Nações, 103
Leeds, Inglaterra, 285
Lefebvre, Henri, 193, 326
lei da propriedade
    da produção de mercadorias, 240-6
    princípio lockiano da, 121, 240, 244
    privada, 121, 198, 244, 283-4
Lei das 10 Horas, 152-3
lei de cercamento, 280, 283, 293, 295
lei islâmica sobre o juro, 100
Leis dos cereais (Corn laws), 150-1, 64
Lei dos Pobres, 145
Leibniz, Gottfried, 15
Leis fabris
    capitalistas *versus* Estado, 140-1, 206, 208, 223
    clausulas sanitárias e educacionais, 223, 225, 243
    dos anos 1800, 133, 150-1, 153
    vantagem competitiva das, 223
Lenin, Vladimir, 182, 213-4
levellers, 55, 76, 297
liberalismo. *Ver* neoliberalismo
Lichnovski, Karl Max, 246
limites do capital, Os (David Harvey), 20, 99, 217, 310, 315
liquidez, crises de, 83-4, 221, 319, 322
Liverpool, Inglaterra, 149, 186
Locke, John, 15, 85, 103, 121, 279-80
lockiana, teoria, 121, 240, 244
Londres, Inglaterra, 145, 149, 286, 296
"Loucura e civilização" (Foucault), 148
Lovelock, James, 113
ludista, movimento, 213, 215, 309
Lula (Luiz Inácio "Lula" da Silva), 298
Luxemburgo, Rosa
    e desapossamento (contemporâneo), 296-8
    sobre imperialismo e demanda efetiva, 97-8, 292-4, 313-5, 320

magrebinos, 269
mais-valor
    cobertura legal do, 246
    e abstinência, 123, 247-8
    problema de absorção do, 217
    transformação do, 243-52
Malthus, Thomas
    e Darwin, 189, 194-5
    sobre a demanda efetiva, 97
    sobre a população, 73, 263-4
Manchester, Inglaterra
    Escola de Manchester, 150
    industriais, 133, 164
    industrialização de, 250, 285, 194, 323

influência de Marx, 210-1, 248
    versus o modelo de Birmingham, 210-1
Mandeville, Bernard, 259, 263
Manifesto Comunista (Marx e Engels)
    descrição da globalização, 29
    Friedman e o, 190
    sobre a dissolução feudal, 91
    sobre a produção contínua, 309
    sobre o controle estatal do crédito, 318
    sobre os utopistas, 16
Mao Tsé-tung, 293, 299
máquina a vapor, 202 29, 31, 213, 199, 215
maquinaria, 188, 198, 202-3, 214-5. *Ver também* tecnologia
Marx, Karl, obras
    18 de brumário de Luís Bonaparte, O, 23
    Contribuição à crítica da economia política, 25, 116, 195, 246
    Crítica da filosofia do direito de Hegel, 21, 289
    Grundrisse. Ver Grundrisse
    Manifesto Comunista, 12, 16, 19, 29, 91, 190, 288, 309, 318
    Manuscritos econômico-filosóficos de 1844, 117, 172, 317
    "Para uma crítica impiedosa de tudo o que existe", 14
    Teorias do mais-valor, 15, 71
macarthismo, 103
Manuscritos econômico-filosóficos de 1844 (Marx), 117, 172, 317
Mecanismo Europeu de Taxas de Câmbio, 86
Médici, Emílio Garrastazu, 205
Meidner, Rudolf, 241
Meidner, plano, 241
meios de produção, setor de, 257
Mendes, Chico, 296
Menênio Agripa, fábula de, 183
"Merrie England", 283
método (de Marx), 17-8, 187, 195
método dialético
    descrição, 22-3, 68-9
    diagrama, 35
    dialética interna *versus* dialética externa, 290
    e materialismo histórico, 187
México, 29, 215, 267-9, 278
Miguel Arcanjo, festa de São, 79
microcrédito, instituições de, 85-6
Mill, John Stuart, 198, 208, 231-2, 250
Mini Cooper (automóvel), 223
miséria. *Ver* acumulação
Moll Flanders (Defoe), 51
More, Thomas, 15

Movimento dos Trabalhadores Rurais Sem-Terra (MST) no Brasil, 296, 298
mulheres, 127, 151-3, 204-6, 210, 218, 222, 226, 267, 291-3
mundo é plano, O (Friedman), 190

Nandigram, Bengala Ocidental, 294, 296
nascimento da clínica, O (Foucault), 148
National Labor Relations Board, 152-3
Negri, Toni, 117, 311
neoliberalismo
    acumulação primitiva, 293-8
    condições de trabalho, 158-9, 220-1, 272
    de Reagan/Thatcher, 152-3, 272-3, 304-5
    descrição, 272-5, 277-8
    e universidades, 167
    excesso de crédito, 237
    níveis de desigualdade social, 169-70
    no México, 269, 278
    taxa de crescimento, 323-4
Neoliberalismo: história e consequências (David Harvey), 273, 295
New Deal, 158, 313
Newgate, prisão, 288
Newton, Isaac, 45, 85
Nike, 159
Nobel de Economia, prêmio, 241
noblesse oblige, 150
Norwich, Inglaterra, 285
Nova York, cidade, 296, 322
Nova York, Estado, 165
novo imperialismo, O (David Harvey), 295-6

Observer (jornal), 273
obrigações de dívidas colateralizadas (CDOs), 84
Occupational Safety and Health Administration, 143, 153
Oceania, 316, 323
O'Connor, Jim, 308
oferta e demanda
    interesse dos trabalhadores e, 266, 274-5
    lei da, 167, 266, 289
    limitação da, 65, 166-7, 233
    razão mercadoria-troca, 33, 181
Oliver Twist (Dickens), 95
Ollman, Bertell, 301
ONGs, relatórios, 272
Organização das Nações Unidas (ONU), 56, 272
Oriente Médio, 308, 323
origem das espécies, A (Darwin), 187
Orshansky, Mollie, 108
ouro, 67-8, 76, 83-4, 317

Owen, Robert, 15, 224

panóptico, 148
"Para uma crítica impiedosa de tudo o que existe" (Marx), 14
Paris, 138, 152
Paris: Capital of Modernity (David Harvey), 100, 127
Parlamento (Britânico), 149, 289
Partido Comunista (China), 294
Partido dos Trabalhadores (PT) (Brasil), 298
Partido Republicano (EUA), 152
patologia industrial, 185
petróleo (Oriente Médio), 308
Petty, William, 15, 37, 144
Péreire, irmãos, 261
Perelman, Michael, 281
Pinochet, Augusto, 304
população
    flutuante, 267-70, 304. *Ver também* trabalho
    estagnada, 267, 268, 303
    excedente de, 145, 262-3, 267-70. *Ver também* trabalho
    latente, 267-70
porto-riquenho, trabalho, 268
Portugal, 269
prata, 97, 293
Primeira Internacional (anos 1860), 127
Princípios de economia política (Malthus), 97
Private-equity, fundos de (EUA), 296, 303
privatização, 293, 295-6
proletarização
    atual, 267-8, 272, 304-5
    processo histórico de, 103-4, 281-3
protestantismo, 52, 83, 123, 317
Proudhon, Pierre-Joseph
    Marx e, 52-6, 214
    sobre direitos/legalidade, 59
    sobre o emprego das mulheres, 127
    utopismo, 16, 52, 137
quakers, ideologia dos, 248
Quesnay, François, 15

"Radical Joe", 154
razão (capital/valor), 131-3
Reading Capital Politically (Cleaver), 117
Reagan, Ronald, 272-3
Reform Act (1832), 150
reformismo (burguês), 141
Règlement organique, 139-40
reprodução
    da vida cotidiana, 312
    das condições sociais, 242-3

334 / Para entender *O capital* I

do capital, 238-43
Revolução Gloriosa de 1688, 282
revoluções (1848), 138
Ricardo, David
    da microteoria à macroteoria, 231
    e a lei de Say, 72
    sobre a queda do lucro, 255
    sobre consumidores não produtivos, 97
    sobre o comércio exterior, 234
    tempo de trabalho como valor, 30
    teoria da quantidade de moeda, 73
Rio das Pérolas, delta do, 211
Robin Hood, 146
Robinson, Joan, 73
Robinson Crusoé (Defoe), 51
Roemer, John, 22
Romantismo, 117
Rothschild, família, 84
Rousseau, Jean-Jacques, 15
Royal Mint, 85
Russell Sage Foundation, 250
Rússia, 139, 189, 323

Saint-Simon, Henri de, 16, 261
salários
    como representação, 232-4
    diferenças nacionais entre os, 234
    e sindicatos, 169, 209-10, 264-5
    flutuação dos, 264
    individual *versus* familiar, 204-5
    na China, 107-8, 239
    nos EUA a partir dos anos 1970, 108, 204-5, 266, 269, 285
Say, J. B., 15, 71-2, 93
Say, lei de, 71-3, 76, 98, 314, 317
Say's Law (Sowell), 71
Segunda Guerra Mundial, 141, 312
segunda natureza. *Ver* infraestrutura
Segundo Império (França), 127, 152, 215, 261
seguridade social (EUA), 108, 297, 313
"seis elementos conceituais" (Marx), 189-93
Senior, Nassau W., 133-4, 149, 246, 274
ser genérico, 114, 172
servos (russos), 139
Seul, Coreia do Sul, 297
Shenzhen, China, 294
Silício, Vale do, 211
sindicatos
    áreas não cultivadas (*greenfield sites*) e, 285
    controladores de tráfego-aéreo (EUA), 272-3
    como estabilizador para o capitalismo, 157, 313
    como força política, 138, 304

como "violação", 266
    e Combination Laws, 284
    e leis da imigração, 269
    e salários, 169, 209-10, 264-5
    na Ásia, 221
    na Suécia (Plano Meidner), 241
    Thatcher e, 273, 285
    think tanks antissindicalistas, 241
Sismondi, Jean Charles Leonard de, 15, 73
situação da classe trabalhadora na Inglaterra, A (Engels), 206
Slim, Carlos, 278
Smith, Adam
    a teoria de Wakefield e, 288-9
    Marx e, 15, 178. 184-5, 188
    sobre a divisão do trabalho, 180
    sobre o funcionamento (a mão invisível) do mercado, 50, 59, 273, 277, 278
    sobre Mandeville, 259
    sobre o papel do Estado, 280
    sobre as origens da classe trabalhadora, 279-80
Smith, Neil, 190
socialização. *Ver* proletarização
socialismo utópico, 15-6, 52
Soros, George, 77, 86
Sowell, Thomas, 71
Spaces of Capital (David Harvey), 99
Spaces of Global Capitalism (David Harvey), 46
Steuart, James, 15, 281
Stowe, Harriet Beecher, 283
subclasse, 268, 304
subconsumo, 312-3, 320
subprime, crise de, 324
Suécia, 107, 125, 269
Sutcliffe, Bob, 305
Sutherland, duquesa de, 283
Sweezy, Paul M., 316

taxa decrescente de lucro, 255-6, 310, 320
taylorismo, 171
tecnologia
    algodão, 306
    como disciplina do trabalho, 215-6
    composição técnica da, 253-4
    comunicação e transporte, 180
    e desindustrialização, 264
    ferramentas *versus* máquinas, 198-9
fetichismo, 168
    história da, 187-9
    inovação, 207, 267, 305-6
    interiorização da, 190
tempo

Índice / 335

apropriação, 195
cronoanálise (*time-and-motion studies*), 170-1
determinação social do, 146-7
relação espaço-tempo, 45, 177, 180, 202, 311, 321
Tempos modernos (filme), 144, 208
Teoria geral do emprego, do juro e da moeda (Keynes), 72
Teorias do mais-valor (Marx), 15, 71
Terceira Itália, 211
Terras Altas, 283
terras da Coroa, 282
terras da Igreja, 282-3
Thatcher, Margaret, 30, 152, 273, 285, 304
"The World is Round" (Gray), 190
Thompson, E. P., 282
tories (Inglaterra), 151
trabalho
  coletivo, 229-30
  condições de, 158-9, 268, 289
  desqualificação, 178-9, 211-3, 225, 264
  disciplina do tempo, 146-7
  divisão do, 178-83
  Engels e o, 155-6
  estagnado, 267, 268, 304
  exército de reserva, 304
  flutuante, 267-70, 304
  força de trabalho, 121, 164-5, 278, 279, 302, 304
  Fourier e o, 115, 176
  imigração, 266-70, 305
  intensificação, 208
  latente, 267-70, 272
  mental (intelectual), 184
  militar, 141
  na China, 27, 29, 204, 215
  política de oferta de trabalho, 305
  porto-riquenho, 268
  qualificado e desqualificado, 127, 213
  servil, 218
  sistema de corveia, 52, 139
  sistema familiar, 226
  sistemas de trabalho em competição, 220, 221, 222
  Smith e o, 180
  visão de Locke, 121, 240
Trabalho e capital monopolista: a degradação do trabalho no século XX (Braverman), 211
Tristan, Flora, 16
Tronti, Mario, 311
Turgot, A. R. J., 15
Turquia, 269

União Soviética, 214, 250

United Airlines, 295
United Farm Workers, 143
universidades, 147, 297
Ure, Andrew, 210

vadios (Mandeville), 259
valor
  composição de valor, 253-7
  diagrama, 32
  força de trabalho *versus* teoria do, 135
vampiro, metáfora do, 12, 136, 155
Vaticano, 76, 107
Vaucanson, Jacques de, 201
Vico, Giambattista, 188
Vietnã, 159, 272, 322
Vigiar e punir (Foucault), 148
Volcker, choque, 272

Wakefield, Edward Gibbon, 288-9
Walkley, Mary Anne, 142
Wall Street
  e crise asiática (1997-1998), 83-4, 318-9
  e execuções hipotecárias, 298
  tática predatória, 51, 261, 294-5
Wall Street Journal (jornal), 324
Walmart
  e importações da China, 164-5
  fábricas clandestinas, 159
  forma organizacional, 170, 182
  impacto sobre a força de trabalho, 108
Watt, James, 199, 201
Weber, Max, 12
Wedgwood, Josiah, 189
Wilson, William Julius, 268
Wilson, Woodrow, 103

Yangtze, rio, 293

zapatistas, 296
zonas econômicas. *Ver* áreas não cultivadas (*greenfield sites*)
zonas econômicas especiais, 294, 297

Publicado em 2013, 165 anos após Karl Marx ter sido eleito presidente do Comitê Central da Liga dos Comunistas, em Paris, este livro foi composto em Adobe Garamond Pro, corpo 11, e reimpresso em papel Avena 80 g/m² pela gráfica Rettec, para a Boitempo, em outubro de 2020, com tiragem de 2.000 exemplares.